D1735568

Der GmbH-Gesellschafter

GmbH-Gründung · Rechte und Pflichten · Haftungsrisiken
Ausscheiden und Abfindung

Springer
Berlin
Heidelberg
New York
Barcelona
Hongkong
London
Mailand
Paris
Singapur
Tokio

Rocco Jula

Der GmbH-Gesellschafter

GmbH-Gründung · Rechte und Pflichten · Haftungsrisiken
Ausscheiden und Abfindung

 Springer

RA Dr. Rocco Jula
Pestalozzistraße 66
10627 Berlin

ISBN 3-540-64926-3 Springer-Verlag Berlin Heidelberg New York

Die Deutsche Bibliothek – CIP-Einheitsaufnahme
Jula, Rocco: Der GmbH-Gesellschafter: GmbH-Gründung · Rechte und Pflichten · Haftungsrisi-
ken · Ausscheiden und Abfindung / Rocco Jula. – Berlin; Heidelberg; New York; Barcelona;
Hongkong; London; Mailand; Paris; Singapur; Tokio: Springer, 2000
    ISBN 3-540-64926-3

SPIN 10691900   64/2202-5 4 3 2 1 0 – Gedruckt auf säurefreiem Papier

VORWORT

Gesellschafter einer GmbH sind mehr als reine Kapitalanleger. Sie haben zahlreiche Rechte und Pflichten. Dies ist den Gesellschaftern in der Praxis häufig nicht bewußt. Auch besteht eine erhebliche Unsicherheit über die den Gesellschaftern drohenden Haftungsrisiken. Die Rechte und Pflichten des Gesellschafters sowie seine zivilrechtliche Verantwortlichkeit werden deshalb in diesem Band anschaulich mit Tips und Beispielen dargestellt.

Erheblicher Beratungsbedarf besteht bereits bei der GmbH-Gründung: Ist die Rechtsform der GmbH für das Vorhaben geeignet? Wie gestalte ich den Gesellschaftsvertrag? Der Autor steht dem Gründer mit Rat und Tat zur Seite.

Ein weiterer für den Gesellschafter bedeutsamer Bereich umfaßt Fragen der Anteilsübertragung bzw. des Ausscheidens sowie der Abfindung. Auch hier ist dieses Werk ein zuverlässiger Ratgeber.

Das Handbuch wendet sich in erster Linie an die Gesellschafter und ihre Berater. Der nur kapitalistisch beteiligte Gesellschafter wird ebenso angesprochen wie der Gesellschafter-Geschäftsführer oder der konzernbeherrschende Gesellschafter.

Bedenken Sie stets, daß ein Handbuch keine juristische Beratung mit umfassender Würdigung aller Umstände des Einzelfalls ersetzen kann. Das vorliegende Werk vervollständigt die Trilogie des Verlags und des Autors zum GmbH-Recht. Die beiden vorhergehenden Bände betrafen sämtliche Probleme des GmbH-Geschäftsführers.

Bei der Ausarbeitung hat wie immer mein Team, insbesondere Frau Franziska Jaekel, mitgewirkt. Frau Swantje Jacklofsky hat in bewährter Weise das Werk kritisch durchgesehen und damit deutlich verbessert. Schließlich wäre auch dieses Buch nicht ohne meine Partnerin Frau Christine Wolf entstanden, die mich wie immer mit sehr viel Kraft und Elan unterstützte.

Gern aufgegriffen wird *Ihre* Kritik, die Sie an meine Kanzleianschrift richten können (Pestalozzistraße 66, 10627 Berlin).

Berlin, im Juli 1999   *Dr. Rocco Jula*

INHALTSÜBERSICHT

4.TEIL

HAFTUNG DES GESELLSCHAFTERS   265

5. TEIL

GESELLSCHAFTERWECHSEL UND
BEENDIGUNG DER GESELLSCHAFT   357

INHALTSVERZEICHNIS

3. TEIL   135

RECHTE UND PFLICHTEN DES GMBH-GESELLSCHAFTERS   135

4.TEIL

HAFTUNG DES GESELLSCHAFTERS   265

5. TEIL

GESELLSCHAFTERWECHSEL UND BEENDIGUNG DER GESELLSCHAFT 357

1. Teil
Die GmbH im Überblick

A.
Struktur der GmbH

Für jeden GmbH-Gesellschafter sind Grundkennt-
nisse im GmbH-Recht unerläßlich. Er kann seine
Rechte und Pflichten nur dann wahrnehmen,
wenn er das Kompetenzgefüge kennt. Auch für
die Beurteilung der Frage, sich an einer GmbH zu
beteiligen, ist eine Kenntnis der Strukturen sowie
der Vor- und Nachteile dieser Rechtsform wichtig.

Die GmbH ist die beliebteste Rechtsform, in
Deutschland existieren über 800.000 Gesellschaften mit beschränkter Haftung. Rechtsgrundlage ist das GmbH-Gesetz, das aus dem Jahre
1892 stammt und seitdem nur in Einzelfragen
überarbeitet wurde.

GmbH ist
beliebteste
Rechtsform

Als juristische Person zeichnet sich die GmbH
durch eigene Rechtsfähigkeit aus, d.h. die GmbH
selbst ist Trägerin der Rechte und Pflichten, sie
ist Vertragspartnerin, Arbeitgeberin, Eigentüme-
rin - z.B. von Grundstücken und des Betriebsin-
ventars -, Schuldnerin der Verbindlichkeiten und
Gläubigerin der Forderungen. Nicht die GmbH-
Gesellschafter oder Geschäftsführer sind selbst
berechtigt und verpflichtet, vielmehr werden die
Rechte und Pflichten auf die GmbH konzentriert.

Dies gilt grundsätzlich auch für die Haftung, die auf das Gesellschaftsvermögen beschränkt ist. Nur die GmbH mit ihrem Vermögen schuldet Erfüllung ihrer Verbindlichkeiten, eine Haftung der Gesellschafter oder der Geschäftsführer besteht prinzipiell nicht. Gerade dieser Vorteil macht die Rechtsform der GmbH so begehrt.

Die Struktur der GmbH soll anhand eines kleinen Beispielfalls verdeutlicht werden:

Beispiel: *„Musicum & Art Forum GmbH"*
Paul Piano und Berta Bocelli lieben die Musik und die Künste. Sie möchten gern in der Rechtsform der GmbH ein Ladengeschäft eröffnen, in dem Musikinstrumente und Kunstgegenstände veräußert werden. Berta Bocelli (B) ist Lehrerin und will selbst nicht in dem Ladengeschäft arbeiten, sondern nur ihre Ersparnisse anlegen und diese durch die Gewinne aus der Geschäftstätigkeit der GmbH vermehren. Gleichzeitig geht B ihrer Leidenschaft für die Künste und die Musik nach und hofft, über das Ladengeschäft zahlreiche Kontakte zu Künstlern und Musikern zu knüpfen. Paul Piano (P) möchte von dem Ladengeschäft leben und ist auch bereit, selbst hinter der Ladentheke zu stehen und das Geschäft zu leiten. P soll daher Geschäftsführer werden.

Organisation der GmbH

Wie ist nun das Kompetenzgefüge in dieser GmbH? P und B als Gesellschafter bilden die Gesellschafterversammlung. Die *Gesellschafterversammlung* ist das oberste Organ der GmbH und hat in sämtlichen Angelegenheiten das Sagen. Sie bestellt und kontrolliert den Geschäftsführer und beruft ihn ab, wenn sie dies für erforderlich hält. Darüber hinaus besitzt die Gesellschafterversammlung ein umfassendes Weisungsrecht gegenüber dem Geschäftsführer, der den Anordnungen der Gesellschafterversammlung grundsätzlich Folge zu leisten hat.

Der *Geschäftsführer* ist neben der Gesellschafterversammlung das zweite wichtige Organ der GmbH. Er vertritt die Gesellschaft nach außen und führt ihre Geschäfte. Diese Rolle soll P zufallen, er ist damit sowohl Gesellschafter als auch Geschäftsführer (sog. Gesellschafter-Geschäftsführer). Zu beachten ist, daß das Recht der Gesellschafter, Einfluß auf die Geschäftsführung und die Person des Geschäftsführers zu nehmen, grundsätzlich über die Gesellschafterversammlung ausgeübt wird.

Dem *Gesellschafter* persönlich steht das Stimmrecht sowie das Teilnahme- und Rederecht auf der Gesellschafterversammlung zu. Er hat Anspruch auf Gewinn und ist Inhaber weiterer Individualrechte, wie dem Einsichts- und Auskunftsrecht in Angelegenheiten der Gesellschaft.

Gesellschafterversammlung und Gesellschafter sind also streng voneinander zu trennen.

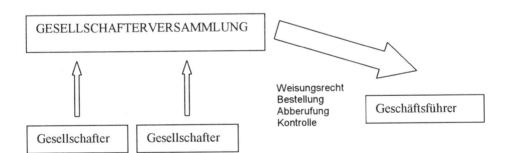

Die GmbH ist vor allem deshalb so beliebt, weil eine persönliche Haftung der Gesellschafter grundsätzlich nicht besteht. Dies erklärt sich zunächst einmal daraus, daß die Gesellschafter selbst nicht persönlich Schuldner der Verbindlichkeiten sind, sondern - wie ausgeführt - die

Keine persönliche Haftung der Gesellschafter

GmbH, die als juristische Person rechtsfähig und damit selbst berechtigt, aber auch verpflichtet ist. Die GmbH muß daher für ihre Schulden grundsätzlich selbst aufkommen. Die Gläubiger können sich nur aus dem Gesellschaftsvermögen befriedigen. Dies gilt für Verbindlichkeiten gegenüber allen Vertragspartnern, wie z.B. Arbeitnehmern, Lieferanten und Kunden.

Der Grundsatz, daß die Gesellschafter nicht für Verbindlichkeiten der GmbH haften, gilt auch im Steuerrecht: Die Gesellschafter haften nicht für die Steuerschulden der GmbH, sondern nur für ihre persönlichen Steuerschulden. Das Steuerrecht ordnet allerdings eine Haftungserweiterung auf den Geschäftsführer, d.h. den Manager der Gesellschaft, an (siehe ausführlich *Jula*, Geschäftsführerhaftung, S. 81 ff.).

Auch für Ansprüche der Sozialversicherungsträger, wie z.B. der gesetzlichen Krankenkassen wegen rückständiger Sozialversicherungsbeiträge, stehen die Gesellschafter nicht persönlich ein. Unter bestimmten Voraussetzungen kommt jedoch eine persönliche Verantwortlichkeit des *Geschäftsführers*, zumindest für rückständige Arbeitnehmerbeiträge zur Sozialversicherung, in Betracht (siehe *Jula*, Geschäftsführerhaftung, S. 91 ff.). Vertragspartner der GmbH mit starker Verhandlungsposition, wie Banken und Vermieter, bestehen indes häufig auf einer persönlichen Bürgschaft der Gesellschafter. Gerät die GmbH in die Krise, so müssen die Gesellschafter befürchten, wegen ihrer persönlichen Bürgschaften in Anspruch genommen zu werden. Allerdings können die Gesellschafter die Bürgschaftsverpflichtungen ihrer Höhe nach überblicken und wissen

somit von vornherein, auf welches Haftungsrisi-
ko sie sich einlassen.

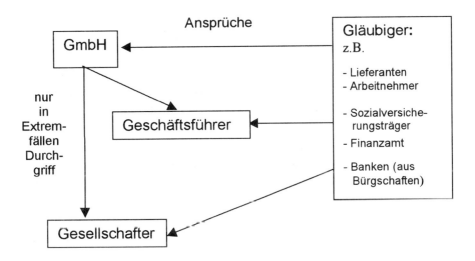

Haftungsverhältnisse bei der GmbH

Im Grundsatz bleibt es daher dabei: Übernimmt
der Gesellschafter keine persönlichen Verpflichtungen, etwa in Form von Bürgschaften oder
Garantien, so haftet er nicht für die Verbindlichkeiten der Gesellschaft. Ausnahmen bestehen
nur in Extremfällen, z.B. unter dem Gesichtspunkt der Konzernhaftung. Auf diese Haftung
wird gesondert eingegangen (siehe hierzu unten
4. Teil).

Der Ausschluß der persönlichen Haftung der Gesellschafter hat allerdings seinen Preis. Dieser
besteht in strengen Kapitalaufbringungs- und
Kapitalerhaltungsvorschriften. Wenn schon kei-
ner der Gesellschafter persönlich haftet, so soll
wenigstens sichergestellt sein, daß das gesetzlich vorgeschriebene Mindestkapital auch tat-

Schutz des Gesell-
schaftsvermögens

sächlich, d.h. effektiv, in das Gesellschaftsvermögen eingezahlt wird und anschließend den Gläubigern als Haftungsmasse zur Verfügung steht. Das zur Erhaltung des Stammkapitals erforderliche Vermögen soll also nicht durch Transaktionen zwischen Gesellschaft und Gesellschaftern zugunsten der Gesellschafter dem Gesellschaftsvermögen wieder entzogen werden. Die GmbH ist kein "Selbstbedienungsladen" für die Gesellschafter. Nimmt sich beispielsweise ein Gesellschafter in der Krise die letzten 2.000 DM aus der Kasse und läßt anschließend den Geschäftsführer den Insolvenzantrag stellen, so hat er hiermit eklatant gegen die Kapitalerhaltungsvorschrift des § 30 GmbHG verstoßen. Nebenbei dürfte er sich außerdem wegen Anstiftung zu einer Untreuehandlung des Geschäftsführers strafbar gemacht haben. Die entnommene Summe in Höhe von 2.000 DM muß der Gesellschafter - übrigens neben ihm auch der Geschäftsführer - in die Insolvenzmasse zurückzahlen; zur Kapitalaufbringung und Kapitalerhaltung wird noch im einzelnen Stellung genommen, siehe unten 4. Teil).

Außer den bereits erwähnten Organen (Gesellschafterversammlung und Geschäftsführer) kann auf freiwilliger Basis noch ein Aufsichtsrat bzw. Beirat bestehen, dem je nach Bedarf einzelne Funktionen zugewiesen werden können. Nach mitbestimmungsrechtlichen Vorschriften kann im Einzelfall auch die Bildung eines Aufsichtsrats mit Arbeitnehmerbeteiligung gesetzlich vorgeschrieben sein.

B.
Vor- und Nachteile der GmbH

I. Allgemeines

Die GmbH ist als Rechtsform vor allem deshalb so beliebt, weil sie den Gesellschaftern im Vergleich zu den sonstigen Rechtsformen zahlreiche Vorteile bietet. Schlagwortartig seien nur die wichtigsten Vorteile benannt:

Vorteile

- Ausschluß der persönlichen Haftung der Gesellschafter,
- Möglichkeit, jedoch nicht Pflicht zur eigenen Arbeitsleistung,
- Steuerrechtlich günstige Versorgung und Absicherung des Gesellschafter-Geschäftsführers,
- weitgehende Gestaltungs- bzw. Dispositionsfreiheit hinsichtlich des Gesellschaftsvertrags.

Die GmbH weist jedoch auch Nachteile auf. Diese liegen u.a. in:

Nachteile

- der im Vergleich zur AG erschwerten Kapitalbeschaffung, da kein Zugang zu den Kapitalmarktbörsen besteht,
- den im Vergleich zu den Personengesellschaften strengeren Formalitäten, insbesondere bei der Einberufung der Gesellschafterversammlung, der Anteilsübertragung, der Änderung des Gesellschaftsvertrags sowie der Rechnungslegung und Publizität.

Ob die GmbH steuerrechtlich von Vor- bzw. Nachteil ist, läßt sich nicht pauschal entscheiden, hier hängt es von der Gestaltung im Einzelfall ab.

Schon jetzt kann festgestellt werden, daß es keine Rechtsform gibt, die allen Bedürfnissen Rechnung trägt. Die GmbH kommt jedoch in einer Vielzahl von Fällen den Interessen der Gesellschafter entgegen.

Dies soll anhand mehrerer Beispielsfälle verdeutlicht werden:

Beispiel: *„Musicum & Art Forum GmbH"*
Zur Erinnerung: Paul und Berta möchten einen Musikalien- und Kunstgegenständehandel betreiben, wobei sie unterschiedliche Interessen haben. Während P im Geschäft mitarbeiten möchte, ist B vor allem daran interessiert, ihr Geld lukrativ anzulegen sowie ggf. Kontakte zur Kunstszene zu knüpfen.

Beispiel: *„Sebastian Song und sein Pracht-Orchester"*
Sebastian Song singt Schlager der 70er Jahre, hierbei begleitet ihn sein aus 15 Musikern bestehendes Orchester. Alle Orchestermitglieder sind nur nebenberuflich als Musiker tätig. An 30 Tagen im Jahr ist das Orchester auf Tournee, die Einkünfte stammen aus Gagen sowie aus den Verkäufen der CDs auf den Konzerten. Ferner erhalten die Musiker von ihrem Musikverlag Lizenzgebühren für die Tonträger, die über die Ladentische veräußert werden. Alle Musiker möchten weiterhin mitarbeiten, wobei eine sozialversicherungspflichtige Beschäftigung allerdings wegen der Höhe der Beiträge (Renten-, Kranken-, Arbeitslosen- und Pflegeversicherung) nicht gewollt ist, zumal die Orchestermitglieder bereits überwiegend in ihrem Hauptberuf versichert sind bzw. über private Absicherungen verfügen.

Beispiel: *„Scala-Vertriebs-GmbH"*
Die Scala-AG ist ein weltweit operierendes Unternehmen, das u.a. Holztreppen produziert. Für den Raum Berlin und Brandenburg soll mit Sitz in Luckenwalde eine Vertriebsgesellschaft gegründet werden, die den Absatz in der Region organisiert. Da die Scala-Treppen international einen guten Ruf genießen, ist geplant, daß die Gesellschaft unter

gleichem Namen wie die Scala-AG auftritt. Die Geschäfte soll Gustavo Gradini (G) leiten, der gleichzeitig Vertriebsleiter der Scala-AG ist. G ist damit Arbeitnehmer der Scala-AG und bezieht ein ansehnliches Salär. Die Scala-AG möchte mit ihrer Tochtergesellschaft unter gleichem Namen einen schlagkräftigen Vertrieb aufbauen, wobei die detaillierten Vorgaben der Konzernspitze, d.h. der Scala-AG, zur Erhaltung des hohen Qualitätsstandards unbedingt eingehalten werden müssen.

Lassen sich nun mit der Rechtsform der GmbH in den drei genannten Beispielen die Interessen der Parteien weitgehend verwirklichen?
Welche Rechtsformen stehen den Beteiligten überhaupt zur Verfügung?
Wie sieht es mit der persönlichen Haftung der Gesellschafter aus?
Wie steht es mit der Möglichkeit der Mitarbeit der Gesellschafter, welche Auswirkungen hat dies auf eine Sozialversicherungspflicht bzw. besteht Arbeitnehmerschutz für die mitarbeitenden Gesellschafter? Gibt es Wege für die Gesellschafter, ein System der betrieblichen Altersversorgung zu installieren?
Wie sind die Möglichkeiten der Kapitalbeschaffung bei den einzelnen Rechtsformen zu beurteilen? Welche Formalitäten sind zu bedenken?
Wie ist die Gestaltungsfreiheit der Gesellschafter hinsichtlich des Gesellschaftsvertrags geregelt?
Wie lassen sich der Wechsel von Gesellschaftern sowie deren Aufnahme und Ausschluß bzw. die Übertragung von Anteilen realisieren?
Wie ist die steuerrechtliche Situation bei den einzelnen Rechtsformen?

Überlegungen bei Rechtsformwahl

II. Vergleich der wichtigsten Rechtsformen

Die folgenden Überlegungen zum Rechtsformvergleich bleiben auf die wichtigsten Rechtsformen und Aspekte beschränkt.

In die Betrachtung einbezogen werden Personengesellschaften sowie die Aktiengesellschaft (AG) als weitere Kapitalgesellschaft neben der GmbH. Bei den Personengesellschaften werden vorgestellt: die offene Handelsgesellschaft (OHG), die Kommanditgesellschaft (KG), die Partnerschaft sowie die Gesellschaft bürgerlichen Rechts (GbR). Die GbR wird auch als BGB-Gesellschaft bezeichnet.

AG

Die AG ist im Aktiengesetz (AktG) geregelt, ihre Anteilseigner heißen Aktionäre. Die Leitung wird vom Vorstand wahrgenommen. Die Aktionäre üben ihre Rechte in der Hauptversammlung aus. Die Hauptversammlung wählt den Aufsichtsrat, der wiederum den Vorstand bestellt und kontrolliert. Die Aktionäre selbst haben keinerlei unmittelbare Einflußnahmemöglichkeiten auf den Vorstand, ein Weisungsrecht besteht nicht. Unterliegt die AG der unternehmerischen Mitbestimmung, so wird ein Teil der Aufsichtsratsmitglieder von der Arbeitnehmerseite gewählt.

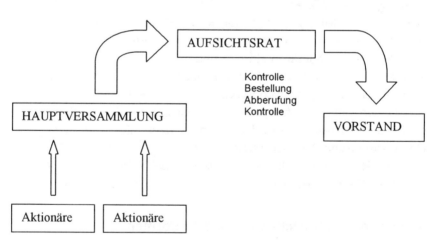

Die OHG (Offene Handelsgesellschaft) ist eine sog. Personenhandelsgesellschaft, die in den §§ 105 ff. Handelsgesetzbuch (HGB) geregelt ist. Sämtliche Gesellschafter haften unbeschränkt persönlich und sind nach der gesetzlichen Konzeption jeweils alleinvertretungs- und geschäftsführungsbefugt. Nach der Vorstellung des Gesetzgebers ist die OHG eine persönliche Haftungs- und Arbeitsgemeinschaft.

OHG

Die Kommanditgesellschaft (KG) kennt neben den persönlich haftenden Gesellschaftern (den sog. Komplementären, die die gleiche rechtliche Stellung wie OHG-Gesellschafter innehaben) die nur beschränkt haftenden Gesellschafter (sog. Kommanditisten). Ein Kommanditist ist typischerweise lediglich kapitalistisch beteiligt; damit korrespondiert eine eingeschränkte Einflußnahmemöglichkeit auf die Geschäftsführung und Vertretung der Gesellschaft. Durch Gestaltungen im Gesellschaftsvertrag läßt sich die Position des Kommanditisten aber weitgehend atypisch ausgestalten, d.h. ihm können Leitungsbefugnisse, allerdings keine sog. organschaftliche Vertretungsmacht, übertragen werden. Gesetzliche Grundlage der KG sind die §§ 161 ff. des HGB.

KG

Die BGB-Gesellschaft ist, wie ihr Name schon sagt, im Bürgerlichen Gesetzbuch (BGB) geregelt. Auch bei ihr haften - wie bei der OHG - alle Gesellschafter unbeschränkt persönlich. Eine Haftungsbeschränkung ist nur in engen Grenzen möglich.

BGB-Gesellschaft

Schließlich ist noch die Partnerschaftsgesellschaft zu nennen, die kurz auch nur Partnerschaft genannt wird. Für sie gibt es ein eigenes Gesetz, das Gesetz über die Partnerschaftsge-

Partnerschaft

sellschaften (PartGG). Die Partner haften grundsätzlich unbeschränkt, wobei sich aber die Haftung auf denjenigen Partner konzentriert, der den Auftrag bearbeitet. Neben ihm haftet den Gläubigern dann nur noch das Partnerschaftsvermögen, nicht jedoch die anderen Partner. Organisiert sich beispielsweise eine Rechtsanwaltskanzlei in der Rechtsform der Partnerschaft, so haftet gegenüber den Mandanten die Partnerschaft mit dem Gesellschaftsvermögen sowie der Anwalt, der das Mandat konkret bearbeitet hat.

III. Rechtsform und Interesse der Gesellschafter

Verfolgter Zweck

Die Tätigkeit der GmbH und der Aktiengesellschaft darf auf jeden erlaubten Zweck gerichtet sein. Sowohl Paul Piano und Berta Bocelli als auch Sebastian Song und seine Musiker sowie schließlich die Scala-AG könnten für ihre Bedürfnisse eine GmbH oder AG gründen. Der Zweck einer OHG oder Kommanditgesellschaft hingegen muß grundsätzlich auf das Betreiben eines *Handelsgewerbes* gerichtet sein. Traditionell gehören zum Handelsgewerbe nicht freiberufliche, künstlerische und wissenschaftliche Tätigkeiten. Das bedeutet, daß Sebastian Song und seine Musiker ihr Orchester nicht in der Rechtsform einer OHG oder KG betreiben können. Der Vertrieb von Holztreppen und der Verkauf von Musikinstrumenten und Kunstgegenständen stellen hingegen gewerbliche Tätigkeiten dar. Paul und Berta sowie die Scala-AG könnten daher grundsätzlich eine OHG oder KG errichten. Seit der Handelsrechtsreform vom 1. Juli 1998 ist es auch möglich, eine OHG oder KG im kleinunternehmerischen Bereich zu gründen. Selbst Paul Piano und Berta Bocelli könnten daher auf diese Rechtsform zurückgreifen.

Eine BGB-Gesellschaft darf ebenfalls auf jeden erlaubten Zweck gerichtet sein. Liegt allerdings der Betrieb eines Handelsgewerbes vor, so wird aus der BGB-Gesellschaft automatisch eine Offene Handelsgesellschaft. BGB-Gesellschaft und OHG schließen sich gegenseitig aus. Betreiben daher Paul Piano und Berta Bocelli ihr Gewerbe in einem Umfang, der nach § 1 HGB eine kaufmännische Organisation erfordert, so ist ihnen die Rechtsform der BGB-Gesellschaft verwehrt und ihre Gesellschaft als OHG einzustufen. Gleiches gilt für die Scala-AG, wenn sie die Treppen über eine Vertriebsgesellschaft veräußert, bei der ein nach Art und Umfang in kaufmännischer Weise eingerichteter Geschäftsbetrieb erforderlich ist.

Sebastian Song und seine Musiker könnten hingegen ihr Orchester in der Rechtsform der BGB-Gesellschaft betreiben.

Die Partnerschafts-Gesellschaft ist exklusiv lediglich für die freien Berufe, Künstler und Wissenschaftler geschaffen worden. Diese Rechtsform stünde daher nur Sebastian Song und seinen Orchestermusikern offen. Paul Piano und Berta Bocelli ist sie für ihr Musicum & Art Forum genauso verwehrt wie der Scala-AG für ihre Vertriebsgesellschaft.

IV. Haftung

Die Haftung ist bereits in dem vorhergehenden Abschnitt schlagwortartig angesprochen worden.

Rechtsformen
im Vergleich

Beteiligung	Rechts-form	Rechts-grundlage	Persönliche Haftung	Grundla-ge für die Haftung
GmbH-Gesellschafter	GmbH	GmbHG	Grundsätzlich keine, nur in Extremfällen	✗
Aktionär	AG	AktG	Grundsätzlich keine, nur in Extremfällen	✗
OHG-Gesellschafter	OHG	§§ 105 ff. HGB	Unbeschränkt	§ 128 HGB
Komplementär	KG	§§ 161 ff. HGB	Unbeschränkt	§§ 161 II, 128 HGB
Kommanditist	KG	§§ 161 ff. HGB	Beschränkt (soweit Einlage nicht geleistet), ausnahmsweise unbeschränkt	§ 171 HGB (beschränkt) § 176 HGB (unbe-schränkt)
BGB-Gesellschafter	BGB-Gesell-schaft = GbR	§§ 705 ff. BGB	Unbeschränkt, (Beschränkung der Haftung ist nur in Grenzen möglich)	§§ 421, 427 BGB
Partner	Partner-schaft	PartGG	Unbeschränkte Haftung (Haftungskonzen-tration auf einzelne Partner möglich)	§ 8 PartGG

Haftungsverhältnisse im Überblick

Die GmbH-Gesellschafter haften nicht für die Verbindlichkeiten der GmbH, nur in Extremfällen kommt es zu einem Durchgriff auf ihr persönliches Vermögen (siehe 4. Teil, C.). Unter dem Gesichtspunkt der Haftung ist daher die Rechtsform der GmbH für die Anteilseigner ideal. Gleiches gilt für die Aktiengesellschaft, da auch dort die Aktionäre grundsätzlich nicht für die Verbindlichkeiten der AG haften. Demgegenüber besteht bei der OHG eine unbeschränkte persönliche gesamtschuldnerische Haftung aller OHG-Gesellschafter für die Verbindlichkeiten der OHG. Die haftungsrechtliche Situation der Komplementäre, d.h. der persönlich haftenden Gesellschafter einer Kommanditgesellschaft, ist genauso: Sie haften ebenfalls unbeschränkt mit ihrem gesamten Vermögen für Verbindlichkeiten der Gesellschaft. Der Kommanditist dagegen haftet nur beschränkt in der Höhe, in der er seine Einlage noch nicht geleistet hat. Lediglich in Sonderkonstellationen gibt es eine unbeschränkte Haftung des Kommanditisten; Einzelheiten ergeben sich aus § 176 HGB, die wegen der geringen Praxisrelevanz hier nicht vertieft werden müssen.

Haftung im Rechtsformvergleich

Die BGB-Gesellschafter haften unbeschränkt persönlich mit ihrer gesamten Habe. Eine Haftungsbeschränkung auf das Gesellschaftsvermögen kann mit den Gläubigern vereinbart werden. Ohne eine solche Vereinbarung setzt sich die Haftungsbeschränkung im übrigen aber nur unter bestimmten Voraussetzungen durch, vor allem muß sie für die Gläubiger unschwer erkennbar sein. Die Einzelheiten sind in Rechtsprechung und Lehre noch nicht abschließend geklärt. In jedem Fall erstreckt sich diese Haftungsbeschränkung nicht auf gesetzliche Verbindlichkei-

Haftung bei BGB-Gesellschaft

ten, etwa auf die Haftung für Steuerschulden oder Sozialversicherungsbeiträge.

Haftung bei Partnerschaft

Bei der Partnerschaft haften alle Partner grundsätzlich unbeschränkt, das Partnerschaftsgesetz sieht aber in § 8 eine Haftungskonzentration auf den Partner vor, der den Auftrag bearbeitet. Bei dem Orchester wird sich diese Haftungsbeschränkung nicht auswirken, da die Orchesteraufführungen ohnehin von allen Partnern gemeinsam wahrgenommen werden. Fällt also beispielsweise ein Orchesterauftritt aus, weil das Orchester schuldhaft das Engagement nicht wahrnimmt, so haften alle Orchestermitglieder auf Schadensersatz. Ist aber nur ein Soloauftritt von Sebastian vereinbart, war jedoch Vertragspartner die Partnerschaft, so kann sich z.B. der geschädigte Konzertveranstalter, der wegen des nicht wahrgenommenen Auftritts Schadensersatz verlangt, grundsätzlich an die Partnerschaft sowie an Sebastian Song, nicht jedoch an die anderen Partner halten.

Für Sebastian Song und seine Musiker kommen haftungsrechtlich daher grundsätzlich die GmbH und die Aktiengesellschaft in Betracht. Bei allen anderen Rechtsformen besteht die Gefahr der persönlichen unbeschränkten Haftung. Eine OHG und KG ist ihnen aber auch deshalb verwehrt, weil diese Rechtsformen ein Handelsgewerbe voraussetzen, das die Musiker nicht betreiben.

Auch für Paul und Berta sind haftungsrechtlich lediglich die GmbH und die AG interessant. Außerdem wäre an eine KG zu denken, und zwar in der Rechtsform der GmbH & Co. KG, wobei persönlich haftende Gesellschafterin, d.h. Komplementärin, eine GmbH ist, so daß keine natürliche

Person, mithin auch nicht Paul und Berta, persönlich haftet.

Die Scala-AG wird für ihre Vertriebsgesellschaft ebenfalls entweder auf die GmbH oder AG zurückgreifen. Realisieren sich im Vertrieb hohe Haftungsrisiken, z.B. in Folge von Gewährleistungsansprüchen aus den Verkäufen der Treppen, so ist es günstig, wenn die Muttergesellschaft als Gesellschafterin nicht für die Verbindlichkeiten der Tochtergesellschaft gegenüber den Gläubigern derselben einstehen muß.

V. Möglichkeit und Pflicht zur Mitarbeit der Gesellschafter

Die Wahl der Rechtsform hängt häufig maßgeblich davon ab, ob und zu welchen Bedingungen die Gesellschafter selbst mitarbeiten möchten. Hier ist vor allem zu beachten, ob die Gesellschafter sozialversicherungspflichtig oder sozialversicherungsfrei beschäftigt sein wollen. Daneben ist grundsätzlich von Bedeutung, ob die Gesellschafter daran interessiert sind, selbst den Arbeitnehmerstatus mit seinen Schutzvorschriften, wie bezahltem Urlaub, Entgeltfortzahlung im Krankheitsfall, Mutterschutz, etc., genießen möchten. Ein weiterer Aspekt ist die Versorgung mitarbeitender Gesellschafter für die Fälle des Alters oder der Invalidität, ggf. in Ergänzung durch eine Absicherung der Angehörigen.

Sozialer Schutz der Gesellschafter

Neben diesem persönlichen Status der Gesellschafter ist ferner von Bedeutung, inwieweit die Gesellschafter gesellschaftsvertraglich das Recht oder auch die Pflicht haben, auf die Geschäftsführung Einfluß zu nehmen bzw. diese selbst in ihren Händen zu halten.

Einflußnahmemöglichkeit der Gesellschafter

Grundsatz der Fremdorganschaft

Bei der GmbH können sich die Gesellschafter - wie bei der AG - „nach Belieben" aussuchen, ob sie sich auf ihre Gesellschafterposition beschränken oder ob sie als Geschäftsführer Leitungsverantwortung übernehmen. Ein Gesellschafter kann, muß aber nicht Geschäftsführer werden. Dritte, die selbst nicht Gesellschafter sind, dürfen ohne weiteres die Leitung der Geschäfte übernehmen (Grundsatz der Fremdorganschaft).

Grundsatz der Selbstorganschaft

Dagegen müssen bei der OHG und KG mindestens einer der OHG-Gesellschafter bzw. der Komplementäre gleichzeitig auch die Leitungsbefugnisse ausüben (Grundsatz der Selbstorganschaft). Die Gesellschafter haben die organschaftliche Geschäftsführungs- und Vertretungsmacht.

Ein Kommanditist, der nur kapitalmäßig beteiligt ist, darf niemals organschaftliche Vertretungsmacht erhalten (§ 170 HGB). Er kann jedoch Geschäftsführungsbefugnisse und rechtsgeschäftliche Vertretungsmacht, etwa in Form einer Prokura, eingeräumt bekommen.

Bei der BGB-Gesellschaft gilt ebenfalls der Grundsatz der Selbstorganschaft, d.h. mindestens ein Gesellschafter muß geschäftsführungs- und vertretungsberechtigt sein. Daneben können ebenso wie bei der OHG und KG Dritte eingeschaltet werden, die Geschäftsführungs- und Vertretungsbefugnisse wahrnehmen.

Auch bei der Partnerschaft gilt wie bei den übrigen Personengesellschaften das Prinzip der Selbstorganschaft. Für die Beispiele bedeutet dies:

Sebastian Song und seine Musiker müssen, wenn sie sich für die Rechtsform der BGB-Gesellschaft oder Partnerschaft entscheiden, selbst Geschäftsführungsbefugnisse ausüben. Es ist also nicht möglich, alle Kompetenzen auf einen Fremdmanager zu übertragen, so daß die Musiker selbst über keinerlei Befugnisse verfügen. Eine andere Frage ist, ob die Gesellschafter die ihnen eingeräumten Rechte überhaupt ausüben. Pro forma muß jedoch mindestens einer der Gesellschafter Geschäftsführer sein. Anders ist es bei einer GmbH oder AG; bei diesen Rechtsformen dürfen sich alle Musiker ganz aus der Leitungsebene zurückziehen.

Paul und Berta könnten neben der GmbH oder AG ebensogut eine OHG oder KG gründen, denn Paul möchte ja Geschäftsführungsbefugnisse ausüben. Er würde bei der GmbH zum Geschäftsführer bzw. bei der AG zum Vorstand bestellt werden und bei der OHG und KG automatisch als persönlich haftender Gesellschafter geschäftsführungs- und vertretungsbefugt sein. Berta könnte sich, da sie selbst nicht die Geschicke der Gesellschaft als Geschäftsführerin in Händen halten möchte, ganz auf ihre Gesellschafterstellung beschränken.

Etwas komplizierter ist es mit der Scala-AG. Die AG als juristische Person ist selbst nicht handlungsfähig, sie handelt vielmehr durch ihre Organe, im Bereich der Geschäftsführung also durch ihren Vorstand. Beteiligt sich die AG an einer OHG oder KG, könnte sie persönlich haftende Gesellschafterin bzw. Komplementärin werden; die AG würde wiederum vertreten durch den Vorstand, der dann die Geschäfte der Vertriebs-KG bzw. OHG ausübt. Übersichtlicher wäre hier allerdings die Gründung einer GmbH, da die Scala-AG als Alleingesellschafterin befugt wäre, einen ihr genehmen Geschäftsführer zu bestellen, der Leitungsaufgaben der Vertriebs-GmbH wahrnimmt. Da die Scala-AG Gustavo Gradini (G) hiermit betrauen möchte, liegt es nahe, diesen zum Geschäftsführer einer Tochter-GmbH zu bestellen.

Sozialversicherungspflicht der Gesellschafter

Neben der Einflußnahmemöglichkeit auf die Geschäftsführung und Vertretung ist schließlich der soziale Status des Gesellschafters zu bedenken. Legt der Gesellschafter Wert darauf, als Arbeitnehmer sozialversicherungspflichtig beschäftigt zu sein, so ist dieser Aspekt bei der Rechtsformwahl einzubeziehen. OHG-Gesellschafter, Partner einer Partnerschaft oder BGB-Gesellschafter sind grundsätzlich Mitunternehmer und damit nicht abhängig beschäftigt. Sie sind weder Arbeitnehmer noch sozialversicherungspflichtig. Möchte also etwa Paul Piano im Beispiel der Musicum & Art Forum GmbH sozialversicherungspflichtig beschäftigt werden, scheiden für ihn die OHG, KG und BGB-Gesellschaft aus. Bei der GmbH bzw. AG hätte er hingegen grundsätzlich die Möglichkeit, sozialversicherungspflichtig als Arbeitnehmer zu arbeiten. Wird er allerdings Geschäftsführer, so ist er damit schon statusrechtlich kein Arbeitnehmer mehr. Sozialversicherungspflichtig ist er jedoch, wenn er abhängig beschäftigt wird. Entscheidend ist, ob der Gesellschafter eine beherrschende Stellung hat; trifft dies zu, unterfällt er grundsätzlich nicht der Sozialversicherungspflicht (siehe *Jula*, Status des Geschäftsführers, S. 223).

Ist P darauf angewiesen, der gesetzlichen Krankenversicherung anzugehören, in der ggf. über die Familienhilfe auch seine Kinder und seine Ehepartnerin mitversichert sind, dürfte ihm an einem sozialversicherungspflichtigen Status durchaus gelegen sein. Gleiches gilt, wenn er Wert darauf legt, aus der gesetzlichen Rentenversicherung eine Rente zu beziehen.

Die Arbeitnehmerprivilegien hingegen sind P als Geschäftsführer grundsätzlich verwehrt. Möchte P auch diese genießen, so darf er nicht als Geschäftsführer, sondern nur als sonstiger Mitarbeiter (z.B. Prokurist) für die GmbH tätig werden. Zu beachten ist aber, daß eine beherrschende Gesellschafterstellung, die sich beispielsweise in einer Mehrheit der Kapitalanteile niederschlägt, einer Arbeitnehmereigenschaft entgegensteht. Wichtig ist die Ausgestaltung im Einzelfall. Der Arbeitnehmer ist weisungsabhängig unselbständig beschäftigt. Kann P durch eine beherrschende Gesellschafterstellung seinen eigenen Status beeinflussen, schließt dies eine unselbständige Arbeitnehmertätigkeit aus.

Arbeitnehmerprivilegien

Die GmbH bietet ferner Vorteile bei der Ausgestaltung der Versorgung für die Fälle des Alters, der Invalidität sowie des vorzeitigen Todes. Im letzteren Fall ist an die Versorgung der Hinterbliebenen zu denken. Bei der GmbH gibt es die Möglichkeit, steuerrechtlich günstige Pensionszusagen an den Geschäftsführer zu erteilen bzw. sog. Direktlebensversicherungsverträge auf das Leben des Geschäftsführers abzuschließen. Die Versicherungsprämien unterliegen beim Geschäftsführer in Grenzen lediglich der pauschalen Besteuerung und stellen für die GmbH Betriebsausgaben dar. Bei Pensionszusagen besteht die Möglichkeit der Bildung von Pensionsrückstellungen, die sich gewinnmindernd bereits bei ihrem

Versorgung

erstmaligen Ansatz in der Bilanz der GmbH auswirken (nähere Einzelheiten siehe *Jula*, Status
des Geschäftsführers, S. 266 ff.).

Bei den Personengesellschaften (BGB-Gesellschaft, OHG, KG und Partnerschaft) gibt es keine
Möglichkeit, steuerrechtlich abzugsfähig Leistungen der Gesellschaft gegenüber den Gesellschaftern im Versorgungsbereich vorzunehmen. Aufwendungen, die etwa für eine Pensionszusage
oder für eine Lebensversicherung getätigt werden, stellen bei diesen Gesellschaften stets Entnahmen und damit nichtabzugsfähige Betriebsausgaben dar. Die Gesellschafter von Personengesellschaften haben wie jeder Arbeitnehmer nur
die Möglichkeit, Vorsorgeaufwendungen als
Sonderausgaben in den engen Grenzen des Ein-
kommensteuergesetzes geltend zu machen.

Gerade wegen der Möglichkeit, die Versorgung
steuerrechtlich günstig zu gestalten, ist die
GmbH für mitarbeitende Gesellschafter attraktiv.

Gleiches würde auch für die Aktiengesellschaft
gelten.

VI. Kapitalbeschaffung

Erschwerter
Zugang zu den
Kapitalmärkten

Nachteilig wirkt sich bei der GmbH allerdings der
fehlende Zugang zu den Kapitalmarktbörsen aus.
Die GmbH hat nicht die Möglichkeit, über die
Börsen durch Ausgabe neuer Geschäftsanteile
Eigenkapital zu beschaffen. Dieses Schicksal teilt
sie mit den Personengesellschaften, denen der
Zugang zu den Börsen ebenfalls verwehrt ist. Die
GmbH hat jedoch die Möglichkeit, durch Kapitalerhöhung von interessierten Anlegern außerhalb
der Kapitalmarktbörsen Mittel zu beschaffen. Ein
weiteres Instrument sind stille Beteiligungen, die

entgegengenommen werden. Es ist allerdings grundsätzlich einfacher, neue Aktionäre zu gewinnen, als Anleger davon zu überzeugen, sich an einer GmbH zu beteiligen. In jüngerer Zeit entstehen jedoch neue Märkte, an denen auch Anteile an Personengesellschaften und Gesellschaften in der Rechtsform der GmbH gehandelt werden. Nach Vermittlung eines Interessenten über die Börse kommen die Beteiligten anschließend nicht umhin, die Veräußerung unter Einhaltung der Formvorschriften vorzunehmen.

VII. Formalitäten

Bei der Rechtsform der GmbH sind im Vergleich zu den Personengesellschaften deutlich mehr Formalitäten zu beachten. Anzuführen ist neben differenzierten Rechtsvorschriften für die Einberufung der Gesellschafterversammlung beispielsweise die Anteilsübertragung, welche der notariellen Form bedarf. Dagegen sind Übertragungen bei den Personengesellschaften grundsätzlich formlos möglich.

Zahlreiche Formerfordernisse

Änderungen des Gesellschaftsvertrags bedürfen bei der GmbH der notariellen Beurkundung und der Eintragung im Handelsregister. Bei den Personengesellschaften existieren keine vergleichbaren Vorschriften.

Wesentlich formaler ist allerdings das Recht der Aktiengesellschaft ausgestaltet. Dort müssen grundsätzlich selbst Hauptversammlungsbeschlüsse notariell beurkundet werden, auch sind die Einberufungsvorschriften für die Hauptversammlung noch strenger als für die Gesellschafterversammlung der GmbH. Die Anteilsübertragung ist bei der AG allerdings denkbar einfach;

die häufig anzutreffenden Inhaberaktien werden durch bloße Einigung und Übergabe übertragen.

Strenge Vorschriften hinsichtlich der Rechnungslegung und Publizität gelten sowohl für die AG als auch die GmbH. Hier sind wiederum die Personengesellschaften privilegiert. Wer wenig Formalitäten möchte, wird also eher eine Personengesellschaft gründen.

VIII. Gestaltungsfreiheit und Einflußnahmemöglichkeiten auf die Geschäftsführung

Satzungs-
autonomie der
Gesellschafter

Von Bedeutung für die Wahl der Rechtsform ist weiterhin die Frage, inwieweit die Gesellschafter auf die Geschäftsführung Einfluß nehmen können und welche Flexibilität die Rechtsform hinsichtlich der inhaltlichen Ausgestaltung des Gesellschaftsvertrags bietet. Das Personengesellschaftsrecht hat mit dem GmbH-Recht gemein, daß der Gesellschaftsvertrag weitgehend der Disposition der Gesellschafter unterliegt. Es besteht weitreichende Gestaltungsfreiheit, so daß die Gesellschafter die Verhältnisse so regeln können, wie sie es für richtig halten.

Bei der Aktiengesellschaft besteht die gegenteilige Situation: Da die Anteile an den Börsen gehandelt werden können, besteht ein starkes Bedürfnis nach Anlegerschutz. Der Satzungsgestaltung ist ein enger Rahmen gesetzt, es besteht sog. formelle Satzungsstrenge, d.h. von den Vorschriften des Aktiengesetzes kann ausnahmsweise nur dann abgewichen werden, wenn es sich um ergänzende Regelungen handelt oder wenn das Aktiengesetz eine Abweichung ausdrücklich zuläßt. Da die GmbH-Gesellschafter ihre Vorstellungen in der Satzung weitgehend umsetzen können, ist die GmbH im Verhältnis zur Aktiengesellschaft in dieser Hinsicht im Vorteil.

Ein weiterer wichtiger Vorteil der GmbH liegt in der Kompetenz der Gesellschafterversammlung, dem Geschäftsführer Weisungen zu erteilen. Dadurch haben die Gesellschafter über die Gesellschafterversammlung die Möglichkeit, auf die Geschäftsführung Einfluß zu nehmen. Die Gesellschafterversammlung ist Herrin der GmbH. Ganz anders ist dies bei der Aktiengesellschaft; hier hat die Hauptversammlung keine Befugnis, die Geschäftsführung des Vorstands zu bestimmen. Ein Weisungsrecht besteht ausdrücklich nicht (§ 76 AktG). Da im übrigen auch nicht die Hauptversammlung, sondern der Aufsichtsrat den Vorstand bestellt, besteht wegen der mangelnden Personalkompetenz auch diesbezüglich keine Einflußnahmemöglichkeit.

Die Scala-AG, die an straffer Organisation ihres Vertriebs interessiert ist, wird also keinesfalls eine Tochter-Aktiengesellschaft gründen, sondern vielmehr auf die Rechtsform der GmbH zurückgreifen, da bei dieser über die Gesellschafterversammlung, die sie als Alleingesellschafterin selbst bildet, jede erdenkliche Einflußnahmemöglichkeit gegeben ist. Bei einer Aktiengesellschaft bestünde diese Möglichkeit in rechtlicher Hinsicht grundsätzlich nicht. Hier müßte die AG einen Beherrschungsvertrag mit der Tochter-AG abschließen, um sich ein Weisungsrecht zu verschaffen.

Auch Berta Bocelli wird für die Realisierung des Musikinstrumenten- und Kunstgegenständehandels eher der GmbH zuneigen, weil sie hier in der Gesellschafterversammlung mehr Rechte als in

Weisungsrecht der Gesellschafterversammlung

der Hauptversammlung einer AG hat. Da der Geschäftsumfang überschaubar sein wird, ist die Aktiengesellschaft ohnehin viel zu formal für das Vorhaben, das Berta Bocelli und Paul Piano realisieren möchten.

Sebastian Song und seine Musiker sind ebenfalls gut beraten, keine Aktiengesellschaft zu gründen, da bei dieser kaum eine Möglichkeit für die Musiker bestünde, auf die Geschäftsführung, die sie selbst unmittelbar betrifft, Einfluß zu nehmen.

IX. Steuerrechtliche Aspekte

Hier gilt es, zwischen den verschiedenen Steuerarten zu unterscheiden. Zunächst zur *Einkommensteuer*:

Überblick

Bei den Personengesellschaften besteht keine Einkommensteuerpflicht der Gesellschaften selbst, vielmehr sind nur die Gesellschafter Steuersubjekte, d.h. nur diese sind einkommensteuerpflichtig. Im Falle der Partnerschaft sind die Gewinne der Gesellschafter grundsätzlich Einkünfte aus selbständiger Arbeit. Die Gesellschafter einer OHG bzw. KG beziehen prinzipiell Einkünfte aus Gewerbebetrieb. Bei der BGB-Gesellschaft ist zu differenzieren: Sofern ein Gewerbe betrieben wird, entstehen Einkünfte aus Gewerbebetrieb, ansonsten Einkünfte aus selbständiger Arbeit.

Die GmbH als Steuersubjekt

Die GmbH hingegen ist selbst Steuersubjekt, ihre Gewinne unterliegen der sog. Körperschaftssteuer. Die Körperschaftssteuer ist die Einkommensteuer der juristischen Personen. Einbehaltene Gewinne werden mit einem Steuersatz von 40 %, an die Gesellschafter ausgeschüttete Gewinne mit einem niedrigeren Satz von 30 % besteuert.

Die ausgeschütteten Gewinne wiederum stellen für die GmbH-Gesellschafter eigene steuerpflichtige Einnahmen dar, die sie als sog. *Einkünfte aus Kapitalvermögen* zu versteuern haben. Hierbei ist jedoch, sofern die Gesellschafter - wie im Normalfall - unbeschränkt einkommensteuerpflichtig sind, zu berücksichtigen, daß die von der GmbH gezahlte Körperschaftssteuer auf die Steuerschuld der Gesellschafter angerechnet wird (sog. Anrechnungsverfahren). Zu den Einzelheiten siehe 3. Teil, A.II.3. Bei Einkünften aus Kapitalvermögen wird jährlich ein Freibetrag von 3.000 DM pro steuerpflichtiger Person bzw. von 6.000 DM bei gemeinsamer Veranlagung von Ehegatten gewährt (Stand: Veranlagungszeitraum 2000). Der Freibetrag ist also ein kleiner Anreiz, um Einkünfte aus Kapitalvermögen zu erzielen. Da jedoch dem Gesellschafter häufig auch andere Einkünfte aus Kapitalvermögen zufließen, dürfte der Freibetrag ohnehin meist ausgeschöpft sein, so daß dieses Argument in der Regel keine Bedeutung erlangt.

Ist der Gesellschafter gleichzeitig Geschäftsführer der GmbH, erhält er für diese Tätigkeit ein Gehalt. Dieses Gehalt stellt steuerrechtlich Einkünfte aus nichtselbständiger Arbeit dar. Der Geschäftsführer hat wie jeder Arbeitnehmer seine Lohnsteuerkarte abzugeben und genießt sämtliche Freibeträge für diese Einkunftsart, so auch den Arbeitnehmerfreibetrag in Höhe von 2.000 DM jährlich.

Bei der GmbH bestehen also steuerrechtlich Gestaltungsmöglichkeiten. Durch ein Geschäftsfüh-

Marginalien:

Dividenden sind steuerpflichtig

Geschäftsführervergütung

Großer Gestaltungsspielraum

rergehalt für den mitarbeitenden Gesellschafter erzielt dieser Einkünfte aus nichtselbständiger Arbeit, im übrigen bezieht er Einkünfte aus Kapitalvermögen. Bei beiden Einkunftsarten kann er Freibeträge für sich geltend machen. Durch die Anrechnung der Körperschaftssteuer stellt er sich grundsätzlich nicht schlechter als der Personengesellschafter.

Weiterhin kann der GmbH-Gesellschafter durch die Vermietung von Räumen oder Grundstücken Einkünfte aus Vermietung und Verpachtung erzielen. Dabei ist allerdings Vorsicht geboten, denn es handelt es sich insoweit auch um Einkünfte aus Gewerbebetrieb, wenn die Voraussetzungen der sog. Betriebsaufspaltung vorliegen.

Pensionsrückstellungen

Ein weiterer Vorteil der GmbH liegt in der Möglichkeit der Bildung von Pensionsrückstellungen für die erteilten Pensionszusagen. Diese Rückstellungen mindern bereits in dem Jahr ihrer Bildung deutlich den zu versteuernden Gewinn, ohne daß tatsächlich Liquidität abfließt. Das geschieht erst dann, wenn die Pensionszusage im Versorgungsfall erfüllt wird.

Gewerbesteuer

Weiterhin ist die *Gewerbesteuer* ins Blickfeld zu rücken. Die GmbH selbst ist gewerbesteuerpflichtig. Das gilt unabhängig davon, ob der Zweck der GmbH tatsächlich auf das Betreiben eines Gewerbes gerichtet ist. Gründen Sebastian Song und seine Musiker eine GmbH, so zahlt diese GmbH Gewerbesteuer, auch wenn das Orchester gar keine gewerbliche Tätigkeit ausübt. Dies ist ein wichtiges Argument für Sebastian Song und seine Musiker, gerade keine GmbH zu gründen, da diese Steuer dadurch erspart werden kann. Wird das Orchester in der Rechtsform der BGB-Gesellschaft oder in Partnerschaft betrieben, entsteht keine Gewerbesteuer, denn in diesem Fall erzielen die Gesellschafter ja keine Einkünfte aus Gewerbebetrieb, sondern aus selbständiger Arbeit.

X. Gesellschafterwechsel

Bei allen Rechtsformen sind Wechsel im Gesellschafterbestand möglich. Bei der GmbH bedarf es hierbei allerdings der notariellen Beurkundung der Anteilsübertragung sowie des Veräußerungsgeschäfts. Bei Personengesellschaften können die Anteile formfrei übertragen werden, Gleiches gilt für die Aktien einer Aktiengesellschaft.

Gesellschafterwechsel

Der Tod eines GmbH-Gesellschafters wirkt sich hingegen rechtlich nicht auf den Fortbestand der GmbH aus, hier fällt der Geschäftsanteil grundsätzlich in den Nachlaß. Die Erben bzw. die Erbengemeinschaft rücken in die Gesellschafterstellung ein. Eine Einziehung des Geschäftsanteils gegen Abfindung ist durch Beschluß der Gesellschafterversammlung möglich, wenn dies in der Satzung verankert ist.

Tod eines Gesellschafters

Auch wenn ein Gesellschafter einer OHG, KG oder Partnerschaft verstirbt, nimmt das Gesetz heute eine Kontinuität der Gesellschaft an. Der Gesellschafter scheidet mit seinem Tod lediglich aus der Gesellschaft aus (§ 131 II Nr. 1 HGB; § 9 II PartGG). Die Erben werden grundsätzlich nicht selbst Gesellschafter, sondern haben lediglich Anspruch auf Zahlung des Abfindungsguthabens. Bei der BGB-Gesellschaft wird die Gesellschaft nach der gesetzlichen Konzeption mit dem Tod eines Gesellschafters aufgelöst, sofern der Gesellschaftsvertrag keine abweichende Regelung trifft (§ 727 BGB). Die Erben haben daher

gegenüber den sonstigen Gesellschaftern Anspruch auf Zahlung des Auseinandersetzungs-
guthabens.

Bei allen Rechtsformen kann es zu folgenden
Problemen kommen: Hat der Gesellschafter
maßgeblich im Unternehmen mitgearbeitet, so
fehlen nach seinem Tod sein Know-how und
seine Arbeitskraft. Ist an die Erben, die nicht in
die Gesellschafterstellung einrücken, eine Abfindung zu zahlen, belastet dies zusätzlich die Liquidität bzw. die Vermögenslage der Gesellschaft. In solchen Fällen kann sogar der Fortbestand der Gesellschaft gefährdet sein.

Da bei der GmbH wie bei den Personengesellschaften weitgehend Gestaltungsfreiheit besteht,
können die aufgezeigten Nachteile durch entsprechende Regelungen abgefedert werden, so
daß die Rechtsfolgen bei einem Gesellschafterwechsel häufig maßgeblich von der Gestaltung
im Einzelfall abhängen. In die Betrachtung einzubeziehen sind ferner steuerrechtliche Überlegungen.

2. Teil
Gründung einer GmbH

A.
Überblick

GmbH-Gesellschafter zu werden ist nicht schwer: Der gesetzliche Normalfall ist die Gründung einer GmbH. Eine Neugründung muß jedoch nicht immer der Königsweg sein. Je nach den Bedürfnissen des Einzelfalls kommen auch andere Möglichkeiten zur Erlangung der Gesellschafterstellung in Betracht. Zu nennen sind hier die Vorrats- und Mantelgründung sowie der Mantelkauf. Besteht die GmbH bereits, so bietet sich ein Kauf der Geschäftsanteile (sog. *share-deal*) an.

Soll hingegen ein bereits bestehendes Unternehmen erworben werden, das bisher nicht in der Rechtsform der GmbH betrieben wurde, muß der Erwerber nach Möglichkeiten suchen, um aus dem von ihm zu erwerbenden Unternehmen eine GmbH zu machen. Hier bieten sich folgende Varianten an: Der Erwerber könnte das Unternehmen zunächst in der bestehenden Rechtsform erwerben, um es anschließend nach den Vorschriften des Umwandlungsgesetzes in eine GmbH umzuwandeln. Diese Möglichkeit besteht selbst dann, wenn ein einzelkaufmännisches Unternehmen aufgekauft wird. Voraussetzung ist lediglich, daß dieses im Handelsregister eingetragen ist.

Mehrere Varianten

Neben einem Umwandlungsvorgang, dessen Voraussetzungen und Rechtsfolgen sich nach dem Umwandlungsgesetz (UmwG) bestimmen, läßt sich das Vorhaben auch durch die Neugründung einer GmbH verwirklichen, wobei das gekaufte Unternehmen als Sacheinlage eingebracht wird.

Welchen Weg der künftige GmbH-Gesellschafter einschlägt, hängt von mehreren Faktoren ab. Von Bedeutung sind haftungsrechtliche Erwägungen, die Frage, ob sofort oder später mit der Geschäftsaufnahme begonnen werden soll sowie steuerrechtliche Rahmenbedingungen.

B.
Vorratsgründung und Mantelkauf

GmbH auf Vorrat

Eine *Vorratsgründung* ist die Errichtung einer GmbH „auf Halde", d.h. die GmbH wird zwar gegründet, aber der Geschäftsbetrieb wird noch nicht aufgenommen. Die Gründe hierfür können verschiedenartig sein: Die Gesellschafter wissen noch nicht genau, wann sie ihr Vorhaben umsetzen können bzw. wann sie ins Geschäft einsteigen werden, sie wollen jedoch für diesen noch unbestimmten Zeitpunkt in jedem Fall zügig eine GmbH zur Verfügung haben, unter deren Dach dann die Tätigkeit entfaltet werden kann. Denkbar ist auch, daß ein Berater, z.B. ein Steuerberater oder Anwalt, eine GmbH auf Vorrat gründet, um sie interessierten Mandanten im Bedarfsfalle zur Verfügung stellen zu können.

Zulässigkeit

Ob eine solche Vorratsgründung überhaupt durchgeführt werden darf, ist bis heute strittig. Grundsätzlich wird davon ausgegangen, daß eine GmbH den satzungsmäßig festgelegten Unternehmensgegenstand alsbald nach ihrer Errichtung verwirklichen muß. Vereinbaren die Gesellschafter einen Unternehmensgegenstand, der gar nicht betrieben wird, so ließe sich argumentieren, daß die Gesellschaft nur zum Schein errichtet wurde bzw. die Bestimmung des Gegenstands nichtig ist, so daß die Möglichkeit der Nichtigkeitserklärung der Gesellschaft gemäß § 75 GmbHG besteht. Die Unwirksamkeit einer Vorratsgründung wird noch heute für den Fall vertreten, in dem diese verdeckt erfolgt. „Verdeckt" bedeutet hierbei, wonach ein Hinweis in der Satzung fehlt, daß die Tätigkeit zunächst nicht aufgenommen werden soll.

Die sog. *offene* Vorratsgründung hat der *Bundesgerichtshof* jedoch in seinem grundlegenden Urteil aus dem Jahre 1992 für zulässig erklärt (BGH, ZIP 1992, 689). Erforderlich ist allerdings, daß der Unternehmensgegenstand zunächst mit der Verwaltung des eigenen Vermögens bzw. der eingezahlten Einlagen angegeben wird. Die übrigen Gründungsvorschriften müssen in jedem Fall eingehalten werden.

„Offene" Vorratsgründung

Da die GmbH zu jedem erlaubten Zweck gegründet werden darf, sind Bedenken gegen eine solche offene Vorratsgründung grundsätzlich nicht berechtigt. Schließlich wird auch der Unternehmensgegenstand korrekt mit der Verwaltung des eingebrachten Vermögens angegeben. In der Praxis ist man selbstverständlich bemüht, die eingezahlten Stammeinlagen möglichst verzinslich anzulegen.

Der Begriff der *Mantelgründung* wird häufig gleichbedeutend mit jenem der Vorratsgründung verwendet. Damit ist gemeint, daß zunächst nur

Mantelgründung

die GmbH als Hülse, d.h. ohne eigene Geschäftstätigkeit, gegründet und der „Mantel" erst dann zum Einsatz gebracht wird, wenn die Geschäftstätigkeit aufgenommen werden soll.

Mantelkauf

Der Kauf eines leeren GmbH-Mantels, also der Anteile an einer GmbH, die ihre Geschäftstätigkeit bereits eingestellt hat, wird als *Mantelkauf* bezeichnet. Hier wird sozusagen ein alter, ggf. „fleckiger und beschädigter Mantel" erworben. Zu beachten ist, daß zahlreiche Verbindlichkeiten der GmbH, seien es Steuerschulden, Verbindlichkeiten gegenüber Sozialversicherungsträgern, aber auch gegenüber Banken und sonstigen Gläubigern, bestehen können. Durch den Kauf des Mantels erwirbt man somit im ungünstigsten Fall eine GmbH, die vermögenslos oder gar überschuldet ist. Ein Mantelkauf sollte daher nur dann erfolgen, wenn absolute Gewißheit darüber besteht, ob und in welchem Umfang die zu erwerbende GmbH Verbindlichkeiten hat. Steuerrechtliche Vorteile bringt der Mantelkauf heutzutage nicht mehr, hierfür hat eine Änderung des § 8 IV Körperschaftssteuergesetz gesorgt. Verlustvorträge, die die erworbene GmbH aufweist, können damit bei dem Kauf eines bloßen Mantels ohne Übernahme eines Geschäftsbetriebs nicht genutzt werden.

Risiken für Gläubiger

Die Vorrats- bzw. Mantelgründung sowie der Mantelkauf bergen für Gläubiger die Gefahr in sich, daß zu dem Zeitpunkt, in dem tatsächlich die Geschäfte aufgenommen werden, die eingebrachten Einlagen bereits aufgezehrt sind. Selbst wenn die Stammeinlagen verzinslich angelegt wurden, kann sich über einen längeren Zeitraum ein Verlust einstellen, da die Kosten für die Steuererklärungen, Jahresabschlüsse sowie die Kon-

toführung und ggf. sonstige Auslagen zu bedenken sind. Nicht auszuschließen ist ferner, daß
sich bei der Anlage der Stammeinlagen Verluste
realisiert haben, weil das Geld unsicher bzw.
riskant angelegt wurde. Der Kauf eines leeren
GmbH-Mantels erfolgt im Regelfall deshalb, weil
den Käufern das Kapital zur Gründung einer
GmbH fehlt. Die Mittel der Gesellschafter ermöglichen meist lediglich den Erwerb einer nur mit
geringem Gesellschaftsvermögen ausgestatteten
oder gar vermögenslosen GmbH. In allen Fällen
kann also die Situation eintreten, daß eine GmbH
eine Geschäftstätigkeit aufnimmt, obwohl kein
oder nur unzureichend Stammkapital vorhanden
ist.

Daher wird ganz überwiegend angenommen, daß **Rechtsfolgen**
zu dem Zeitpunkt, zu dem die Geschäftstätigkeit
aufgenommen wird, die Gründungsvorschriften
sinngemäß anzuwenden sind. Wie weit diese
Anwendung reicht, ist noch nicht abschließend
geklärt.

Die Anwendung der Vorschriften, die die Mindestkapitalausstattung betreffen, wird ganz
überwiegend bejaht. Die Verwendung oder der
Kauf eines GmbH-Mantels wird als Umgehung
der Gründungsvorschriften gewertet. Um die
Kapitalaufbringung zu sichern, werden die Gründungsvorschriften, insbesondere die §§ 3, 5, 9 a
und 19 GmbHG, entsprechend angewendet (siehe für den Mantelkauf OLG Frankfurt/M, GmbHR
1999, 32, 33).

Konsequent muß auch die noch zu erörternde **Unterbilanzhaftung**
Unterbilanzhaftung eingreifen, d.h. die Erwerber
der Geschäftsanteile müssen sicherstellen, daß
der GmbH ein Reinvermögen in Höhe der

Stammkapitalziffer zur Verfügung steht, wobei fraglich ist, auf welchen Zeitpunkt abzustellen ist. Wird bei der Verwendung des Mantels die Satzung geändert, ist es naheliegend, den Zeitpunkt zu wählen, in dem die Satzungsänderung in das Handelsregister eingetragen wurde. Ansonsten dürfte der Zeitpunkt des Erwerbs der GmbH-Anteile maßgeblich sein.

Handelnden-haftung

Umstritten ist, ob die Handelndenhaftung gemäß § 11 II GmbHG bzw. die von der Rechtsprechung entwickelte Verlustdeckungshaftung ebenfalls auf die Mantel- bzw. Vorratsgründung zur Anwendung kommen (siehe zu diesen Ansprüchen unter 2. Teil, E.II.). Die GmbH-Gründer trifft bis zur Eintragung der GmbH eine sog. interne Verlustdeckungshaftung. Diese besagt, daß die Gründer gegenüber der GmbH für entstandene Verluste grundsätzlich einzustehen haben. Die Geschäftsführer hingegen sehen sich mit der Handelndenhaftung gemäß § 11 II GmbHG konfrontiert, die gegenüber den Gesellschaftsgläubigern im Stadium der GmbH in Gründung besteht. Geht die Mantelverwertung mit einer Satzungsänderung einher, wäre es denkbar, diese Anspruchsgrundlagen für die Zeit zwischen Aufnahme der Geschäftstätigkeit und der Eintragung der Satzungsänderung zur Anwendung kommen zu lassen (siehe zur Handelndenhaftung beim Mantelkauf ausführlich mit weiteren Nachweisen die Entscheidung des LG Hamburg, GmbHR 1997, 895, diese ablehnend OLG Brandenburg, ZIP 1998, 2095, 2096).

Der Mantelkauf, die Mantelverwendung wie auch die Aktivierung der auf Vorrat gegründeten GmbH werden somit materiell wie eine Neugründung behandelt, was für die Erwerber sehr gefährlich werden kann. Allerdings sieht die Praxis darüber häufig nach dem Motto hinweg: Wo kein Kläger ist, da ist kein Richter. Nicht selten wird recht sorglos eine Vorrats- bzw. Mantelgründung in der Hoffnung vorgenommen, es würde schon niemand merken. Geben die Gesellschafter bereits den späteren Gesellschaftszweck an, so ist es in der Tat für das Registergericht schwierig, eine Mantelgründung aufzudecken. Zu beachten ist jedoch, daß die Übertragung der GmbH-Anteile der notariellen Form bedarf und daß die Notare verpflichtet sind, dem Handelsregister eine Ausfertigung zu übersenden. Ist die Gegenleistung wesentlich geringer als die Stammeinlage des übernommenen Geschäftsanteils, liegt es nahe, einen Mantelkauf anzunehmen. Werden bei der Verwendung des Mantels die Firma und der Unternehmensgegenstand geändert sowie komplett die Gesellschafter und Geschäftsführer ausgetauscht, kommt eine Mantelverwendung, die im Verborgenen stattfinden soll, häufig doch ans Tageslicht.

Die Folgen können durchaus empfindlich sein. Hat ein Gründer beispielsweise für 10.000 DM einen GmbH-Mantel erworben, sind jedoch die eingezahlten Stammeinlagen vollständig aufgebraucht, so muß er damit rechnen, daß er die Stammeinlagen nochmals zu leisten hat (OLG Frankfurt/M, GmbHR 1999, 32, 33). Da durch die Änderung des Gesellschaftsvertrags ebenfalls Kosten anfallen, hat dieser Gründer letztlich 10.000 DM zuzüglich „Spesen" für viel Ärger ausgegeben.

C.
Umwandlung

I. Umwandlung einer Personenhandels-gesellschaft in eine GmbH

Neben der Möglichkeit der Vorrats- und Mantel-gründung bzw. des Mantelkaufs kann eine GmbH-Beteiligung auch durch einen Umwand-lungsvorgang erworben werden.

Hierbei ist danach zu differenzieren, ob das bis-herige Unternehmen durch einen oder mehrere Inhaber betrieben wird. Sind mehrere Inhaber vorhanden so liegt eine Personengesellschaft vor. Hier kommt eine Änderung der Rechtsform, d.h. ein Rechtsformwechsel zur GmbH, in Betracht.

Beispiel: *„Paul und Berta in ständiger Wandlung"*
Paul und Berta gründen ihr Geschäft für Musikin-strumente und Kunstgegenstände nicht - wie im Ausgangsfall - „auf der grünen Wiese", sondern erwerben das alteingesessene Musikinstrumenten-geschäft von Karl Klampfe (K). K hat sein Geschäft bisher in der Rechtsform eines im Handelsregister eingetragenen Einzelkaufmanns betrieben. Da P und B gemeinsam unternehmerisch tätig werden möchten, kommt eine Fortführung des einzelkauf-männischen Geschäfts nicht in Betracht. Denn wie schon aus dem Namen deutlich wird: Ein Einzel-kaufmann ist stets allein. P und B überlegen daher, ob sie eine Personengesellschaft oder gleich eine GmbH gründen. Nach einiger Überlegung entschei-den sie sich für die Gründung einer Personengesell-schaft, weil sie den finanziellen und organisatori-schen Aufwand einer GmbH-Gründung noch scheuen. Da B jedoch keinesfalls unbeschränkt persönlich haften möchte, kommt nur die Grün-dung einer Kommanditgesellschaft in Betracht. P wird Komplementär, d.h. unbeschränkt persönlich haftender Gesellschafter, und B Kommanditistin der Musicum & Art Forum KG. B übernimmt eine Kommanditeinlage in Höhe von 5.000 DM, die sie sofort einzahlt. Mit dem Vermieter des bisherigen

Ladengeschäfts wird günstig auf zehn Jahre ein neuer Mietvertrag abgeschlossen.

Die Geschäfte laufen zunächst sehr gut an. P verkauft beispielsweise zehn große Keyboards an eine Musikschule . Dort gibt es allerdings Ärger, da sich die Keyboards wegen eines Fabrikationsfehlers als mangelhaft erweisen und die Musikschule damit droht, sämtliche zehn Kaufverträge rückgängig zu machen, was eine enorme finanzielle Belastung für das junge Unternehmen bedeuten würde. Gott sei Dank kann der Fabrikationsfehler beseitigt werden. Dennoch wurde P durch dieses Erlebnis vor Augen geführt, in welcher persönlichen Haftung er steckt. Er drängt daher darauf, das Unternehmen in der Rechtsform der GmbH fortzuführen.

Für eine Personenhandelsgesellschaft (OHG oder KG) bestehen grundsätzlich mehrere Möglichkeiten, die Geschäfte künftig in der Rechtsform der GmbH zu führen. Einerseits kommt eine Umwandlung nach den Vorschriften des Umwandlungsgesetzes in Betracht. Das Umwandlungsgesetz, das ab 1. Januar 1995 in Kraft und an die Stelle des alten wesentlich lückenhafteren Umwandlungsgesetzes getreten ist, sieht mehrere Möglichkeiten einer Umwandlung vor. Ausführlich geregelt sind die Verschmelzung, die Spaltung, die Vermögensübertragung sowie der Formwechsel. Für die Umwandlung der Kommanditgesellschaft in eine GmbH bietet sich der Rechtsformwechsel an: Die Rechtsform der KG wird in die der GmbH geändert.

Außerhalb des Umwandlungsgesetzes besteht daneben die Möglichkeit, eine neue GmbH zu gründen und das bisherige Unternehmen, das die KG betrieben hat, als Sacheinlage einzubringen.

Welcher Weg gewählt wird, hängt von den Umständen ab. Die Gründung einer GmbH durch Sacheinlage begründet lediglich eine Einzel-

Sachgründung

rechtsnachfolge. Das bedeutet, daß sämtliche Gegenstände, Forderungen und Verbindlichkeiten auf die GmbH im einzelnen übergeleitet werden müssen. Sträubt sich beispielsweise ein Vertragspartner, wie hier der Vermieter des Mietvertrags, mit der neugegründeten GmbH sein Vertragsverhältnis fortzusetzen, so besteht keinerlei Möglichkeit, dieses Vertragsverhältnis überzuleiten. Außerdem durchläuft die GmbH das gefährliche Gründungsstadium mit den Problemen der Verlustdeckungs- und Handelndenhaftung (siehe hierzu sogleich die Ausführungen unter E.II.).

Umwandlung

Vorteilhafter ist vor diesem Hintergrund eine Umwandlung nach dem Umwandlungsgesetz, hier durch einen Rechtsformwechsel von der KG in eine GmbH. Der Rechtsformwechsel ist in den §§ 190 ff., 214 ff. UmwG geregelt. Dabei findet eine Gesamtrechtsnachfolge statt, d.h. mit der Handelsregistereintragung wandelt sich die KG unter Wahrung der Identität in eine GmbH um (siehe § 202 UmwG).

Hierbei gibt es kein Gründungsstadium, mithin auch keine Verlustdeckungs- oder Handelndenhaftung. Vielmehr wird aus der KG in einer logischen Sekunde eine GmbH ohne Übergangsphase. Zu beachten ist aber, daß bei beiden Vorgängen der Kapitalschutz der zu gründenden GmbH eingehalten werden muß. Bei der Gründung durch Sacheinlage hat dies zur Folge, daß die Sacheinlage mindestens das festgesetzte Stammkapital erreichen muß. Bei der Umwandlung durch einen Rechtsformwechsel muß ein Reinvermögen in Höhe der Stammkapitalziffer der GmbH zur Verfügung stehen (siehe § 220 UmwG).

Eine Umwandlung kann daher nicht dazu verwendet werden, aus dem einzelkaufmännischen Unternehmen oder der Personenhandelsgesellschaft eine GmbH zu machen, wenn die Aufbringung des gesetzlichen Mindeststammkapitals nicht gewährleistet ist.

Sowohl bei der Umwandlung als auch bei der Sachgründung sind noch weitere Einzeleinheiten zu beachten. Das Umwandlungsrecht kann hier allerdings nicht vertieft werden, zu der Sachgründung siehe die Ausführungen im 2. Teil, F.III.

II. Umwandlung eines einzelkaufmännischen Unternehmens in eine GmbH

Erwirbt ein einzelner Gründer ein einzelkaufmännisches Unternehmen, so tritt dieser an die Stelle des bisherigen Einzelkaufmanns. Hätte also in unserem Beispiel der Musicum & Art Forum GmbH P allein, etwa weil B es sich doch noch anders überlegt hat, das einzelkaufmännische Unternehmen des K erworben, so böten sich auch ihm die Möglichkeiten der Umwandlung in eine GmbH bzw. der Gründung einer GmbH durch die Einbringung des Unternehmens als Sacheinlage.

Bei der Umwandlung ist allerdings zu beachten, daß das Umwandlungsgesetz einen Rechtsformwechsel von der Rechtsform des Einzelkaufmanns in jene der GmbH nicht kennt.

Zugelassen wird aber eine Spaltung in Form der Ausgliederung. Die Spaltung ist ebenfalls im Umwandlungsgesetz geregelt. Zur Spaltung gehören die Aufspaltung, Abspaltung und Ausglie-

Ausgliederung zur Neugründung

derung. Für die hier beabsichtigte Umwandlung des einzelkaufmännischen Unternehmens in eine GmbH bietet sich die Ausgliederung als Form der Spaltung an. Dies ist ausdrücklich in den §§ 152-160 UmwG geregelt. Vorausgesetzt wird lediglich, daß der Einzelkaufmann im Handelsregister eingetragen ist (§ 152 Satz 1 UmwG).

Voraussetzungen

Der Einzelkaufmann hat nun die Möglichkeit, von seinem Vermögen das einzelkaufmännische Unternehmen abzuspalten, indem er es auf eine neu zu gründende GmbH ausgliedert. Der ganze Vorgang umfaßt wie jede Umwandlung einige Formalien (Spaltungsplan und Sachgründungsbericht) und muß – ebenfalls wie jeder Umwandlungsvorgang – beim Handelsregister, und zwar sowohl beim Handelsregister des Einzelkaufmanns als auch bei jenem der zu gründenden GmbH, ordnungsgemäß angemeldet werden.

Haftung

Nur nebenbei sei bemerkt, daß der Einzelkaufmann durch die Abspaltung aus seiner persönlichen Haftung, jedenfalls für die nächsten fünf Jahre nach der Umwandlung, nicht herauskommt. Die GmbH haftet ferner im Gegenzug für die Verbindlichkeiten des Einzelkaufmanns (§ 133 I UmwG). Ob sich die Haftung auch auf die Privatschulden des ehemaligen Einzelkaufmanns bezieht, die dieser zum Zeitpunkt der Eintragung der Ausgliederung hat, ist nicht hinreichend geklärt.

D. Chronologischer Ablauf der Gründung

I. Überblick über die Phasen der Gründung

1. Einführung

Vereinbaren die zukünftigen Gesellschafter die Gründung einer GmbH, so entsteht zwischen ihnen eine sog. Vorgründungsgesellschaft, deren Zweck darauf gerichtet ist, eine GmbH zu gründen. Die GmbH als juristische Person entsteht erst mit Eintragung der Gesellschaft in das Handelsregister. Vorher durchläuft die Gesellschaft einen Gründungsprozeß, der sich im wesentlichen in zwei Abschnitte einteilen läßt: In das Stadium der Vorgründungsgesellschaft, das bis zur notariellen Beurkundung des Gesellschaftsvertrags bestehen kann, und in die sich daran anschließende Phase der sog. GmbH in Gründung.

2. Vorgründungsgesellschaft

Beschließen die GmbH-Gründer, eine GmbH ins Leben zu rufen, verfolgen sie schon damit einen gemeinsamen Zweck. Ist es den Gründern mit der Gesellschaft ernst, besteht juristisch formuliert also ein sog. Rechtsbindungswille. Damit stellt die zwischen den Gesellschaftern getroffene Abrede, eine GmbH zu gründen, bereits ihrerseits ein Gesellschaftsverhältnis dar. Zwischen den Gesellschaftern ist dadurch eine sog. *Vorgründungsgesellschaft* entstanden, d.h. eine Gesellschaft, deren Zweck darin besteht, eine GmbH zu gründen.

Vorgründungsgesellschaft

Die Tätigkeit der Vorgründungsgesellschaft kann sich darauf beschränken, die GmbH zu gründen,

Zweck

sie kann aber auch bereits die Geschäftstätigkeit aufnehmen. Dies bietet sich etwa an, wenn ein Unternehmen in die GmbH eingebracht werden soll oder wenn es die Gesellschafter sehr eilig haben und bereits vor Errichtung der GmbH durch notarielle Beurkundung des Gesellschaftsvertrags unternehmerisch aktiv werden möchten.

Beispiel: *„Der Start der Musicum & Art Forum GmbH"*
(Fortsetzung des obigen Beispiels.) Paul und Berta möchten auf einer in Kürze stattfindenden Messe die Gelegenheit nutzen, ihren Musikinstrumenten- und Kunstgegenständehandel vorzustellen. Obwohl sie weder einen GmbH-Vertrag ausgearbeitet noch sich zum Notar zwecks notarieller Beurkundung begeben haben, möchten sie bereits unternehmerisch tätig werden. Sie mieten daher einen Messestand auf der Messe an und stellen ihr junges Unternehmen vor.

In dem vorgezeichneten Beispiel ist zwischen Paul und Berta bereits eine Vorgründungsgesellschaft entstanden, deren Zweck darüber hinausgeht, lediglich eine GmbH zu gründen. Die GmbH wird durch notarielle Beurkundung des Gesellschaftsvertrags gegründet. Als notwendige Vorbereitungsmaßnahme ist es hierfür lediglich erforderlich, den GmbH-Vertrag auszuarbeiten. Für die spätere Anmeldung muß über die Finanzierung der Einlagen und die Person des Geschäftsführers nachgedacht werden. Die Aufnahme einer unternehmerischen Tätigkeit ist keinesfalls nötig.

Anwendbares Recht

Für die Vorgründungsgesellschaft gilt das GmbH-Recht grundsätzlich nicht; es kommt vielmehr das Recht jener Rechtsform zur Anwendung, das der Rechtsform der Vorgründungsgesellschaft entspricht. Ist diese also als BGB-Gesellschaft oder OHG zu qualifizieren, so gelten die entsprechenden Vorschriften. Die Gesellschafter haben es allerdings in der Hand, zumindest für das Innenverhältnis weitgehend die Vorschriften des GmbH-Rechts zu vereinbaren. Haftungsrechtlich bleiben sie jedoch grundsätzlich in ihrer Verantwortung als OHG- oder BGB-Gesellschafter.

Rechtlich betrachtet stellt die Vorgründungsgesellschaft entweder eine Gesellschaft bürgerlichen Rechts oder sogar, wenn bereits eine kaufmännische Organisation erforderlich ist, eine OHG dar. Im Beispiel von P und B könnte als sowohl eine OHG als auch eine BGB-Gesellschaft vorliegen, in beiden Fällen haften die Gesellschafter unbeschränkt persönlich mit ihrem Privatvermögen.

3. GmbH in Gründung

Mit der notariellen Beurkundung des Gesellschaftsvertrags entsteht die sog. GmbH in Gründung (GmbH i.G.). War die Vorgründungsgesellschaft lediglich darauf gerichtet, die GmbH zu gründen, so ist sie durch die Erreichung dieses Zwecks aufgelöst. Betrieb die Vorgründungsgesellschaft hingegen bereits ein Handelsgewerbe, wie im Beispiel von Paul und Berta, so müßten sämtliche begründeten Ansprüche und Pflichten auf die GmbH in Gründung übertragen werden. Zwischen der Vorgründungsgesellschaft und der GmbH in Gründung findet keine Gesamtrechtsnachfolge statt, auch ist die GmbH i.G. nicht mit der Vorgründungsgesellschaft identisch. Eine Haftung der Vorgründungsgesellschafter besteht daher grundsätzlich fort (siehe zu den Haftungsverhältnissen der Vorgründungsgesellschaft die Ausführungen in diesem Teil unter E.I.).

GmbH i.G.

Die GmbH i.G. wird auch als Vorgesellschaft, Vor-GmbH, Gründungsgesellschaft oder Gründungs-GmbH bezeichnet. Die Vielzahl der verwendeten Begriffe ist recht verwirrend. Auseinanderzuhalten sind jedoch unbedingt GmbH i.G. und die im vorherigen Abschnitt erläuterte Vorgründungsgesellschaft. Bei der GmbH i.G. handelt es sich um eine Rechtsform eigener Art. Für sie gilt bereits das GmbH-Recht, soweit dieses Recht nicht die Handelsregistereintragung voraussetzt.

Rechtsnatur

Die GmbH i.G. wird durch den oder die Geschäftsführer vertreten. Sie ist weitestgehend rechtsfähig, insbesondere kann sie bereits im Grundbuch eingetragen werden, sie kann Konten bei Banken eröffnen, sie ist in der Lage, Wechselverbindlichkeiten einzugehen und eine Firma, d.h. einen Namen, zu führen. Sie ist parteifähig und dazu berechtigt, aber auch verpflichtet, sämtliche Arbeitgeberfunktionen auszuüben. Die Vertretungsmacht, d.h. die Befugnis des Geschäftsführers, im Außenverhältnis aufzutreten, ist strittig; mit dieser hängt die Haftung der Gründer eng zusammen. Hierauf wird unten beim Abschnitt zur Verlustdeckungshaftung eingegangen (siehe die Aufzeichnungen im 2. Teil, E.II.1.).

Identität mit späterer GmbH

Durch die Eintragung der GmbH i.G. im Handelsregister wird aus ihr „automatisch" die GmbH, ohne daß es einzelner Übertragungsakte bedarf: Man geht von einer Identität zwischen der GmbH i.G. und der später eingetragenen GmbH aus. Letztlich handelt es sich um einen Rechtsformwechsel von der GmbH i.G. zur GmbH. Aus dem Fötus wird das Kind, ohne daß hierfür weitere Schritte der Gesellschafter nötig wären.

II. Bargründung

Kardinalpflicht der Gesellschafter ist die Leistung ihrer Einlagen. Die Einlage kann in Geld geleistet werden (sog. Bareinlage). Hierbei muß es sich nicht um Bargeld handeln; Buchgeld, das z.B. per Banküberweisung in das Gesellschaftsvermögen geleistet wird, eignet sich ebenso für eine Bargründung. Im Unterschied dazu stellt alles, was nicht in Geld eingebracht werden soll, eine Sacheinlage dar: bewegliche Sachen (Autos, Maschinen, Büroeinrichtung), Grundstücke, Forderungen oder Wertpapiere. Eine Sachgründung liegt vor, sobald mindestens einer der Gesellschafter seine Einlage nicht oder nicht ausschließlich in Geld übernimmt.

Bar- oder Sacheinlage

Tip!
Empfehlenswert ist eine Bargründung, da diese im Gegensatz zur Sachgründung schnell und komplikationslos ist. Bei der Sachgründung stellen sich häufig Bewertungsprobleme, auch ist die Bearbeitungszeit des Handelsregisters für die Eintragung der Gesellschaft in der Regel länger.

Bei der Gründung der Gesellschaft übernehmen die Gründer ihre Stammeinlagen (§ 5 II, III GmbHG). Da die Gesellschaft handlungsfähig sein muß, wird in der Regel sofort nach der notariellen Beurkundung des Gesellschaftsvertrags und der Übernahme der Einlagen durch die Gesellschafter in einem Gesellschafterbeschluß der erste oder die ersten Geschäftsführer bestellt. Der Geschäftsführer meldet anschließend die Gesellschaft zur Eintragung beim Handelsregister an. Erst mit Handelsregistereintragung entsteht aus der GmbH i.G. die eigentliche GmbH als juristische Person.

Ablauf der Gründung

Gründung der GmbH
Notarielle Beurkundung des Gesellschaftsvertrags

⇩

Übernahme der Stammeinlagen durch die Gründer

⇩

Bestellung eines Geschäftsführers

⇩

Anmeldung zum Handelsregister

⇩

Prüfung durch das Handelsregister mit
anschließender Eintragung der Gesellschaft

Errichtung vor Notar

Haben sich die Gründer auf einen Gesellschaftsvertrag geeinigt, so lassen sich sämtliche nachfolgenden Formalien in einem Notartermin erledigen. Dort wird die GmbH errichtet, indem der Gesellschaftsvertrag in der vor dem Notar abgehaltenen Gesellschafterversammlung beschlossen und gleichzeitig notariell beurkundet wird. In der Errichtungserklärung übernehmen die Gründer ihre Stammeinlagen. Mit einem weiteren Gesellschafterbeschluß wird sodann der erste Geschäftsführer bestellt. Dies kann auch im Gesellschaftsvertrag selbst geschehen, was jedoch schon deshalb nicht empfehlenswert ist, weil bei einem Wechsel des Geschäftsführers der Gesellschaftsvertrag geändert werden müßte bzw. Streit darüber entstehen kann, ob die Verankerung der Geschäftsführerposition im Gesellschaftsvertrag für diesen ein Sonderrecht beeinhaltet (siehe *Jula*, Status des GmbH-Geschäftsführers, S. 14.).

Die Anmeldung beim Handelsregister muß notariell beglaubigt sein. Das bedeutet, daß der Geschäftsführer die Anmeldung im Beisein eines Notars unterschrieben hat. Wichtig ist, daß eine Anmeldung erst dann zulässig ist, wenn die Mindeststammeinlagen von den Gesellschaftern zur freien Verfügung des Geschäftsführers geleistet worden sind. Zur freien Verfügung heißt, daß der Geschäftsführer ohne Einschränkungen über die Verwendung der geleisteten Einlagen bestimmen kann. Eine Leistung zur freien Verfügung wird dann nicht angenommen, wenn vereinbart ist, daß die eingezahlten Stammeinlagen alsbald an die Gesellschafter zurückfließen sollen (BGHZ 113, 335, 348). Ordnungsgemäß ist eine Einzahlung des Betrags auf ein Konto der Vorgesellschaft, wenn der Geschäftsführer unbeschränkt verfügungsberechtigt ist. Da die Banken aber in der Regel erst dann ein Konto auf den Namen der GmbH i.G. einrichten, wenn die notarielle Urkunde über die Gründung vorgelegt wird, müßte man bei dieser Vorgehensweise zweimal zum Notar. Im ersten Termin wird die GmbH i.G. errichtet, anschließend das Konto eröffnet, auf das dann die Stammeinlagen eingezahlt werden. In einem zweiten Termin läßt der Geschäftsführer vom Notar die Anmeldung beglaubigen und versichert gleichzeitig, daß die Stammeinlagen zu seiner freien Verfügung geleistet worden sind. Eine falsche Versicherung ist strafbar (siehe *Jula*, Status des GmbH-Geschäftsführers, S. 188.). Dieses Verfahren ist wegen der zwei Notartermine umständlich und zeitaufwendig.

Leistung der Stammeinlage zur freien Verfügung

Eine Möglichkeit, bei der die Stammeinlagen schon beim ersten Termin zur freien Verfügung des Geschäftsführers geleistet werden können, besteht einerseits darin, daß sich die Bank aus-

Konto der GmbH oder Geschäftsführerkonto

nahmsweise schon vorab bereit erklärt, ein Konto auf die Vorgründungsgesellschaft zu eröffnen, das dann mit Errichtung zum Konto der GmbH i.G. wird. Läßt sich die Bank hierauf nicht ein, so könnte das Konto auf den Namen des Geschäftsführers eröffnet werden. Diese Lösung wird allseits für zulässig gehalten, da der Geschäftsführer als Kontoinhaber unbeschränkt verfügungsberechtigt ist und die Stammeinlagen damit zu seiner freien Verfügung geleistet wurden. Die Einzahlung der Stammeinlagen erfolgt auf dieses Geschäftsführerkonto, anschließend kann dann in einem einzigen Notartermin die Gesellschaft gegründet, der Geschäftsführer bestellt und die Gesellschaft sogleich von diesem zur Eintragung in das Handelsregister angemeldet werden. Ist die Gesellschaft nunmehr notariell errichtet, könnte die Kontoinhaberschaft auf die GmbH i.G. geändert werden. Nach Eintragung in das Handelsregister erfolgt eine Änderung auf die dann entstandene GmbH. Die Kontoinhaberschaft wird bei diesem Vorgehen also zweimal geändert. Einfacher ist es allerdings abzuwarten, bis die GmbH im Handelsregister eingetragen ist und erst dann die Kontoinhaberschaft vom Geschäftsführer auf die eingetragene GmbH zu ändern.

Das Registergericht prüft sämtliche Unterlagen und fragt bei der IHK an, ob gegen die Firma Bedenken bestehen (dies kann zur Zeitersparnis auch schon der Notar in die Wege leiten) und trägt die GmbH schließlich ins Handelsregister ein. Anschließend erfolgt die Bekanntmachung im Bundesanzeiger und mindestens einer Tageszeitung.

III. Sachgründung

Die Bargründung ist relativ unkompliziert und läßt sich schnell realisieren. Bei der Sachgründung hingegen sind noch einige zusätzliche Formalitäten zu beachten. Von einer Sachgründung redet man, sobald mindestens einer der Gründer etwas anderes als Geld in das Gesellschaftsvermögen als Einlage leisten will. Dies können sämtliche Sachwerte, aber auch Forderungen sein. Auch sonstige bewertungsfähige Gegenstände lassen sich als Sacheinlage einbringen, wie z.B. ein Patent oder ein Unternehmen.

Beispiel: *„Il Grande Berlinese"*
Arnoldo Arrosto (A) betreibt als Einzelkaufmann ein italienisches Restaurant mit guter Küche. Er möchte sich auf sein Weingut in der Toskana zurückziehen und daher das Restaurant veräußern.

Der Koch des Lokals, Carlo Cucina (C), der für die exzellente Küche und den guten Ruf des Lokals verantwortlich zeichnet, ist am Kauf des Restaurants interessiert. Da er jedoch kein Geld hat, eine GmbH zu gründen, führt er trotz seiner haftungsrechtlichen Bedenken das einzelkaufmännische Unternehmen fort. Den Kaufpreis in Höhe von 200.000 € zahlt er ratenweise mit 10 % Zinsen pro Jahr an A ab. Der Stammgast Bodo Bummel (B) äußert gegenüber C nach einiger Zeit, daß er daran interessiert ist, als Teilhaber in das Lokal einzusteigen und bereit wäre, seine Ersparnisse in Höhe von 200.000 € in das Lokal hineinzustecken, wenn er im Gegenzug mit 50 % beteiligt wird. Beide einigen sich daraufhin auf die Gründung einer GmbH, in der C Geschäftsführer werden soll, während sich B lediglich auf seine Position als Kapitalanleger beschränken möchte. Das Stammkapital wird auf 400.000 € festgelegt, wobei C sein Unternehmen als Sacheinlage einbringt. B leistet eine Bareinlage in Höhe von 200.000 €. Die GmbH wird nach dem Lokal "Il Grande Berlinese-GmbH" benannt.

Voraussetzungen

Folgende Voraussetzungen sind bei einer Sachgründung zusätzlich zur Bargründung zu beachten:

- genaue Bezeichnung der Sacheinlage in der Satzung (§ 5 IV GmbHG),
- Angabe des Werts der Sacheinlage in der Satzung (§ 5 IV GmbHG),
- vollständige Bewirkung der Sacheinlage vor der Anmeldung zum Handelsregister (§ 7 III GmbHG),
- Erstellung eines Sachgründungsberichts, der von allen Gesellschaftern zu unterzeichnen ist (§ 8 I 4 GmbHG),
- Einreichung aussagefähiger Unterlagen über den Wert der Sacheinlage beim Handelsregister (§ 8 I 5 GmbHG).

Bei der Sachgründung ist also zunächst erforderlich, daß der Gegenstand in der Satzung detailliert beschrieben wird (§ 5 IV 1 GmbHG), hier also das Restaurant, das als Unternehmen eingebracht wird. Versäumt man dies, so ordnet § 19 V GmbHG an, daß die Sacheinlage als nicht erbracht gilt und stattdessen eine Bareinlage zu leisten ist.

Leistung der Sacheinlagen

Zum Zeitpunkt der Anmeldung der Gesellschaft beim Handelsregister durch den Geschäftsführer müssen ferner die Sacheinlagen vollständig zur freien Verfügung des Geschäftsführers geleistet worden sein (§ 7 III GmbHG). Vollständige Leistung bedeutet, daß der geschuldete Rechtszustand endgültig vorgenommen worden ist bzw. zumindest die Handlungen bindend vorgenommen wurden. Bei Gebrauchsüberlassungen muß der Geschäftsführer in der Lage sein, die Gegenstände ohne Einschränkung verwenden zu dür-

fen, bei beweglichen Sachen muß das Eigentum
bereits auf die Vorgesellschaft übergegangen
sein. Probleme treten bei Grundstücken auf, bei
denen der Eigentumserwerb ja endgültig erst
durch die Umschreibung im Grundbuch erfolgt.
Hier ist im einzelnen strittig, was das Kriterium
„zur freien Verfügung der Geschäftsführer" erfüllt. Bei der notariellen Beurkundung des Gesellschaftsvertrags sollte zugleich die Auflassung,
d.h. die Erklärung, daß das Eigentum am Grundstück übergeht, in bindender Form erklärt werden. Der Gesellschafter, der das Grundstück als
Sacheinlage einbringt, hat ferner die Eintragung
der GmbH im Grundbuch zu bewilligen. Die Um-
schreibungsanträge müssen beim Grundbuchamt
eingereicht werden. Dies dürfte in jedem Fall
genügen, damit dem Kriterium der freien Verfüg-
barkeit Rechnung getragen wird. Es gibt aber
durchaus Stimmen, die einen abgeschlossenen
Erwerbsvorgang auch bei Grundstücken verlangen. Der *Bundesgerichtshof* hat zu dieser Frage –
soweit ersichtlich – noch nicht Stellung genommen.

Tip!
Der Geschäftsführer sollte keinesfalls in seiner
Versicherung gegenüber dem Handelsregister
falsche Angaben machen. Es schadet nicht,
wenn der Geschäftsführer detailliert erläutert,
welche Schritte bei der Einbringung von Grundstücken in das Gesellschaftsvermögen als
Sacheinlage zum Zeitpunkt der Anmeldung getroffen worden sind. Genügt dies dem Registergericht nicht, muß notfalls nachgebessert werden. Es empfiehlt sich, mit dem Registergericht
bereits vorher in Verbindung zu treten, um in
Erfahrung zu bringen, welchen Standpunkt es
vertritt. Zu beachten ist ferner, daß sich auch die

Gesellschafter nach § 82 GmbHG strafbar machen, wenn sie hinsichtlich der Übernahme der Einlagen oder der Angaben im Sachgründungsbericht falsche Angaben tätigen.

Sachgründungs-bericht

Ferner sind die Gründer verpflichtet, gemäß § 5 GmbHG einen sog. *Sachgründungsbericht* zu erstellen, der von sämtlichen Gesellschaftern unterschrieben werden muß. Der Sachgründungsbericht hat die Funktion, eine Beurteilung der Bewertung der Sacheinlagen zu ermöglichen. Das Registergericht muß in der Lage sein nachzuvollziehen, ob die Sacheinlagen korrekt bewertet worden sind. Zu beachten ist, daß das Registergericht eigene Überprüfungen anstellen kann. Es wird sogar angenommen, daß das Registergericht auf Kosten der Gründer ein Sachverständigengutachten einholen darf. Einzureichen sind schließlich aussagefähige Unterlagen über den Wert der Sacheinlage, wie Anschaffungsrechnungen, Gutachten etc. Bei einem Unternehmen, das als Sacheinlage eingebracht wird, ist eine möglichst aktuelle, testierte Bilanz einzureichen.

IV. Besonderheiten bei der Gründung einer Einpersonen-GmbH

Sicherung der Einlageschuld

Seit der Novelle des GmbH-Gesetzes von 1980 ist die Einpersonen-GmbH zugelassen. Gründet eine Person eine GmbH, so ist diese gemäß § 7 II 3 GmbHG jedoch verpflichtet, das Stammkapital entweder bei Anmeldung voll einzuzahlen oder aber im Falle der nur teilweisen Einzahlung hinsichtlich des Restes eine Sicherung zu bestellen. Diese Sicherung kann in Form einer Sicherheitsleistung durch Hinterlegung erfolgen, was sich indes kaum anbieten dürfte, da in diesem Fall der Gründer auch gleich die Einlage erbringen könnte; liquiditätsschonend ist jedoch die Lei-

stung der Sicherung in Form einer Bankbürg-
schaft oder die Bestellung eines Grundpfand-
rechts zugunsten der GmbH, etwa in Form einer
Grundschuld.

Wird zwar die GmbH mit mehreren Gründern ins
Leben gerufen, vereinigen sich jedoch die Geschäftsanteile innerhalb von drei Jahren nach der
Handelsregistereintragung in einer Hand, so gilt
gemäß § 19 IV GmbHG ebenfalls, daß das
Stammkapital voll aufgebracht bzw. für den Rest
zumindest eine Sicherung gestellt werden muß.

Anteilsvereinigung nach Gründung

E.
Haftungsrisiken in der Gründungsphase

Die Gründungsphase ist für Geschäftsführer und
Gesellschafter gleichermaßen riskant, hier drohen
haftungsrechtliche Gefahren und sogar strafrechtliche Risiken.

I. Haftungsverhältnisse in der Vorgründungsgesellschaft

Die Haftungsverhältnisse in der Vorgründungsgesellschaft richten sich nach den Grundsätzen der
jeweiligen Rechtsform. Betreiben die Gründer
eine BGB-Gesellschaft oder eine OHG, so haften
sie für die Gesellschaftsverbindlichkeiten unbeschränkt persönlich. Die Handelndenhaftung
nach § 11 II GmbHG gilt im Stadium der Vorgründungsgesellschaft noch nicht (BGHZ 91,
148 ff.).

Besonders einschneidend kann sich für die Vorgründungsgesellschafter auswirken, daß die Verbindlichkeiten der Vorgründungsgesellschaft nicht
ohne weiteres auf die GmbH i.G., geschweige

Haftung bleibt bestehen

denn auf die spätere GmbH übergehen. Hierfür bedarf es einzelner rechtsgeschäftlicher Übertragungen, wobei bei der Übertragung von Schulden die jeweiligen Gläubiger zustimmen müssen.

Beispiel: *„Der Messestand der Musicum & Art Forum Vorgründungsgesellschaft"*
Paul und Berta haben, wie ausgeführt, bereits vor notarieller Beurkundung des Gesellschaftsvertrags mit ihrer Vorgründungsgesellschaft an einer Messe teilgenommen. Hierbei wurde für 9.000 DM ein Messestand angemietet. Gehen wir davon aus, daß zum damaligen Zeitpunkt zwischen den beiden eine Vorgründungsgesellschaft in der Rechtsform einer Gesellschaft Bürgerlichen Rechts bestand, dann würden sowohl P als auch B für die Zahlung der Standmiete persönlich haften. Der Umstand, daß später eine GmbH i.G. ins Leben gerufen worden ist, die durch Eintragung zur „fertigen" GmbH wurde, ändert nichts daran, daß beide für die Standmiete haften und diese Haftung auch dann noch besteht, wenn später die GmbH entstanden ist.

P und B würden lediglich dann aus ihrer persönlichen Haftung entlassen, wenn mit dem Messeveranstalter vereinbart worden wäre, daß die Verbindlichkeit schuldbefreiend auf die GmbH i.G. bzw. auf die spätere GmbH übergeht.

Es ist also zu berücksichtigen, daß die einmal entstandene Haftung grundsätzlich bestehen bleibt, sofern nicht die Schulden durch besondere Vereinbarung von der späteren GmbH i.G. bzw. GmbH übernommen werden (BGHZ 91, 148, 151).

II. Haftungsverhältnisse im Stadium der GmbH i.G.

1. Die Verlustdeckungshaftung der Gesellschafter

Auch die Gesellschafter einer GmbH in Gründung leben gefährlich. Nach heute herrschender Ansicht trifft sie eine unbeschränkte Innenhaftung in Form einer sog. *Verlustdeckungshaftung (auch Gründerhaftung* genannt). Das bedeutet, daß die Gründer gegenüber ihrer GmbH verpflichtet sind, für die entstandenen Verluste aufzukommen. Dies gilt nach h.M. allerdings nur dann, wenn die Gründer einer Geschäftsaufnahme der GmbH i.G. zugestimmt haben. Teils wird auch angenommen, daß der Geschäftsführer einer GmbH i.G. *per se* berechtigt ist, die GmbH i.G. bereits unbegrenzt zu verpflichten. Der *BGH* (BGHZ 80, 129, 139 ff.) nimmt hingegen an, daß die Vertretungsmacht des Geschäftsführers einer GmbH i.G. grundsätzlich auf Rechtshandlungen begrenzt ist, die zur Herbeiführung der Handelsregistereintragung notwendig sind. Weitere Rechtshandlungen darf der Geschäftsführer danach grundsätzlich nicht vornehmen. Die Gesellschafter haben es jedoch in der Hand, den Geschäftsführer zu ermächtigen, bereits die Geschäfte der Gesellschaft aufzunehmen. Eine solche Ermächtigung bedarf eines einstimmigen Gesellschafterbeschlusses, da durch ihn die unbestimmte Gründer-Innenhaftung ausgelöst wird.

Unbeschränkte Innenhaftung

Die Ermächtigung kann beliebig variiert werden. Es ist keinesfalls erforderlich, daß der Geschäftsführer bereits in unbegrenztem Umfang Verbindlichkeiten eingeht. Die Gesellschafter können beispielsweise den Geschäftsführer ganz gezielt anweisen, zunächst nur Geschäftsräume anzumieten, aber noch keine Waren zu bestellen.

> **Tip!**
> Sofern der Geschäftsführer nur einzelne Vorbe-
> reitungshandlungen vornehmen soll, sollten Sie
> als Gesellschafter im eigenen Interesse darauf
> achten, daß ihm auch nur eine eng begrenzte
> Ermächtigung in dem benötigten Umfang erteilt
> wird. Weitergehende Rechtsgeschäfte sollten Sie
> dem Geschäftsführer von vornherein verbieten.
> Der Geschäftsführer kann die GmbH i.G. nur in
> dem Rahmen verpflichten, in dem er Vertre-
> tungsmacht hat. Sie selbst bestimmen den Um-
> fang dieser Vertretungsmacht. Ist die GmbH i.G.
> verpflichtet, so schließt sich hieran Ihre unbe-
> schränkte persönliche Verlustdeckungshaftung
> an. Ob sich wirklich im Einzelfall Ihre nur be-
> schränkt erteilte Vertretungsmacht durchsetzt,
> ist allerdings nicht unproblematisch.

**Einheitliche
Rechtsprechung**

Die unbeschränkte Verlustdeckungshaftung der
Gründer entspricht der höchstrichterlichen
Rechtsprechung sowohl des *Bundesgerichtshofs*
(BGH, ZIP 1996, 590; ZIP 1997, 679) als auch
des *Bundesarbeitsgerichts* sowie des *Bundesso-
zialgerichts* (letztere haben erklärt, daß sie der
Rechtsprechung des *Bundesgerichtshofs* zustimmen, siehe GmbHR 1996, 763). Der *Bundesgerichtshof* hat damit seine alte Rechtsprechung aufgegeben, bei der er von einer beschränkten Außenhaftung der Gründer in der
Höhe ausgegangen ist, in der diese ihre Stammeinlagen noch nicht geleistet haben.

Die unbeschränkte Verlustdeckungshaftung folgt
dem haftungsrechtlichen Prinzip, daß derjenige,
der unternehmerisch tätig wird, grundsätzlich
unbeschränkt haftet. Lassen die Gesellschafter
eine unternehmerische Tätigkeit zu, indem sie
sich für die Aufnahme des Geschäftsbetriebs

entscheiden, so tragen sie auch das volle unternehmerische Risiko. Insoweit ist es nur konsequent, eine unbeschränkte Verlustdeckungshaftung anzunehmen.

Der *Bundesgerichtshof* geht konsequent von einer *Innen*haftung aus, d.h. von einer Haftung der Gesellschafter gegenüber der GmbH und nicht unmittelbar gegenüber den Gläubigern, da diese Binnenhaftung eine gleichmäßige Befriedigung der Gesellschaftsgläubiger ermöglicht. Würde man eine unbeschränkte *Außen*haftung annehmen, so müßten die Gläubiger in einem „Run" auf die Gesellschafter versuchen, ihre Forderungen zu realisieren. Da das Vermögen des Gesellschafters nicht immer zur Verlustdeckung sämtlicher Verbindlichkeiten ausreichen dürfte, wird derjenige Gläubiger bevorzugt, dem es als ersten gelingt, erfolgreich zu vollstrecken.

Grundsatz der Innenhaftung

Der *Bundesgerichtshof* läßt allerdings Ausnahmen von der Innenhaftung zu. In folgenden Fallgruppen vertritt er eine unbeschränkte *Außen*haftung, so daß die Gläubiger sich direkt an den bzw. die Gesellschafter halten können:

Ausnahmen

• Bei Vermögenslosigkeit der GmbH; hier ist eine Inanspruchnahme der GmbH sinnlos, wobei die Vermögenslosigkeit unter Ausklammerung der Verlustdeckungspflicht der Gesellschafter bestimmt wird. Würde man die Verpflichtung der Gesellschafter, die Verluste der GmbH abzudecken, mit einbeziehen, so wäre ja die GmbH gar nicht vermögenslos, da sie über diesen ggf. werthaltigen Anspruch auf Verlustdeckung verfügte (zu dieser Fallgruppe siehe BGH, ZIP 1997, 679, 682; BAG, GmbHR 1997, 694).

- Sofern nur ein Gläubiger vorhanden ist (BGH, ZIP 1997, 679, 682); dann entsteht kein Wettlauf zwischen mehreren Gläubigern, so daß es konsequent ist, wenn sich dieser Gläubiger sofort an den oder die Gesellschafter halten kann.

- Bei der Einpersonen-GmbH; hier will der *BGH* ebenfalls eine unbeschränkte Außenhaftung annehmen, was er allerdings bisher nicht weiter ausgeführt hat (BGH, ZIP 1997, 679, 682). Hinsichtlich dieser Fallgruppe ist dem *BGH* jedoch nicht zu folgen, da ein „Run" der Gläubiger nicht verhindert werden würde, wenn es mehrere von ihnen gäbe. Hier sollte es bei dem Konzept der unbeschränkten Innenhaftung bleiben.

- Bei der sog. unechten GmbH i.G.; von der unechten GmbH i.G. spricht man dann, wenn die Gesellschafter die Eintragung der GmbH aufgegeben haben, aber dennoch weiter wirtschaften. Dann wird aus der GmbH i.G. eine OHG oder Gesellschaft bürgerlichen Rechts mit den entsprechenden haftungsrechtlichen Konsequenzen. Es besteht dann nach den jeweiligen Rechtsvorschriften eine unbeschränkte Außenhaftung der Gesellschafter. In dieser Weise hat kürzlich das *OLG Dresden* (GmbHR 1998, 186) entschieden.

2. Die Handelndenhaftung gemäß § 11 II GmbHG

Haftung des
Geschäftsführers

Die Handelndenhaftung gemäß § 11 II GmbHG betrifft als *Organhaftung* grundsätzlich nur den Geschäftsführer oder Personen, die wie ein Geschäftsführer auftreten, ohne daß sie hierzu bestellt sind (BGHZ 47, 25, 28 f.). Dies kann im Einzelfall auch ein Gesellschafter sein, wenn er

sich als Geschäftsführer geriert. In dieser Ausnahmesituation trifft dann den Gesellschafter die
Handelndenhaftung (siehe ausführlich zur Handelndenhaftung die Ausführungen bei *Jula*, Geschäftsführerhaftung, S. 56 ff.).

Der Gesellschafter, der lediglich der Geschäftsaufnahme zugestimmt hat, wird dadurch nicht
Handelnder, so daß er auch nicht der Handelndenhaftung ausgesetzt ist (BGHZ 47, 25, 29;
65, 378, 381).

III. Haftungsverhältnisse nach der Eintragung

1. Überblick

Mit der Eintragung in das Handelsregister entsteht die GmbH als juristische Person. Den Gesellschaftern, aber auch den Gläubigern, steht
nun die „fertige" Gesellschaft gegenüber, die
von vornherein ihre Vertragspartnerin werden
sollte. Daher besteht für die Handelndenhaftung
der Geschäftsführer grundsätzlich kein Bedürfnis
mehr, so daß sie konsequent mit Handelsregistereintragung erlischt. Aus der Vor-GmbH wird
nahtlos die GmbH, ohne daß eine Übertragung
einzelner Vermögensgegenstände oder auch Verbindlichkeiten stattfindet bzw. stattfinden muß.

Erlöschen der Handelnden-haftung

Die Verlustdeckungshaftung der GmbH-Gründer
erlischt hingegen nicht ersatzlos. Diese Verlustdeckungshaftung soll - wie oben ausgeführt -
ja gerade die Gläubiger davor schützen, daß sie
mit einer noch nicht eingetragenen Kapitalgesellschaft konfrontiert werden, bei der das strenge
Kapitalaufbringungs- und Kapitalerhaltungsrecht
noch nicht vollständig funktioniert bzw. noch
nicht umgesetzt worden ist. Es wäre inkonse-

Gesellschafter-haftung wandelt sich um

quent, wenn die Verlustdeckungshaftung mit Handelsregistereintragung ersatzlos erlischt. Es bestünde die Gefahr, daß den Gläubigern ggf. eine bereits vermögensmäßig angeschlagene GmbH gegenübersteht, ohne daß die Gesellschafter haften. Daher wird aus der Verlustdeckungshaftung eine sog. *Vorbelastungshaftung*, auf die im folgenden eingegangen wird.

2. Von der Verlustdeckungshaftung zur Vorbelastungshaftung

Vorbelastungs-
haftung

Zum Zeitpunkt der Handelsregistereintragung soll den Gläubigern die GmbH vermögensmäßig unversehrt gegenüberstehen. Werden schon vor der Eintragung Geschäfte aufgenommen, können Verluste entstehen, die das eingebrachte Stammkapital ganz oder teilweise aufzehren. Die Gründer müssen jedoch dafür einstehen, daß den Gläubigern ein Vermögen in Höhe der Stammkapitalziffer unversehrt zur Verfügung steht. Dies wird durch die sog. Vorbelastungshaftung gewährleistet. Diese besagt, daß die Gründer entsprechend ihrer Kapitalanteile gegenüber der GmbH für die Differenz zwischen dem tatsächlich vorhandenen Reinvermögen und der Stammkapitalziffer haften. Wird beispielsweise eine GmbH mit 25.000 € Stammkapital eingetragen, ist aber das Stammkapital durch die Zahlung von Mieten und Personalkosten bis auf 5.000 € aufgebraucht, so trifft die GmbH-Gründer eine Vorbelastungshaftung in Höhe von 20.000 €. Diese Vorbelastungshaftung wird auch Differenzhaftung oder Unterbilanzhaftung genannt. Differenzhaftung deshalb, weil die Gründer für die Differenz zwischen dem tatsächlichen Reinvermögen und der Stammkapitalziffer haften. Der Begriff der Unterbilanzhaftung erklärt sich daraus, daß die Unterbilanz beschrieben wird als das

Herabsinken des Reinvermögens unter die Stammkapitalziffer. In dem vorgenannten Beispiel beträgt das Reinvermögen 5.000 €, die Stammkapitalziffer 25.000 €, woraus sich eine Unterbilanz von 20.000 € ergibt, für die die Gründer einstehen müssen. Ist die Gesellschaft überschuldet, d.h. ist das Vermögen ganz aufgezehrt und bestehen sogar mehr Verbindlichkeiten als Aktiva (= vorhandene Vermögensgegenstände), so haften die Gründer auch für eine etwaige Überschuldung. Sie sind somit verpflichtet, sowohl eine eingetretene Überschuldung als auch eine etwaige Unterbilanz zum Zeitpunkt der Handelsregistereintragung auszugleichen. Diese Verpflichtung muß aber nicht sofort erfüllt werden, vielmehr die Gesellschafter selbst entscheiden über die Frage der Einforderung. Gerät die Gesellschaft allerdings in die Krise bzw. in die Insolvenz, so ist es Sache des Insolvenzverwalters, den Anspruch gegen die Gesellschafter durchzusetzen. Die Unterbilanzhaftung ist nicht gesetzlich geregelt, sondern wird vom *Bundesgerichtshof* in ständiger Rechtsprechung seit März 1981 angewandt (BGHZ 80, 129, 139 ff.). Sie stellt letztlich mit der Verlustdeckungshaftung eine einheitliche Haftung dar (BGH, ZIP 1997, 679, 681 f.). Die Verlustdeckungshaftung wird in Höhe der zum Zeitpunkt der Handelsregistereintragung bestehenden Vorbelastungen „eingefroren" und fortan als Vorbelastungshaftung bezeichnet. Die vor der Eintragung bestehende Verlustdeckungshaftung ist der Höhe nach unbestimmt, da noch unklar ist, welche Verbindlichkeiten im einzelnen im Gründungsstadium entstehen. Zum Zeitpunkt der Handelsregistereintragung werden die zu diesem Moment existierenden Verbindlichkeiten „eingefroren", für sie haften die Gründer in voller Höhe. Es besteht jedoch keine gesamtschuldnerische, sondern eine anteilige Haftung in Höhe der jeweils übernommenen prozentualen Stammeinlage. Allerdings schließt sich auch hier die sog. Ausfallhaftung an (siehe 2. Teil, C.III.2.).

Tip!

Als GmbH-Gesellschafter sollten Sie darauf achten, daß zum Zeitpunkt der Handelsregistereintragung eine Bilanz aufgestellt wird, damit Sie Ihr Risiko hinsichtlich der Vorbelastungshaftung kennen. Zwar ist es Sache des Insolvenzverwalters, der Sie in der späteren Insolvenz der Gesellschaft in die Haftung nehmen will, das Bestehen und die Höhe der Unterbilanz zum Zeitpunkt der Handelsregistereintragung zu beweisen (siehe BGH, GmbHR 1997, 1145, 1146 f.). Sie sollten aber dennoch im eigenen Interesse ermitteln lassen, ob zum Zeitpunkt der Handelsregistereintragung eine Unterbilanz bestand, um ggf. den Ausführungen des Insolvenzverwalters entgegentreten zu können. In der Insolvenz behält der Insolvenzverwalter sämtliche Buchhaltungsunterlagen. Sie haben oft keinen Einblick mehr, so daß es Ihnen schwerfällt zu überprüfen, ob tatsächlich eine Unterbilanz vorlag. Haben Sie jedoch eine Bilanz zum Zeitpunkt der Handelsregistereintragung aufstellen lassen und ergibt sich aus dieser eine geringere oder gar keine Unterbilanz, so erhöhen sich Ihre Chancen, der Haftung zu entgehen. Zu beachten ist ferner, daß die Unterbilanz zum Zeitpunkt der Handelsregistereintragung nach der Ansicht des *Bundesgerichtshofs* (GmbHR 1999, 31 f.) nach der Ertragswertmethode aufgestellt werden muß. Dies jedenfalls dann, wenn das Unternehmen zum Zeitpunkt der Handelsregistereintragung schon als unternehmerische Einheit am Markt auftritt und sich bereits ein Ertragswert inklusive eines Firmenwerts gebildet hat. Hierauf müssen Sie achten, da die Ertragswertmethode, insbesondere durch die Möglichkeit der Ansetzung der Fortführungswerte sowie eines Firmenwerts, günstiger sein kann.

IV. Differenzhaftung bei Einlagen

Wird eine Sachgründung vorgenommen, so besteht die Gefahr, daß die vereinbarten Sacheinlagen nicht den Wert erreichen, der für sie in der Satzung angegeben ist. Der Gesetzgeber hat daher mehrere Schutzmechanismen eingerichtet, um einer Unterbewertung von Sacheinlagen vorzubeugen. So ist das Registergericht gemäß § 9 c Satz 2 GmbHG verpflichtet, eine Eintragung abzulehnen, wenn Sacheinlagen überbewertet worden sind. Daneben trifft jedoch auch die Gesellschafter eine Verantwortung. Dies ist in § 9 GmbHG geregelt, der eine sog. *Differenzhaftung* gegenüber der GmbH statuiert. In dieser Vorschrift heißt es:

Gefahr der Überbewertung

§ 9 GmbHG [Differenzhaftung]
(1) Erreicht der Wert einer Sacheinlage im Zeitpunkt der Anmeldung der Gesellschaft zur Eintragung in das Handelsregister nicht den Betrag der dafür übernommenen Stammeinlage, hat der Gesellschafter in Höhe des Fehlbetrags eine Einlage in Geld zu leisten.
(2) Der Anspruch der Gesellschaft verjährt in fünf Jahren seit der Eintragung der Gesellschaft in das Handelsregister.

Unterschreitet daher der Wert der übernommenen Sacheinlage zum Zeitpunkt der Anmeldung den in der Satzung festgelegten Betrag, so ist der betreffende Gesellschafter verpflichtet, die Differenz in bar nachzuschießen.

Hat sich beispielsweise ein Gesellschafter verpflichtet, einen Gebrauchtwagen als Sacheinlage einzubringen, stellt sich jedoch heraus, daß es sich um ein Unfallfahrzeug handelt, das in Wirklichkeit statt der angesetzten 15.000 DM nur 5.000 DM wert ist, so ist der einbringende Gesellschafter verpflichtet, den Differenzbetrag in Höhe von 10.000 DM nachzuzahlen.

Verglichen wird somit der Nennwert mit dem tatsächlichen, d.h. objektiven Wert der Sacheinlage. Der objektive Wert ist im Zweifel nach bilanzrechtlichen Vorschriften zu ermitteln, in der Regel dürfte es sich um den Wiederbeschaffungswert handeln.

Verschulden ist nicht erforderlich

Wichtig ist, daß die Ursachen für die Unterbewertung völlig unerheblich sind. Auch ist irrelevant, ob ein Verschulden des einbringenden Gesellschafters hinsichtlich der Unterbewertung vorliegt. Selbst wenn also der Gesellschafter nichts davon gewußt hätte, daß das Gebrauchtfahrzeug einen Vorschaden hatte, der sich wertmindernd auswirkt, haftet er in Höhe des Fehlbetrags.

Maßgeblicher Zeitpunkt

Maßgeblicher Zeitpunkt für die Frage, ob eine Unterbewertung vorliegt, ist der Eingang des Antrags beim Handelsregister, also der Anmeldezeitpunkt. Haben beispielsweise die Gesellschafter zum Zeitpunkt des Vertragsschlusses, d.h. der notariellen Beurkundung des Gesellschaftsvertrags, den Wert des Gebrauchtwagens zutreffend angesetzt, erleidet jedoch der Gesellschafter etwa auf der Heimfahrt vom Notar nach Hause mit dem Fahrzeug einen Unfall, wodurch der Wert des Fahrzeugs verringert wird, so entsteht dadurch für den Gesellschafter eine Differenzhaftung, da nunmehr zum Zeitpunkt der Anmeldung der Wert des Fahrzeugs nicht mehr den in der Satzung angesetzten Betrag erreicht.

Von dieser Verpflichtung kann der Gesellschafter nicht ohne weiteres befreit werden, da das Aufrechnungs- und Erlaßverbot gilt (§ 19 GmbHG; siehe 3. Teil, C.I.2.a.). Die Differenzhaftung ist eine Bareinlageverpflichtung, weshalb hinsichtlich des Geschäftsanteils auch eine sog. Kaduzierungsmöglichkeit mit der anschließenden Ausfallhaftung der übrigen Gesellschafter besteht (§§ 21, 24 GmbHG; siehe 3. Teil, C.I.3.).

Der Anspruch der GmbH aus der Differenzhaftung der Gesellschafter ist vor allem dann relevant, wenn die Gesellschaft insolvent wird. Dann ist der Insolvenzverwalter dazu berufen, diesen Anspruch aufzuspüren und durchzusetzen. Zur Differenzhaftung gibt es allerdings kaum veröffentlichte Urteile, was dafür spricht, daß die praktische Bedeutung dieser Vorschrift eher gering sein dürfte. Im übrigen verjähren Ansprüche aus der Differenzhaftung nach fünf Jahren ab der Handelsregistereintragung.

V. Haftung nach § 9 a GmbHG

Zum Schutz der Kapitalaufbringung hat der Gesetzgeber die Vorschrift des § 9 a GmbHG geschaffen. Diese Vorschrift ordnet einerseits eine Schadensersatzpflicht für den Fall an, daß die Gesellschafter bei der Errichtung der GmbH *falsche Angaben* gemacht haben, andererseits ist in § 9 a II GmbHG eine sog. *Gründungshaftung* für den Fall vereinbart, daß die Gesellschaft durch Einlagen oder Gründungsaufwand geschädigt wird. In dieser Vorschrift heißt es:

§ 9 a GmbHG
[Ersatzansprüche der Gesellschaft]

(1) Werden zum Zweck der Errichtung der Gesellschaft falsche Angaben gemacht, so haben die Gesellschafter und Geschäftsführer der Gesellschaft als Gesamtschuldner fehlende Einzahlungen zu leisten, eine Vergütung, die nicht unter den Gründungsaufwand aufgenommen ist, zu ersetzen und für den sonst entstehenden Schaden Ersatz zu leisten.

(2) Wird die Gesellschaft von den Gesellschaftern durch Einlagen oder Gründungsaufwand vorsätzlich oder aus grober Fahrlässigkeit geschädigt, so sind ihr alle Gesellschafter als Gesamtschuldner zum Ersatz verpflichtet.

(3) Von diesen Verpflichtungen ist ein Gesellschafter oder ein Geschäftsführer befreit, wenn er die die Ersatzpflicht begründenden Tatsachen weder kannte noch bei Anwendung der Sorgfalt eines ordentlichen Geschäftsmannes kennen mußte. ...

Falsche Angaben

Machen die Gesellschafter bei der Errichtung der Gesellschaft falsche Angaben, so schulden sie dieser gemäß § 9 a I GmbHG Schadensersatz. Darüber hinaus machen sich die Gesellschafter jedoch gleichzeitig gemäß § 82 I GmbHG wegen sog. *Gründungsschwindels* strafbar. Die Strafbarkeit setzt allerdings Vorsatz voraus, d.h. der Gesellschafter muß bewußt und willentlich gegenüber dem Registergericht falsche Angaben gemacht haben.

Die Verpflichtung, der Gesellschaft Schadensersatz zu leisten, tritt hingegen schon dann ein, wenn der Gesellschafter lediglich fahrlässig falsche Angaben bei der Errichtung gemacht hat. Die falschen Angaben können sich auf die Einlagen beziehen, etwa wenn gegenüber dem Registergericht in der über den Geschäftsführer erfolgten Anmeldung angegeben wird, daß die Einlagen geleistet worden sind, obwohl dies in Wirklichkeit gar nicht der Fall ist. Neben den Gesellschaftern haftet der Geschäftsführer (siehe ausführlich *Jula*, Die Haftung von GmbH-Geschäftsführern und Aufsichtsräten, S. 61 ff.). Auch falsche Angaben im Sachgründungsbericht, wie etwa eine Überbewertung der Sacheinlagen, lösen die Schadensersatzverpflichtung aus.

Die Gesellschafter sind verpflichtet, die Gesellschaft so zu stellen, wie diese stünde, wenn die falschen Angaben richtig gewesen wären. Dies bedeutet, daß bei falscher Angabe der geleisteten Einlagen die Gesellschafter verpflichtet sind, den Fehlbetrag zu erstatten. Wird eine Sacheinlage überbewertet, so schulden die Gesellschafter die Differenz zwischen dem Nominalwert und dem objektiven Wert in Geld.

Haftung der Gesellschafter

Nach § 9 a II GmbHG besteht ferner eine Schadensersatzpflicht, wenn die Gesellschaft durch Einlagen oder Gründungsaufwand geschädigt wird. Diese Anspruchsgrundlage hat kaum eine Bedeutung, Rechtsprechung ist – soweit ersichtlich - bisher hierzu nicht veröffentlicht worden. Die Beispiele wirken eher konstruiert. So würde die Haftung ausgelöst werden, wenn der Gesellschafter zwar eine Sacheinlage mit dem vereinbarten Wert einbringt, diese jedoch für den geplanten Zweck ungeeignet ist. Hat sich ein Gesellschafter etwa verpflichtet, seinen Pkw einzubringen und soll dieses Fahrzeug als Taxi verwendet werden, stellt sich dann jedoch heraus, daß sich der Wagen, da es sich um einen Zweitürer handelt, gar nicht als Taxi einsetzen läßt, so wird die Gesellschaft durch die Sacheinlage „geschädigt". Der Schadensersatzanspruch wäre darauf gerichtet, die Gesellschaft so zu stellen, daß sie ein als Taxi geeignetes Fahrzeug erhält.

Gründungs-haftung

VI. Haftung bei verdeckter Sacheinlage

Umgehung der
Sachgründungs-
vorschriften

In der Praxis ist die Versuchung groß, wegen der zusätzlichen Formalien und Anstrengungen, die bei der Sachgründung zu beachten sind, statt-dessen eine Bargründung vorzunehmen. Werden jedoch Bareinlagen versprochen, so sind diese in Geld - und nur in Geld - zu leisten. Dies kann Bargeld oder Buchgeld sein, das per Kontogut-schrift bei der Gesellschaft eingeht. Jeglichen Umgehungen des Prinzips, das die reale Kapital-aufbringung sichern soll, wird entgegengewirkt. Dies geschieht, indem dem Eingebrachten über die sog. Grundsätze der Haftung bei verdeckter Sacheinlage die Erfüllungswirkung im Hinblick auf die Einlageforderung verweigert wird. Die übernommene Sacheinlage gilt als nicht erfüllt, sie kann daher nochmals gefordert werden. Das hat für den Gesellschafter einschneidende Fol-gen, zumal die übrigen Gesellschafter eine Aus-fallhaftung treffen kann. Die Grundsätze der ver-deckten Sacheinlage werden auch als „verschlei-erte Sachgründung" bezeichnet, wobei betont sei, daß sich die Problematik nicht nur bei der Gründung, sondern auch bei der Kapitalerhöhung stellt.

Wird anstelle der versprochenen Bareinlage eine andere Leistung erbracht, so kann mit dieser die Einlageverpflichtung grundsätzlich nicht erfüllt werden. Alles das, was keine Bareinlage dar-stellt, wird als Sacheinlage qualifiziert. Eine Sacheinlage kann jedoch nur dann eine Einlage-verpflichtung erfüllen, wenn die Einlageverpflich-tung ausdrücklich als Sacheinlage versprochen wurde und die strengen Vorschriften, also insbe-sondere die Benennung der Sacheinlage, im Ge-sellschaftsvertrag eingehalten sind. Eine Barein-lage ist also grundsätzlich in bar zu erfüllen. Eine versprochene Sacheinlage muß exakt so erfüllt werden, wie es in der Satzung vorgesehen ist. Es wäre also beispielsweise unzulässig, wenn statt der versprochenen Sacheinlage ein anderer Gegenstand eingebracht wird.

Die strengen Sacheinlagevorschriften sollen nicht umgangen werden, sie dienen der Publizität und der Wertdeckungskontrolle des Registergerichts.

Achtung!
Liegt eine verschleierte Sachgründung vor, so müssen Sie sich als Gesellschafter die weitreichenden Risiken vergegenwärtigen! Haben Sie selbst eine Bareinlage übernommen, stattdessen aber eine Sacheinlage erbracht, so ist Ihre Bareinlageverpflichtung nicht erfüllt. Jahre später, vor allem im Insolvenzverfahren, kann dieser Vorgang aufgedeckt und können Sie zur Kasse gebeten werden. Auch wenn nicht Sie selbst, sondern Ihr Mitgesellschafter statt der Bareinlage eine verdeckte Sacheinlage geleistet hat, sind Sie in Gefahr: Einerseits trifft Sie ggf. die Ausfallhaftung nach §§ 21 ff., 24 GmbHG, falls von Ihrem Mitgesellschafter nichts mehr zu holen ist. Andererseits können Sie sich aber auch nach § 9 a I GmbHG wegen falscher Angaben gegenüber dem Registergericht schadensersatzpflichtig gemacht haben: Sie gaben eine Bargründung an, obwohl eine verschleierte Sachgründung vorlag. Dies kann – sofern Ihnen Vorsatz vorzuwerfen ist – gleichzeitig eine strafrechtliche Verantwortlichkeit auslösen (§ 82 I GmbHG).

In der Praxis kommt es leider häufig vor, daß pro forma eine Bargründung vorgenommen wird, anschließend jedoch Vermögensgegenstände aus der Sphäre der Gesellschafter in das Gesellschaftsvermögen transferiert werden, für die als Gegenleistung dann Zahlungen aus dem Gesellschaftsvermögen erfolgen.

Die Erscheinungsformen der verdeckten Sacheinlage sind vielfältig. Folgende Fallgruppen sind von Bedeutung:

1. Einbringung von Sachen statt Geld

„Bargeld lacht"

Wird statt der versprochenen Bareinlage eine Sache eingebracht, so ist eindeutig die Bareinlage nicht erfüllt. Der Gesellschafter muß daher beispielsweise in der Insolvenz damit rechnen, die Bareinlage in das Gesellschaftsvermögen nachzuleisten.

Beispiel: *„Die Einlagen der Musicum & Art Forum GmbH"*
Paul und Berta haben eine GmbH gegründet, die mit Musikinstrumenten und sonstigen Kunstgegenständen handelt. Paul versprach, eine Bareinlage von 12.500 € zu erbringen, die bis zur Anmeldung zur Hälfte, also in Höhe von 6.250 € geleistet werden muß. Da er finanziell etwas knapp bei Kasse ist, bringt er statt des Bargeldes seine private Musikinstrumentensammlung in das Gesellschaftsvermögen ein. Der Wert dieser Musikinstrumentensammlung beträgt 15.000 €. Paul sieht das jedoch „nicht so eng" und erklärt sich bereit, daß mit der Leistung seiner Sammlung seine Stammeinlage zur Hälfte, d.h. in Höhe von 6.250 € vollständig erfüllt ist.

Hier irrt P, seine Bareinlage ist damit keineswegs zur Hälfte erfüllt worden. Gerät etwa die Gesellschaft Jahre später in die Insolvenz und erfährt der Insolvenzverwalter von diesem Vorgang, so kann und muß er P auffordern, seine Stammeinlage in Höhe von 6.250 € in bar zu erbringen. Durch die Einbringung von Sachen kann P seine Bareinlageverpflichtung nämlich nicht wirksam erfüllen. Daß er stattdessen Musikinstrumente von wesentlich höherem Wert der Gesellschaft übereignete, entla-

stet ihn nicht. Er hat allerdings einen sog. Bereicherungsanspruch gegen die Gesellschaft, der jedoch nur als gewöhnliche Insolvenzforderung anzumelden ist, so daß P hier allenfalls mit einer
Quote befriedigt werden dürfte. Da in der überwiegenden Zahl der Insolvenzen nur geringe oder gar
keine Quoten ausgeschüttet werden, läuft P Gefahr, seine Musikinstrumentensammlung ohne Gegenleistung verloren zu haben.

2. Einbringung von Forderungen

Auch durch Einbringung von Forderungen gegen
Dritte kann eine Bareinlageverpflichtung nicht
erfüllt werden. Forderungen stellen kein Bargeld
dar. Werden daher Forderungen eingebracht, so
müssen auch für diese die strengen Vorschriften
der Sachgründung eingehalten werden. Würde P,
der wie im vorgenannten Beispiel eine Bareinlage
von 6.250 € schuldet, statt des Bargeldes einen
Bausparvertrag in das Gesellschaftsvermögen
einbringen, indem er sämtliche Rechte aus diesem Bausparvertrag abtritt, so hätte er - trotz der
Werthaltigkeit dieser Bausparforderung gegen die
Bausparkasse - seine Verpflichtungen zur Leistung der Bareinlage nicht wirksam erfüllt. Die
Bausparforderung ist kein Bargeld. P müßte also
auch hier damit rechnen, später nochmals wegen
der Bareinlage belangt zu werden.

Forderungen statt Bargeld

3. Aufrechnung / Verrechnung mit eigenen Ansprüchen

Von einer Bareinlageverpflichtung kann sich der
Gesellschafter nicht dadurch befreien, daß er mit
eigenen Ansprüchen gegen die Forderungen der
GmbH aufrechnet bzw. mit solchen verrechnet
(§ 19 II GmbHG). Der Gesellschafter darf damit
keinesfalls die Initiative ergreifen und die Aufrechnung oder Verrechnung erklären.

Aufrechnung des Gesellschafters

Beispiel: *„Die erste Lieferung der Musicum & Art Forum GmbH"*

Paul und Berta haben die Möglichkeit, für ihr frisch gegründetes Musikinstrumenten- und Kunstgegenstände-Handelsunternehmen eine Privatsammlung zu erwerben. Hierbei handelt es sich um ein echtes Schnäppchen, das die beiden sich keinesfalls entgehen lassen wollen. Da die GmbH jedoch noch nicht über ein eigenes Konto verfügt, zahlt P von seinem Privatkonto die erste Lieferung durch Zahlung an den privaten Verkäufer. Da er damit eine Schuld der GmbH bezahlt hat, möchte er sich nunmehr das Geld von der GmbH erstatten lassen. Der Einfachheit halber rechnet P mit seiner Verpflichtung zur Zahlung der Bareinlage auf, die noch in Höhe von 6.250 € offen ist.

Nach § 19 II GmbHG durfte P wegen seines Erstattungsanspruchs nicht gegen seine Einlageverpflichtung aufrechnen. Diese Vorschrift verbietet eine Aufrechnung seitens des Gesellschafters kategorisch und ohne Ausnahme. Eine Befreiung von Bareinlageverpflichtungen durch Aufrechnung tritt nicht ein.

Aufrechnung der GmbH

Umgekehrt hat allerdings die Gesellschaft unter engen Voraussetzungen die Möglichkeit, mit ihrer Bareinlageforderung gegen Ansprüche des Gesellschafters gegenüber der GmbH aufzurechnen. Eine Aufrechnung der Gesellschaft wird zugelassen, wenn die Forderung, die der Gesellschafter gegen die Gesellschaft hat (in dem vorgenannten Beispiel also der Erstattungsanspruch des P) vollwertig und liquide ist (siehe 3. Teil, C.I.2.b.). Jedoch dürfen darüber hinaus keinesfalls die Sacheinlagevorschriften umgangen werden. Zwischen den Gesellschaftern darf nicht im voraus abgesprochen worden sein, daß nach Gründung das Rechtsgeschäft zwischen der GmbH und dem Gesellschafter durchzuführen ist. Besteht eine zeitliche Nähe mit der Sachgründung, wird das Vorliegen einer derartigen Absprache vermutet. Die Unzulässigkeit diese Vorgehens folgt auch aus § 19 V GmbHG. Danach befreit eine Aufrechnung wegen Forderungen aus der Überlassung von Vermögensgegenständen den Gesellschafter nur, wenn die Sacheinlagevorschriften eingehalten wurden. Eine Aufrechnung der GmbH ist damit unzulässig, wenn es um eine Forderung geht, die sich auf den Erwerb von Gegenständen für die Gesellschaft (hier die Musikinstrumentensammlung) bezieht. Im vorigen Beispiel darf also die Gesellschaft nicht mit ihrer Stammeinlageforderung gegen den Erstattungsanspruch des P aufrechnen.

4. Verrechnung mit Gewinnansprüchen

Beispiel: *„Die Gewinne der Musicum & Art Forum GmbH"*

Paul und Berta haben ihre Mindeststammeinlage in Höhe von 6.250 € jeweils eingezahlt. Die restlichen Stammeinlagen in Höhe von ebenfalls 6.250 € wollen sie nicht in bar einzahlen, sondern mit künftig entstehenden Gewinnen verrechnen. Die Gewinne sollen nicht an sie ausgeschüttet, sondern auf die Stammeinlage angerechnet werden.

Auch diese im voraus beschlossene Verrechnung mit Gewinnansprüchen stellt eine verdeckte Sacheinlage dar. Der Gewinnanspruch des Gesellschafters gegen seine GmbH ist eine Forderung und kein Bargeld. Wird nun verrechnet oder aufgerechnet, so bringt der Gesellschafter letztlich seinen Gewinnanspruch ein, der durch Verrechnung bzw. Aufrechnung untergeht. Dieses Vorgehen ist mit dem Grundsatz der realen Kapitalaufbringung nicht zu vereinbaren.

Damit ist auch das sog. „Schütt-aus-und-hol-zurück"-Verfahren nur eingeschränkt möglich. Bei diesem Verfahren werden die Gewinne zunächst an die Gesellschafter ausgeschüttet, da

„Schütt-aus-und-hol-zurück"-Verfahren

der Steuersatz für ausgeschüttete Gewinne günstiger ist als jener für einbehaltene Gewinne.

Die Gesellschafter haben sich jedoch von vornherein verpflichtet, die als Gewinn ausgeschütteten Beträge in das Gesellschaftsvermögen zurückzuzahlen. Ausgeschüttete Gewinne werden mit 30 %, einbehaltene Gewinne mit 40 % versteuert. Resultat dieses Verfahrens ist, daß lediglich 30 % Körperschaftsteuer erhoben werden, der Gesellschaft die Mittel dann doch wieder zur Verfügung stehen und damit faktisch eine bessere Liquiditätssituation besteht, als wenn die Gewinne von vornherein einbehalten worden wären. Die Gesellschafter bringen diese Beträge als Einlage wieder in das Gesellschaftsvermögen ein. Wird statt der effektiven Einbringung dieser Beträge eine Verrechnung mit noch offenen Stammeinlageforderungen vorgenommen, so wird auch hier die Verpflichtung zur Zahlung der Stammeinlage in bar nicht erfüllt, obwohl die Gesellschafter den Betrag tatsächlich in bar wieder einzahlen (siehe BGHZ 113, 335). Das „Schütt-aus-und-hol-zurück"-Verfahren dürfte demnach im Prinzip nur unter Beachtung Sacheinlagevorschriften im Rahmen einer Kapitalerhöhung erfolgen, wobei die Gewinnansprüche als Forderung und damit als Sacheinlage eingebracht werden. Ursprünglich hatte der *Bundesgerichtshof* in der Tat lediglich zugelassen, daß bei dem „Ausschüttungs-Rückhol-Verfahren" eine Kapitalerhöhung nur unter Beachtung der strengen Sacheinlagevorschriften möglich ist (BGHZ 113, 335, 342 f.).

Heute akzeptiert der *BGH*, daß bei entsprechender Offenlegung gegenüber dem Registergericht das „Schütt-aus-und-hol-zurück"-Verfahren durch eine sog. Kapitalerhöhung aus Gesellschaftsmitteln durchgeführt werden kann. Bei der Kapitalerhöhung aus Gesellschaftsmitteln werden freie und offene Rücklagen in Stammkapital umgewandelt. Wird dies von vornherein transparent gemacht, so gelten nicht die Grundsätze der verdeckten Sacheinlage (BGH, ZIP 1997, 1337). Durch die Offenlegung der Kapitalerhöhung aus Gesellschaftsmitteln gegenüber dem Registergericht wird dieses in die Lage versetzt, eine präventive Werthaltigkeitskontrolle entsprechend § 57 i l GmbHG in Verbindung mit §§ 57 a und 9 c GmbHG durchzuführen (BGH, ZIP 1997, 1337, 1338). Damit ist es den Gesellschaften nunmehr wieder möglich, das „Schütt-aus-und-hol-zurück"-Verfahren zu praktizieren, ohne Gefahr zu laufen, daß gemäß den Grundsätzen der verdeckten Sacheinlage die Einlageverpflichtungen als nicht getilgt angesehen werden.

5. Hin- und Herzahlungen

Die für die Praxis gefährlichste Fallgruppe der verdeckten Einzahlungen sind sämtliche Vorgänge, bei denen sog. Hin- und Herzahlungen erfolgen.

Beispiel: *„Das Umgehungsgeschäft"*
Paul und Berta entscheiden sich für die Bargründung ihrer GmbH. Jeder der beiden bringt sofort seine volle Stammeinlage in Höhe von 12.500 € ein. Das Geld befindet sich daher auf dem Gesellschaftskonto. Nun beschließen die beiden Gesellschafter, die private Musikinstrumentensammlung von P namens der Gesellschaft zu erwerben. Die Sammlung hat einen Wert von 30.000 €. Das Stammkapital in Höhe von 25.000 € wird vollständig dafür verwandt, diese Sammlung zu erwerben. P und B denken sich nichts Schlimmes dabei, zumal dem Gesellschaftsvermögen ja sogar mehr zufließt, als es der Höhe der Stammeinlagen entspricht.

Zusammenhang zwischen den Zahlungen

Der *Bundesgerichtshof* entscheidet jedoch anders: Besteht zwischen der Zahlung der Stammeinlage und dem zwischen der Gesellschaft und dem Gesellschafter getätigten Verkehrsgeschäft ein genügend enger zeitlicher und sachlicher Zusammenhang, so spricht dies dafür, daß eine Absprache zwischen Gesellschafter und Gesellschaft vorliegt, wonach die Stammeinlage dazu verwandt werden sollte, die Gegenstände zu erwerben (BGHZ 125, 141, 144). Entscheidend ist die sog. *Umgehungsabrede* zwischen Gesellschaft und Gesellschafter, während das Vorliegen eines sachlichen und zeitlichen Zusammenhangs lediglich eine Vermutung für eine derartige Umgehungsabrede begründet (BGH, DStR 1996, 794, 795). Für den zeitlichen Zusammenhang wird der Zeitraum von sechs Monaten als Orientierungsgröße angegeben, wobei hier noch keine abschließende Entscheidung vorliegt (BGH, DStR 1996, 794, 795). Die Fallgruppe der Hin- und Herzahlungen kann für den Gesellschafter einschneidende Rechtsfolgen haben. Stellt sich beispielsweise heraus, daß das Rechtsgeschäft mit der GmbH als Umgehungsgeschäft nach den Grundsätzen der verdeckten Sacheinlage einzuordnen ist, so soll es nichtig sein. Dies würde bedeuten, daß es im obigen Beispiel keinen wirksamen Kaufvertrag gab (BGH, GmbHR 1998, 588). Die Konsequenzen, die sich aus der Nichtigkeit des Kaufvertrags ergeben, sind nicht abschließend geklärt. In unserem Beispiel müßte der Gesellschafter P den Kaufpreis, den er für die Musikinstrumentensammlung erhalten hat, in das Gesellschaftsvermögen zurückzahlen. Fraglich ist allerdings, ob er wegen seines eigenen Anspruchs auf Rückübereignung der Musikinstrumentensammlung eine Saldierung, d.h. Verrechnung, vornehmen darf. Befindet sich die Musikinstrumentensammlung nicht mehr in dem Vermögen der Gesellschaft, weil die Instrumente längst weiterveräußert worden sind, so steht P stattdessen ein Anspruch auf Nutzungs- bzw. Wertersatz zu. Der *Bundesgerichtshof* erlaubt in einem neueren Urteil eine Saldierung zwischen den beiden Bereicherungsansprüchen aus dem Verkehrsgeschäft (BGH, GmbHR 1998, 588, 591).

Dies läßt jedoch die ursprüngliche Einlageverpflichtung nicht entfallen. P hatte sich zu einer Bareinlage verpflichtet, im Wege des Umgehungsgeschäfts jedoch seine Musikinstrumentensammlung eingebracht. Die nur pro forma eingezahlte Bareinlage wurde ihm hierfür zurückerstattet. Ergo besteht seine ursprüngliche Bareinlageverpflichtung noch fort. In dieser Höhe ist P ggf. gegenüber dem Insolvenzverwalter zur nochmaligen Zahlung verpflichtet.

6. Heilung verdeckter Sacheinlagen

Liegt eine verdeckte Sachgründung vor, so ist es durchaus möglich, die verunglückte Bargründung zu heilen (im einzelnen, siehe den grundlegenden Beschluß des *BGH* vom 4.3.1996, ZIP 1996, 668). Die Gesellschafter haben es in der Hand, mit satzungsändernder Mehrheit die ursprüngliche Bargründung in eine Sachgründung umzuwandeln. Dieser Beschluß ist wie jeder satzungsändernde Beschluß notariell zu beurkunden. Der neue Sacheinlagegegenstand ist wie bei jeder anderen Sachgründung auch konkret unter Angabe des einbringenden Gesellschafters zu bezeichnen, wobei es auf den aktuellen Wert des Gegenstands ankommt.

Verfahren

Problematisch ist allerdings, was genau Gegenstand der Sacheinlage ist. Da das Umgehungsgeschäft nichtig ist, hat im vorgenannten Beispiel P einen Bereicherungsanspruch auf Herausgabe der Muskinstrumentensammlung bzw. auf Wertersatz. Dieser Anspruch ist zu bewerten und als Sacheinlage einzubringen.

Der Geschäftsführer und die von der Änderung betroffenen Gesellschafter haben einen Bericht über die Änderung der Einlagendeckung anzufertigen, in dem der Vorgang transparent gemacht wird. Dieser Bericht ist von allen Geschäftsführern und den betroffenen Gesellschaftern zu unterzeichnen. Die Werthaltigkeit der jetzt einzubringenden Sacheinlage muß durch eine Bilanz der Gesellschaft, die von einem Wirtschaftsprüfer testiert wurde, bewiesen werden. Meines Erachtens ist auf die Werthaltigkeit der eingebrachten Forderung speziell einzugehen. Diese ergibt sich, da es um eine Forderung gegen die GmbH geht, aus ihrer aktuellen finanziellen Situation. Bestehen Verträge über das Umgehungsgeschäft, so sind auch diese dem Handelsregister vorzulegen. Der Geschäftsführer hat dann die Sachgründung bzw. Kapitalerhöhung gegen Sacheinlagen beim Handelsregister anzumelden und hierbei zu versichern, daß die eingebrachten Sacheinlagen werthaltig sind und sich in seiner freien Verfügung befinden.

F.
Hinweise zur Satzungsgestaltung

I. Allgemeines

Grundlegendes

Die GmbH-Gründer sollten sich für die Ausarbeitung ihres Gesellschaftsvertrags bzw. ihrer Satzung Zeit nehmen und sich zuvor grundlegend informieren und beraten lassen. In die Satzung ist zunächst der gesetzlich vorgeschriebene Mindestinhalt aufzunehmen (§ 3 I GmbHG). Welche Regelungen darüber hinaus noch in dem Gesellschaftsvertrag verankert bzw. ob die Mindestvorschriften ergänzt werden, richtet sich nach den Bedürfnissen des Einzelfalls. Im Zweifel ist zu einer kurzen und knappen Satzung zu raten. Der Gesetzestext sollte keinesfalls wiederholt werden, da dadurch nur Unklarheiten entstehen können, ob die Gründer etwas anderes gewollt haben, als es der gesetzlichen Regelung entspricht.

Ob ergänzende Regelungen in die Satzung neben dem Mindestinhalt aufgenommen werden, richtet sich in erster Linie nach dem Typ der GmbH. Ist die GmbH beispielsweise personalistisch strukturiert, kommt es also auf die einzelnen Gesellschafter und ggf. auf ihre Arbeitsleistungen an, so ist in der Satzung an ein Wettbewerbsverbot sowie an Nebenleistungsverpflichtungen der Gesellschafter zu denken. Gibt es eine Vielzahl von Gesellschaftern, ist zu prüfen, ob beispielsweise ein Beirat oder Aufsichtsrat installiert werden sollte.

Wird eine Ein-Personen-GmbH gegründet, so kann es für den Gründer empfehlenswert sein, sich auf den Mindestinhalt zu beschränken. Da der Alleingesellschafter auf weitere Anteilseigner keine Rücksicht nehmen muß, birgt jede überflüssige Satzungsregelung die Gefahr, daß die Satzung im Falle der Anteilsübertragung oder bei Aufnahme von zusätzlichen Gesellschaftern geändert werden müßte, was wiederum Aufwand und Kosten verursachen würde. Plant der Alleingesellschafter allerdings in absehbarer Zeit, weitere Gesellschafter in die GmbH aufzunehmen, so kann es sich anbieten, schon jetzt einen ausführlichen Gesellschaftsvertrag auszuarbeiten. Die später hinzukommenden Gesellschafter könnten neuen, anläßlich ihres Eintritts eingeführten Satzungsregelungen mit Mißtrauen begegnen.

II. Mindestinhalt

Der Mindestinhalt der Satzung ergibt sich aus § 3 GmbHG. Dort heißt es:

§ 3 GmbHG [Inhalt des Gesellschaftsvertrags]
(1) Der Gesellschaftsvertrag muß enthalten:
   1. die Firma und den Sitz der Gesellschaft,
   2. den Gegenstand des Unternehmens,
   3. den Betrag des Stammkapitals,
   4. den Betrag der von jedem Gesellschafter auf das Stammkapital zu leistenden Einlage (Stammeinlage).
(2) Soll das Unternehmen auf eine gewisse Zeit beschränkt sein oder sollen den Gesellschaftern außer der Leistung von Kapitaleinlagen noch andere Verpflichtungen gegenüber der Gesellschaft auferlegt werden, so bedürfen auch diese Bestimmungen der Aufnahme in den Gesellschaftsvertrag.

1. Firma

a. Überblick

Name der GmbH

In die Satzung gehört auf jeden Fall die Firma. Die Firma ist der Name des Kaufmanns, unter dem er seine Geschäfte betreibt und die Unterschrift abgibt (§ 17 HGB). Für die GmbH als Handelsgesellschaft gilt Kaufmannsrecht, so daß die GmbH berechtigt ist, eine Firma zu führen. Die Firma der GmbH ist daher ihr Name, unter welchem die GmbH im Rechts- und Handelsverkehr auftritt.

Die Firma der Gesellschaft muß gemäß § 4 GmbHG die Bezeichnung „Gesellschaft mit beschränkter Haftung" oder eine allgemeinverständliche Abkürzung dieser Bezeichnung enthalten.

b. Personen-, Sach- oder Phantasiefirma

Durch das Handelsrechtsreformgesetz wurde mit Wirkung zum 1. Juli 1998 das Firmenrecht weitgehend liberalisiert. Nunmehr ist für jeden Kaufmann und jede Handelsgesellschaft grundsätzlich sowohl die Personen- und Sach- als auch eine bloße Phantasiefirma rechtlich zulässig.

Grundsatz der freien Firmenwahl

Von einer *Personenfirma* spricht man, wenn der Name der Gesellschaft von dem Familiennamen eines Gesellschafters abgeleitet ist. Die Namen von Dritten, beispielsweise der Name des Geschäftsführers, der nicht gleichzeitig Gesellschafter ist, dürfen nicht bei der Firmenbildung verwendet werden. Die Zustimmung des Namensträgers ist mit Hinblick auf dessen Namensrecht in jedem Fall erforderlich. Scheidet allerdings der Gesellschafter aus der GmbH aus, so ist diese berechtigt, dessen Namen in der Firma fortzuführen (BGHZ 58, 322, 324).

Personenfirma

> **Tip!**
> Sollte Ihr Name in die Satzung aufgenommen werden, so bestehen Sie zusätzlich auf einer Regelung, daß für den Fall Ihres Ausscheidens eine Beibehaltung der Personenfirma, die Ihren Namen enthält, nur mit Ihrer ausdrücklichen Zustimmung zulässig ist. Wenn Sie dies von vornherein vereinbart haben, so darf die Gesellschaft dann Ihren Namen nach Ihrem Ausscheiden nicht

ohne Ihr Einverständnis in der Firma weiterführen.

Sachfirma

Eine *Sachfirma* liegt vor, wenn der Name der Gesellschaft aus dem Unternehmensgegenstand abgeleitet wird. Betreibt die Gesellschaft Bankgeschäfte und nennt sich z.B. Pulitzer Bankhaus, weil sie in Pulitz ansässig ist, so liegt eine Sachfirma mit geographischer Ergänzung vor.

Phantasiefirma

Eine *Phantasiefirma* hat keinen Bezug zu dem Unternehmensgegenstand oder den Namen der Gesellschafter. Für eine solche Firma können sich die Gesellschafter grundsätzlich völlig frei entscheiden. Nennt sich beispielsweise eine Gesellschaft Poseidon-GmbH, so ist dies eine reine Phantasiefirma, da nicht erkennbar ist, welche Person bzw. welcher Unternehmensgegenstand verfolgt wird.

c. Kennzeichnungs- und Unterscheidungskraft sowie Grundsatz der Firmenwahrheit

Für jede Firma schreibt § 18 HGB vor:

§ 18 HGB [Firma]
(1) Die Firma muß zur Kennzeichnung des Kaufmanns geeignet sein und Unterscheidungskraft besitzen.
(2) Die Firma darf keine Angaben enthalten, die geeignet sind, über geschäftliche Verhältnisse, die für die angesprochenen Verkehrskreise wesentlich sind, irrezuführen. Im Verfahren vor dem Registergericht wird die Eignung zur Irreführung nur berücksichtigt, wenn sie ersichtlich ist.

Eine Firma ist damit nach § 18 HGB nur dann zulässig, wenn sie hinreichend unterscheidungs- bzw. kennzeichnungskräftig ist und den Grundsatz der Firmenwahrheit wahrt.

Kennzeichnungskraft hat eine Firma nur dann, wenn sie geeignet ist, als Name zu wirken (sog. Individualisierungsfunktion). Teils wird vertreten, daß mindestens vier Buchstaben bzw. sonstige Zeichen verwendet werden müssen. Es bleibt abzuwarten, wie die Rechtsprechung mit Phantasiefirmen umgeht, derzeit lassen sich hier kaum verläßliche Auskünfte geben. Insbesondere auch zu den Fragen, ob Ziffern und ausländische Schriftzeichen als Firmierung zulässig sind, werden konträre Ansichten vertreten. An *Unterscheidungskraft* fehlt es einer Firma, wenn sie lediglich beschreibend und damit nicht geeignet ist, sich als Hinweis auf den Kaufmann durchzusetzen. Reine Gattungsbegriffe, wie Bankhaus oder Möbelhaus beschreiben lediglich die Tätigkeit und sind zu unbestimmt und allgemein, als daß sie als Firma ausreichen würden. Paul und Berta dürften ihre Gesellschaft, die u.a. Musikinstrumente vertreibt, nicht lediglich Musikinstrumentenhandel-GmbH nennen.

Kennzeichnungs- und Unterscheidungskraft

Stets zu beachten ist der Grundsatz der *Firmenwahrheit*. Danach darf die Firma keine irreführenden Zusätze enthalten. Entscheidend ist, ob die Firma zur Täuschung geeignet ist, auf eine Täuschungsabsicht des Kaufmanns kommt es nicht an. Täuschend können beispielsweise Hinweise auf die Art des Geschäfts wirken, so etwa die Verwendung von Begriffen wie "Universität", "Land" oder "Kammer". Nennt sich also ein Kaufmann „Kammer für gewerblichen Handel", so suggeriert er hiermit das Vorhandensein einer berufsständischen Organisation, die er in Wirklichkeit nicht verkörpert. Er täuscht einen amtlichen Charakter vor, der in Wahrheit nicht vorliegt. Ebensowenig darf beispielsweise eine wissenschaftliche Ausrichtung vorgegeben werden,

Firmenwahrheit

wenn diese in Wirklichkeit nicht vorhanden ist. Dies betrifft Bezeichnungen wie "Institut" oder "Akademie". Es kommt allerdings auf die Umstände an. Ein Beerdigungs*institut* ist selbstverständlich als solches zu bezeichnen, ebenfalls darf sich eine Gaststätte Bier*akademie* nennen, weil ersichtlich ist, daß dort keine Wissenschaft im akademischen Sinne betrieben wird. Es kommt also stets auf die Täuschungseignung an.

Ebenfalls darf nicht über die Größe und den Umfang des Geschäfts getäuscht werden. Wer von seiner Wohnung aus Gebrauchtwagen verkauft, die er auf der Straße abstellt, darf sich nicht „Autohaus" nennen. Gleiches gilt für Begriffe wie „Center" oder „Zentrale". Auch geographische Hinweise können täuschen. Die Verwendung etwa des Zusatzes "International" ist nur dann zulässig, wenn auch tatsächlich eine grenzüberschreitende Tätigkeit von einiger Bedeutung vorhanden ist.

Auch darf der Kaufmann nicht über seine persönlichen Verhältnisse täuschen. Betreibt er beispielsweise ein pharmazeutisches Unternehmen, ist er jedoch nicht in diesem Bereich, sondern etwa auf dem Gebiet des Rechts promoviert, so würde die Firmierung mit dem Doktortitel ohne Zusatz, in welcher Disziplin der Doktortitel erlangt wurde, täuschend sein.

d. Verfahrensfragen

Bedenken gegen eine zulässige Firmierung kann neben dem Registergericht auch die Industrie- und Handelskammer äußern. Bestehen Einwände gegen die Firmierung, so darf das Eintragungsverfahren durch Zwischenverfügung des Regi-

stergerichts zunächst ausgesetzt werden. Eine
unzulässige Firmierung stellt grundsätzlich ein
Eintragungshindernis dar.

Tip!

Kommt es Ihnen auf eine schnelle Eintragung der
Gesellschaft an, so sollten Sie im eigenen Interesse lieber die Firmierung entsprechend den Bedenken des Handelsregisters ändern, als den
Rechtsweg zu beschreiten. Solange Sie keine
rechtskräftige Entscheidung herbeigeführt haben,
wird das Handelsregister die von Ihnen gewünschte Firma nicht eintragen. Besser ist es,
Sie begnügen sich zunächst mit der Firmierung,
die das Registergericht noch für zulässig hält und
lassen die GmbH so eintragen. Später können Sie
dann - auch wenn dies einige Kosten verursacht - die Firma ändern lassen und die Satzungsänderung zum Handelsregister anmelden.
Auch jetzt kann das Handelsregister wieder
„Schwierigkeiten" machen, nur ist nun Ihre
GmbH eingetragen und Sie können „entspannt"
Ihren Rechtsstreit führen. Dieses Vorgehen empfiehlt sich, da die Gründungsphase mit erheblichen Haftungsrisiken verbunden ist, so daß sie
möglichst kurz gehalten werden sollte (zu den
Haftungsrisiken siehe 2. Teil, E.).

---

2. Sitz

Der Sitz der Gesellschaft erschöpft sich in der
Bezeichnung der Gemeinde, in der die GmbH
residiert. Der Sitz ist nicht gleichbedeutend mit
der Geschäftsadresse, d.h. der postalischen An-
schrift der Geschäftsräume. Diese Angabe gehört
nicht in die Satzung. Dort ist lediglich geregelt, in
welcher Gemeinde die Gesellschaft ansässig ist.
Seit dem 1. Januar 1999 ist es nicht mehr möglich, daß die GmbH willkürlich an jedem beliebi-

gen Ort, wo sie bisher lediglich postalisch er-
reichbar sein mußte, ihren Sitz nimmt. Vielmehr
bestimmt § 4 a GmbHG:

§ 4 a GmbHG [Sitz der Gesellschaft]
(1) Sitz der Gesellschaft ist der Ort, den der Gesell-
schaftsvertrag bestimmt.
(2) Als Sitz der Gesellschaft hat der Gesellschaftsver-
trag in der Regel den Ort, an dem die Gesellschaft
einen Betrieb hat, oder den Ort zu bestimmen, an
dem sich die Geschäftsleitung befindet oder die
Verwaltung geführt wird.

**Beschränkung bei
Wahl des Sitzes**

Nach § 4 II GmbHG stellt sich der Gesetzgeber
folgende drei Orte als mögliche Sitze vor: Ort des
Geschäftsbetriebs, Ort der Geschäftsleitung oder
Ort der Verwaltung. Eine Abweichung hiervon
dürfte nur dann möglich sein, wenn diese nachvollziehbar begründet wird. Es ist allerdings fraglich, was dafür eine Begründung ausreichend
sein könnte. Auch hier muß abgewartet werden,
wie die Rechtsprechung mit dieser Vorschrift
umgeht. Der Gesetzgeber wollte jedenfalls verhindern, daß sog. „Briefkästensitze" gewählt
werden, die zu der Gesellschaft keinen Bezug
haben.

3. Unternehmensgegenstand

**Gegenstand
und Ziel**

§ 3 GmbHG schreibt vor, daß der Gesellschaftsvertrag den Gegenstand des Unternehmens zu
enthalten hat. Der Unternehmensgegenstand ist
nicht gleichbedeutend mit dem Zweck, den die
Gesellschaft verfolgt. Der Zweck ist das allgemeine Ziel der Gesellschaft. In der Regel wird
dies die Gewinnerzielung sein, es kann sich aber
auch um einen Zweck karitativer Natur handeln.
Der Unternehmensgegenstand hingegen beschreibt den konkreten Tätigkeitsbereich der
GmbH. Durch ihn kann sich die Öffentlichkeit

über den Schwerpunkt der Tätigkeit, den die Gesellschaft ausübt, ein Bild machen. Es ist nicht erforderlich, daß alle Tätigkeiten, die die Gesellschaft wahrnimmt, im einzelnen beschrieben werden, vielmehr reicht die Angabe des Schwerpunkts der Tätigkeit. Dieser sollte jedoch möglichst präzise beschrieben werden und der Unternehmensgegenstand hinreichend bestimmt sein. Heißt es beispielsweise, daß der Unternehmensgegenstand die Herstellung und der Vertrieb von Waren aller Art sei, so ist dies viel zu allgemein, um als zulässiger Unternehmensgegenstand zu gelten.

Tip!
Viele Gesellschafter neigen dazu, den Unternehmensgegenstand möglichst allgemein und weit zu ziehen, da sie davon ausgehen, daß sie dadurch einen größeren Handlungsspielraum haben. Hiervon ist jedoch dringend abzuraten. Da lediglich der Schwerpunkt angegeben werden muß, schadet es nicht, wenn die Gesellschaft noch weitere Tätigkeiten neben diesem Schwerpunkt ausübt. Ist der Unternehmensgegenstand zu weit gefaßt, besteht hingegen die Gefahr, daß Tätigkeiten darunter fallen, die der staatlichen Genehmigung bedürfen. Hierbei handelt es sich beispielsweise um die Tätigkeiten gemäß §§ 30 ff. der Gewerbeordnung, wie Bauträgertätigkeiten und Baubetreuungsgeschäfte oder auch das Betreiben von Krankenhäusern. Ferner kann häufig ein Handwerk berührt sein. Heißt es etwa in der Satzung, daß Brillen hergestellt und vertrieben werden, so könnte dies schon zum Optikerhandwerk gehören. Es kommt dann darauf an, ob die Brillen handwerksmäßig oder industriell hergestellt werden. Sie sollten daher in Ihrem eigenen Interesse den Unternehmensgegenstand

lieber etwas enger und präziser beschreiben. Dafür spricht auch, daß ein zu weitgehender Unternehmensgegenstand Probleme beim Wettbewerbsverbot bereiten könnte. Je weitgehender der Unternehmensgegenstand gefaßt ist, desto eher greift schließlich das Wettbewerbsverbot ein. Betreibt also ein Gesellschafter ein Gewerbe, das vom Unternehmensgegenstand erfaßt wird, obwohl die GmbH diese Tätigkeit in Wirklichkeit gar nicht ausübt, so besteht die Gefahr, daß die Finanzverwaltung davon ausgeht, daß hier eine Befreiung vom Wettbewerbsverbot vorliegt, ohne daß dafür eine Gegenleistung stattfand. Dies kann zu verdeckten Gewinnausschüttungen führen (siehe *Jula*, Status des GmbH-Geschäftsführers, S. 137 ff.).

4. Stammeinlagen und Stammkapital

Zwingend im Gesellschaftsvertrag anzugeben sind der Betrag des Stammkapitals und die Stammeinlagen. Hierbei ist auch erforderlich, daß die Gründer namentlich genannt werden, da anzugeben ist, welche Stammeinlage von dem jeweiligen Gründer übernommen wird. Folgt eine Teileinzahlung, so ist auch dies anzugeben. Das Stammkapital der Gesellschaft muß mindestens 25.000 € betragen (§ 5 I GmbHG). Das Stammkapital ist in Stammeinlagen aufgeteilt, wobei jeder Gesellschafter mindestens eine Einlage von 100 € übernehmen muß. Die Stammeinlage muß hierbei durch 50 € teilbar sein. Das Gesetz geht davon aus, daß jeder Gesellschafter lediglich eine Stammeinlage übernimmt (§ 5 II GmbHG).

5. Formulierungsvorschlag für eine Satzung mit dem gesetzlichen Mindestinhalt

Entscheiden sich beispielsweise Berta Boccelli und Paul Piano bei ihrer Musicum & Art Forum GmbH dafür, lediglich den gesetzlichen Mindestinhalt in die Satzung aufzunehmen, so könnte der Gesellschaftsvertrag wie folgt formuliert werden:

Mindestinhalt

Gesellschaftsvertrag
der
Musicum & Art Forum GmbH

§1
Firma, Sitz

(1) Die Gesellschaft ist eine Gesellschaft mit beschränkter Haftung unter der Firma Musicum & Art Forum GmbH.
(2) Die Gesellschaft hat ihren Sitz in Berlin.

§ 2
Gegenstand

Gegenstand des Unternehmens ist der Einzelhandel mit Musikinstrumenten und Kunstgegenständen, insbesondere Skulpturen und Gemälden.

§ 3
Stammkapital, Stammeinlagen

(1) Das Stammkapital der Gesellschaft beträgt 25.000 € (fünfundzwanzigtausend €).
(2) Von dem Stammkapital übernehmen:
    a) Frau Berta Boccelli eine Stammeinlage von 12.500 €,
    b) Herr Paul Piano eine Stammeinlage von 12.500 €.
(3) Die Stammeinlage ist in Geld zu erbringen, und zwar zur Hälfte sofort.

III. Empfehlenswerte Ergänzungen der Satzung

1. Gesellschafterversammlung und Beschlüsse

a. Einberufungsrecht

Geschäftsführer ist zuständig

Nach § 49 I GmbHG wird die Gesellschafterversammlung durch den Geschäftsführer einberufen; hierzu ist bei mehreren Geschäftsführern jeder allein berechtigt. Gibt es mehrere Geschäftsführer, so könnte überlegt werden, ob man das Einberufungsrecht lediglich Geschäftsführern in vertretungsberechtigter Zahl einräumt, um zu verhindern, daß ein Geschäftsführer „eigenmächtig" gegen den Willen der Mitgeschäftsführer eine Gesellschafterversammlung einberuft, die möglicherweise gar nicht notwendig ist.

b. Einberufungsfrist

Satzungsklausel ist sinnvoll

In jedem Fall empfiehlt sich eine Regelung in der Satzung über die Dauer und den Beginn der Einberufungsfrist. Das Gesetz sieht hier eine Frist von einer Woche vor (§ 51 GmbHG), wobei jedoch nicht geregelt ist, wann diese Frist beginnt. Die Ungewißheit über den Fristbeginn sollte durch eine Regelung in der Satzung ausgeräumt werden. Empfehlenswert ist es, als Fristbeginn den Tag der Einlieferung der die Einladungen enthaltenen Einschreibebriefe bei der Post zugrunde zu legen. Ferner ist es ratsam, statt der Frist von einer Woche mindestens eine Frist von zwei Wochen anzusetzen, da diese Zeitspanne in der Regel zur Vorbereitung benötigt wird (siehe den Formulierungsvorschlag unten. Zu den Einzelheiten der Einberufungsfrist siehe ferner die Ausführungen bei *Jula*, Der Status des GmbH-Geschäftsführers, S. 109 ff.).

c. Versammlungsleiter / Sitzungsniederschrift

Empfehlenswert ist die Bestellung eines Versammlungsleiters sowie die Anfertigung eines Protokolls (Sitzungsniederschrift). Insbesondere bei einer Gesellschaft mit zahlreichen Gesellschaftern oder bei anstehender Beschlußfassung sollte ein Versammlungsleiter den Ablauf der Gesellschafterversammlung koordinieren. Der Versammlungsleiter kann gleichzeitig die Funktion des Protokollführers übernehmen. Da er sich allerdings auf das Geschehen als solches konzentrieren muß, ist vor allem bei komplizierten Gesellschafterversammlungen die Einsetzung eines eigenen Protokollführers, der möglichst nicht Gesellschafter, sondern neutrale Person sein sollte, ratsam.

Formalien der Gesellschafterversammlung

In das Protokoll sollten alle Teilnehmer namentlich aufgenommen werden; ferner der Ort der Versammlung, das Datum, die Uhrzeit, der Hinweis, daß die Einberufung ordnungsgemäß erfolgt ist sowie ggf. die Feststellung, daß die Versammlung beschlußfähig ist.

Sitzungsprotokoll

Wichtig sind vor allem die Aufnahme sämtlicher Beschlußanträge, der Wortlaut der später gefaßten Beschlüsse sowie das Abstimmungsergebnis.

Dem Versammlungsleiter sollte die Kompetenz eingeräumt werden, förmlich festzustellen, ob und mit welchem Inhalt ein Beschluß gefaßt worden ist. Auch empfiehlt es sich, diese förmliche Feststellung ins Protokoll aufzunehmen. Förmlich feststellen bedeutet, daß der Versammlungsleiter gegenüber der Gesellschafterversammlung mündlich erklärt, welches Abstimmungsergebnis vorliegt. Beispielsweise könnte er ausführen, daß der Beschluß, Geschäftsführer G

Förmliche Beschlußfeststellung

aus dem Amt des Geschäftsführers abzuberufen, mit einer Mehrheit von 800 gegen 200 Stimmen angenommen wurde.

Die förmliche Feststellung führt dazu, daß bis auf weiteres feststeht, ob überhaupt ein Beschluß zustande gekommen ist. Wer sich hiergegen wehren möchte, darf dies über eine Anfechtungsklage innerhalb der Klagefrist tun. Der Beschluß ist bis zur Entscheidung über die Anfechtungsklage vorläufig wirksam, was Rechtssicherheit schafft. Hingegen könnte ohne förmliche Feststellung schon allein darüber Streit entstehen, ob ein Beschlußantrag angenommen oder abgelehnt wurde. Der mit dem Beschluß nicht einverstandene Gesellschafter kann sich darauf berufen, daß der Beschluß unwirksam ist und dies im Wege der Feststellungsklage klären lassen. Bis zur Entscheidung könnte grundsätzlich nicht von einer vorläufigen Wirksamkeit ausgegangen werden. Zu den Grenzen der förmlichen Feststellung siehe unten.

Eine Satzungsregelung sollte ferner festlegen, daß das Protokoll vom Versammlungsleiter zu unterzeichnen und allen Gesellschaftern mit der Gelegenheit zur Prüfung und Stellung von Berichtigungsanträgen ggf. per Einschreibebrief zu übersenden ist (siehe den Formulierungsvorschlag unten).

d. Teilnahmerecht

Außenstehende dürfen in der Regel nicht an Gesellschafterversammlungen teilnehmen. Dies gilt auch für Berater, insbesondere Anwälte der Gesellschafter. Abweichende Regelungen können jedoch in der Satzung vorgesehen werden. Im einzelnen kann sich auch aus der Treuepflicht eine Verpflichtung der Gesellschafter ergeben, einem Gesellschafter einen Beistand in der Gesellschafterversammlung zu ermöglichen. Der geschäftlich unerfahrene Hausmann beispielsweise könnte das Recht haben, sich anwaltlich in der Gesellschafterversammlung beraten und vertreten zu lassen.

e. Beschlußfähigkeit

Das GmbH-Gesetz enthält keine Regelung über eine Beschlußfähigkeit der Gesellschafterversammlung. Dies führt dazu, daß auch ein allein erscheinender Gesellschafter, selbst wenn dieser nur eine ganz geringe Beteiligung hat, berechtigt ist, sämtliche Beschlüsse, die auf der Tagesordnung angekündigt sind, zu fassen. Das gilt sogar für Satzungsänderungen. Daher empfiehlt sich eine Regelung über die Beschlußfähigkeit, wobei bei der Ermittlung des Quorums, Stimmen von Gesellschaftern, die einem Stimmverbot unterliegen, grundsätzlich mitgezählt werden.

Quorum ist empfehlenswert

f. Vertretung im Stimmrecht

Nach § 47 III GmbHG kann sich der Gesellschafter rechtsgeschäftlich durch schriftliche Vollmacht in der Gesellschafterversammlung vertreten lassen. Dies ist insbesondere für Gesellschafter, die fernab vom Versammlungsort wohnen, äußerst sinnvoll. Bei Gesellschaften, in denen die Gesellschafter hingegen persönlich mitarbeiten, so daß diese ohnehin ständig miteinander zu tun haben, ist eine Vertretung im Stimmrecht in der Regel nicht erwünscht. Es ist daher möglich, die Regelung des GmbH-Gesetzes über die gewillkürte Vertretung auszuschließen und eine Vertre-

Vollmacht oder Botenschaft

tung im Stimmrecht zu verbieten. Als Alternative käme eine Zulassung von Stimmenbotschaften in Betracht (siehe den Formulierungsvorschlag unten). Da bei personalistisch strukturierten Gesellschaften häufig bekannt ist, worüber im einzelnen abgestimmt werden soll, bietet es sich an, einem verhinderten Gesellschafter zumindest die Möglichkeit einzuräumen, einen Dritten oder einen Mitgesellschafter als Stimmenboten einzusetzen. Dieser überbringt dann lediglich die Stimme des verhinderten Gesellschafters, ohne daß er einen eigenen Entscheidungsspielraum hat. Im übrigen kann sich aus der Treuepflicht ergeben, daß die Mitgesellschafter verpflichtet sind, einer Stimmenbotschaft oder einer Vertretung im Stimmrecht zuzustimmen.

g. Mehrheitsklauseln

Stimmrecht nach Kapitalanteilen

Grundsätzlich gewähren je 50 € des Stammkapitals eine Stimme (§ 47 II GmbHG). Bei einer GmbH mit einem Stammkapital von 25.000 € existieren somit 500 Stimmen. Beschlüsse werden grundsätzlich mit einfacher Mehrheit der Stimmen gefaßt, wobei nur die Ja-Stimmen zählen. Enthaltungen und ungültige Stimmen bleiben unberücksichtigt. Einfache Mehrheit bedeutet damit lediglich, daß es mehr Ja- als Nein-Stimmen geben muß.

Ist eine Mehrheit erforderlich, die größer ist als die einfache Mehrheit, so spricht man von qualifizierter Mehrheit. Eine qualifizierte Mehrheit von 75 % der abgegebenen Stimmen ist für Satzungsänderungen und wesentliche Entscheidungen wie Umwandlungsbeschlüsse, Zustimmungsbeschlüsse zu Unternehmensverträgen GmbHG) vorgesehen. In der Satzung können qualifizierte Mehrheitsklauseln je nach Wunsch eingeführt werden.

h. Klagefrist

Ist ein Gesellschafter mit einem Gesellschafter-beschluß nicht einverstanden, so steht ihm der Rechtsweg offen. Er kann Nichtigkeits- oder An-fechtungsklage erheben. Grundsätzlich gelten die aktienrechtlichen Vorschriften analog (§§ 241 ff. AktG). Danach ist gemäß § 246 AktG binnen einer Frist von einem Monat Anfechtungsklage zu erheben. Im GmbH-Recht wird nicht die starre Monatsfrist angewandt, sondern von einer an-gemessenen Klagefrist ausgegangen. Im Interes-se der Rechtssicherheit empfiehlt sich eine klare Regelung in der Satzung. Verbreitet sind Anfech-tungsfristen von sechs Wochen (siehe auch den folgenden Formulierungsvorschlag).

Rechtsschutz ge-gen Beschlüsse

i. Formulierungsvorschlag

§ 4
Gesellschafterversammlung/Beschlüsse

(1) Die Einberufungsfrist für eine Gesellschafter-versammlung beträgt zwei Wochen. Die Ein-berufung erfolgt durch eine Einladung, die mit eingeschriebenem Brief versandt wird. Der Einladung ist eine Tagesordnung beizufügen. Die Einberufungsfrist beginnt mit der Einliefe-rung der Einschreiben bei der Post. Alternativ ist auch die persönliche Übergabe der Einla-dung nebst Tagesordnung zulässig, wobei der Gesellschafter (Vertretung ist unzulässig) den Empfang durch Unterschrift zu bestäti-gen hat.

(2) Erscheinen sämtliche Gesellschafter auf der Gesellschafterversammlung, können sie beschließen, unter Verzicht auf alle Formen und Fristen Beschlüsse zu fassen. Die Beschlußfähigkeit ist zu Beginn der Gesellschafterversammlung durch einen Versammlungsleiter festzustellen.

(3) Der Versammlungsleiter wird von der Gesellschafterversammlung zu Beginn der Sitzung bestimmt. Kommt keine Einigung zustande, so ist der älteste Gesellschafter Versammlungsleiter. Der Versammlungsleiter hat über die Gesellschafterversammlung eine Sitzungsniederschrift anzufertigen, in der mindestens der Versammlungsort, das Datum, die Uhrzeit, die Teilnehmer sowie die gestellten Beschlußanträge, der Wortlaut der gefaßten Beschlüsse und die Abstimmungsergebnisse (Ja-Stimmen, Nein-Stimmen, Enthaltungen und ungültige Stimmen) aufzunehmen sind. Bei den gefaßten Beschlüssen ist auf Wunsch des betreffenden Gesellschafters unter Nennung seines Namens anzugeben, wie dieser abgestimmt hat. Jeder Gesellschafter kann beantragen, daß seine in der Gesellschafterversammlung geäußerten Vorschläge oder Bedenken zu einzelnen Gegenständen in die Sitzungsniederschrift aufgenommen werden. Die Sitzungsniederschrift ist vom Versammlungsleiter zu unterschreiben und von diesem - bzw. auf dessen Weisung vom Geschäftsführer - an die Gesellschafter unter Einhaltung der für die Einladung geltenden Formalien zu übermitteln. Einwendungen gegen die Richtigkeit und Vollständigkeit der Sitzungsniederschrift sind binnen einer Frist von vier Wochen nach Zugang gegenüber

dem Versammlungsleiter zu erheben. Die Frist berechnet sich analog der Einladungsfrist. Der Versammlungsleiter - bzw. auf dessen Weisung der Geschäftsführer - hat den Berichtigungsantrag den anderen Gesellschaftern zur Stellungnahme zu übermitteln. Besteht Uneinigkeit über den gefaßten Inhalt, so begründet das Protokoll keine Vermutung für die Vollständigkeit und Richtigkeit des Inhalts. Werden Einwendungen gegen die Richtigkeit des Protokolls nicht fristgemäß erhoben, so liegt hingegen diese Vermutung vor.

(4) Die Gesellschafterversammlung ist beschlußfähig, wenn mindestens 50 % aller Stimmen anwesend sind, auf Stimmverbote oder Stimmenbotschaften kommt es hierbei nicht an. Ist die Gesellschafterversammlung nicht beschlußfähig, so ist unter Einhaltung der in Absatz 1 genannten Formalien mit gleichlautender Tagesordnung eine erneute Gesellschafterversammlung einzuberufen, die dann unabhängig von der Anzahl der anwesenden Stimmen beschlußfähig ist. Hierauf ist in der Ladung hinzuweisen.

(5) Die Gesellschafterversammlung entscheidet in ihren Angelegenheiten durch Beschluß. Beschlüsse werden mit einfacher Mehrheit der abgegebenen Stimmen gefaßt, sofern dieser Gesellschaftsvertrag nicht etwas anderes bestimmt. Eine rechtsgeschäftliche Vertretung im Stimmrecht ist nicht zulässig. Statthaft ist jedoch eine Stimmenbotschaft, d.h. abwesende Gesellschafter können dadurch an der Beschlußfassung teilnehmen, daß sie schriftliche Stimmabgaben überreichen lassen. Die schriftlichen Stimmabgaben können durch

andere Gesellschafter überreicht oder an den Sitz der Gesellschaft gesandt werden. Im letzteren Fall bringt sie der Geschäftsführer ein. Schriftlich im Sinne dieser Vorschrift sind nur unterschriebene Stimmabgaben, wobei eine Telefaxunterschrift genügt. Andere Medien, z.B. eMail, Telegramm oder Telex, werden nicht zugelassen. Der Gesellschafter trägt das Risiko des rechtzeitigen Zugangs seiner Stimmenbotschaft. Sendet er seine Stimmabgabe an den Geschäftssitz, so muß diese mindestens einen Arbeitstag vor der Versammlung während der Bürozeiten dort eintreffen. Unzulässig sind Stimmabgaben, die einem Stimmenboten einen eigenen Entscheidungsspielraum einräumen. Aus der schriftlichen Stimmabgabe muß sich eindeutig die Entscheidung des Gesellschafters ergeben.

(6) Gesellschafterbeschlüsse sind vom Versammlungsleiter förmlich festzustellen. Dies geschieht, indem der Versammlungsleiter nach jeder Abstimmung den Wortlaut des Beschlusses verliest, das Abstimmungsergebnis mündlich verkündet und dies in die Sitzungsniederschrift aufnimmt. Der Versammlungsleiter ist bei unklarem Abstimmungsergebnis berechtigt, auf eine förmliche Feststellung zu verzichten. Gesellschafterbeschlüsse können nur innerhalb einer Frist von sechs Wochen nach Zugang der Sitzungsniederschrift von dem jeweiligen Gesellschafter angefochten werden.

(7) Änderungen des Gesellschaftsvertrags sind nur einstimmig möglich [nur bei Bedarf].

2. Geschäftsführung und Vertretung

a. Begriffe und gesetzliche Regelung

Die Leitung der Gesellschaft erfolgt durch den oder die Geschäftsführer. Jede GmbH benötigt daher mindestens einen Geschäftsführer. Die Kompetenzen des Geschäftsführers im Bereich der Leitung bezeichnet das Gesetz als Geschäftsführung und Vertretung. Diese beiden Begriffe sind auseinanderzuhalten. Unter Geschäftsführung versteht man im Gesellschaftsrecht das rechtliche *Dürfen* des Organs nach innen. Die Geschäftsführung beschreibt also die Kompetenzen, die dem Geschäftsführer im Verhältnis zur Gesellschaft zustehen. Kraft dieser Kompetenzen tritt er dann für die Gesellschaft auf. Die Vertretungsberechtigung beinhaltet lediglich die Befugnis des Geschäftsführers, im Namen der Gesellschaft Willenserklärungen abzugeben. Um einen Prokuristen einzustellen, benötigt der Geschäftsführer beispielsweise einen zustimmenden Beschluß der Gesellschafterversammlung (siehe auch § 46 Nr. 7 GmbHG), seine Geschäftsführung ist insoweit eingeschränkt. Im Außenverhältnis kann er jedoch kraft seiner Vertretungsbefugnis rechtlich wirksam jederzeit einen Prokuristen bestellen, auch ohne Kenntnis bzw. Zustimmung oder sogar gegen den Willen der Gesellschafterversammlung. Vertretungsbefugnis meint daher das rechtliche *Können* im Außenverhältnis. Der Geschäftsführer darf gesellschaftsrechtlich „an die Kandarre" genommen werden, da die Gesellschafterversammlung die Möglichkeit hat, im einzelnen Vorgaben für die Geschäftsführung anzuordnen. Im Außenverhältnis haben solche Bindungen jedoch keinerlei Wirkung. Hier gilt der *Grundsatz der unbeschränkten Vertretungsmacht* (§ 37 II GmbHG). Zu den Ein-

Leitung der GmbH

zelheiten der Geschäftsführung und Vertretung siehe *Jula*, Der Status des GmbH-Geschäftsührers, S. 28 ff.

Nach der gesetzlichen Regelung besteht sowohl im Bereich der Vertretung als auch der Geschäftsführung eine Gesamtkompetenz aller Geschäftsführer. Wurden also mehrere Geschäftsführer bestellt, so dürfen sie nur gemeinsam die Geschäfte wahrnehmen und nur gemeinsam die Gesellschaft vertreten.

b. Ressortaufteilung und Zustimmungsvorbehalte

Geschäftsbereiche

Da es in unserer arbeitsteiligen Welt äußerst ineffektiv ist, wenn alle Geschäftsführer bei jeder Geschäftsführungsmaßnahme gemeinsam vorgehen, bietet sich eine Ressortaufteilung an. Die Geschäftsführer teilen durch die Bildung von Geschäftsbereichen die Aufgaben unter sich auf. Typische Ressorts sind beispielsweise der Einkauf, der Vertrieb, das Personalwesen, die Organisation, die Finanzen und das Rechnungswesen, die technische Leitung sowie die Außendarstellung (Public Relations) einschließlich des Marketings.

Die Möglichkeit der Ressortaufteilung sollte bereits in der Satzung vorgesehen sein (siehe den Formulierungsvorschlag unten).

Tip!
Achten Sie darauf, daß eine Ressortaufteilung bzw. eine Veränderung der Geschäftsbereiche nur mit Zustimmung der Gesellschafterversammlung vorgenommen werden darf. Entweder bestimmt die Gesellschafterversammlung selbst

---

die Geschäftsbereiche oder sie erlaubt den Geschäftsführern eigenverantwortlich, die Geschäftsbereiche voneinander abzugrenzen, behält sich aber die Zustimmung zu der jeweiligen Ressortaufteilung vor. Nur wenn Zuständigkeiten klar verteilt und voneinander abgegrenzt sind, können Managementfehler bzw. sonstige Versäumnisse vermieden werden. Auch erleichtert die klare Ressortaufteilung die Klärung, welcher von mehreren Geschäftsführern für etwaige Schäden zur Verantwortung zu ziehen ist.

Für die Gesellschafter ist die Einführung von *Zustimmungsvorbehalten* ein beliebtes Instrument, um bei wichtigen Entscheidungen mitzuwirken bzw. sich grundsätzlich über diese zu informieren.

Zustimmungs-vorbehalte

Die Zustimmungsvorbehalte betreffen in der Regel Geschäfte von größerer Tragweite, wie Grundstücksgeschäfte, Geschäfte mit höherem finanziellen Volumen, häufig auch Personalentscheidungen, die Eingehung von Kreditgeschäften, die Eröffnung von Filialen, usw. (siehe im einzelnen den Zustimmungskatalog im Formulierungsvorschlag unten).

Tip!
Der Zustimmungskatalog in der Satzung sollte möglichst knapp gehalten werden, da ansonsten die Gefahr besteht, daß häufig Änderungen erforderlich werden. Änderungen der Satzung kosten Geld, da sie notariell beurkundet und beim Handelsregister eingereicht werden müßten. Statt der Zustimmungsvorbehalte in der Satzung bietet es sich an, im Anstellungsvertrag einen derartigen Katalog zu verankern, den der Geschäftsführer ebenfalls zu beachten hat. Dieser

> Katalog kann dann ggf. auch ausführlicher sein, da der Gesellschaftsvertrag nicht betroffen ist.

c. Gesamt- und Einzelvertretungsbefugnis

Sind mehrere Geschäftsführer vorhanden, so ordnet das Gesetz eine Gesamtvertretung an. Diese besagt, daß die Geschäftsführer gemeinsam handeln müssen. Da dadurch die Vertretung der Gesellschaft sehr schwerfällig werden kann, ist die Einräumung von Einzelvertretungsbefugnis verbreitet, um den Geschäftsführern eigenverantwortliche Spielräume in ihren jeweiligen Ressorts zu eröffnen.

Möglich sind auch flexible Lösungen. Beispielsweise kann einer der Geschäftsführer, etwa der beherrschende Gesellschafter-Geschäftsführer, Einzelvertretungsbefugnis, alle anderen jedoch nur Gesamtvertretungsbefugnis erhalten. Auch ist denkbar, daß bei drei oder vier Geschäftsführern lediglich zwei zusammen auftreten müssen. Zur Entlastung der Geschäftsführer kann ferner geregelt werden, daß entweder zwei Geschäftsführer oder ein Geschäftsführer und ein Prokurist gemeinsam handeln müssen (zu den Einzelheiten siehe *Jula*, Der Status des GmbH-Geschäftsführers, S. 47 ff.).

Tip!
Selbst wenn Sie derzeit nur einen Geschäftsführer haben, sollten Sie schon jetzt in die Satzung aufnehmen, daß - sofern mehrere Geschäftsführer vorhanden sind - Einzelvertretungsbefugnis besteht oder die Gesellschafterversammlung diese zumindest einräumen kann. Dadurch werden sonst erforderliche Änderungen der Satzung entbehrlich.

---

d. Befreiung vom Verbot des § 181 BGB

Eine weitere Regelung in der Satzung betrifft das Verbot des Selbstkontrahierens und der Drittvertretung gemäß § 181 BGB (ausführlich siehe *Jula,* Der Status des GmbH-Geschäftsführers, S. 64 ff.). Dieses Verbot beruht auf dem Gedanken, daß die Gefahr von Interessenkollisionen besteht, wenn es einem Geschäftsführer gestattet ist, auf beiden Seiten eines Vertrags aufzutreten.

Schließt der Geschäftsführer im Namen der Gesellschaft mit sich selbst ein Geschäft ab, so liegt ein Fall des Selbstkontrahierens vor. Beispiel: Der Geschäftsführer kauft von der Gesellschaft seinen Dienstwagen, wobei er den Kaufvertrag sowohl für sich selbst als auch namens der GmbH unterzeichnet und mit sich selbst die Einigung über die Übereignung erzielt. — Selbstkontrahieren

Der andere Fall, in dem der Geschäftsführer sowohl die Gesellschaft als auch einen Dritten bei dem Abschluß eines Rechtsgeschäfts vertritt, wird als sog. Drittvertretung bezeichnet. Beispiel: Der Geschäftsführer verkauft den Dienstwagen an einen Freund, wobei er gleichzeitig den Freund und die GmbH bei dem Abschluß des Geschäfts und der Übereignung des Fahrzeugs vertritt. — Drittvertretung

Sowohl das Selbstkontrahieren als auch die Drittvertretung sind dem Geschäftsführer gemäß § 181 BGB grundsätzlich untersagt. Dies führt dazu, daß der Geschäftsführer, der gleichzeitig Gesellschafter ist, noch nicht einmal einen Anstellungsvertrag mit sich abschließen könnte. Auch alle sonstigen Geschäfte, wie beispielsweise die Vermietung von Grundstücken an die Ge- — Verbot und Befreiung

sellschaft oder das Gewähren eines Gesellschaf-
terdarlehens, sind nicht realisierbar. Daher wird
dem Geschäftsführer in der Praxis häufig - oder
jedenfalls dann, wenn es sich um einen Gesellschafter-Geschäftsführer handelt - die Befreiung
vom Verbot des § 181 BGB erteilt. Soll der Geschäftsführer *generell* von den Beschränkungen
dieser Vorschrift befreit werden, so muß die Befreiung in der Satzung verankert werden. Hierbei
genügt eine sog. Öffnungsklausel, wonach die
Gesellschafterversammlung berechtigt ist, eine
Befreiung zu beschließen (siehe den anschließenden Formulierungsvorschlag). Bei einer GmbH, in
der der Alleingesellschafter gleichzeitig die Funktion des einzigen Geschäftsführers wahrnimmt,
ist selbst für die Befreiung im Einzelfall eine satzungsmäßige Grundlage erforderlich. In den übrigen Fällen kann *im Einzelfall* auch nur durch Gesellschafterbeschluß ohne Grundlage in der Satzung Befreiung erteilt werden. Soll allerdings
generell eine Befreiung erfolgen, so muß dies
immer in der Satzung verankert werden.

Weitere Regelungen, die die Vertretung betreffen
und in die Satzung aufgenommen werden können, betreffen Sonderrechte von Gesellschaftern
auf die Geschäftsführung oder sog. Benennungs-
oder Vorschlagsrechte für das Amt des Geschäftsführers (zu diesen siehe ausführlich Jula,
Der Status des GmbH-Geschäftsführers,
S. 14 ff.).

e. Formulierungsvorschlag

§ 5
Geschäftsführung

(1) Die Gesellschaft hat einen oder mehrere Geschäftsführer. Hat die Gesellschaft mehrere

Geschäftsführer, so sind diese berechtigt, durch eine Geschäftsordnung, die von der Gesellschafterversammlung zu genehmigen ist, eine Ressortaufteilung vorzunehmen.

(2) Der Geschäftsführer bedarf für sämtliche Geschäfte, die über den gewöhnlichen Geschäftsbetrieb der Gesellschaft hinausgehen, der Genehmigung der Gesellschafterversammlung. Insbesondere bedürfen folgende Rechtsgeschäfte der Zustimmung der Gesellschafterversammlung:

1. Sämtliche Grundstücksgeschäfte, sowohl Verpflichtungs- als auch Erfüllungsgeschäfte, einschließlich der Belastung, der Veräußerung und des Erwerbs von Grundstücken,

2. Verträge mit einem Volumen, das einen Betrag von [nach Bedarf] € übersteigt,

3. die Eingehung von Dauerschuldverhältnissen mit einer monatlichen Verpflichtung von mehr als [nach Bedarf] €,

4. die Anstellung und Entlassung von Arbeitnehmern mit Ausnahme von geringfügig oder kurzfristig beschäftigten Mitarbeitern,

5. die Einräumung von Sonderleistungen gegenüber Arbeitnehmern oder freien Mitarbeitern, durch die diesen Versorgungsleistungen, Tantiemen oder sonstige Ansprüche eingeräumt werden,

6. die Aufnahme von Krediten, die Eingehung von Wechselverbindlichkeiten und Bürgschaftsverpflichtungen,

7. die Gewährung und die Zusage von Krediten sowie die Einräumung von Sicherheiten aus dem Gesellschaftsvermögen für Dritte,

8. die Eröffnung und die Aufgabe von Filialen bzw. Zweigniederlassungen,

9. die Veräußerung und Verpachtung des Unternehmens bzw. des Betriebs oder von Betriebsteilen,

10. die Erteilung und der Widerruf von Prokura und Generalhandlungsvollmacht,

11. der Abschluß, die Aufhebung und die Änderung von Verträgen mit verschwägerten oder verwandten Personen eines Gesellschafters oder eines Geschäftsführers.

§ 6
Vertretung

Ist nur ein Geschäftsführer bestellt, so vertritt dieser die Gesellschaft allein. Sind mehrere Geschäftsführer bestellt, so wird die Gesellschaft durch zwei Geschäftsführer gemeinsam oder durch einen Geschäftsführer in Gemeinschaft mit einem Prokuristen vertreten. Durch Gesellschafterbeschluß kann einzelnen Geschäftsführern die Befugnis zur alleinigen Vertretung sowie die Befreiung von den Beschränkungen des § 181 BGB erteilt werden.

3. Veränderungen im Gesellschafterbestand

Gesellschafter-
wechsel

Der zweite große Komplex empfehlenswerter Ergänzungen der Satzung betrifft Veränderungen im Gesellschafterbestand. Die gesetzliche Regelung sieht in § 15 I GmbHG vor, daß Geschäftsanteile frei veräußerlich und vererblich sind. Jeder Gesellschafter könnte daher jederzeit seinen Geschäftsanteil auf einen Dritten übertragen. Ferner würden im Fall des Todes eines Gesellschafters seine Erben den Geschäftsanteil übernehmen und nunmehr die Gesellschafterrechte ausüben. Nicht im Gesetz geregelt ist die Frage, ob der Gesellschafter seine Mitgliedschaft in der Gesellschaft kündigen kann. Umgekehrt kann die Gesellschaft bzw. können die Mitgesellschafter ein Interesse daran haben, einen unliebsam gewordenen Gesellschafter „loszuwerden". Hier sieht das GmbH-Gesetz in § 34 die Möglichkeit der Einziehung von Geschäftsanteilen vor.

Die unvollständigen und nicht immer im Interesse der Gesellschafter liegenden Regelungen müssen dem Einzelfall angepaßt werden. Veränderungen im Gesellschafterbestand lösen schwierige Rechtsfragen aus, die im fünften Teil ausführlich erörtert werden. Hier sollen vorab einige Hinweise zur Satzungsgestaltung erfolgen.

a. Zustimmungserfordernisse bei Verfügungen und Ankaufs- bzw. Vorkaufsrechte

Da nach § 15 I GmbHG Geschäftsanteile grundsätzlich veräußerlich sind, die Gesellschafter jedoch bei dem Gesellschafterwechsel gerne „ein Wörtchen mitreden" wollen, ist in der Praxis die Übertragung häufig an die Zustimmung der Gesellschaft bzw. der Gesellschafter gebunden. Die Gesellschafter sind daran interessiert, daß der Anteil des ausscheidenden Gesellschafters nicht auf eine ihnen unliebsame Person übergeht. Üblich ist daher eine sog. Vinkulierung des Anteils. Der Begriff Vinkulierung leitet sich vom lateinischen Wort *vinculum* ab, was soviel wie Fessel bedeutet. Der Geschäftsanteil ist sozusagen „ge-

Vinkulierung von Anteilen

fesselt" und muß durch die Zustimmung der Gesellschaft „entfesselt" werden.

Vorkaufs- und Ankaufsrecht

Die Vinkulierungsklausel kann mit einem Vorkaufs- bzw. Ankaufsrecht der Mitgesellschafter gekoppelt werden. Die Ausgestaltung erfolgt nach den Bedürfnissen des Einzelfalls. Ein Vorkaufsrecht setzt voraus, daß der Gesellschafter seinen Anteil bereits an einen Dritten veräußert hat und die Mitgesellschafter nunmehr das Recht haben, in diesen Vertrag zu den abgeschlossenen Bedingungen einzusteigen. Unter einem Ankaufsrecht versteht man die Verpflichtung des Gesellschafters, vor einer Weiterveräußerung des Anteils diesen zunächst den Mitgesellschaftern anzubieten. Beim Ankaufsrecht bietet sich als Gegenleistung die Zahlung eines Betrags an, der der Abfindung entspricht, die in den sonstigen Fällen des Ausscheidens an den betreffenden Gesellschafter gezahlt werden müßte. Denkbar ist auch eine Kombination von Vorkaufs- und Ankaufsrecht. Danach müßte der Gesellschafter zunächst seinen Geschäftsanteil den Mitgesellschaftern zum Kauf anbieten. Als Gegenleistung könnte er die Abfindung verlangen, deren Berechnung sich aus dem Gesellschaftsvertrag ergibt. Findet sich jedoch kein ankaufswilliger Mitgesellschafter, so bliebe die Möglichkeit des Verkaufs an einen Dritten, wobei hier wiederum jeder Mitgesellschafter ein Vorkaufsrecht geltend machen könnte. Der oder die betreffenden Mitgesellschafter müßte(n) dann den am Markt erzielten Preis aufbringen.

Das Ankaufsrecht könnte mit einem Versteigerungsverfahren unter den Gesellschaftern kombiniert werden. Der Gesellschafter wäre in diesem Fall verpflichtet, seinen Anteil zunächst den Mitgesellschaftern gegen Zahlung der Abfindung anzubieten, wobei jedoch jeder Mitgesellschafter berechtigt ist, diesen Preis zu überbieten. Derjenige Gesellschafter, der am meisten bietet, erhält dann den Zuschlag; ihm muß der Anteil übertragen werden.

b. Kündigung der Gesellschaft (Austrittsrecht)

Häufig findet der Gesellschafter jedoch keinen Käufer für seinen Anteil, so daß nach anderen Wegen gesucht werden muß, damit der Gesellschafter aus der Gesellschaft ausscheiden kann. Eine solche Möglichkeit wäre die Einräumung eines vertraglichen Austrittsrechts durch Kündigung der Gesellschaft. Der Gesellschafter könnte daher unter Einhaltung einer Kündigungsfrist seinen Austritt aus der Gesellschaft erklären. Die Höhe der Abfindung bemißt sich dann wieder nach einer Satzungsklausel (siehe den nachfolgenden Formulierungsvorschlag). Das GmbH-Gesetz sieht kein Kündigungsrecht vor, es geht vielmehr davon aus, daß die Gesellschaft aufgelöst wird. Daher bietet sich die Regelung eines Kündigungsrechts in der Satzung an. Durch die Rechtsprechung ist darüber hinaus ein sog. Austrittsrecht aus wichtigem Grund entwickelt worden. Dieses besagt, daß jeder Gesellschafter die Möglichkeit haben muß, aus der Gesellschaft auszuscheiden, wenn ein solcher wichtiger Grund vorliegt (siehe hierzu ausführlich die Ausführungen im fünften Teil).

Austritt und Kündigung

c. Einziehung, Zwangsabtretung, Ausschluß und Kaduzierung

Auch die Gesellschaft bzw. die Mitgesellschafter müssen eine Möglichkeit haben, in bestimmten Situationen Gesellschafter auszuschließen. Wei-

Zwangsweises Ausscheiden

tere Satzungsregelungen können daher den Ausschluß des Gesellschafters vorsehen. § 34
GmbHG läßt eine sog. Einziehung von Geschäftsanteilen im Gesellschaftsvertrag zu. Erforderlich ist daher eine Regelung in der Satzung.
Fehlt diese, so scheidet eine Einziehung grundsätzlich aus. In jede Satzung gehört daher eine
Einziehungsklausel, da in der Praxis häufig das
Bedürfnis nach einer sog. Zwangseinziehung
besteht. Durch die Einziehung wird der betreffende Geschäftsanteil vernichtet, er geht mit
allen Rechten und Pflichten unter. In der Satzung
sollte nun ein Katalog mit Einziehungsgründen
festgelegt werden. Typischerweise handelt es
sich hierbei um die Insolvenz des Gesellschafters
oder um das Vorliegen eines wichtigen Grundes
in der Person desselben (siehe auch den nachfolgenden Formulierungsvorschlag). Bei der Zwangsabtretung hingegen wird der Anteil nicht vernichtet, sondern vielmehr auf eine der Gesellschafterversammlung genehme dritte Person übertragen. Dies können die Mitgesellschafter selbst
oder ein externer, neu hinzukommender Gesellschafter sein.

Der hier zugrunde gelegte Formulierungsvorschlag betrifft neben der Einziehung auch ein
Detail im sog. Kaduzierungsverfahren (siehe
3. Teil, C.I.3.). Dieses Verfahren kann durchgeführt werden, wenn ein Gesellschafter seine fällige, noch ausstehende Einlageforderung nicht
begleicht. Dann droht ihm unter bestimmten
Voraussetzungen der Verlust seines Geschäftsanteils, der unter Wahrung weiterer Erfordernisse
schließlich öffentlich versteigert werden muß.
Die öffentliche Versteigerung, die Kosten verursacht und aufwendig ist, kann jedoch vermieden
werden, wenn sich der säumige Gesellschafter

mit einer anderweitigen Verwertung einverstanden erklärt. In Betracht kommt insbesondere ein sog. freihändiger Verkauf des Geschäftsanteils außerhalb eines förmlichen Verfahrens. Die Zustimmung dafür kann auch schon vorab im Gesellschaftsvertrag erteilt werden. Dies ist empfehlenswert, da später der betreffende Gesellschafter nicht immer kooperativ sein wird.

d. Tod eines Gesellschafters

Im Falle des Ablebens eines Gesellschafters geht der Geschäftsanteil auf dessen Erben über. Diese nehmen nun als Erbengemeinschaft an der Gesellschafterversammlung teil und haben alle Rechte und Pflichten.

Vererbung von Geschäftsanteilen

Nach § 18 I GmbHG können mehrere Miterben ihre Rechte nur gemeinschaftlich ausüben. Für die Gesellschaft, die den Prozeß der internen Willensbildung in der Erbengemeinschaft nicht überblicken kann, ist es angenehm, lediglich mit einem Ansprechpartner zu tun zu haben, der die Rechte der Erbengemeinschaft vertritt (sog. gemeinsamer Vertreter). Dieser nimmt für die Erbengemeinschaft alle Rechte und Pflichten aus dem Geschäftsanteil wahr. Um auf die Erben Druck auszuüben, einen solchen gemeinsamen Vertreter zu bestellen, könnte im Gesellschaftsvertrag geregelt werden, daß bis zur Bestellung die Stimmrechte aus dem geerbten Geschäftsanteil ruhen.

Die Mitgesellschafter sind häufig nicht daran interessiert, die Gesellschaft mit dem oder den Erben fortzusetzen. Dann könnte eine Einziehungsklausel auch für den Fall des Todes des Gesellschafters vorgesehen werden. Die Erben sind in diesem Fall verpflichtet, die Einziehung des Geschäftsanteils gegen Abfindung zu dulden. Statt der Einziehung käme auch eine Zwangsabtretung in Betracht, d.h. die Gesellschaft darf die Erben verpflichten, den Geschäftsanteil an eine von der Gesellschafterversammlung zu bestimmende Person gegen Entgelt zu übertragen. Der hier erarbeitete Formulierungsvorschlag sieht vor, daß der Erbe die Möglichkeit hat, den ererbten Anteil auf einer Gesellschafterversammlung unter den Mitgesellschaftern versteigern zu lassen. Sollte er hieran kein Interesse haben bzw. kein Gesellschafter den Erwerb wünschen, so darf die Gesellschafterversammlung die Einziehung beschließen (zu den einzelnen Rechtsfragen beim Tod eines Gesellschafters siehe 5. Teil, D.).

e. Abfindung

Höhe der Abfindung

In allen Fällen, in denen ein Gesellschafter aus der Gesellschaft ausscheidet, hat er Anspruch auf Abfindung. Eine „Enteignung" ohne Gegenleistung ist ausgeschlossen. Lediglich beim Tod eines Gesellschafters wird zugelassen, die Abfindung zu beschränken oder auszuschließen. Im übrigen ist es grundsätzlich möglich, die Höhe der Abfindung im Gesellschaftsvertrag zu regeln. Auch kann der tatsächliche Wert des Geschäftsanteils durch eine Abfindungsklausel unterschritten werden. Die Grenze bildet in jedem Fall die Sittenwidrigkeit bzw. die Treuwidrigkeit eines derartigen Vorgehens. Hier gibt es eine reichhaltige Judikatur, die sich mit den Grenzen derartiger Abfindungsklauseln befaßt.

Abfindungsklausel

Eine Abfindungsklausel muß einerseits auf das Liquiditätsinteresse der Gesellschaft Rücksicht nehmen, d.h. trotz der Zahlung der Abfindung muß der Fortbestand der Gesellschaft gewährleistet werden. Andererseits sollte die Abfindung auch für den ausscheidenden Gesellschafter möglichst transparent berechenbar sein. Im Formulierungsvorschlag wird daher eine Klausel zugrunde gelegt, bei der die Gesellschaft selbst die Abfindung ermitteln kann. Es muß jedoch stets geprüft werden, ob diese Klausel im Einzelfall wirklich ratsam ist. Berücksichtigt werden sollte auch, welche Funktion der Gesellschafter hatte. Der mitarbeitende Gesellschafter, der mit seinem Ausscheiden auch noch sein Gehalt und damit seine wirtschaftliche Existenz verliert, ist eher an einer hohen Abfindung interessiert als der lediglich als Kapitalanleger beteiligte Gesellschafter.

f. Formulierungsvorschlag

§ 7
Einziehung, Ausschluß und Kaduzierung

(1) Die Einziehung des Geschäftsanteils ist mit schriftlicher Zustimmung sowie notariell beglaubigter Unterschrift des betroffenen Gesellschafters zulässig.

(2) Ohne Zustimmung des betroffenen Gesellschafters sind die Einziehung des Geschäftsanteils sowie der Ausschluß des Gesellschafters zulässig, wenn

    a)   der Geschäftsanteil von einem Gläubiger des Gesellschafters gepfändet oder sonstwie in diesen vollstreckt wird und die Vollstreckungsmaßnahme nicht innerhalb von zwei Monaten, spätestens bis zur Verwertung des Geschäftsanteils, aufgehoben wird;

b) über das Vermögen des Gesellschafters ein Insolvenzverfahren eröffnet oder die Eröffnung eines solchen Verfahrens mangels Masse abgelehnt wird oder der Gesellschafter die Richtigkeit seines Vermögensverzeichnisses an Eides Statt versichert hat;

c) in der Person des Gesellschafters ein wichtiger Grund vorliegt (§ 140 HGB);

d) der Gesellschafter Auflösungsklage erhebt oder seinen Austritt aus der Gesellschaft erklärt.

(3) Steht mehreren Mitberechtigten ein Geschäftsanteil ungeteilt zu, so ist die Einziehung gemäß Absatz 2 auch zulässig, wenn die Voraussetzungen nur in der Person eines Mitberechtigten vorliegen.

(4) Die Einziehung oder der Ausschluß wird durch die Geschäftsführung erklärt. Diese Erklärung bedarf eines ermächtigenden Gesellschafterbeschlusses, der mit einer Mehrheit von drei Vierteln der abgegebenen Stimmen gefaßt wird. Dem betroffenen Gesellschafter steht kein Stimmrecht zu. Für den Fall des Ausschlusses bevollmächtigen die Gesellschafter unwiderruflich schon jetzt die GmbH, durch Beschluß der Gesellschafterversammlung namens des auszuschließenden Gesellschafters die Abtretung an einen Mitgesellschafter oder Dritten zu erklären.

(5) Die Einziehung oder der Ausschluß erfolgt gegen Zahlung einer nach § 11 dieses Gesellschaftsvertrags zu berechnenden und

auszuzahlenden Abfindung. Der Ausschluß
wird mit Zugang des Beschlusses der Gesellschafterversammlung beim betroffenen Gesellschafter unbeschadet der Zahlung der Abfindung wirksam. Die Einziehung steht unter
der aufschiebenden Bedingung der Zahlung
der Abfindung. Ab dem Zeitpunkt des Zugangs des Einziehungsbeschlusses beim betroffenen Gesellschafter ruhen die Rechte aus
dem Geschäftsanteil einschließlich des
Stimmrechts. Gewinne stehen dem Gesellschafter sowohl im Falle des Ausschlusses
als auch im Falle der Einziehung nur zu, sofern bis zum Zugang der Beschlüsse die Gewinnverwendungsbeschlüsse bereits gefaßt
worden sind.

(6) Für den Fall der Verwertung des Geschäftsanteils im Rahmen des Kaduzierungsverfah-
rens gemäß § 23 GmbHG können die Gesellschafter beschließen, daß die Verwertung
auch durch freihändigen Verkauf geschehen
kann.

§ 8
Kündigung

(1) Jeder Gesellschafter kann das Gesellschaftsverhältnis mit einer Frist von sechs Monaten
zum Schluß eines Geschäftsjahres kündigen.
Die Kündigung hat durch eingeschriebenen
Brief zu erfolgen. Sie ist an die Gesellschaft
zu richten.

(2) Die Kündigung hat nicht die Auflösung der
Gesellschaft, sondern nur das Ausscheiden
des kündigenden Gesellschafters zum Ende
des betreffenden Geschäftsjahres zur Folge.
Von diesem Zeitpunkt an ruhen die Gesell-

schafterrechte des ausscheidenden Gesellschafters.

(3) Der ausscheidende Gesellschafter ist verpflichtet, seinen Geschäftsanteil auf die übrigen Gesellschafter im Verhältnis ihrer Beteiligung oder - nach Wahl der Gesellschaft - auf
diese oder auf einen von der Gesellschaft zu
benennenden Dritten zu übertragen oder die
Einziehung zu dulden. Bei der anteiligen Übertragung auf die Gesellschafter entstehende
unteilbare Spitzenbeträge sind den Gesellschaftern zu Bruchteilen entsprechend ihrer
Beteiligung zu übertragen, wobei anschließend ein Ausgleich über eine Kapitalerhöhung
zu erfolgen hat.

(4) Der ausscheidende Gesellschafter erhält eine
Abfindung, die gemäß § 11 dieses Vertrags
zu berechnen und auszuzahlen ist.

§ 9
Veräußerung und Belastung
von Geschäftsanteilen

(1) Für sämtliche Verfügungen über einen Geschäftsanteil (Übertragungen, Belastungen
[z.B. Pfandrechte, Nießbrauch]) ist ein einstimmiger Beschluß der Gesellschafterversammlung erforderlich. Die Zustimmung wird
nach Fassung eines einstimmigen Beschlusses der Gesellschafterversammlung vom Geschäftsführer gegenüber dem Veräußerer
namens der Gesellschaft erteilt. Ein Anspruch auf Zustimmung besteht nicht, da
der Veräußerer das Recht zur Kündigung gegen Abfindung hat.

(2) Bevor der ausscheidewillige Gesellschafter
sich verpflichtet, seinen Geschäftsanteil auf
einen Dritten zu übertragen, muß er seinen
Anteil den Mitgesellschaftern anbieten, indem er diese schriftlich per Einschreiben von
der Übertragungsabsicht informiert. Jeder
Gesellschafter hat das Recht, binnen eines
Monats nach Einlieferung des Einschreibebriefs vom Geschäftsführer die Einberufung
einer Gesellschafterversammlung zu verlangen, auf der der Geschäftsanteil unter den
Gesellschaftern versteigert wird. Das Min-
destgebot muß die Höhe der nach § 11 er-
rechneten Abfindung betragen. Die Versteigerung wird von einem Notar geleitet, der
das Verfahren unter Gleichbehandlung aller
Gesellschafter nach eigenem Ermessen bestimmt. Für den Fall des Zuschlags beurkundet der Notar sowohl das Verpflichtungs- als
auch das Verfügungsgeschäft unter der
auflösenden Bedingung der Kaufpreiszahlung
binnen 21 Tagen nach dem Zuschlag. Unabhängig davon, ob ein Versteigerungsverfahren durchgeführt wurde, steht jedem Gesellschafter bei einer Veräußerung des Anteils
an einen Dritten ein Vorkaufsrecht zu, und
zwar im Verhältnis seiner Beteiligung. Das
Vorkaufsrecht ist innerhalb eines Monats,
nachdem die Anteilsübertragung durch den
Gesellschafterbeschluß genehmigt wurde,
durch schriftliche Erklärung gegenüber dem
bisherigen Gesellschafter auszuüben. Macht
ein Gesellschafter davon innerhalb eines
Monats keinen Gebrauch, geht das Recht
anteilig auf die verbleibenden Gesellschafter
über. Etwaige unverteilbare Spitzenbeträge
stehen den Gesellschaftern im Verhältnis ihrer Beteiligung zu Bruchteilen zu. Ein Aus-

gleich hat ggf. über eine Kapitalerhöhung zu erfolgen. Ergänzend gelten die §§ 504 ff. BGB.

§ 10
Tod eines Gesellschafters

(1) Geht der Geschäftsanteil erbrechtlich kraft Erbfolge auf den oder die Erben bzw. auf einen Vermächtnisnehmer (im folgenden nur als Erbe bezeichnet) über, so ist der Erbe binnen drei Monaten nach Erlangung der Kenntnis von der Gesellschafterstellung verpflichtet, der Gesellschaft den Erwerb anzuzeigen und sich damit einverstanden zu erklären, daß der Geschäftsanteil in einem nach § 9 Absatz 2 durchgeführten Versteigerungsverfahren an einen Mitgesellschafter veräußert wird. Weigert sich der Erbe, das Versteigerungsverfahren durchführen zu lassen oder verläuft die Versteigerung ergebnislos, so ist die Gesellschafterversammlung berechtigt, die Einziehung ohne Zustimmung des Erben gegen Abfindung zu beschließen.

(2) Das Versteigerungsverfahren bzw. die Einziehung ist binnen zehn Monaten ab dem Zugang der Anzeige des Erben bei der Gesellschaft bzw. ab sonstiger Kenntniserlangung vollständig durchzuführen. In diesem Zeitraum ruht das Stimmrecht aus dem Geschäftsanteil des verstorbenen Gesellschafters.

(3) Steht der Anteil einer Erbengemeinschaft zu, so ist diese verpflichtet, zur Ausübung ihrer Rechte einen gemeinsamen Vertreter zu bestellen. Bis zur Bestellung des gemeinsamen

Vertreters ruhen die Stimmrechte aus dem Geschäftsanteil.

§ 11
Abfindung

(1) Im Falle der Einziehung gemäß § 7, der Kündigung nach § 8 und in allen anderen Fällen des Ausscheidens hat die Gesellschaft eine Abfindung zu zahlen. Die Abfindung beträgt in den Fällen des § 7 Absatz 2 a) bis c) 60 % und in allen übrigen Fällen 100 % des nach Maßgabe der folgenden Bestimmungen zu berechnenden anteiligen Unternehmenswerts.

(2) Der Unternehmenswert wird wie folgt ermittelt:

    a) Zunächst ist der gewichtete Durchschnitt der Ergebnisse der Handelsbilanz der letzten drei beim Ausscheiden abgeschlossenen Geschäftsjahre vor Körperschaftssteuer auf ausschüttungsfähige Erträge zu berechnen. Außerordentliche oder periodenfremde Aufwendungen und Erträge werden eliminiert. Zur Ermittlung des gewichteten Durchschnitts wird das Ergebnis des letzten abgeschlossenen Geschäftsjahres mit dem Faktor 3, das des davorliegenden Geschäftsjahres mit dem Faktor 2 und das Ergebnis des vor dem letzteren liegenden Geschäftsjahres mit dem Faktor 1 multipliziert und die Summe dieser drei gewichteten Ergebnisse durch 6 dividiert, wodurch man das gewichtete Durchschnittsergebnis erhält.

b) Das gemäß a) berechnete gewichtete Durchschnittsergebnis ist zur Ermittlung des Ertragswerts des Unternehmens mit 5 zu multiplizieren.

(3) Der anteilige Unternehmenswert ergibt sich aus dem Verhältnis des Nennbetrags der Geschäftsanteile des ausgeschiedenen Gesellschafters zum Stammkapital.

(4) Die Abfindung ist in drei gleichen Jahresraten zu entrichten. Die erste Rate wird sechs Monate nach dem Ausscheiden fällig. Steht bis zu diesem Zeitpunkt die Höhe der Abfindung noch nicht fest, so ist als Vorschußzahlung ein Betrag in geschätzter Höhe zu leisten.

(5) Sowohl die Gesellschaft - vertreten durch den Geschäftsführer aufgrund eines ermächtigenden Mehrheitsbeschlusses - als auch der ausscheidende Gesellschafter haben das Recht, die Höhe der Abfindung unter Beachtung der in diesem Vertrag vereinbarten Berechnungsmethode durch einen Wirtschaftsprüfer oder Steuerberater, der von dem für den Sitz der Gesellschaft zuständigen Steuerberaterverband benannt wird, gutachterlich ermitteln zu lassen. Das Gutachten ist für alle Beteiligten bindend, sofern es nicht evident fehlerhaft ist. Die Kosten für das Gutachten trägt die Gesellschaft.

4. Gründungsaufwand

a. Problematik des Gründungsaufwands

Festsetzung in
der Satzung

In jeden Gesellschaftsvertrag gehört eine Festsetzung des Gründungsaufwands. Aufzunehmen sind die Gründungskosten in ihrer geschätzten

Höhe. Nur dann, wenn die Gründungskosten in der Satzung verankert sind, dürfen sie aus dem Gesellschaftsvermögen bestritten werden. Durch die Festsetzung der Gründungskosten im Gesellschaftsvertrag können die Gläubiger die Vorbelastungen des Stammkapitals durch Gründungsaufwand erkennen. Zur Erinnerung: Der Gesellschaftsvertrag wird beim Handelsregister eingereicht und ist dort für jedermann einsehbar. Fehlt eine Festsetzung in der Satzung, müssen die Gesellschafter die Beträge aus ihrem eigenen Vermögen zahlen und/oder der Gesellschaft, falls diese die Beträge verauslagt, die Zahlungen erstatten. Zahlt dennoch die Gesellschaft auf eigene Rechnung die Gründungskosten, stellt dies zudem eine verdeckte Gewinnausschüttung an die Gesellschafter dar (BFH, DStR 1990, 38). Das Erfordernis der Festsetzung des Gründungsaufwands in der Satzung folgt aus einer analogen Anwendung von § 26 II AktG.

Zu den Gründungskosten gehören in jedem Fall die Eintragungs- und Bekanntmachungsgebühren, die an das Handelsregister zu zahlen sind, sowie die Notarkosten.

Auch anwaltliche Beratungskosten sowie Aufwendungen, die die Gründer getätigt haben, gehören dem Grunde nach hierzu. Fraglich ist bei den letzteren Kosten, inwieweit mit ihnen tatsächlich das Gesellschaftsvermögen belastet werden darf. Steuerrechtlich könnte eine verdeckte Gewinnausschüttung vorliegen, da diese Zahlungen nicht betrieblich veranlaßt sind, sondern in die Sphäre der Gesellschafter gehören. Nach richtiger Ansicht dürfen diese Kosten ferner nicht aus dem Gesellschaftsvermögen an die Gründer ausbezahlt werden, wenn das Kapitalerhaltungsgebot gemäß § 30 GmbHG diesem entgegensteht (zur Kapitalerhaltung siehe ausführlich 4. Teil, B.). Welche Auswirkungen der Gründungsaufwand auf das Kapitalerhaltungsgebot und auf die Vorbelastungshaftung der Gesellschafter hat, ist nicht abschließend geklärt. Die notwendigen Gründungskosten, d.h. die Register- und Notarkosten, führen zwar zu Vorbelastungen des Gesellschaftsvermögens, gleichwohl wird für diese Kosten, sofern sie satzungsmäßig festgesetzt sind, keine Vorbelastungshaftung ausgelöst (BGHZ 80, 129, 139 ff). Hinsichtlich der sonstigen Kosten dürfte dies jedoch nicht gelten.

b. Formulierungsvorschlag

§ 12
Gründungsaufwand

Die Gesellschaft trägt die mit der Gründung verbundenen Kosten der Eintragung und Bekanntmachung (Gründungsaufwand) bis zu einem Betrag von insgesamt 1.000 €.

5. Bekanntmachungen

a. Bedeutung der Bekanntmachungen

Kosten und Einsparungsmöglichkeit

Die GmbH ist eine Handelsgesellschaft, die im Handelsregister eingetragen ist. Damit gelten für die GmbH die Vorschriften des Handelsgesetzbuchs über das Handelsregister. Somit sind Eintragungen im Handelsregister grundsätzlich auch bekanntzumachen (§ 10 HGB). Die Bekanntmachung erfolgt im Bundesanzeiger sowie in mindestens einem anderen Blatt (einer Tageszeitung), das das Handelsregister als Veröffentlichungsblatt wählt. In Berlin beispielsweise werden Be-

kanntmachungen im Bundesanzeiger und im Ta-
gesspiegel, der Berliner Morgenpost sowie in der
Berliner Zeitung publiziert. In der Regel ist das
Handelsregister für die Bekanntmachung zuständig und nimmt diese im Bundesanzeiger und den
entsprechenden Blättern vor. Die Gesellschaft
hat hierauf keinen Einfluß. Die Kosten für die
Bekanntmachung fallen jedoch jeweils der Gesellschaft zur Last. Es gibt allerdings einige we-
nige Situationen, in denen die Gesellschaft selbst
verpflichtet ist, Bekanntmachungen vorzunehmen. Dies betrifft etwa bei der Auflösung die
sog. Gläubigeraufrufe. Wird eine Gesellschaft
aufgelöst, so sind die Gläubiger dreimal aufzurufen, ihre Forderungen anzumelden. Diese dreimalige Veröffentlichung kann teuer werden, gerade
wenn sie im Bundesanzeiger und mehreren Ta-
geszeitungen stattfinden muß. Daher bietet es
sich an, in der Satzung die Gesellschaftsblätter
zu reduzieren. Grundsätzlich sollten Bekanntmachungen nur im Bundesanzeiger erfolgen.

b. Formulierungsvorschlag

§ 13
Bekanntmachungen

Bekanntmachungen der Gesellschaft, die von
dieser selbst vorzunehmen sind, erfolgen nur im
Bundesanzeiger.

IV. Weitere Regelungen im Einzelfall

1. Wettbewerbsverbot

a. Allgemeines

Der GmbH-Gesellschafter unterliegt als „reiner"
Kapitalanleger grundsätzlich keinem Wettbe-

Wettbewerbsverbot
nur im Einzelfall

werbsverbot. Er kann sich daher an Konkurrenzunternehmen beteiligen bzw. in dieser Hinsicht unternehmerisch tätig werden. Im Gegensatz hierzu gilt für den *Geschäftsführer* ein umfassendes Wettbewerbsverbot (siehe *Jula*, Der Status des GmbH-Geschäftsführers, S. 131 ff.). Ist ein Gesellschafter gleichzeitig Geschäftsführer, so trifft ihn ebenfalls dieses Wettbewerbsverbot. Aber auch der Gesellschafter, der nicht gleichzeitig Geschäftsführer ist, kann unter bestimmten Voraussetzungen an ein Wettbewerbsverbot gebunden sein. Das Wettbewerbsverbot ist Ausfluß der Treuepflicht, wonach jeder Gesellschafter verpflichtet ist, aktiv den Zweck der Gesellschaft zu verfolgen bzw. alles das zu unterlassen, was der Gesellschaft schaden könnte. Ist die Gesellschaft stark personalistisch strukturiert bzw. hat der Gesellschafter einen beherrschenden Einfluß auf die GmbH, so kann er aufgrund seiner Treuepflicht gehalten sein, Konkurrenzgeschäfte zu unterlassen.

Vereinbarung möglich

Sind die Mitgesellschafter jedoch grundsätzlich an der Geltung eines Wettbewerbsverbots interessiert, so sollten sie, um generell sicherzugehen bzw. für die Fälle vorzusorgen, in denen das Wettbewerbsverbot aus der Treuepflicht nicht eingreift, ausdrücklich ein Wettbewerbsverbot in der Satzung vereinbaren.

Tip!
Als Minderheitsgesellschafter sollten Sie darauf bestehen, daß grundsätzlich ein Wettbewerbsverbot in der Satzung verankert wird, da nie auszuschließen ist, daß sich ein Mehrheitsgesellschafter im Laufe der Jahre entschließt, mit der Gesellschaft in Konkurrenz zu treten. Lediglich dann, wenn Sie schon selbst Konkurrenzgeschäf-

te betreiben oder zukünftig betreiben wollen, sollten Sie von einem derartigen Wettbewerbsverbot Abstand nehmen. Insbesondere wenn ein Mitgesellschafter bereits in der Branche gearbeitet hat, steht zu befürchten, daß er irgendwann einmal seine eigenen Interessen in den Vordergrund rückt und Geschäftschancen der Gesellschaft für sich verwendet oder gar ein Konkurrenzunternehmen aufbaut.

In jedem Fall bietet sich zunächst die Verankerung eines Wettbewerbsverbots in der Satzung an. Im Einzelfall kann dann, wenn sich hierfür ein Bedarf ergibt, einem Gesellschafter *Befreiung* von dem Wettbewerbsverbot erteilt werden. Hierbei ist darauf zu achten, daß ein solcher Beschluß mindestens mit satzungsändernder (= 3/4-) Mehrheit gefaßt wird. Es ist strittig, welche Mehrheit zu fordern ist, wenn eine entsprechende Satzungsregelung fehlt. Die Befreiung sollte stets nur gegen Zahlung einer angemessenen Vergütung erfolgen. Dies ist auch deshalb gerechtfertigt, weil ansonsten die Gefahr verdeckter Gewinnausschüttungen besteht (siehe *Jula*, Der Status des GmbH-Geschäftsführers, S. 137 ff.).

b. Formulierungsvorschlag

Als Formulierungsvorschlag bietet sich nicht nur die Regelung eines Wettbewerbsverbots an. Dem Gesellschafter sollte vielmehr auch das Verbot auferlegt werden, Geschäftschancen, die sich der Gesellschaft bieten, für sich selbst zu nutzen. Erfährt also etwa der Gesellschafter, daß ein Grundstück zum Verkauf steht, das der Gesellschaft nützen könnte, so darf er dieses nicht auf eigene Rechnung als Zwischenkäufer - ggf. unter

Einschaltung eines Strohmanns – erwerben, sondern muß diese Chance der Gesellschaft zuführen.

Somit könnte die Vereinbarung eines Wettbewerbsverbots einschließlich des Verbots, Geschäftschancen für sich zu nutzen, wie folgt formuliert werden:

§ ?? [nach Bedarf]
Wettbewerbsverbot des Gesellschafters

(1) Jedem Gesellschafter ist es untersagt, mit der Gesellschaft unmittelbar oder mittelbar auf einem ihrer Tätigkeitsgebiete in Wettbewerb zu treten sowie die Geschäftschancen der Gesellschaft zu nutzen. Im Zweifel wird vermutet, daß es sich um eine Geschäftschance der GmbH handelt. Der betreffende Gesellschafter hat ggf. den Geschäftsführer aufzufordern, die Mitgesellschafter per Einschreiben über die Nutzung der Geschäftschance zu informieren. Die Mitgesellschafter sind berechtigt, zwei Wochen ab Einlieferungsdatum des Einschreibebriefs Widerspruch gegen eine Verwertung durch den anfragenden Gesellschafter einzulegen. Der Widerspruch ist gegenüber dem Geschäftsführer zu erheben, der daraufhin eine Gesellschafterversammlung einzuberufen hat, die über die Verwertung der Geschäftschance durch Beschluß, bei dem der betroffene Gesellschafter kein Stimmrecht hat, verbindlich entscheidet.

(2) Für jeden Fall einer Zuwiderhandlung gegen das Verbot gemäß Absatz 1 hat der Zuwiderhandelnde eine Vertragsstrafe in Höhe von 10.000 € an die Gesellschaft zu zahlen. Je-

der angefangene Kalendermonat einer fortgesetzten Zuwiderhandlung gilt als eine unabhängige und selbständige Zuwiderhandlung. Die sonstigen Rechte, die sich im Zweifel nach §§ 112, 113 HGB bestimmen, bleiben unberührt. Die Vertragsstrafe wird auf den Schadensersatz angerechnet.

(3) Die Gesellschafterversammlung ist berechtigt, von dem in Absatz 1 enthaltenen Verbot mit satzungsändernder Mehrheit eine Befreiung gegen Zahlung einer angemessenen Vergütung zu erteilen.

2. Nebenleistungsverpflichtungen

Sonderpflichten der Gesellschafter

Jeder Gesellschafter schuldet grundsätzlich lediglich die Leistung der von ihm versprochenen Einlage. Aufgrund seiner Treuepflicht können ihn ggf. - wie unter 1. dargestellt - noch weitere Pflichten, beispielsweise ein Wettbewerbsverbot, treffen. Darüber hinaus ist der Gesellschafter nicht verpflichtet, sonstige Zahlungen in das Gesellschaftsvermögen oder Sach- oder Dienstleistungen zu erbringen. Im Einzelfall kann jedoch die Gesellschaft bzw. können die Mitgesellschafter ein Interesse daran haben, daß einzelne, mehrere oder alle Gesellschafter weitere sog. Sonderpflichten übernehmen.

Inhalt und Zweck

Diese Sonderpflichten können einen beliebigen Inhalt haben, denkbar ist beispielsweise die Pflicht, weitere Zahlungen zu erbringen, etwa schon bei der Übernahme der Stammeinlagen als zusätzliche Anschubfinanzierung. So könnte vereinbart werden, daß neben der Stammeinlage noch ein sog. Aufgeld (Agio) in das Gesellschaftsvermögen zu leisten ist. Vorstellbar ist aber auch die Vereinbarung von Sachleistungen, beispielsweise die Vermietung eines Grundstücks an die Gesellschaft durch den Gesellschafter, auf das diese dringend angewiesen ist. Gleiches könnte etwa für ein Patent gelten, das die Gesellschaft verwerten soll. Hier könnte schon im Gesellschaftsvertrag festgelegt werden, daß der Gesellschafter als Inhaber des Patents der Gesellschaft gewähren muß, damit die Verwertung gesichert ist. Verfügt beispielsweise ein Gesellschafter über ein besonderes Know-how, das für die Verfolgung des Zwecks der Gesellschaft nötig oder förderlich ist, so sollte er sich im Interesse der Mitgesellschafter bereits in der Satzung verpflichten, dieses Know-how der Gesellschaft zur Verfügung zu stellen. Hierbei kann es sich die Erbringung von Dienstleistungen handeln. Ist nur ein Gesellschafter in der Lage, die Spezialsoftware zu entwickeln, die die Gesellschaft auf dem Markt einführen möchte, so bietet es sich an, den betreffenden Gesellschafter durch die Vereinbarung einer Sonderpflicht entsprechend zu binden.

> **Tip!**
> Bestehen Sie in den Fällen, in denen es für die Gesellschaft entscheidend auf das Know-how, die Mitarbeit eines Gesellschafters oder einen bestimmten Gegenstand aus dem Vermögen des Gesellschafters ankommt, auf die entsprechende Aufnahme in die Satzung. Möchte die Gesellschaft beispielsweise Geräte zur Analyse von Genen auf den Markt bringen und ist ein Gesellschafter alleiniger Inhaber des Patents, muß dringend darauf geachtet werden, daß der Gesellschafter sich verpflichtet, ausschließlich der Gesellschaft möglichst langfristig Lizenzen einzuräumen. Möchte die Gesellschaft die Geräte zur Analyse auf einem Grundstück eines Gesellschaf-

ters produzieren, sollte sich der betreffende Gesellschafter durch eine Sonderpflicht bereits in der Satzung zur Überlassung des Grundstücks verpflichten.

Planen die Gesellschafter z.B. den Betrieb einer Kfz-Werkstatt, ist aber lediglich einer der Gesellschafter Kfz-Meister und soll dieser mitarbeiten, so bietet es sich an, diese Pflicht durch eine Sonderpflicht zu verstärken, denn dann kann sich derjenige nur noch durch Übertragung des Geschäftsanteils dieser Pflicht entziehen. Der *BGH* hat bei einer GmbH, die auf die Mitarbeit aller Gesellschafter angelegt ist, sogar einen Ausschlußgrund in der Satzung für den Fall der Beendigung der Mitarbeit für zulässig erklärt (BGH, NJW 1983, 2880, 2881).

Eine Nebenleistungspflicht ist stets mit dem Geschäftsanteil verbunden, Rechtsgrundlage ist § 3 II GmbHG. Der Begriff der Nebenleistungs- bzw. Sonderleistungspflicht ist sehr umfassend, auch Ankaufsrechte in der Satzung fallen hierunter, da sie ja die Verpflichtung des Gesellschafters beinhalten, zunächst den Mitgesellschaftern den Geschäftsanteil zum Kauf anzubieten.

Ob man eine Nebenleistungspflicht in die Satzung aufnimmt, hängt von den Umständen des Einzelfalls ab. Gewöhnlich finden sich keine derartigen Verpflichtungen im Gesellschaftsvertrag, da die Gesellschaft meist nicht auf den Gegenstand oder auf die Leistung eines Gesellschafters essentiell angewiesen ist. Deshalb kann hier auch kein Formulierungsvorschlag erfolgen, da er auf die konkreten Umstände auszurichten wäre. Zu beachten ist, daß die Nebenleistung hinrei-

chend bestimmt formuliert sein muß. Gleiches
gilt für eine etwaige Gegenleistung.

3. Jahresabschluß und Ergebnisverwendung

Klauseln über das Geschäftsjahr oder den Jahresabschluß sind grundsätzlich überflüssig, da
dies alles gesetzlich geregelt ist. Lediglich dann,
wenn ein abweichendes Geschäftsjahr im Einvernehmen mit dem Finanzamt festgelegt werden
soll, könnte dies in der Satzung verankert werden.

Rücklagenbildung

Das Bilanzrecht gewährt ansonsten bei der
Rechnungslegung kaum Spielräume für die Satzungsgestaltung. Allenfalls für die Ergebnisverwendung können sog. Ergebnisverwendungs-
klauseln in der Satzung verankert werden. Dies
hängt davon ab, ob die Gesellschafter daran interessiert sind, eine Gewinnrücklage zu bilden.
Dann könnte man in die Satzung aufnehmen, daß
beispielsweise das Jahresergebnis so lange in die
Rücklagen einzustellen ist, bis 50% des Stammkapitals erreicht sind. Denkbar wäre auch eine
Kombination von Rücklagenbildung und Gewinnausschüttung, etwa dergestalt, daß vom Jahresergebnis 30% auszuschütten und 70% den
Rücklagen zuzuführen sind.

Ein Formulierungsvorschlag ist auch hier entbehrlich, da er von den Wünschen im Einzelfall
abhängt.

4. Schiedsvereinbarung

a. Allgemeines

Bedeutung und
Motive

Entstehen Streitigkeiten aus dem Gesellschaftsvertrag, so müssen diese ggf. gerichtlich geklärt

werden. Die Beteiligten haben jedoch häufig ein Interesse daran, den Rechtsweg zu den staatlichen Gerichten auszuschließen und die Angelegenheit auf ein Schiedsgericht zu übertragen. Beim Schiedsgericht ist eher sichergestellt, daß sachkundige Schiedsrichter über die Angelegenheit entscheiden. Der Ausschluß der Öffentlichkeit ist möglich, woran die Beteiligten interessiert sein könnten. Auch gehen die Verfahren meist schneller und verursachen, insbesondere durch die Einsparung von Gerichtskosten und den Ausschluß des Instanzenzuges, geringere Kosten. Eine Schiedsvereinbarung kann daher sinnvoll sein.

Die Zivilprozeßordnung enthält in den §§ 1029 ff. detaillierte Vorschriften über Schiedsvereinbarungen. Deshalb müssen die Parteien insofern keine weiteren Regelungen über das Verfahren treffen. Eine Schiedsvereinbarung ist nur wirksam, wenn das Formerfordernis des § 1031 ZPO gewahrt ist. Nach § 1031 V ZPO ist zusätzlich vorgeschrieben, daß Schiedsvereinbarungen, an denen ein *Verbraucher* beteiligt ist, nur dann wirksam sind, wenn sie in von den Parteien eigenhändig unterzeichneten Urkunden vereinbart werden, die sonst keine anderen Regelungen enthalten. Es heißt dort allerdings auch, daß dies nicht bei notarieller Beurkundung gilt, weshalb eine Schiedsklausel in den GmbH-Gesellschaftsvertrag integriert werden darf, die nicht gesondert unterzeichnet werden muß (strittig). Zu beachten ist allerdings, daß nach Ansicht des *Bundesgerichtshofs* Anfechtungs- und Nichtigkeitsklagen nicht schiedsfähig sind (siehe unten 3. Teil, D.VI.).

Anwendbares Recht

b. Formulierungsvorschlag

Der Formulierungsvorschlag kann wie erwähnt kurz gehalten werden, da in den §§ 1034 ff. ZPO detaillierte Vorschriften enthalten sind, die das Verfahren einschließlich der Zusammensetzung und der Bestellung des Schiedsgerichts im einzelnen regeln.

§ ?? [nach Bedarf]
Schiedsvereinbarung

(1) Über alle Streitigkeiten zwischen der Gesellschaft und den Gesellschaftern oder zwischen den Gesellschaftern aus dem Gesellschaftsverhältnis entscheidet unter Ausschluß des ordentlichen Rechtswegs ein Schiedsgericht, soweit eine Schiedsgerichtsvereinbarung zulässig ist.

(2) Das Schiedsgericht besteht aus zwei Schiedsrichtern und einem Vorsitzenden. Jede Partei benennt einen Schiedsrichter, diese bestimmen sodann einstimmig den Vorsitzenden, der die Befähigung zum Richteramt haben muß. Erfolgt durch die Parteien die Benennung ihres Schiedsrichters jeweils nicht innerhalb von zwei Wochen seit Aufforderung durch die Gegenseite, so erfolgt die Bestellung auf Antrag einer Partei durch das Gericht gemäß § 1035 III ZPO. Das Gericht bestimmt auch auf Antrag einer Partei den Vorsitzenden des Schiedsgerichts, falls die beiden Schiedsrichter sich auf einen Vorsitzenden nicht einigen können. Das Verfahren bestimmt sich nach den Vorschriften der ZPO, im übrigen bestimmt das Schiedsgericht sein Verfahren selbst. Die Vergütung wird durch die Gesellschafterversammlung festgesetzt.

3. Teil
Rechte und Pflichten des GmbH-Gesellschafters

A.
Rechte des Gesellschafters

I. Überblick

1. Bedeutung und Wert des Geschäftsanteils

Die GmbH ist ein körperschaftlicher Verband. Dies setzt eine mitgliedschaftliche Organisation voraus. Das einzelne Mitglied der Körperschaft ,GmbH' bezeichnet das Gesetz als Gesellschafter. Die Mitgliedschaft wird durch den sog. Geschäftsanteil vermittelt. Der Geschäftsanteil umfaßt die Gesamtheit der Rechte und Pflichten des jeweiligen Gesellschafters. Gesellschafter ist also derjenige, der Inhaber des Geschäftsanteils ist. Die Rechte und Pflichten des Gesellschafters aus dem Geschäftsanteil können prinzipiell nicht vom Geschäftsanteil abgespalten werden (sog. Abspaltungsverbot).

Der Geschäftsanteil jedes Gesellschafters bestimmt sich gemäß § 14 GmbHG nach dem Betrag der von ihm übernommenen Stammeinlage. Dem Geschäftsanteil wird also der Nennbetrag der betreffenden Stammeinlage zugeordnet. Der Nennbetrag im Verhältnis zur Stammkapitalziffer drückt die Beteiligungsquote des Gesellschafters aus. Hat der Gesellschafter beispielsweise einen drückt die Beteiligungsquote des Gesellschafters aus. Hat der Gesellschafter beispielsweise einen Geschäftsanteil in Höhe eines Nennbetrags von 10.000 € bei einem Stammkapital von 50.000 €, so ist er mit 20% an der Gesellschaft beteiligt. Die Beteiligungsquote erhöht sich ggf. dann, wenn nicht sämtliche Stimmen aus den Anteilen ausgeübt werden dürfen bzw. die Stimmen aus anderen Gründen nicht existent sind. Hält beispielsweise die Gesellschaft eigene GmbH-Anteile, so ruhen diese Stimmrechte. Rechte aus eingezogenen oder kaduzierten Anteilen entfallen samt den an diesem Anteil hängenden Stimmen, der Einfluß der sonstigen Gesellschafter erhöht sich in all diesen Fällen entsprechend.

Wert

Der „Wert" eines Anteils ist nicht identisch mit seinem Nominal- bzw. Nennbetrag. Er wird vielmehr auf andere Weise ermittelt, wobei hierfür verschiedene Methoden existieren. Der Wert des Anteils läßt sich einerseits als sog. „innerer Wert" darstellen. Hierbei wird der Substanz- und/oder Ertragswert der Gesellschaft berechnet und auf den einzelnen Anteil in Höhe der Beteiligungquote umgelegt. Zur Ermittlung des *Substanzwerts* wird zunächst das Nettogesamtgesellschaftsvermögen ermittelt. Dies geschieht, indem die Werte sämtlicher Vermögensgegenstände addiert und hiervon die Verbindlichkeiten bzw. Rückstellungen in Abzug gebracht werden. Der Substanzwert ist eine starre Größe, da aus ihm nicht erkennbar wird, wie erfolgreich das Unternehmen derzeit am Markt operiert. Aussagekräftiger ist daher eine Methode, die sich am *Ertragswert* des Unternehmens orientiert. Der Ertragswert berücksichtigt die Rendite bzw. Verzinsung, die mit der Beteiligung erwirtschaftet wird. Wie man den Ertragswert im einzelnen ermittelt, ist keinesfalls entschieden, auch hier existieren mehrere Methoden. Es ist nicht einmal geklärt, für welchen in der Vergangenheit liegenden Zeitraum die Erträge mit welcher Gewichtung anzusetzen sind. Erträge aus der jüngsten Vergangenheit werden grundsätzlich stärker gewichtet als Gewinne aus weiter zurückliegenden Perioden. Zukünftige Gewinnaussichten fließen ebenfalls in den Ertragswert ein, wobei nicht abschließend festgelegt ist, mit welchem Gewicht dies geschehen soll. Dennoch ist für die Bewertung eines Geschäftsanteils der Ertragswert bedeutsam, da dieser sich an den erwirtschafteten Gewinnen und damit am in der Regel für den Anteilseigner wichtigsten Kriterium orientiert. Der Substanzwert spielt im Verhältnis zum Ertragswert nur dann eine maßgebliche Rolle, wenn zum Gesellschaftsvermögen wesentliche Vermögensgegenstände, wie z.B. Betriebsgrundstücke, gehören.

Gegenüber diesem inneren Wert bestimmt sich der sog. Verkehrswert des Anteils („äußerer Wert") letztlich danach, für welchen Preis der Anteil am Markt veräußert werden kann. Hier spielen der Substanz- bzw. Ertragswert eine wesentliche Rolle, da sich die potentiellen Erwerber bei der Bemessung des Preises selbstverständlich hieran orientieren werden.

Anteilsscheine, vergleichbar den Aktien, werden nicht über Geschäftsanteile ausgegeben, unzulässig ist dies allerdings nicht. Anteilsscheine über GmbH-Anteile wären reine Beweisurkunden für die Inhaberschaft am Geschäftsanteil ohne weitere Legitimations- oder Garantiefunktion. Damit könnte auch die Übertragung der GmbH-Anteile nicht durch Übertragung dieser Anteils-

Anteilsscheine

scheine, sondern lediglich durch notariell beurkundete Abtretung - wie in § 15 GmbHG vorgesehen – geschehen.

2. Übersicht über die einzelnen Rechte

Der Geschäftsanteil vermittelt dem Gesellschafter die mitgliedschaftlichen Rechte. Diese Rechte
lassen sich in Vermögens-, Verwaltungs-, Kon-
troll- und Minderheitenrechte sowie Sonderrechte
einteilen.

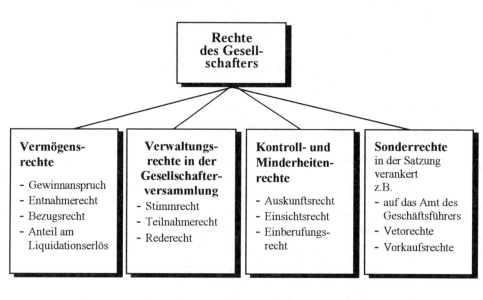

Rechte des Gesellschafters

Vermögens-rechte	**Verwaltungs-rechte in der Gesellschafter-versammlung**	**Kontroll- und Minderheiten-rechte**	**Sonderrechte** in der Satzung verankert z.B.
- Gewinnanspruch - Entnahmerecht - Bezugsrecht - Anteil am Liquidationserlös	- Stimmrecht - Teilnahmerecht - Rederecht	- Auskunftsrecht - Einsichtsrecht - Einberufungs-recht	- auf das Amt des Geschäftsführers - Vetorechte - Vorkaufsrechte

Vermögensrechte

Zu den *Vermögensrechten* zählen der Gewinnanspruch, das Entnahmerecht, das Bezugsrecht im
Falle einer Kapitalerhöhung sowie das Recht des
Gesellschafters auf seinen Anteil am Liquidationserlös, falls die Gesellschaft aufgelöst werden
sollte.

Verwaltungsrechte

Die *Verwaltungsrechte* werden grundsätzlich in
der Gesellschafterversammlung ausgeübt. Die
Gesellschafter dürfen nicht jeder für sich allein

„unkoordiniert" Gesellschafterrechte wahrnehmen, sondern bündeln diese in ihrem gemeinsamen Gremium, der Gesellschafterversammlung. Die Gesellschafterversammlung operiert grundsätzlich über sog. Gesellschafterbeschlüsse. Als Zusammenfassung aller Gesellschafter nimmt sie dann kollektiv die Rechte der Gesellschafter wahr, wobei sie weitgehende Einflußnahmemöglichkeiten auf die Geschäftsführung hat. Der Gesellschafter hat das Recht, an der Gesellschafterversammlung teilzunehmen (Teilnahmerecht), sich an den Aussprachen zu beteiligen (Rederecht) sowie bei zu fassenden Beschlüssen seine Stimme abzugeben (Stimmrecht).

Neben den Rechten der Gesellschafterversammlung gibt es noch *Kontroll- bzw. Minderheitenrechte*, die einzelnen oder einer Gruppe von Gesellschaftern zustehen. Zu nennen sind hier die Auskunfts- und Einsichtsrechte gemäß § 51 a GmbHG sowie das Einberufungsrecht einer Gesellschafterminderheit nach § 50 GmbHG.

Kontroll- bzw. Minderheitenrechte

Außer den vorgenannten Rechten können einzelnen Gesellschaftern aufgrund spezieller satzungsrechtlicher Regelung noch *Sonderrechte* zustehen. Hierbei kann es sich beispielsweise um das Recht eines Gesellschafters auf Ausübung des Amts des Geschäftsführers, um Vetorechte in bestimmten Angelegenheiten oder um Vorkaufsrechte bezüglich zum Verkauf stehender Geschäftsanteile der Mitgesellschafter handeln.

Sonderrechte

II. Vermögensrechte

1. Gewinnanspruch

Der Gewinnanspruch ist für den GmbH-Gesellschafter der wichtigste Anspruch über-

Dividendenanspruch

haupt. Der Gesellschafter hat in den überwiegenden Fällen sein Geld bei der GmbH angelegt, um möglichst viel Dividende zu erhalten. Die GmbH ist für ihn eine Ertragsquelle, die möglichst lukrativ sprudeln sollte.

Rechtsgrundlage für den Gewinnanspruch des Gesellschafters ist § 29 GmbHG. Dort heißt es:

§ 29 GmbHG [Gewinnverwendung]

(1) Die Gesellschafter haben Anspruch auf den Jahresüberschuß zuzüglich eines Gewinnvortrags und abzüglich eines Verlustvortrags, soweit der sich ergebende Betrag nicht nach Gesetz oder Gesellschaftsvertrag, durch Beschluß nach Absatz 2 oder als zusätzlicher Aufwand auf Grund des Beschlusses über die Verwendung des Ergebnisses von der Verteilung unter die Gesellschafter ausgeschlossen ist. Wird die Bilanz unter Berücksichtigung der teilweisen Ergebnisverwendung aufgestellt oder werden Rücklagen aufgelöst, so haben die Gesellschafter abweichend von Satz 1 Anspruch auf den Bilanzgewinn.

(2) Im Beschluß über die Verwendung des Ergebnisses können die Gesellschafter, wenn der Gesellschaftsvertrag nichts anderes bestimmt, Beträge in Gewinnrücklagen einstellen oder als Gewinn vortragen.

(3) Die Verteilung erfolgt nach Verhältnis der Geschäftsanteile. Im Gesellschaftsvertrag kann ein anderer Maßstab der Verteilung festgesetzt werden.

(4) Unbeschadet der Absätze 1 und 2 und abweichender Gewinnverteilungsabreden nach Absatz 3 Satz 2 können die Geschäftsführer mit Zustimmung des Aufsichtsrats oder der Gesellschafter den Eigenkapitalanteil von Wertaufholungen bei Vermögensgegenständen des Anlage- und Umlaufvermögens und von bei der steuerrechtlichen Gewinnermittlung gebildeten Passivposten, die nicht im Sonderposten mit Rücklageanteil ausgewiesen werden dürfen, in andere Gewinnrücklagen einstellen. Der Betrag dieser Rücklagen ist entweder in der Bilanz gesondert auszuweisen oder im Anhang anzugeben.

Diese Fassung des § 29 GmbHG beruht auf dem Bilanzrichtlinien-Gesetz vom 19. Dezember 1985, durch das unter anderem die Bildung von stillen Reserven erschwert wurde. Vor Inkrafttreten des Bilanzrichtlinien-Gesetzes galt das *Vollausschüttungsgebot* ausgeprägter als jetzt. Dieses besagt, daß der Gewinn grundsätzlich vollständig an die Gesellschafter auszuschütten und nicht im Gesellschaftsvermögen zurückzubehalten ist. Die heute gültige Fassung des § 29 GmbHG legt aber im Gegensatz zur vorherigen Lage mehr Wert darauf, daß Rücklagen gebildet werden. Das Einbehalten von Gewinnen im Gesellschaftsvermögen wird als sog. Thesaurierung bezeichnet. Diese Gewinne werden grundsätzlich den Rücklagen zugeführt. Im Grundsatz bleibt es jedoch, wie § 29 I 1 GmbHG deutlich macht, beim Vollausschüttungsgebot - die Thesaurierung muß durch Gesetz, Gesellschafterbeschluß oder Satzungsklausel angeordnet werden.

Gewinnausschüttung contra Rücklagenbildung

Nach § 29 I GmbHG haben die Gesellschafter Anspruch auf den *Jahresüberschuß*. Der Jahresüberschuß ist der Saldo aus der Gewinn- und Verlustrechnung und damit der von der Gesellschaft in dem entsprechenden Geschäftsjahr erwirtschaftete Gewinn. Der Jahresüberschuß erhöht sich durch einen Gewinn- bzw. verringert sich durch einen Verlustvortrag. § 29 GmbHG läßt aber auch zu, daß bereits in die Bilanz aufgenommen wird, welche Beträge den Rücklagen zugeführt werden bzw. welche Beträge durch Auflösung der Rücklagen den ausschüttungsfähigen Gewinn erhöhen. Der Jahresüberschuß - entweder erhöht durch aufgelöste Rücklagen oder auch verringert durch die Einstellung von Beträgen in die Rücklagen - ergibt den sog. *Bilanzgewinn*.

Jahresüberschuß und Bilanzgewinn

Wird die Bilanz unter Berücksichtigung der Auflösung bzw. der Einstellung von Beträgen in die Rücklagen aufgestellt, so haben die Gesellschafter nach § 29 I 2 GmbHG Anspruch auf den Bilanzgewinn. Bereits aus dem Begriff des Bilanz*gewinns* wird deutlich, daß es sich bei den Rücklagen stets um Gewinn-, nicht jedoch um Kapitalrücklagen handelt. Durch die Auflösung von Gewinnrücklagen bzw. durch Bildung solcher kann erreicht werden, daß bei der Gewinnausschüttung an die Gesellschafter eine gewisse Kontinuität hergestellt wird. Durch Regelungen in der Satzung oder aufgrund von Gesellschafterbeschlüssen können Gewinnrücklagen im gewünschten Umfang gebildet werden. So wäre eine Satzungsregelung vorstellbar, nach der zunächst 50 % des Jahresüberschusses in die Gewinnrücklage einzustellen sind, bis eine Gewinnrücklage in Höhe der Stammkapitalziffer entstanden ist.

Aufstellung, Feststellung und Gewinnverwendung

Der Jahresüberschuß bzw. Jahresfehlbetrag ist nicht nur der Saldo der Gewinn- und Verlustrechnung, er wird auch in die Bilanz übernommen (siehe § 266 III A.V. HGB) und erhöht bzw. vermindert dort das Eigenkapital. Die *Aufstellung* des Jahresabschlusses, der sich aus der Bilanz- und Verlustrechnung sowie einem Anhang zusammensetzt, ist Sache des Geschäftsführers (§ 42 a GmbHG). Da die Gesellschaft ihrerseits verpflichtet ist, den Jahresabschluß gemäß § 264 I 3 HGB innerhalb von drei Monaten nach dem letzten Bilanzstichtag aufzustellen, muß auch der Geschäftsführer diese Drei-Monats-Frist einhalten (zu den Pflichten des Geschäftsführers bei der Rechnungslegung siehe *Jula*, Der Status des GmbH-Geschäftsführers, S. 171 ff.). Aufgabe der Gesellschafterversammlung ist dann jedoch die *Feststellung* des Jahresabschlusses. Sodann beschließt ebenfalls die Gesellschafterversammlung über die *Verwendung des Ergebnisses*. Die Feststellung des Jahresabschlusses sowie der Beschluß über die Ergebnisverwendung sind gemäß § 42 a II GmbHG bei kleinen Gesellschaften innerhalb von elf Monaten, bei mittleren und größeren Gesellschaften innerhalb von acht Monaten nach dem letzten Bilanzstichtag vorzunehmen. Ist die Bilanz also per 31.12. eines Jahres aufgestellt, so haben bei einer kleinen GmbH die Gesellschafter bis zum 30.11. des Folgejahres den Feststellungs- und Ergebnisverwendungsbeschluß zu fassen, bei den sonstigen Gesellschaften hat dies bis zum 31.8. des Folgejahres zu geschehen. Ob eine GmbH zu den kleinen, mittleren oder großen Gesellschaften gehört, richtet sich nach den in § 267 HGB genannten Anknüpfungskriterien: Bilanzsumme, Umsatzerlöse sowie durchschnittlich beschäftigte Arbeitnehmer.

Der Beschluß über die Feststellung des Jahresabschlusses sowie jener über die Ergebnisverwendung sind streng voneinander zu trennen. Sie können zwar formal in einem Beschluß zusammengefaßt werden, es handelt sich aber dennoch um zwei Entscheidungen, die jeweils unterschiedliche Rechtsfolgen auslösen.

Der *Feststellungsbeschluß* bezieht sich vergangenheitsbezogen auf die bisherige Rechnungslegung, mit ihm wird der Jahresabschluß verbindlich festgelegt. Die Gesellschafter können im Rahmen ihrer Feststellungskompetenz auch Bilanzierungswahlrechte ausüben, indem sie sich beispielsweise dafür entscheiden, eine Aufwandsrückstellung gemäß § 249 HGB zu bilden.

Entstehung des Auszahlungsanspruchs

Der *Ergebnisverwendungsbeschluß*, früher auch Gewinnverteilungsbeschluß genannt, bezieht sich auf die Zukunft und läßt den Gewinnanspruch der Gesellschafter entstehen und fällig werden. Die Beteiligung an der Gesellschaft gibt jedem Gesellschafter ein mitgliedschaftliches Gewinnbezugsrecht, aus dem jedoch noch kein Zahlungsanspruch folgt. Dieser entsteht nach ganz herrschender Ansicht erst, wenn ein Beschluß über die Verwendung des Gewinns gefaßt wurde (BGHZ 139, 299 ff.). Der Gewinnverwendungsbeschluß ist daher für den Gesellschafter von grundlegender Bedeutung, um in den Genuß seines Gewinnanteils zu gelangen. Daher ist jedem Gesellschafter das Recht einzuräumen, gegen die Gesellschaft auf Fassung des Gewinnverwendungsbeschlusses zu klagen, wenn diese sich, aus welchen Gründen auch immer, nicht dazu entschließt, einen solchen zu fassen.

Der Gewinnverwendungsbeschluß ergeht mit einfacher Mehrheit der Gesellschafterversammlung, wobei abweichende Mehrheiten in der Satzung verankert werden können. Auch die Verlagerung von Zuständigkeiten kann die Satzung vornehmen, indem sie z.B. dem Aufsichtsrat oder einem eigens errichteten Beirat die Kompetenz über die Gewinnverteilung zuweist. Im Gesellschaftsvertrag könnte auch geregelt werden, daß grundsätzlich Gewinne thesauriert, d.h. einzubehalten sind, es sei denn, ein Beschluß mit satzungsändernder Mehrheit legt das Gegenteil, also eine Ausschüttung der Gewinne an die Gesellschafter, fest.

Grenzen der Rücklagenbildung

Prinzipiell muß sich jeder Gesellschafter einen Beschluß der Gesellschafterversammlung des Inhalts gefallen lassen, daß Gewinne einbehalten und nicht an ihn ausgeschüttet werden. Verstoßen die Gesellschafter allerdings gegen ihre Treuepflicht, indem sie bewußt einen Mitgesellschafter auf eine „Hungerdividende" setzen bzw. gänzlich die Ausschüttung von Gewinnen verhindern, obwohl dies kaufmännisch betrachtet nicht oder nicht mehr gerechtfertigt ist, weil die GmbH diese gebildeten Rücklagen für ihre Geschäftstätigkeit nicht benötigt, so kann sich ein Anspruch des benachteiligten Gesellschafters aus der Treuepflicht darauf ergeben, daß die Gesellschafterversammlung einen Gewinnverwendungsbeschluß faßt, der eine Ausschüttung vorsieht. Eine solche anspruchsbegründende Konstellation dürfte der benachteiligte Gesellschafter jedoch nur in Extremfällen beweisen können, da sich in der Regel kaufmännische Erwägungen finden lassen werden, die eine Einbehaltung der Gewinne rechtfertigen.

Tip!
Wenn Sie als Minderheitsgesellschafter in eine Gesellschaft eintreten, so achten Sie darauf, daß eine Satzungsklausel sicherstellt, daß zumindest ein Teil des Gewinns an die Gesellschafter auszuschütten ist. Eine solche Satzungsklausel könnte dann nur mit satzungsändernder Mehrheit wieder geändert werden. Findet sich keine derartige Regelung in der Satzung, so haben es Ihre Mitgesellschafter durch einfachen Mehrheitsbeschluß in der Hand, den Ergebnisverwendungsbeschluß dahingehend zu fassen, daß die Gewinne einbehalten werden. Nur in Extremfällen, wenn eine derartige Geschäftspolitik gegen die Treuepflicht verstößt, haben Sie eine Chance, hiergegen erfolgreich vorzugehen. Ihre Mitgesellschafter werden insbesondere dann bestrebt sein, die Gewinne in der Gesellschaft zu belas-

sen, wenn sie daneben weitere Einnahmen von der Gesellschaft beziehen, sei es in Form einer Geschäftsführervergütung oder von Miet-, Pacht- oder Darlehenszinsen. In derartigen Konstellationen sind Mitgesellschafter häufig wirtschaftlich nicht auf die Dividende angewiesen.

Verjährung

Der Zahlungsanspruch des Gesellschafters auf Auszahlung seines Gewinns verjährt nach der regelmäßigen Verjährungsfrist gemäß § 195 BGB in 30 Jahren. Eine Verkürzung ist durch eine Satzungsbestimmung allerdings zulässig.

2. Vorabausschüttungen und Entnahmen

Begriffe

Die Gesellschafter sind grundsätzlich berechtigt, Abschlagszahlungen der Gesellschaft auf den zu erwartenden Gewinn zu beschließen. Vorabausschüttungen sind daher Vorauszahlungen auf den zu erwartenden Gewinn. Der Begriff der Entnahme ist allgemeiner: Entnahmen setzen nicht unbedingt voraus, daß ein Gewinn in Höhe des entnommenen Betrags tatsächlich entsteht.

Grenzen

Vorabausschüttungen sind nicht nur dann statthaft, wenn eine entsprechende Regelung in der Satzung verankert ist. Erforderlich ist jedoch, daß in Höhe der Vorabausschüttungen tatsächlich ein Gewinn zu erwarten ist. Jede Ausschüttung steht daher unter dem Vorbehalt, daß der Gewinn erwirtschaftet wird. Werden Vorabausschüttungen vorgenommen, ohne daß sich der erwartete Gewinn einstellt, so sind grundsätzlich die ausgeschütteten Gewinne von den jeweiligen Gesellschaftern in das Gesellschaftsvermögen zurückzuzahlen.

Vorabausschüttungen sind ferner nur dann zulässig, wenn die strenge Kapitalbindung gemäß

§ 30 GmbHG dies zuläßt. Dies bedeutet, daß durch die Auszahlung der Gewinnvorschüsse keinesfalls eine Unterbilanz entstehen darf. Das zur Erhaltung des Stammkapitals erforderliche Vermögen muß in jedem Fall noch vorhanden sein. Hat also beispielsweise die GmbH ein Stammkapital von 25.000 €, sind Gewinnvorschüsse nur dann möglich, wenn ein Reinvermögen in dieser Höhe noch vorhanden ist. Nur oberhalb dieser Grenze dürfen Auszahlungen gemäß § 30 GmbHG an die Gesellschafter vorgenommen werden.

Entnahmen ohne Rücksicht auf den zu erwartenden Gewinn sind ebenfalls und zwar im Einzelfall auch ohne Satzungsregelung durch Gesellschafterbeschluß zulässig, aber auch hier ist darauf zu achten, daß das Kapitalbindungssystem, d.h. § 30 GmbHG, eingehalten wird.

3. Besteuerung der Dividenden

Die GmbH ist als rechtlich selbständige Gesellschaft eigenes Steuersubjekt. Die von ihr erwirtschafteten Gewinne unterliegen der Körperschaftssteuer. Das Gesetz differenziert bei der Höhe der Steuersätze danach, ob die Gewinne einbehalten oder an die Gesellschafter ausgeschüttet werden. Für das Veranlagungsjahr 1999 gilt für ausgeschüttete Gewinne ein Steuersatz von 30 %, für einbehaltene Gewinne ein Steuersatz von 40 %. Erwirtschaftet die Gesellschaft beispielsweise 100.000 € Jahresüberschuß und beschließt die Gesellschafterversammlung die volle Ausschüttung dieses Betrags, so hat die Gesellschaft zunächst 30.000 € Körperschaftssteuer in Abzug zu bringen, so daß den Gesellschaftern lediglich 70.000 € zustünden. Aber auch diese 70.000 € darf die Gesellschaft nicht

Sphäre der GmbH

ungeschmälert an die Gesellschafter ausschütten, vielmehr hat sie in Form einer Quellensteuer 25 % dieses Betrags als sog. Kapitalertragsteuer einzubehalten (§ 43 I 1 Nr. 1 EStG). Von den 70.000 € sind daher 25 % in Abzug zu bringen, mithin ein Betrag von 17.500 €. An die Gesellschafter werden damit lediglich 52.500 € ausbezahlt. Das bedeutet aber nicht, daß die einbehaltene Kapitalertragsteuer in Höhe von 17.500 € sowie die Körperschaftssteuer, die hier einen Betrag von 30.000 € ausmacht, für die Gesellschafter verloren sind. Vielmehr haben die Gesellschafter die Möglichkeit, sofern sie unbeschränkt einkommensteuerpflichtig sind, diese Beträge auf ihre persönliche Einkommensteuerschuld anrechnen zu lassen. Die Kapitalertragsteuer war daher lediglich ein Abschlag auf die persönliche Einkommensteuerschuld der Gesellschafter. Bei der Körperschaftssteuer handelte es sich zwar um eine eigene Steuer, diese ist aber dennoch auf die persönliche Einkommensteuer des jeweiligen Gesellschafters anrechenbar (sog. Anrechnungsverfahren).

Die an die Gesellschafter ausgeschütteten Dividenden unterliegen bei diesen als sog. Einkünfte aus Kapitalvermögen gemäß § 20 I Nr. 1 EStG der Einkommensteuer. Die Dividenden werden jeweils mit den persönlichen Einkommensteuersätzen der Gesellschafter versteuert. Angerechnet werden ihnen jedoch – wie erwähnt - sowohl die bereits an das Finanzamt abgeführte Kapitalertragsteuer sowie die ebenfalls dem Finanzamt zugeflossene Körperschaftssteuer, in unserem Beispiel also Beträge von insgesamt 47.500 €. Die Gesellschaft hat über die abgeführten Beträge eine Steuerbescheinigung auszufertigen und den Gesellschaftern auszuhändigen, die diese mit ihrer Einkommensteuererklärung beim Finanzamt einreichen. Da die Grenzsteuersätze der Gesellschafter in der Regel geringer als 47,5 % sein dürften, erhalten die Gesellschafter vom Finanzamt sogar eine Steuererstattung. Lediglich dann, wenn ihre persönlichen Grenzsteuersätze höher sind als 47,5 %, müssen sie noch eine Nachzahlung leisten.

Die Gesellschafter können für die Dividenden den Sparerfreibetrag geltend machen, dessen Höhe sich für 1999 auf 6.000 DM beläuft (bei gemeinsam veranlagten Ehegatten 12.000 DM). Es ist allerdings darauf hinzuweisen, daß der Sparerfreibetrag ab dem 1. Januar 2000 auf 3.000 DM bzw. 6.000 DM halbiert werden wird. Von den Dividenden dürfen die Gesellschafter ferner sämtliche Werbungskosten, die sie aufgewandt haben, in Abzug bringen. Hierzu gehören auch Fahrtkosten und Aufwendungen für den Besuch der Gesellschafterversammlungen.

4. Bezugsrecht bei Kapitalerhöhung

Der Geschäftsbetrieb der Gesellschaft wird durch Eigen- und/oder Fremdkapital finanziert. Das Eigenkapital setzt sich aus den von den Gesellschaftern aufgebrachten Stammeinlagen sowie aus Gewinn- oder Kapitalrücklagen zusammen. Das Fremdkapital wird im wesentlichen durch Darlehen beschafft, daneben kommen aber auch moderne Finanzierungsformen, wie z.B. Leasingverträge, in Betracht.

Möchte nun die Gesellschaft ihr Stammkapital erhöhen, bieten sich hierfür zwei Möglichkeiten an:

Innenfinanzierung

Es wird eine sog. *Kapitalerhöhung aus Gesellschaftsmitteln* durchgeführt, indem bereits vorhandene Rücklagen in Stammkapital umgewandelt werden. Durch diese Umwandlung von Rücklagen in Stammkapital, die in §§ 57 c ff. GmbHG geregelt ist, verschieben sich die Beteiligungsverhältnisse nicht. Das neu gebildete Stammkapital verteilt sich vielmehr entsprechend dem Verhältnis der bisherigen Anteile auf die jeweiligen Gesellschafter.

Zur Erinnerung: Der Geschäftsanteil eines jeden Gesellschafters bezieht sich auf einen Nominalbetrag des Stammkapitals. Der Anteil verkörpert – wie erwähnt – sämtliche mitgliedschaftlichen Rechte und Pflichten des Gesellschafters. Die Höhe seines Beteiligungsverhältnisses drückt sich im Verhältnis der übernommenen Stammeinlage zum Stammkapital aus.

Außenfinanzierung

Anstelle der Kapitalerhöhung aus Gesellschaftsmitteln kann auch eine *Kapitalerhöhung gegen Einlagen* vorgenommen werden. Sinn einer solchen Kapitalerhöhung ist es, zusätzliche finanzielle Mittel zu erhalten. Beweggründe können z.B. eine Ausweitung des Geschäftsbetriebs oder lediglich die Verbesserung der Bonität sein. Auch kommt nur diese Möglichkeit der Kapitalerhöhung in Betracht, wenn keine Rücklagen vorhanden sind oder aber die Gesellschaft dringend auf frisches Eigenkapital, das von außen zugeführt wird, angewiesen ist und deshalb eine Kapitalerhöhung aus Gesellschaftsmitteln von vornherein ausscheidet.

Verfahren und Übernahmerecht

Eine Kapitalerhöhung erfolgt durch eine Satzungsänderung, die - wie jede Satzungsänderung - notariell zu beurkunden und zur Eintragung in das Handelsregister anzumelden ist. Neben diesem Kapitalerhöhungsbeschluß sind ferner Erklärungen der die Stammeinlage übernehmenden Personen in notariell beglaubigter Form erforderlich. Zur Übernahme berechtigt sind grundsätzlich die bisherigen Gesellschafter entsprechend ihrer Beteiligung. Jeder Gesellschafter ist typischerweise daran interessiert, daß er auch nach der Kapitalerhöhung prozentual in gleicher Höhe wie vorher beteiligt ist, was nur dann sichergestellt ist, wenn den bisherigen Gesellschaftern ein Recht zum Bezug der neuen Anteile entsprechend ihrer Beteiligung zusteht. Die heute überwiegende Ansicht räumt den Gesellschaftern ausdrücklich ein solches *Bezugsrecht* ein. Es gibt zwar auch Stimmen, die meinen, ein Bezugsrecht, wie es im Aktienrecht existiert, gäbe es bei der GmbH nicht, über die Anwendung des Gleichbehandlungsgrundsatzes gelangen diese Auffassungen aber zu ähnlichen Ergebnissen. Vorzugswürdig ist demgegenüber die Herleitung eines Bezugsrechts in analoger Anwendung des § 186 AktG, der den Aktionären einer AG ein solches Recht gewährt.

Ein *Ausschluß* oder eine *Einschränkung* des Bezugsrechts ist zulässig. Grundsätzlich bedarf es hierfür einer Satzungsregelung. Ohne entsprechende Satzungsregelung kann aber ausnahmsweise auch durch Gesellschafterbeschluß ein Ausschluß oder eine Einschränkung des Bezugsrechts herbeigeführt werden. Für diesen Beschluß, der mit dem Kapitalerhöhungsbeschluß verbunden werden kann, ist mindestens die satzungsändernde Mehrheit zu verlangen. Benötigt wird daher eine Mehrheit von mindestens ¾ der abgegebenen Stimmen. Einige fordern hier sogar eine Mehrheit von ¾ des vorhandenen Kapitals.

Ausschluß und Beschränkung

Diese letztere Mehrheit kann höher sein, wenn nicht sämtliche Gesellschafter an der Gesellschafterversammlung teilnehmen.

Da der Ausschluß des Bezugsrechts ein schwerer Eingriff in die mitgliedschaftliche Stellung des Gesellschafters ist, muß die Tagesordnung für die Gesellschafterversammlung, auf der die Kapitalerhöhung mit Bezugsrechtsausschluß beschlossen werden soll, ankündigen, daß eine derartige Maßnahme geplant ist.

Erforderlichkeit

Neben diesen formellen Erfordernissen sind aber noch weitere materielle Voraussetzungen für einen wirksamen Bezugsrechtsausschluß nötig. So muß der Bezugsrechtsausschluß *erforderlich* sein, d.h. es muß ein sachlicher Grund hierfür bestehen. Der sachliche Grund ist bezogen auf das Gesellschaftsinteresse festzulegen. Ein derartiger Grund könnte beispielsweise die Sanierung des Unternehmens sein. Hat sich ein Externer angeboten, der Gesellschaft frisches Kapital zuzuführen, möchte er hierfür jedoch an der Gesellschaft beteiligt werden und ist dieses neue Kapital dringend erforderlich, um die Wettbewerbsfähigkeit der Gesellschaft wiederherzustellen, so kann der Ausschluß des Bezugsrechts der bisherigen Gesellschafter erforderlich sein. Ein sachlicher Grund läge damit vor. Andernfalls stünde zu befürchten, daß die Gesellschaft ohnehin insolvent würde, wodurch die Geschäftsanteile der bisherigen Gesellschafter entwertet wären.

Angemessenheit

Der Bezugsrechtsausschluß ist ferner nur dann zulässig, wenn er angemessen ist, d.h. der Eingriff in das Mitgliedschaftsrecht muß im Hinblick auf den verfolgten Zweck verhältnismäßig sein. Insbesondere darf es kein milderes, gleich geeig-

netes Mittel geben, mit welchem der Zweck
ebenfalls erreicht werden könnte. Ist die Gesellschaft also noch kreditwürdig, z.B. weil sie noch
zu beleihende Betriebsgrundstücke hat, so ist
eine Sanierung durch Aufnahme neuer Gesellschafter nicht unbedingt erforderlich. Etwas anderes könnte ggf. dann gelten, wenn der poten-
tielle Anteilseigner noch zusätzliches Know-how
oder Geschäftsverbindungen einbringt, die für die
Gesellschaft von Wert sind.

Ein weiterer sachlicher Grund kann etwa eine **Einzelfälle**
angestrebte Kooperation sein, die sich nur durch
eine Beteiligung eines Dritten am Gesamtkapital
realisieren läßt. Ein Bezugsrechtsausschluß ist
beispielsweise auch für den Kauf eines Unternehmens zulässig, das für die Produktpalette der
GmbH von entscheidender Bedeutung ist. Läßt
sich dieses Unternehmen nur gegen Gewährung
eigener Anteile erwerben, so könnte dies einen
Bezugsrechtsausschluß legitimieren. Plant beispielsweise eine Verlags-GmbH, die sich auf me-
dizinische Fachbücher spezialisiert hat, die Übernahme ihres wichtigsten Konkurrenten, läßt sich
dieser Konkurrent aber nur dann „kaufen", wenn
er seinerseits an der GmbH beteiligt wird, so
kann eine Kapitalerhöhung als ein Instrument zur
Realisierung der Übernahme genutzt werden,
indem die neuen Anteile dem Konkurrenten angeboten werden, der im Gegenzug sein bisheri-
ges Unternehmen als Sacheinlage einbringt. Insbesondere bei Kapitalerhöhung gegen Sacheinlagen bietet sich somit ein Bezugsrechtsausschluß
an.

Jedem Gesellschafter, dessen Bezugsrecht ausgeschlossen wird, steht es frei, die Rechtmäßig-
keit des Bezugsrechtsausschlusses durch eine

Anfechtung des Beschlusses gerichtlich überprüfen zu lassen.

5. Anteil am Liquidationserlös

Die Beteiligung des Gesellschafters drückt sich in letzter Konsequenz auch in seinem Anteil am Liquidationserlös aus. Durch die Auflösung (Liquidation) wird aus der „lebenden" Gesellschaft eine Abwicklungsgesellschaft, die auf die Beendigung der Geschäftstätigkeit gerichtet ist. Sind alle Geschäfte abgewickelt und das ggf. noch vorhandene Restvermögen verteilt, tritt eine sog. Vollbeendigung ein. Die Firma der Gesellschaft ist dann im Handelsregister zu löschen. Die Auflösung kann aufgrund unterschiedlicher Gründe teils auch gegen den Willen der Gesellschafter geschehen, etwa durch die Durchführung eines Insolvenzverfahrens. Auf „freiwilliger" Grundlage wird die Gesellschaft durch einen Auflösungsbeschluß der Gesellschafter liquidiert. In der Praxis ist es unüblich, eine florierende Gesellschaft so einfach aufzulösen, vielmehr wird man statt dessen die Gesellschaft oder den Geschäftsbetrieb veräußern. Denkbar ist aber beispielsweise, daß zunächst der Geschäftsbetrieb, d.h. das Kernstück des Unternehmens, oder auch einzelne Vermögensgegenstände an interessierte Käufer veräußert werden und erst anschließend die Gesellschaft liquidiert wird. Dieser Weg bietet sich dann an, wenn der Käufer kein Interesse daran hat, die GmbH samt Firma zu übernehmen, sondern lediglich den Betrieb, Betriebsteile oder einzelne Gegenstände erwerben möchte.

Entstehung des Liquidationsguthabens

Wird die Gesellschaft aufgelöst, so ist ein Liquidationsverfahren durchzuführen. In der Regel sind die bisherigen Geschäftsführer Liquidatoren, es können jedoch auch Dritte in dieses Amt berufen werden. Die Liquidatoren haben die Gläubiger dreimal aufzurufen, ihre Forderungen anzumelden. Nach Ablauf eines Sperrjahres ist schließlich das Vermögen, das nach Erfüllung oder Sicherstellung aller bekannten Verbindlichkeiten noch verbleibt, an die Gesellschafter zu verteilen. Dieses Liquidationsguthaben der Gesellschafter entsteht von selbst ohne Verteilungsbeschluß. Der Anspruch auf den Liquidationserlös ist stets auf Geld gerichtet. Folglich ist das Gesellschaftsvermögen entsprechend zu versilbern. Der Anteil des einzelnen Gesellschafters am Liquidationserlös bestimmt sich nach dem Verhältnis der Nominalbeträge der Geschäftsanteile.

III. Verwaltungsrechte

1. Stimmrecht

a. Überblick

Das Stimmrecht des Gesellschafters ist sein wichtigstes Mitwirkungsinstrument. Es wird in der Gesellschafterversammlung ausgeübt. Durch das Stimmrecht nimmt der Gesellschafter Einfluß auf die Willensbildung in der Gesellschaft. Die Gesellschaft bildet ihren Willen durch Gesellschafterbeschlüsse. Beschlüsse können grundlegende Entscheidungen, wie Satzungsänderungen, aber auch einzelne Angelegenheiten des Tagesgeschäfts, etwa in Form von Weisungsbeschlüssen an den Geschäftsführer, betreffen. Zentrale Vorschrift ist § 47 GmbHG:

Zentrales Mitgliedschaftsrecht

§ 47 GmbHG [Abstimmung]
(1) Die von den Gesellschaftern in den Angelegenheiten der Gesellschaft zu treffenden Bestimmungen erfolgen durch Beschlußfassung nach der Mehrheit der abgegebenen Stimmen.

(2) Jede fünfzig Euro eines Geschäftsanteils gewähren eine Stimme.

(3) Vollmachten bedürfen zu ihrer Gültigkeit der schriftlichen Form.

(4) Ein Gesellschafter, welcher durch die Beschlußfassung entlastet oder von einer Verbindlichkeit befreit werden soll, hat hierbei kein Stimmrecht und darf ein solches auch nicht für andere ausüben. Dasselbe gilt von einer Beschlußfassung, welche die Vornahme eines Rechtsgeschäfts oder die Einleitung oder Erledigung eines Rechtsstreites gegenüber einem Gesellschafter betrifft.

Ausübung

In § 48 GmbHG heißt es dann schließlich, daß die Beschlüsse der Gesellschafter in Versammlungen gefaßt werden. Das Gewicht des einzelnen Stimmrechts hängt maßgeblich von der Beteiligung des jeweiligen Gesellschafters ab. Da, wie § 47 II GmbHG ausführt, je 50 € des Stammkapitals eine Stimme gewähren, errechnet sich das Stimmgewicht, indem der Nominalbetrag der Stammeinlage des Gesellschafters ins Verhältnis zum Stammkapital gesetzt wird. Bei einer GmbH mit 25.000 € Stammkapital existieren somit 500 Stimmen. Ist jemand beispielsweise mit 10.000 € beteiligt, so hat er 200 Stimmen. Dies entspricht einem Stimmgewicht von 40 %. Die Mehrheit der abgegebenen Stimmen bedeutet nun, daß lediglich die Stimmen gerechnet werden, die tatsächlich mit ja oder mit nein votieren. Das ergibt sich aus dem Wortlaut des § 47 I GmbHG. Stimmenthaltungen werden nicht mitgezählt, sie wirken also nicht wie eine Nein-Stimme.

Beispiel: *„Alles frisch gestrichen"*
Auf der Gesellschafterversammlung einer GmbH steht eine Beschlußfassung über die Renovierung der Büroräume an. Abgestimmt werden soll darüber, ob die Geschäftsräume malermäßig instandgesetzt werden. Die GmbH hat ein Stammkapital von 25.000 €, wobei Arno Angst (A) mit 80 %, d.h. mit 20.000 € beteiligt ist. Bodo Bammel (B)

hält 15 % der Anteile, was einer Stammeinlage
von 3.750 € entspricht. Coco Cool (C) schließlich
ist mit 5 %, also einer Einlage von 1.250 € am
Stammkapital der Gesellschaft beteiligt. Bei der
Beschlußfassung enthält sich A seiner Stimmen, da
ihm die Renovierung egal ist, B stimmt dafür, C
dagegen. Da die Stimmen von A nicht gezählt
werden, ist der Beschluß mit einfacher Mehrheit
angenommen, da es mehr Ja- als Nein-Stimmen
gibt. 3.750 € gewähren 75 Stimmen, während auf
1.250 € lediglich 25 Stimmen entfallen.

Hält die Gesellschaft eigene Anteile, so ruhen die   **Einzelheiten**
Stimmrechte aus diesen Anteilen. Entsprechend
erhöht sich das Stimmgewicht der sonstigen
Geschäftsanteile. Ob die Stammeinlagen vollständig einbezahlt sind, spielt für das Stimmrecht
keine Rolle. Ist das Gesellschaftsverhältnis von
einem Gesellschafter gekündigt worden, so hat
er bis zum endgültigen Ausscheiden aus der Gesellschaft noch immer sein Stimmrecht. Eine
abweichende Regelung im Gesellschaftsvertrag
ist allerdings möglich.

Tip!
Bevor Sie Gesellschafter einer GmbH werden,
erkundigen Sie sich, inwieweit die gesetzliche
Regelung über das Stimmrecht im Gesellschaftsvertrag modifiziert worden ist. Es ist rechtlich
zulässig, Mehrheitsstimmrechte einzuführen, das
Stimmengewicht statt nach Kapitalanteilen nach
Köpfen zu verteilen oder auch Sperrminoritäten
einzuführen. Eine Sperrminorität liegt vor, wenn
Beschlüsse grundsätzlich nur mit einer bestimmten qualifizierten Mehrheit, die höher ist als die
einfache Mehrheit, getroffen werden dürfen.
Heißt es in der Satzung beispielsweise, daß Beschlüsse mit einer Mehrheit getroffen werden
müssen, die höher ist als 70 % und hat ein Gesellschafter 30 % der Stimmen, so verfügt er
über eine Sperrminorität. Denkbar ist auch die

Verankerung von Vetorechten zugunsten einzelner Gesellschafter, etwa zugunsten von Gründungsgesellschaftern. Möglicherweise bedarf es für bestimmte Beschlußgegenstände der Zustimmung dieser Gesellschafter. Solche Vetorechte belasten Sie, da Sie an dem Willen dieser Gesellschafter bei den entsprechenden Entscheidungen dann nicht vorbeikommen.

Das Stimmrecht ist - wie erwähnt – nicht auf einen Dritten übertragbar, man spricht hier vom sog. Verbot der Stimmrechtsabspaltung. Vollmachten an Dritte, das Stimmrecht namens des Gesellschafters auszuüben, sind jedoch zulässig; dies ergibt sich bereits aus § 47 III GmbHG.

b. Abstimmungsverhalten

Schranken des Stimmrechts

Der Gesellschafter ist grundsätzlich in seiner Entscheidung frei, ob und in welcher Weise er seine Stimmen abgibt. Aus der Treuepflicht kann sich jedoch in Ausnahmefällen eine Pflicht zu einem bestimmten Stimmverhalten ergeben. Eine besondere Ausprägung der Treuepflicht ist die Lehre vom Stimmrechtsmißbrauch. Das Stimmverhalten darf danach nicht mißbräuchlich ausgeübt werden. Nimmt beispielsweise ein Gesellschafter eine Blockadehaltung ein, indem er sinnvolle Beschlüsse verhindert oder auch gesetzlich vorgeschriebene Beschlüsse blockiert, so kann ein Stimmrechtsmißbrauch vorliegen. Weigert sich der Gesellschafter mit dem Bemerkung „verschenktes Geld" etwa beharrlich, einen Abschlußprüfer zu bestellen, obwohl dies für die Gesellschaft gesetzlich vorgeschrieben ist, so handelt er treuwidrig. Die Mitgesellschafter, ggf. auch die GmbH, können notfalls mit gerichtlicher Hilfe durchsetzen, daß jener Gesellschafter seine

Stimme entsprechend der Treuepflicht abgibt. Eine treuwidrig abgegebene Stimme kann auch nach den Regeln des Stimmrechtsmißbrauchs als nichtig angesehen werden. Das bedeutet, daß sie bei der Auswertung der Abstimmung im Zuge der Beschlußfeststellung nicht mitgezählt wird. Im Einzelfall ist es häufig schwierig zu beurteilen, wann die Grenze des Stimmrechtsmißbrauchs erreicht ist.

Splittung von Stimmen

Von der herrschenden Ansicht für unzulässig erachtet wird die sog. gespaltene Stimmabgabe, jedenfalls soweit sie sich auf *einen* Geschäftsanteil bezieht. In dem vorigen Beispiel, in dem es um die malermäßige Renovierung ging, dürfen die Gesellschafter ihre Stimmen nicht splitten. Gesellschafter A könnte demzufolge nicht mit einem Teil seiner Stimmen mit „ja", mit einem anderen mit „nein" votieren und sich ggf. mit dem Rest der Stimmen enthalten. Mit den Stimmen aus einem Geschäftsanteil ist vielmehr einheitlich zu stimmen. Zulässig ist es jedoch nach der herrschenden Ansicht, bei *mehreren* Geschäftsanteilen jeweils unterschiedlich mit den Stimmen aus den Geschäftsanteilen abzustimmen. Ebenfalls möglich ist es selbstverständlich, mit Stimmen, die man lediglich als Vertreter für einen Mitgesellschafter ausübt, anders zu votieren als mit den Stimmen aus dem eigenen Geschäftsanteil.

Stimmbindungen

Der Gesellschafter kann sog. Abstimmungsvereinbarungen bzw. *Stimmbindungsverträge* abschließen, in denen er sich zur Abgabe seiner Stimme in einer bestimmten Richtung verpflichtet. Solche Stimmbindungsverträge können mit Mitgesellschaftern, dem Geschäftsführer oder auch mit Dritten abgeschlossen werden. So könnten sich beispielsweise zwei Mitgesellschafter, die jeweils über 26 % der Stimmen verfügen, entschließen, stets gemeinsam zu votieren. Dadurch wird erreicht, daß sie wechselseitig ihre Wünsche und Vorstellungen „durchdrücken". Kollidieren ihre Interessen, könnte für diesen Fall vereinbart werden, daß sich beide ihrer Stimmen enthalten müssen.

Die Grenzen derartiger Stimmbindungsverträge sind noch nicht abschließend geklärt. Teils wird vertreten, aus der Verbandsautonomie folge, daß für Grundlagenentscheidungen (Satzungsänderungen, Umwandlungsbeschlüsse [Verschmelzung, Spaltung, usw.] und konzernbezogene Maßnahmen [Abschluß von Unternehmensverträgen]), Abstimmungsvereinbarungen unzulässig sein sollen.

c. Stimmverbote

Überblick

Nach § 47 IV GmbHG hat ein Gesellschafter in vier Fällen kein Stimmrecht. Das bedeutet, daß seine Stimmen bei der Beschlußfassung in diesen Situationen nicht mitgezählt werden. Heute ist man allerdings ganz überwiegend der Ansicht, daß die vier im Gesetz enthaltenen Fälle nicht abschließend sind, sondern darüber hinaus nach allgemeinen Grundsätzen in bestimmten Situationen ein Stimmverbot vorliegen kann.

Zunächst zu den im Gesetz geregelten Fällen:

Danach darf erstens ein Gesellschafter bei Beschlüssen nicht mitstimmen, durch die er entlastet werden soll. Zu denken ist hier an Entlastungsbeschlüsse für Gesellschafter, die gleichzeitig ein Aufsichtsratsmandat oder eine Geschäftsführerposition innehaben.

Zweitens ist ein Gesellschafter vom Stimmrecht ausgeschlossen, wenn er von einer Verbindlichkeit befreit werden soll. Hiervon sind sämtliche Ansprüche, die gegen den Gesellschafter gerichtet werden können, betroffen. Darunter fallen beispielsweise Schadensersatzansprüche wegen Verletzung der Treuepflicht oder wegen Verletzung der Geschäftsführerpflichten gemäß § 43 GmbHG. Auch Ansprüche aus übernommenen Nebenleistungsvereinbarungen des Gesellschafters, von denen dem Gesellschafter Befreiung erteilt werden soll, sind hiervon erfaßt.

Vom Stimmrecht ausgeschlossen ist der Gesellschafter drittens, sofern es um die Vornahme eines Rechtsgeschäfts ihm gegenüber geht. Gemeint sind hier in jedem Fall solche „Insichgeschäfte" des Gesellschafters, bei denen er wie ein Dritter der Gesellschaft gegenübersteht, wie beispielsweise beim Abschluß von Miet-, Kauf- und sonstigen Verträgen.

Als vierte Fallgruppe schließlich ordnet das Gesetz ein Stimmverbot für solche Beschlüsse an, mit denen darüber entschieden wird, ob ein Rechtsstreit gegen den Gesellschafter eingeleitet oder beendet werden soll. Beschließt also die Gesellschaft z.B. darüber, ob man gegen einen Gesellschafter Klage erhebt, so hat der betreffende Gesellschafter hierbei kein Stimmrecht. Dies gilt für die Vorfrage, ob und welcher Anwalt mit der Wahrnehmung des Mandats beauftragt werden soll.

Verbot des Richters in eigener Sache

Neben diesen - nicht abschließenden - Fallgruppen kann sich im Falle eines sonstigen Interessengegensatzes ebenfalls ein Stimmverbot ergeben. Hier ist insbesondere das Stichwort des „Verbots des Richters in eigener Sache" zu nennen. Immer dann, wenn der Gesellschafter durch seine Beteiligung an dem Beschluß über eine Frage befinden soll, bei der es um die Beurteilung seiner Person oder seines Verhaltens geht, besteht ein Stimmverbot. Hierunter fallen u.a. Beschlüsse über den Ausschluß des Gesellschafters aus der Gesellschaft aus wichtigem Grund und die Abberufung aus dem Amt des Geschäftsführers aus wichtigem Grund.

Mitwirkung bei Sozialakten

Die bereits im Gesetz genannte Fallgruppe der Vornahme eines Rechtsgeschäfts gegenüber dem Gesellschafter bedarf hingegen einer Einschränkung, da sie auch Sozialakte erfassen würde, an denen der Gesellschafter sich grundsätzlich beteiligen darf, auch wenn er selbst involviert ist. Solche Sozialakte betreffen beispielsweise die Bestellung eines Gesellschafters zum Geschäftsführer, den anschließenden Abschluß des Anstellungsvertrags zwischen der Gesellschaft und dem Gesellschafter-Geschäftsführer, einen Beschluß über die Einforderung von Stammeinlagen sowie die Abberufung des Gesellschafter-Geschäftsführers ohne wichtigen Grund. Handelt es sich also um Sozialakte, die als organisatorische Maßnahmen notwendigerweise zu treffen sind und bei denen zunächst nicht die Gefahr besteht, daß der Gesellschafter über eigene Verhaltensweisen bzw. Pflichtverletzungen befindet, so ist der betreffende Gesellschafter stimmberechtigt. Sobald sich jedoch ein Interessengegensatz bei diesen innerorganisatorischen Maßnahmen abzeichnet, greift auch hier das Verbot des

Richters in eigener Sache, so daß der Gesellschafter dann vom Stimmrecht ausgeschlossen
wäre. Konsequent liegt – wie erwähnt – ein
Stimmverbot dann vor, wenn es um die Abberufung eines Gesellschafters aus dem Amt des
Geschäftsführers aus wichtigem Grund oder etwa um den Ausschluß eines Gesellschafters aus
der Gesellschaft ebenfalls aus wichtigem Grund
geht.

Das Stimmverbot wegen Interessenkollision gilt
nicht in einer Einpersonen-GmbH, da hier typischerweise der vom Gesetz vorausgesetzte Interessengegensatz nicht besteht. Von dem Verbot der Insichgeschäfte kann der Gesellschafter
einer Einpersonen-GmbH in der Satzung befreit
werden, das Verbot des Richters in eigener Sache soll dagegen nicht zur Disposition der Gesellschafter stehen und auch nicht durch eine entsprechende Regelung im Gesellschaftsvertrag
ausgeschlossen werden dürfen. Es gilt daher
auch in der Einpersonen-GmbH.

Die Rechtsfolge eines Stimmverbots ist der Aus- **Rechtsfolgen**
schluß vom Stimmrecht, so daß die Stimmen des
betreffenden Gesellschafters nicht gezählt werden, sie wirken vielmehr wie Enthaltungen. Falls
die Stimmen dennoch mitgezählt werden, ist der
Beschluß anfechtbar. Es muß dann gerichtlich
geklärt werden, ob das Stimmverbot tatsächlich
bestand.

2. Teilnahme- und Rederecht

Jeder Gesellschafter hat grundsätzlich ein Teil- **Partizipations-**
nahmerecht an der Gesellschafterversammlung. **interesse**
Auch wenn er vom Stimmrecht ausgeschlossen
ist, darf er an den Zusammenkünften der Gesellschafter teilnehmen und sich an der Aussprache

beteiligen. Eine Pflicht zur Teilnahme besteht für ihn grundsätzlich nicht, sie kann sich jedoch in Extremfällen aus der Treuepflicht ergeben. Eine Vertretung bei der Teilnahme an der Gesellschafterversammlung kann die Gesellschaft sowohl zulassen als auch durch Satzungsregelung gänzlich ausschließen. Das Recht, einen Berater oder Beistand als Unterstützung zur Versammlung hinzuziehen, hat der Gesellschafter grundsätzlich nicht. Auch hier kann sich jedoch aus der Treuepflicht die Verpflichtung der Gesellschaft ergeben, die Teilnahme eines solchen Dritten zuzulassen. Der Geschäftsführer selbst hat kein eigenes Teilnahmerecht, er ist jedoch auf Weisung verpflichtet, an der Gesellschafterversammlung teilzunehmen. Ebenfalls kein eigenes Teilnahmerecht haben Beirats- bzw. Aufsichtsratsmitglieder.

Das Teilnahmerecht umfaßt auch das Recht des Gesellschafters, in der Gesellschafterversammlung Anträge zu stellen und in das Verfahren bzw. in den Gang der Versammlung einzugreifen. Insbesondere hat der Gesellschafter ein Rederecht, also einen Anspruch auf rechtliches Gehör. Er hat das Recht, sich an einer Aussprache über einzelne Beschlußgegenstände zu beteiligen und seine Ansicht den Mitgesellschaftern zur Kenntnis zu bringen. Wird das Teilnahme- oder Rederecht verletzt, so können Beschlüsse, die unter Verletzung dieses Rechts zustande gekommen sind, anfechtbar sein (zu der Anfechtungsklage siehe 3. Teil, D.III.2.).

IV. Kontroll- bzw. Minderheitenrechte

Kontrolle ist wichtig

Der Gesellschafter übt seine Rechte grundsätzlich in der Gesellschafterversammlung aus. Außerhalb der Gesellschafterversammlung gibt es jedoch Individualrechte des Gesellschafters, insbesondere sein Auskunfts- und Einsichtsrecht nach § 51 a GmbHG. Daneben existieren gemäß § 50 GmbHG Minderheitenrechte, die auf die Einberufung einer Gesellschafterversammlung bzw. darauf gerichtet sind, bestimmte Beschlußgegenstände auf die Tagesordnung zu bringen. Diese Rechte stehen nicht jedem Gesellschafter unabhängig von seiner Beteiligung zu, sondern nur einer Minderheit, die mindestens 10 % des Stammkapitals auf sich vereinigt.

1. Auskunfts- und Einsichtsrecht

Rechtsgrundlage sind §§ 51 a und b des GmbH-Gesetzes.

§ 51 a GmbHG [Auskunfts- und Einsichtsrecht]

(1) Die Geschäftsführer haben jedem Gesellschafter auf Verlangen unverzüglich Auskunft über die Angelegenheiten der Gesellschaft zu geben und die Einsicht der Bücher und Schriften zu gestatten.

(2) Die Geschäftsführer dürfen die Auskunft und die Einsicht verweigern, wenn zu besorgen ist, daß der Gesellschafter sie zu gesellschaftsfremden Zwecken verwenden und dadurch der Gesellschaft oder einem verbundenen Unternehmen einen nicht unerheblichen Nachteil zufügen wird. Die Verweigerung bedarf eines Beschlusses der Gesellschafter.

(3) Von diesen Vorschriften kann im Gesellschaftsvertrag nicht abgewichen werden.

§ 51 b GmbHG [Gerichtliche Entscheidung über das Auskunfts- und Einsichtsrecht]

Für die gerichtliche Entscheidung über das Auskunfts- und Einsichtsrecht findet § 132 Abs. 1, 3 bis 5 des Aktiengesetzes entsprechende Anwendung. Antragsberechtigt ist jeder Gesellschafter, dem die verlangte Auskunft nicht gegeben oder die verlangte Einsicht nicht gestattet worden ist.

**Wichtiges
Individualrecht**

§ 51 a GmbHG gewährt jedem Gesellschafter ein umfassendes Recht auf Auskunft und Einsicht, das jedem Gesellschafter einzeln zusteht. Es handelt sich um ein sog. Individualrecht. Davon zu unterscheiden ist das Recht der Gesellschafterversammlung auf Information gegenüber dem Geschäftsführer. Dieses Recht steht der Gesellschafterversammlung als Kollektivorgan zu. Damit korrespondiert eine eigenständige Pflicht des Geschäftsführers, unaufgefordert der Gesellschafterversammlung, nicht jedoch jedem einzelnen Gesellschafter, Auskunft über Vorgänge zu erteilen, die für die Gesellschafterversammlung bedeutsam sein könnten. Das gilt insbesondere in Krisensituationen oder bei sonstigen außergewöhnlichen Geschäftsvorfällen.

Einzelheiten

Die Pflicht, das Auskunfts- und Einsichtsrecht nach § 51 a GmbHG zu erfüllen, hat die Gesellschaft, wobei sie durch ihren Geschäftsführer vertreten wird (siehe bereits ausführlich zu diesem Recht aus Sicht des Geschäftsführers die Ausführungen bei *Jula*, Der Status des GmbH-Geschäftsführers, S. 114 ff.). Die Auskunft bzw. Einsicht darf sich auf alle Angelegenheiten der Gesellschaft erstrecken. Dieses Recht umfaßt beispielsweise die Bereiche der Planung und Kalkulation sowie Forschung und Entwicklung. Auch über das Personalwesen und steuerrechtliche Angelegenheiten darf sich der Gesellschafter umfassend informieren. Ein Datenschutz bzw. Steuergeheimnis existiert hier nicht. Das Recht des Gesellschafters wirkt allerdings nur gegenüber der Gesellschaft - vertreten durch den Geschäftsführer -, nicht gegenüber nachgeordneten Mitarbeitern. Der Geschäftsführer kann zwar nachgeordnete Mitarbeiter bevollmächtigen, dem Gesellschafter Auskunft zu erteilen bzw. ihm die

Einsichtnahme zu gestatten. Der Gesellschafter darf aber nicht von sich aus ungefragt Personal befragen bzw. Detektiv spielen, indem er in den Geschäftsräumen und in den Unterlagen der Gesellschaft ohne Rücksprache herumstöbert.

Der Gesellschafter ist berechtigt, sich Notizen anzufertigen und auf eigene Kosten Kopien zu erstellen. Das Auskunfts- und Einsichtsrecht erstreckt sich zwar auf alle Angelegenheiten der Gesellschaft, es muß aber immer ein Funktionsbezug zur Gesellschafterstellung vorhanden sein. Gefordert wird mit anderen Worten ein Zusammenhang mit den Kontroll- und Vermögensinteressen des Gesellschafters. Rein akademische Interessen reichen daher nicht aus. Möchte ein Gesellschafter, der gleichzeitig ein ingeneurwissenschaftliches Fach studiert, lediglich die Produktionsverfahren der Gesellschaft in allen technischen Einzelheiten zur Abfassung seiner Diplomarbeit kennenlernen, so darf hierfür das Auskunfts- und Einsichtsrecht nicht mißbraucht werden. Ein Funktionsbezug mit der Gesellschafterstellung besteht nicht.

Funktionsbezug erforderlich

Das Einsichtsrecht braucht sich nicht auf die Vorlage des Jahresabschlusses zu beziehen, da der Geschäftsführer zur Vorlage des Jahresabschlusses nebst Lagebericht sowie der Prüfungsunterlagen des Abschlußprüfers ohnehin bereits im Rahmen seiner Buchführungs- und Rechnungslegungsaufgaben verpflichtet ist (§ 42 a GmbHG). Damit korrespondiert das Recht eines jeden einzelnen Gesellschafters, diese Unterlagen einzusehen. Auch darf er verlangen, daß ihm eine Kopie überreicht wird.

Verweigerung der
Auskunft und
Einsicht

Der Geschäftsführer darf die Auskunft nur dann verweigern, wenn gemäß § 51 a II GmbHG die Besorgnis besteht, daß der Gesellschafter sein erlangtes Wissen zu gesellschaftsfremden Zwecken verwendet und dadurch der Gesellschaft oder einem verbundenen Unternehmen einen nicht unerheblichen Nachteil zufügt. Der Geschäftsführer hat hierüber allerdings nicht in eigener Machtvollkommenheit zu entscheiden, sondern muß eine Gesellschafterversammlung einberufen. Die Gesellschafterversammlung entscheidet sodann durch Beschluß über die Auskunft bzw. die Einsichtnahme, wobei der betroffene Gesellschafter kein Stimmrecht hat. Dies folgt aus einer analogen Anwendung des § 47 IV GmbHG, da hier ein typischer Interessengegensatz besteht, der es rechtfertigt, daß der Gesellschafter selbst nicht über sein Individualrecht befinden darf.

Das Recht, die Auskunft zu verweigern, besteht, wenn Tatsachen vorliegen, die die Annahme rechtfertigen, daß gesellschaftsfremde Zwecke verfolgt und zusätzlich der Gesellschaft nicht unerhebliche Nachteile zugefügt werden könnten. Hierfür muß eine gewisse Wahrscheinlichkeit bestehen. Grundsätzlich ist davon auszugehen, daß der Gesellschafter seine aus der Treuepflicht folgende Verschwiegenheitspflicht wahren und nicht das Wissen zu gesellschaftsfremden Zwecken einsetzen wird. Indizien, die hierfür jedoch sprechen könnten, sind die Beteiligung des Gesellschafters an einem Konkurrenzunternehmen oder der enge Kontakt mit einem Dritten, der im Wettbewerb mit der GmbH steht.

Rechtsschutz

Der Gesellschafter hat gemäß § 51 b GmbHG die Möglichkeit, beim zuständigen Landgericht eine gerichtliche Entscheidung über das Auskunfts- und Einsichtsrecht herbeizuführen. Daneben kann sich die Gesellschaft oder auch ein Mitgesellschafter wegen Verletzung der Treuepflicht schadensersatzpflichtig gemacht haben, wenn die Verweigerung der Auskunft bzw. der Einsichtnahme gegen die gesellschaftsrechtliche Treuepflicht verstoßen haben sollte. In den meisten Fällen dürfte allerdings kein bezifferbarer Schaden entstanden sein, so daß ein Anspruch des Gesellschafters in der Regel hieran scheitert.

2. Rechte der Minderheit aus § 50 GmbHG

§ 50 GmbHG enthält zwei fundamentale Minderheitenrechte: Einerseits hat eine Minderheit unter bestimmten Voraussetzungen das Recht, eine Gesellschafterversammlung anberaumen zu lassen, andererseits darf sie eine Ergänzung der Tagesordnung verlangen.

Diese Rechte sind in § 50 GmbHG verankert. Dort heißt es:

§ 50 GmbHG [Minderheitsrechte]
(1) Gesellschafter, deren Geschäftsanteile zusammen mindestens dem zehnten Teil des Stammkapitals entsprechen, sind berechtigt, unter Angabe des Zwecks und der Gründe die Berufung der Versammlung zu verlangen.
(2) In gleicher Weise haben die Gesellschafter das Recht zu verlangen, daß Gegenstände zur Beschlußfassung der Versammlung angekündigt werden.
(3) Wird dem Verlangen nicht entsprochen oder sind Personen, an welche dasselbe zu richten wäre, nicht vorhanden, so können die in Absatz 1 bezeichneten Gesellschafter unter Mitteilung des Sachverhältnisses die Berufung oder Ankündigung selbst bewirken. Die Versammlung beschließt, ob die entstandenen Kosten von der Gesellschaft zu tragen sind.

Einberufungsrecht

Grundsätzlich ist es Aufgabe des Geschäftsführers, eine Gesellschafterversammlung einzuberufen. Der Geschäftsführer hat neben der ordentlichen Gesellschafterversammlung, die einmal jährlich stattfindet, auch dann eine Gesellschafterversammlung einzuberufen, wenn dies im Interesse der Gesellschaft erforderlich ist. Nun kann es Situationen geben, bei denen der Geschäftsführer entweder dieser Pflicht nicht nachkommt oder einzelne Gesellschafter der Meinung sind, man müsse eine Gesellschafterversammlung abhalten, um wichtige Angelegenheiten zu besprechen bzw. zu beschließen. Daher gewährt § 50 GmbHG der Minderheit ein eigenes Recht, die Einberufung einer Gesellschafterversammlung vom Geschäftsführer zu verlangen. Zur Einberufung der Versammlung ist dann der Geschäftsführer in der üblichen Weise verpflichtet.

Das Recht, vom Geschäftsführer eine Gesellschafterversammlung anberaumen zu lassen, hat eine Minderheit, die mindestens 10 % des Stammkapitals auf sich vereinigt. Auch hier werden eigene Anteile der Gesellschaft sowie kaduzierte Anteile nicht mitgezählt. Mit ihrem Verlangen nach Einberufung der Gesellschafterversammlung haben die Gesellschafter den Zweck und die Gründe der Gesellschafterversammlung anzugeben. In der Regel werden sie dem Geschäftsführer die Tagesordnung vorlegen und mitteilen, warum eine Eilbedürftigkeit vorliegt. Die Eilbedürftigkeit dürfte sich häufig aus dem Gegenstand selbst ergeben.

Beispiel: *„Die Gesellschaft als Untermieterin"*
Die Gesellschaft hat über ihre Geschäftsräume mit dem Gesellschafter Malte Mieter (M) einen Untermietvertrag geschlossen. M selbst hat einen Hauptmietvertrag mit dem Eigentümer Egon Ehrlich (E). Der Eigentümer E kündigt nun den Haupt-

mietvertrag, weshalb auch die Gesellschaft ihrerseits kein Recht mehr zur Nutzung der Mieträume gegenüber dem Eigentümer hätte. Der Geschäftsführer Giesbert Groß (G) wird in dieser Situation ohnehin eine Gesellschafterversammlung einberufen müssen, weil es das Wohl der Gesellschaft erfordert. Der Gesellschafter M, der seinerseits 10 % des Stammkapitals hält, könnte aber gemäß § 50 GmbHG auch vom Geschäftsführer eine solche Einberufung verlangen, wenn dieser sich weigert, von sich aus eine solche anzuberaumen. M müßte dem Geschäftsführer mitteilen, daß es bei der Gesellschafterversammlung um die Frage der zukünftigen Geschäftsräume geht, wobei sich die Dringlichkeit aus der Kündigung des Hauptmietvertrags ergibt.

Verfahren

Dem Geschäftsführer ist für die Einberufung der Gesellschafterversammlung eine angemessene Frist zu setzen. Die Länge dieser Frist ergibt sich aus den Umständen. Als Faustregel kann eine Frist von einem Monat zugrunde gelegt werden (BGH, ZIP 1998, 1269, 1271). Das Verlangen an den Geschäftsführer kann formlos erfolgen, wobei bei mehreren Geschäftsführern lediglich einer aufgefordert werden muß, die Gesellschafterversammlung einzuberufen.

Kommt der aufgeforderte Geschäftsführer dem Ersuchen nicht nach, so kann die Gesellschafterminderheit nach Ablauf der angemessenen Frist ihrerseits eine Gesellschafterversammlung unter Einhaltung der üblichen Formalien einberufen Liegen allerdings die Voraussetzungen dieses „Selbsthilferechts" des Gesellschafters nicht vor, dann sind die Beschlüsse, die auf der gleichwohl anberaumten Gesellschafterversammlung gefaßt werden, nichtig (BGH, ZIP 1998, 1269, 1271). Dies gilt auch, wenn die Minderheit dem Geschäftsführer bei ihrem Einberufungsverlangen nicht den Zweck und die Gründe für die Einberufung mitgeteilt hat, denn nur wenn das Einberufungsverlangen ordnungsgemäß war und der Geschäftsführer diesem nicht Folge leistete, besteht das Selbsthilferecht der Minderheit (OLG Köln, GmbHR 1999, 296). Die Beschlüsse auf der dennoch abgehaltenen Gesellschafterversammlung sind nur dann nicht fehlerhaft, wenn alle Gesellschafter an der Gesellschafterversammlung teilnehmen und mit der Beschlußfassung trotz rechtswidriger Einberufung einverstanden sind.

Die Kosten der Gesellschafterversammlung, die der Geschäftsführer aufgrund des Verlangens einberuft, trägt wie üblich die Gesellschaft. Über die Kosten der von der Gesellschafterminderheit selbst einberufenen Gesellschafterversammlung entscheidet, so sagt es § 50 III 2 GmbHG, die Gesellschafterversammlung durch Beschluß. Aus der Treuepflicht folgt, daß regelmäßig eine Kostenübernahme durch die Gesellschaft zu erfolgen hat, sofern die Einberufung nicht offensichtlich unnötig war. Zu den Kosten der Einberufung gehören die Kosten für die Anfertigung der Einladungsschreiben und ihrer Versendung sowie eine ggf. entstandene Saalmiete (letzteres ist strittig).

V. Sonderrechte

Grundsätzlich gilt im Gesellschaftsrecht der Gleichbehandlungsgrundsatz. Das bedeutet, daß Gesellschafter unter gleichen Voraussetzungen Anspruch darauf haben, gleichmäßig berücksichtigt zu werden. Sind zwei Gesellschafter in gleicher Höhe am Stammkapital beteiligt, so wachsen ihnen grundsätzlich identische Rechte und Pflichten zu. Der Gleichbehandlungsgrundsatz gilt jedoch nicht kategorisch und zwingend, sondern kann durch vertragliche Regelungen durchbrochen werden. Dies ist in beide Richtungen möglich. Einem Gesellschafter können zusätzliche Pflichten (Sonder- oder Nebenleistungspflichten) auferlegt, aber auch besondere Rechte (Sonderrechte) eingeräumt werden. Solche Sonderrechte sind mitgliedschaftliche Vorrechte, die in der Satzung verankert sein müssen. Dadurch erhalten sie mitgliedschaftlichen Charakter.

Hierbei ist allerdings Vorsicht geboten, denn nicht jede Satzungsregelung ist wirklich als Sonderrecht gewollt, sie kann auch lediglich schuldrechtlichen Charakter haben. Beispielsweise wird häufig beim Abschluß des ersten Gesellschaftsvertrags der Geschäftsführer in der Satzung namentlich genannt, ohne daß ihm als Person ein Sonderrecht auf die Geschäftsführung zuwachsen soll. Vielmehr ist eine Beibehaltung der gesetzlichen Regelung beabsichtigt, wonach eine Abberufung jederzeit zulässig ist. Ein Sonderrecht eines Gesellschafters auf die Geschäftsführung bedeutet demgegenüber, daß ihm die Geschäftsführungsbefugnis gegen seine Zustimmung grundsätzlich nicht mehr entzogen werden könnte. Dies folgt aus § 35 BGB, der für die GmbH entsprechend angewandt wird. Eine Ausnahme muß jedoch dann gelten, wenn es einen wichtigen Grund für den Entzug des Sonderrechts gibt. In einem solchen Fall muß es stets möglich und durchsetzbar sein, einem Gesellschafter ein bestehendes Sonderrecht wieder zu entziehen.

Satzungsregelung erforderlich

Möchte ein Gesellschafter nach Abschluß des Gesellschaftsvertrags ein Sonderrecht erhalten, so geht dies nur dann, wenn alle anderen Gesellschafter mit diesem Sonderrecht einverstanden sind, also ihre Zustimmung hierzu geben. Ansonsten läge ein Verstoß gegen das Gleichbehand-

Voraussetzungen

lungsgebot vor. Wird dennoch ein Beschluß über die Einführung eines Sonderrechts gefaßt, ist dieser anfechtbar und könnte im Wege der Anfechtungsklage von jedem Gesellschafter, der nicht zugestimmt hat, angegriffen werden. Die Einräumung eines Sonderrechts bedarf daher eines einstimmigen, satzungsändernden und notariell beurkundeten Beschlusses.

Grenzen

Ein Sonderrecht darf niemals gegen das Kapitalerhaltungsgebot gemäß § 30 GmbHG oder gegen allgemeine Grenzen, wie etwa jene der Sittenwidrigkeit gemäß § 138 BGB, verstoßen. Ansonsten sind die Gesellschafter in ihrer Gestaltungsfreiheit autonom.

Einzelfälle

Typische Sonderrechte können sich auf den verwaltungsrechtlichen oder auf den vermögensrechtlichen Bereich der Mitgliedschaft beziehen. Sonderrechte im *Verwaltungsbereich* sind beispielsweise:

- Ein Sonderrecht auf das Amt des Geschäftsführers. Das bedeutet, daß der im Gesellschaftsvertrag benannte Gesellschafter das Recht hat, das Amt des Geschäftsführers zu übernehmen, ohne daß es hierfür eines Bestellungsbeschlusses der Gesellschafterversammlung bedarf.

- Ein Benennungsrecht eines Gesellschafters für das Amt des Geschäftsführers. Dies bedeutet, daß ein Gesellschafter das Recht hat, die Person des Geschäftsführers zu benennen, der dann nur aus wichtigem Grund von der Gesellschafterversammlung abgelehnt werden darf.

- Ein Weisungsrecht gegenüber dem Geschäftsführer. Grundsätzlich hat die Gesellschafterversammlung das Recht, den Geschäftsführer anzuweisen. Als Sonderrecht ist jedoch auch ein Weisungsrecht denkbar, das einem einzelnen Gesellschafter zusteht.

- Mehrstimmrechte bzw. Vetorechte eines Gesellschafters. Dieses Sonderrecht betrifft das Stimmrecht des Gesellschafters. Sein Stimmrecht kann aufgewertet werden, etwa durch ein Vetorecht, wonach bestimmte Beschlüsse nur mit Zustimmung des bevorrechtigten Gesellschafters gefaßt werden dürfen oder auch durch sog. Mehrstimmrechte, die besagen, daß einzelne Stimmen ein höheres Gewicht haben als die „gewöhnlichen" Stimmen.

- Ein Zustimmungsrecht bei der Übertragung von Geschäftsanteilen. Grundsätzlich sind die Geschäftsanteile frei übertragbar. In der Satzung wird jedoch häufig vereinbart, daß dies nur mit Zustimmung der Gesellschafterversammlung geschehen darf. Denkbar ist hier nun ein Sonderrecht eines Gesellschafters, wonach dieser bei der Übertragung von Geschäftsanteilen in jedem Fall seine Zustimmung geben muß.

- Ein Recht zur Übernahme bzw. ein Vorkaufsrecht bzgl. eines Geschäftsanteils. Hier hat sich der Gesellschafter das Recht ausbedungen, einen zum Verkauf stehenden Geschäftsanteil bevorrechtigt zu übernehmen.

- Ein Entsendungsrecht eines Gesellschafters. Ein solches kann sich beispielsweise auf den Aufsichtsrat oder einen installierten Beirat beziehen. Hier hat der Gesellschafter also das Recht, einzelne Aufsichtsrats- oder Beiratsmitglieder zu bestimmen, ohne daß diese dann noch von der Gesellschafterversammlung gewählt werden müssen.

Im *Vermögensbereich* sind folgende Sonderrechte denkbar:

- Ein Recht eines Gesellschafters auf einen erhöhten Gewinnanteil.
- Ein alleiniges Bezugsrecht eines Gesellschafters. Hier hat sich der Gesellschafter das Recht einräumen lassen, im Falle einer Kapitalerhöhung die neuen Geschäftsanteile zu beziehen.
- Die Bevorzugung eines Gesellschafters beim Liquidationserlös.
- Das Recht des Gesellschafters, Einrichtungen der Gesellschaft zu nutzen oder Waren von der Gesellschaft vergünstigt zu beziehen.

Die aufgezählten Beispiele, die keinesfalls vollständig sind, zeigen schon, wie weitgehend Sonderrechte einzelne Gesellschafter bevorzugen können.

Tip!
Als alteingesessener Gesellschafter, der sich mit dem Gedanken trägt, neue Gesellschafter aufzunehmen, sollten Sie darüber nachdenken, ob Sie sich durch Sonderrechte Privilegien sichern wollen. Zu denken ist beispielsweise an Vetorechte bei grundlegenden Entscheidungen, wie der Aufnahme neuer Gesellschafter oder bei Satzungsänderungen. Verankert werden könnten ferner Rechte, die es Ihnen ermöglichen, durch ein eigenes Weisungs- oder Benennungsrecht auf

die Geschäftsführung Einfluß zu nehmen.

Sind Sie hingegen der neu in die GmbH eintretende Gesellschafter, so sollten Sie peinlichst darauf achten, inwieweit es Sonderrechte der bisherigen Gesellschafter gibt und wie weit diese gehen. Überlegen Sie sich sehr genau, ob Sie diese Sonderrechte akzeptieren wollen oder ob Ihr Eintritt zum Anlaß genommen werden sollte, die Satzung durch Abschaffung dieser Rechte entsprechend zu ändern. In jedem Fall bieten Ihnen Sonderrechte ein Argument dafür, den Kaufpreis für den Anteil zu „drücken", da dieser durch die Sonderrechte weniger wert ist.

B.
Rechte der Gesellschafterversammlung

I. Die Gesellschafterversammlung als oberstes Willensbildungsorgan

Die Gesellschafterversammlung ist das oberste Willensbildungsorgan der GmbH. Auf ihr beschließen die Gesellschafter über die wesentlichen Angelegenheiten der Gesellschaft. Das Gesetz spricht an mehreren Stellen statt von Gesellschafterversammlung auch von der Gesamtheit der Gesellschafter, weshalb der akademische Streit über die Frage entstanden ist, ob damit noch etwas anderes gemeint sein könnte. Da die Gesamtheit der Gesellschafter in der Gesellschafterversammlung zusammentritt, ist es konsequent, die Rechte der Gesamtheit der Gesellschafter an das Organ ‚Gesellschafterversammlung' zu knüpfen und insofern von Rechten der Gesellschafterversammlung zu reden.

Inhaberin
der Macht

Wesentliche Kompetenzen der Gesellschafterver-sammlung sind in den §§ 45, 46 GmbHG zu-sammengefaßt:

§ 45 GmbHG
[Rechte der Gesellschafter im allgemeinen]

(1) Die Rechte, welche den Gesellschaftern in den Angelegenheiten der Gesellschaft, insbesondere in bezug auf die Führung der Geschäfte zustehen, sowie die Ausübung derselben, bestimmen sich, soweit nicht gesetzliche Vorschriften entgegen-stehen, nach dem Gesellschaftsvertrag.

(2) In Ermangelung besonderer Bestimmungen des Gesellschaftsvertrages finden die Vorschriften der §§ 46 bis 51 Anwendung.

§ 46 GmbHG [Aufgabenkreis der Gesellschafter]

Der Bestimmung der Gesellschafter unterliegen:

1. *die Feststellung des Jahresabschlusses und die Verwendung des Ergebnisses;*
2. *die Einforderung von Einzahlungen auf die Stammeinlagen;*
3. *die Rückzahlungen von Nachschüssen;*
4. *die Teilung sowie die Einziehung von Ge-schäftsanteilen;*
5. *die Bestellung und die Abberufung von Ge-schäftsführern sowie die Entlastung derselben;*
6. *die Maßregeln zur Prüfung und Überwachung der Geschäftsführung;*
7. *die Bestellung von Prokuristen und von Hand-lungsbevollmächtigten zum gesamten Ge-schäftsbetrieb;*
8. *die Geltendmachung von Ersatzansprüchen, welche der Gesellschaft aus der Gründung oder Geschäftsführung gegen Geschäftsführer oder Gesellschafter zustehen, sowie die Ver-tretung der Gesellschaft in Prozessen, welche sie gegen die Geschäftsführer zu führen hat.*

Insbesondere aus § 45 GmbHG ergibt sich, daß die Gesellschafter es in der Hand haben, durch Satzungsregelungen die Rechtsverhältnisse in der Gesellschaft in dem gesetzlich vorgegebenen Rahmen zu gestalten. Hierbei ist zu beachten, daß sich die Rechte und Pflichten der einzelnen

Organe in erster Linie nach dem zwingenden Recht bestimmen. Zwingendes Recht nennt man das Recht, das die Beteiligten durch Vereinbarungen nicht ausschließen können. Am zwingenden Recht führt somit kein Weg vorbei. Zwingend sind beispielsweise die Minderheitenrechte gemäß § 50 GmbHG sowie das Auskunfts- und Einsichtsrecht gemäß 51 a GmbHG.

Im GmbH-Recht gilt aber ganz überwiegend der Grundsatz der Satzungsautonomie der Gesellschafter. Das heißt, die Gesellschafter haben einen großen Gestaltungsspielraum. Soweit zwingendes Recht dem nicht entgegensteht, können sie durch Satzungsregelungen weitgehend ihre Rechtsverhältnisse autonom regeln. Dort wo die Gesellschafter keine Regelungen treffen, gilt das dispositive Gesetzesrecht ergänzend. Dispositiv bedeutet, daß es sich um Regelungen handelt, die die Gesellschafter ausschließen können. Im Rahmen der Satzungsautonomie sind auch Kompetenzverlagerungen zwischen den Organen möglich. So können die Rechte des Geschäftsführers verstärkt oder zusätzliche Organe, wie ein Aufsichtsrat oder Beirat, mit eigenen Kompetenzen geschaffen werden. Auch die Position einzelner Gesellschafter läßt sich durch die im vorigen Abschnitt erwähnten Sonderrechte aufwerten. Dies alles ist Ausfluß der weitreichenden Satzungsautonomie der Gesellschafter.

Satzungsautonomie

Die Gesellschafterversammlung als oberstes Willensbildungsorgan bestimmt aber nicht nur durch die Satzung, in welche Richtung die Geschäfte der GmbH betrieben und wie die Interna der GmbH ausgestaltet werden sollen. Sie kann darüber hinaus auch durch einzelne Beschlüsse außerhalb des Gesellschaftsvertrags Einfluß auf alle Einzelheiten nehmen. Die Gesellschafterversammlung ist allzuständig, d.h., sie kann nahezu jede Aufgabe an sich ziehen. Der Geschäftsführer ist weisungsabhängig, er hat die Vorgaben der Gesellschafterversammlung zu beachten und ihre Beschlüsse umzusetzen.

Grenzen der Kompetenzen

Im Außenverhältnis, d.h. gegenüber Dritten, ist allerdings stets der Geschäftsführer Ansprechpartner und kraft seiner Vertretungsmacht auch für den Abschluß von Verträgen und die Vornahme sonstiger Rechtsgeschäfte zuständig. Diese Vertretungsmacht im Außenverhältnis kann die Gesellschafterversammlung nicht an sich ziehen. Ebensowenig darf die Gesellschafterversammlung die gesetzlichen Pflichten zum Schutz der Allgemeinheit, wie etwa die Pflicht, bei Insolvenzreife Insolvenzantrag zu stellen oder Handelsregisteranmeldungen vorzunehmen, oder auch die Pflichten aus dem Steuer- und Sozialversicherungsrecht anstelle des Geschäftsführers wahrnehmen. Hier bleibt es bei der Zuständigkeit des Geschäftsführers, der bei Versäumnissen in diesen Bereichen zur Verantwortung gezogen werden kann.

II. Beschluß als Handlungsinstrument

1. Grundlagen

Die Gesellschafterversammlung handelt durch Beschluß. Dies ist in § 48 GmbHG geregelt:

§ 48 GmbHG [Gesellschafterversammlung]
(1) Die Beschlüsse der Gesellschafter werden in Versammlungen gefaßt.
(2) Der Abhaltung einer Versammlung bedarf es nicht, wenn sämtliche Gesellschafter schriftlich mit der zu treffenden Bestimmung oder mit der schriftlichen Abgabe der Stimmen sich einverstanden erklären.

(3) Befinden sich alle Geschäftsanteile der Gesellschaft in der Hand eines Gesellschafters oder daneben in der Hand der Gesellschaft, so hat er unverzüglich nach der Beschlußfassung eine Niederschrift aufzunehmen und zu unterschreiben.

In dieser Vorschrift heißt es zunächst, daß die Beschlüsse in Versammlungen gefaßt werden, wobei, wie Absatz 2 ausführt, auch ein schriftliches Verfahren ohne Abhaltung einer Versammlung zulässig ist. Die Gesellschafterversammlung wird durch den Geschäftsführer einberufen. Beschlüsse werden auf Antrag gefaßt. Kommt eine Mehrheit für einen Beschlußantrag zustande, ist der Antrag angenommen. Bei Stimmengleichheit, d.h. gleicher Anzahl von Ja- wie Nein-Stimmen, ist der Antrag abgelehnt. Es empfiehlt sich, einen Versammlungsleiter zu bestimmen, der die Beschlußergebnisse jeweils förmlich feststellt, damit zumindest ein Ergebnis verbindlich festgelegt wird. Ferner sollte ein Protokoll geführt werden, das nach der Gesellschafterversammlung den Gesellschaftern zur Stellungnahme zugesandt wird (siehe bereits die Ausführungen oben im 2. Teil, F.III.1.c. mit einem Formulierungsvorschlag für eine Satzungsklausel).

Der Gesellschafter hat das Recht, sich zu einzelnen Angelegenheiten zu äußern, insbesondere auch, Beschlußanträge zu stellen. Zu beachten ist jedoch, daß Anträge zu Gegenständen, die in der Tagesordnung nicht angekündigt sind, grundsätzlich nicht behandelt werden müssen.

Zustandekommen eines Beschlusses

Tip!
Als Gesellschafter, der Beschlußanträge stellen möchte, sollten Sie darauf achten, daß diese bereits in die Tagesordnung aufgenommen werden. Ansonsten laufen Sie Gefahr, daß man sich

mit Ihrem Beschlußantrag, den Sie erst ad hoc in der Gesellschafterversammlung stellen, nicht befaßt. Die Mitgesellschafter haben zu Recht einen Anspruch darauf, sich auf einzelne Anträge bzw. Gegenstände vorbereiten zu können. Aber auch dann, wenn Sie Ihren Beschlußantrag zur Tagesordnung angekündigt haben, heißt das nicht, daß Sie in jedem Fall die Beschlußfassung auch durchsetzen können. Die Gesellschafterversammlung kann beschließen, daß die Besprechung Ihres Antrags vertagt wird oder sich sogar dafür entscheiden, daß ein sog. Nichtbefassungsbeschluß gefaßt wird. Im letzteren Fall beschließt die Gesellschafterversammlung, über Ihren Beschlußantrag gerade nicht abzustimmen. Ein derartiger Boykott Ihres Antrags ist bis zur Grenze der Treuepflicht durchaus möglich und zulässig.

Die Form der Abstimmung ist grundsätzlich frei, hier gibt es keine Vorschriften. Die Stimmen können schriftlich, durch Handzeichen, durch Aufstehen oder auch mündlich abgegeben werden. Eine geheime Abstimmung ist ebenfalls zulässig, soweit sichergestellt ist, daß die Stimmen tatsächlich von den Gesellschaftern stammen.

2. Besonderheiten bei der Einpersonen-GmbH

Dokumentation und Unterzeichnung

Bei der Einpersonen-GmbH ist die Spezialvorschrift des § 48 III GmbHG zu beachten. Danach hat der Gesellschafter jeden Beschluß nach der Fassung schriftlich zu fixieren und zu unterzeichnen. Diese Vorschrift trägt dem Umstand Rechnung, daß der einzige Gesellschafter keine Gesellschafterversammlung abhalten muß, sondern Beschlüsse allein durch seinen Entschluß fassen kann. Welche Rechtsfolgen ausgelöst werden, wenn das in § 48 III GmbHG verankerte Erfordernis nicht beachtet wird, ist nicht abschließend geklärt. Einigkeit besteht darüber, daß der Beschluß trotz Mißachtung der Formalien grundsätzlich wirksam ist. Die herrschende Ansicht nimmt zudem an, daß der Gesellschafter sich gegenüber Dritten zu seinem Vorteil auf Gesellschafterbeschlüsse dann nicht berufen kann, wenn die Erfordernisse des § 48 III GmbHG nicht eingehalten sind. Wird beispielsweise der Alleingesellschafter, der gleichzeitig Geschäftsführer ist, in einem späteren Insolvenzverfahren vom Insolvenzverwalter aus § 43 GmbHG wegen bestimmter Pflichtverletzungen in Anspruch genommen, so kann er sich auf einen haftungsausschließenden Entlastungsbeschluß nur dann berufen, wenn er diesen entsprechend § 48 III GmbHG unverzüglich nach seiner Fassung protokolliert und unterzeichnet hat.

III. Einzelne Kompetenzen der Gesellschafterversammlung

1. Vornahme von Satzungsänderungen

a. Verfahren bei Satzungsänderungen

Die Gesellschafterversammlung als oberstes Willensbildungsorgan hat die Befugnis, Satzungsänderungen zu beschließen. Rechtsgrundlage ist § 53 GmbHG:

§ 53 GmbHG [Satzungsänderung]
(1) Eine Abänderung des Gesellschaftsvertrages kann nur durch Beschluß der Gesellschafter erfolgen.
(2) Der Beschluß muß notariell beurkundet werden, derselbe bedarf einer Mehrheit von drei Vierteilen der abgegebenen Stimmen. Der Gesellschaftsvertrag kann noch andere Erfordernisse aufstellen.
(3) Eine Vermehrung der den Gesellschafter nach dem Gesellschaftsvertrag obliegenden Leistungen kann

nur mit Zustimmung sämtlicher beteiligter Gesellschafter beschlossen werden.

**Notwendige
Mehrheiten**

§ 53 GmbHG legt fest, daß eine Änderung der Satzung nur durch Beschluß der Gesellschafterversammlung möglich ist, der mindestens mit einer Mehrheit von ¾ der abgegebenen Stimmen gefaßt werden muß. Entscheidend ist die Mehrheit der abgegebenen, nicht der insgesamt vorhandenen Stimmen. Also kann eine Satzungsänderung auch dann beschlossen werden, wenn nicht alle Gesellschafter an der Gesellschafterversammlung teilnehmen. Die Satzung darf ein höheres Quorum als die in § 53 GmbHG verankerte ¾-Mehrheit der abgegebenen Stimmen vorschreiben. Einigkeit besteht darüber, daß eine Änderung des *Gesellschaftszwecks*, der auf Gewinnerzielung oder auf Gemeinnützigkeit gerichtet sein kann, nur einstimmig erfolgen darf. Für eine Änderung, Erweiterung oder Einschränkung des *Unternehmensgegenstands* genügt hingegen schon die satzungsändernde Mehrheit.

§ 53 III GmbHG ordnet an, daß für eine Vermehrung der den Gesellschaftern nach dem Gesellschaftsvertrag obliegenden Leistungen die Zustimmung aller *betroffenen* Gesellschafter erforderlich ist. Wird also beispielsweise einem Gesellschafter ein zusätzliches Wettbewerbsverbot ggf. gegen Vertragsstrafe auferlegt, so darf dies nur dann per Gesellschaftsvertrag eingeführt werden, wenn der vom Verbot betroffene Gesellschafter sein Einverständnis erteilt. Gleiches gilt beispielsweise auch für die Einführung einer Zwangseinziehung für die Geschäftsanteile. Da diese jeden Gesellschafter treffen kann, muß auch jeder seine Zustimmung geben. Damit ist eine Einstimmigkeit erforderlich.

Jeder satzungsändernde Beschluß muß notariell beurkundet werden, ansonsten ist er nichtig (§ 241 Nr. 2 AktG analog). Neben der qualifizierten Mehrheit von ¾ der abgegebenen Stimmen und der notariellen Beurkundung ist die Eintragung des Beschlusses beim Handelsregister Wirksamkeitsvoraussetzung für die Satzungsänderung (§ 54 GmbHG).

Notarielle Form und Eintragung

Um Satzungsänderungen besonderer Art bzw. um gleichwertige Maßnahmen handelt es sich bei Kapitalerhöhungen, Kapitalherabsetzungen, Umwandlungsbeschlüssen und Umstrukturierungsvorgängen. Die Vornahme von Kapitalerhöhungen oder Kapitalherabsetzungen stellt stets auch eine Satzungsänderung dar, schon weil hierbei die Stammkapitalziffer geändert wird (§§ 55-58 f. GmbHG). Für Umwandlungsmaßnahmen hat der Gesetzgeber das sog. Umwandlungsgesetz geschaffen. Strukturentscheidungen sind sonstige wesentliche Maßnahmen, wie konzernorganisatorische Veränderungen, wozu beispielsweise der Abschluß von Unternehmensverträgen gehört.

b. Das Problem der Satzungsdurchbrechung

Die Satzung macht bindend Vorgaben für die innergesellschaftliche Organisation. Gesellschafterbeschlüsse, die von der Satzung abweichende Regelungen treffen, dürfte es danach eigentlich nicht geben. Vielmehr müßten die Gesellschafter, wenn sie Regelungen der Satzung nicht mehr gelten lassen möchten, die Satzung formell unter den vorbezeichneten Voraussetzungen ändern. Haben die Gesellschafter das erklärte Ziel, einen Beschluß entgegen der bisherigen Satzungslage zu fassen, so ist dieser Beschluß unwirksam,

Beschlüsse gegen die Satzung

wenn die Voraussetzungen einer Satzungsänderung nicht eingehalten worden sind. Häufig sind sich die Gesellschafter allerdings nicht bewußt, daß sie einen Beschluß fassen, der von der bisherigen Satzungslage abweicht. Unter Umständen sind sie sich zwar darüber im klaren, wollen es auch bei dem bisherigen Gesellschaftsvertrag belassen und nur für den Einzelfall eine abweichende Regelung vornehmen.

Einzelfälle

Folgende Beispiele mögen dies verdeutlichen: In der Satzung ist vorgesehen, daß Geschäftsführer nur derjenige sein darf, der ein abgeschlossenes Hochschulstudium hat. Trotz dieser persönlichen Voraussetzungen wird ein „Nicht-Akademiker" zum Geschäftsführer bestellt. Da dies der Satzungsregelung widerspricht, müßte die Bestellung eigentlich unwirksam sein. Oder: Die Satzung sieht vor, daß der Gewinn in bestimmter Höhe in die Gewinnrücklagen einzustellen ist. Die Gesellschafter beschließen dennoch eine vollständige Ausschüttung des Jahresüberschusses. Damit verstoßen sie gegen ihre eigene Satzungsbestimmung. Abschließend noch folgendes Beispiel: Im Gesellschaftsvertrag ist ein striktes Wettbewerbsverbot für die Gesellschafter enthalten, dennoch erteilt die Gesellschafterversammlung einstimmig einem Gesellschafter Befreiung von dem Wettbewerbsverbot.

Öffnungsklauseln schaffen Flexibilität

Die Gesellschafter hätten für diese Fälle der Satzungsdurchbrechung Vorsorge durch sog. *Öffnungsklauseln* treffen können. Derartige Satzungsbestimmungen sehen vor, daß im Einzelfall die Gesellschafterversammlung anderes entscheiden kann. So hätten die Gesellschafter etwa beim Wettbewerbsverbot regeln können, daß die Gesellschafterversammlung einen Gesellschafter ggf. mit qualifizierter Mehrheit von ¾ der abgegebenen Stimmen Befreiung vom Wettbewerbsverbot erteilen kann. Existiert eine solche Öffnungsklausel nicht, sind die satzungsdurchbrechenden Beschlüsse entweder nichtig oder anfechtbar. Die Rechtslage ist hier nicht abschließend geklärt. Für Satzungsdurchbrechungen mit Dauerwirkung, die also ständig eine von der Satzung abweichende Lage schaffen, wie beispielsweise bei dem kontinuierlichen Verstoß gegen das Wettbewerbsverbot, wird durchaus eine Nichtigkeit vertreten. In jedem Fall aber sind die Beschlüsse anfechtbar, d.h., sie können im Wege der Anfechtungsklage durch Urteil für nichtig erklärt werden. Erfolgt jedoch keine Anfechtung, weil alle Gesellschafter dem Beschluß zugestimmt haben oder weil der überstimmte Gesellschafter den Beschluß nicht anficht, so ist problematisch, ob der Beschluß dann dauerhaft wirksam bleibt. Soll beispielsweise der Geschäftsführer, der entgegen den persönlichen Voraussetzungen bestellt worden ist, dauerhaft im Amt bleiben? Hierfür spricht, daß nach Beendigung der Amtszeit die Satzungsdurchbrechung ebenfalls endet. Beschlüsse hingegen, die dauerhaft eine abweichende Situation im Verhältnis zur Satzung schaffen, sind nichtig.

Achtung!
Verlassen Sie sich als Gesellschafter nicht darauf, daß ein Beschluß, der im Widerspruch zur Satzung steht, unwirksam ist. Sind Sie mit ihm nicht einverstanden, so sollten Sie ihn in jedem Fall anfechten. Sie haben sehr gute Chancen, den Anfechtungsprozeß zu gewinnen. Die Kosten trägt dann die Gesellschaft.

2. Mitwirkung bei Umwandlungsbeschlüssen und beim Abschluß von Unternehmensverträgen

Die Gesellschafter sind für alle Grundlagenentscheidungen zuständig und verantwortlich. Dazu gehören vor allem Umstrukturierungsmaßnahmen. Ein Großteil der Umstrukturierungsmaßnahmen betrifft Umwandlungsvorgänge, die im Umwandlungsgesetz geregelt sind. Daneben gibt es noch konzernbildende bzw. konzernumstrukturierende Maßnahmen, die nicht oder nicht vollständig im Umwandlungsgesetz oder sonstigen Gesetzen abgehandelt werden. Hierzu zählt beispielsweise die Bildung eines Vertragskonzerns durch Abschluß eines Unternehmensvertrags. Aber auch die Veräußerung eines Betriebs oder Betriebsteils ist eine Umstrukturierungsmaßnahme, die in die Grundlagenkompetenz der Gesellschafter fällt.

Umwandlungsvorgänge

Von den im Umwandlungsgesetz geregelten Fällen sind für die GmbH die Verschmelzung, die Spaltung sowie der Formwechsel von Bedeutung. Grundsätzlich verlangt das Gesetz einen notariell beurkundeten Beschluß der Gesellschafterversammlung, der mindestens mit einer Mehrheit von ¾ der abgegebenen Stimmen zu fassen ist (siehe §§ 50, 125 UmwG [Spaltung], § 240 UmwG [Formwechsel]). Wenn eine GmbH aber ihre Rechtsform in eine Personengesellschaft ändert, fordert das Gesetz sogar Einstimmigkeit (§ 32 UmwG). Dies ist verständlich, da bei der Personengesellschaft häufig eine persönliche Haftung der Gesellschafter entsteht, die sich nur bei einstimmiger Umwandlung rechtfertigen läßt.

Unternehmensverträge

Durch den Abschluß eines *Beherrschungsvertrags* wird ein sog. Vertragskonzern gebildet. In der Praxis ist häufig der sog. Unterordnungskonzern anzutreffen, bei dem mindestens ein abhängiges Unternehmen unter der Leitung eines herrschenden Unternehmens steht (§ 18 I 1 AktG). Das beherrschende Unternehmen (Konzernmuttergesellschaft) kann die Tochtergesellschaft entweder faktisch, d.h. ohne Beherrschungsvertrag, oder vertraglich aufgrund eines solchen Unternehmungsvertrags leiten. Der Abschluß des Beherrschungsvertrags ist Sache der Gesellschafterversammlung. Die Vertretungsmacht des Geschäftsführers erstreckt sich nicht auf derartige Strukturentscheidungen.

Zu den Unternehmensverträgen gehört neben dem Beherrschungsvertrag vor allem der *Gewinnabführungsvertrag*. Beim Gewinnabführungsvertrag verspricht die abhängige Gesellschaft, ihren Gewinn an die Muttergesellschaft abzuführen. Beim Beherrschungsvertrag verpflichtet sie sich darüber hinaus, sich den Weisungen der Muttergesellschaft zu unterwerfen. Durch den Beherrschungsvertrag wird die Leitungsmacht der beherrschten Gesellschaft ausgeschaltet und komplett auf die Muttergesellschaft übertragen. Die Muttergesellschaft darf der Tochtergesellschaft auch nachteilige Weisungen erteilen. Im Gegenzug übernimmt sie das volle unternehmerische Risiko der Tochtergesellschaft (siehe zu den Haftungsverhältnissen die Ausführungen im 4. Teil, D.II.). Der Gewinnabführungsvertrag kommt in der Praxis wesentlich häufiger vor als ein Beherrschungsvertrag. Dies hat steuerrechtliche Gründe, da ein Gewinnabführungsvertrag Voraussetzung ist, um eine körperschaftssteuerrechtliche Organschaft zu begründen. Nur durch eine solche Organschaft lassen sich Verluste zwischen den Organgesellschaften ausgleichen.

Voraussetzungen

Bei den Voraussetzungen für den Abschluß des Unternehmensvertrags müssen wir danach unterscheiden, ob es um die beherrschte, d.h. abhängige GmbH oder um die herrschende GmbH, also die Mutter-GmbH, geht.

Bei abhängiger GmbH

Bei der abhängigen GmbH gelten grundsätzlich die Vorschriften für die Satzungsänderung entsprechend (h.M.). Hier ist nicht nur eine ¾-Mehrheit der abgegebenen Stimmen, sondern die Zustimmung *aller* Gesellschafter notwendig (allerdings noch offenlassend BGHZ 105, 324 [Supermarkt]). Der Gesellschafterbeschluß, mit dem die Gesellschafterversammlung dem Unternehmensvertrag zustimmt, muß notariell beurkundet und beim Handelsregister der abhängigen Tochtergesellschaft eingetragen werden. Der Unternehmensvertrag selbst bedarf allerdings nicht der notariellen Beurkundung, hierfür genügt die Schriftform.

Bei Muttergesellschaft

Auf Seiten der beherrschenden GmbH, d.h. bei der Konzern-Muttergesellschaft, muß ebenfalls die Gesellschafterversammlung zustimmen, wobei hier eine ¾-Mehrheit der abgegebenen Stimmen genügt (BGHZ 105, 324). § 293 II AktG wird analog angewendet. Der Zustimmungsbeschluß muß hier weder notariell beurkundet noch beim Handelsregister eingetragen werden.

3. Einflußnahmemöglichkeiten auf die Geschäftsführung

Geschäftsführer ist weisungsabhängig

Die Gesellschafterversammlung kann die Geschäftsführung weitgehend an sich ziehen. Der Geschäftsführer ist zwar grundsätzlich für die Führung der Geschäfte zuständig, was auch die Vornahme außergewöhnlicher Geschäfte beinhaltet. Die Gesellschafterversammlung hat jedoch

die Möglichkeit, ihm selbst für das Tagesgeschäft strikte Vorgaben zu erteilen. Fehlen solche
Weisungen, kann der Geschäftsführer eigenständig handeln, er hat jedoch stets die Vorgaben der
Satzung oder seines Anstellungsvertrags zu beachten. Lediglich bei außergewöhnlichen Geschäften ist er ggf. zur Vorlage des Vorgangs an
die Gesellschafterversammlung verpflichtet (siehe zu den Einzelheiten *Jula*, Der Status des
GmbH-Geschäftsführers, S. 38 ff.).

4. Kompetenzen gemäß § 46 GmbHG

§ 46 GmbHG ordnet der Gesellschafterversammlung zahlreiche Kompetenzen zu. Dazu
gehören im einzelnen:

Nach § 46 Nr. 1 GmbHG fallen die Feststellung   Einforderung
des Jahresabschlusses sowie die Fassung des   von Einlagen
Ergebnisverwendungsbeschlusses in die Zuständigkeit der Gesellschafterversammlung (hierzu
bereits oben 3. Teil, A.II.1.).

Nach § 46 Nr. 2 GmbHG ist die Gesellschafterversammlung auch für die Einforderung von Einlagen zuständig. Hier geht es um die Einlagen,
die bei Gründung nicht eingezahlt worden sind.
Zur Erinnerung: Bei der Gründung sind lediglich
¼ der versprochenen Einlagen sofort einzuzahlen, mindestens jedoch 12.500 €. Der Einforderungsbeschluß, mit dem ein Teil oder sämtliche
der noch ausstehenden Einlagen eingefordert
werden sollen, wird mit einfacher Mehrheit gefaßt. Dabei ist der Gleichbehandlungsgrundsatz
zu beachten, was bedeutet, daß offene Stammeinlagen grundsätzlich gleichmäßig von allen
Gesellschaftern anzufordern sind. Der Einforderungsbeschluß ist Voraussetzung für die anschließende Geltendmachung der Einlageforde-

rung durch den Geschäftsführer. In der Insolvenz der GmbH kann der Insolvenzverwalter auch ohne Einforderungsbeschluß die Zahlung der noch ausstehenden Stammeinlagen an sich verlangen. Ein Beschluß ist ebenfalls entbehrlich, wenn eine Stammeinlagenforderung von einem Gläubiger der Gesellschaft gepfändet und ihm zur Einziehung überwiesen wurde. Nunmehr dann kann der Gläubiger direkt vom säumigen Gesellschafter Zahlung verlangen, ohne daß ein Gesellschafterbeschluß vonnöten wäre.

Rückzahlung von Nachschüssen

In die Kompetenz der Gesellschafterversammlung fällt schließlich nach § 46 Nr. 3 GmbHG die Rückzahlung von Nachschüssen. In § 30 II GmbHG ist die Rückzahlung von Nachschüssen geregelt und festgelegt, daß Nachschüsse, die zur Deckung des Stammkapitals nicht oder nicht mehr erforderlich sind, an die Gesellschafter zurückgezahlt werden können. Erforderlich ist ein Rückzahlungsbeschluß gemäß § 46 Nr. 3 GmbHG. Zu den Voraussetzungen, unter denen Nachschüsse vereinbart werden können, siehe die Ausführungen im 3. Teil, C.I.4.

Teilung und Einziehung

Die Gesellschafter beschließen ferner nach § 46 Nr. 4 GmbHG über die Teilung und die Einziehung von Geschäftsanteilen. Die Einziehung, die gemäß § 34 I GmbHG in der Satzung vorgesehen sein muß, erfordert also ebenfalls einen Gesellschafterbeschluß (zur Einziehung siehe die Ausführungen im 5. Teil, C.III.1.). Eine Teilung ist nur ausnahmsweise für den Fall der Veräußerung eines Teils eines Geschäftsanteils oder zur Regelung der Erbfolge möglich. Ein Gesellschafter soll grundsätzlich nicht mehrere Geschäftsanteile haben.

Eine Kardinalaufgabe der Gesellschafter ist in § 46 Nr. 5 und 6 GmbHG verankert. Hier geht es um die Bestellung, Abberufung, Entlastung und Überwachung der Geschäftsführer. Für die Bestellung und Abberufung wird auf die Ausführungen in meinem Band, Der Status des GmbH-Geschäftsführers, S. 16 ff. und S. 155 ff. verwiesen. Die Entlastung erfolgt ebenfalls durch Gesellschafterbeschluß. Mit diesem Beschluß drückt die Gesellschafterversammlung aus, daß sie die bisherige Geschäftsführung billigt. Gleichzeitig spricht sie dem Geschäftsführer das Vertrauen für die Zukunft aus. Eine Entlastung hat sog. Präklusionswirkung, d.h. eine Inanspruchnahme des Geschäftsführers ist für solche Pflichtverletzungen ausgeschlossen, die der Gesellschafterversammlung zum Zeitpunkt der Entlastung positiv bekannt oder die den Gesellschaftern zumindest aufgrund der zugänglichen Unterlagen erkennbar gewesen waren. Auch eine Abberufung oder Kündigung kann auf solche Umstände nicht mehr gestützt werden.

Geschäftsführer

Achtung!

Überlegen Sie sich als Gesellschafter sehr gut, ob Sie einem Entlastungsbeschluß zustimmen. Sie sollten, sofern Sie irgendwelche Zweifel haben, unbedingt zuvor in die Rechnungslegungsunterlagen sowie in sonstige wichtige Papiere, etwa den einschlägigen Schriftverkehr, Einsicht nehmen. Dies gilt zumindest dann, wenn Sie von Ereignissen Kenntnis haben, die eine Pflichtverletzung des Geschäftsführers begründen könnten. Versäumen Sie dies und wird dem Geschäftsführer Entlastung erteilt, so kann der Gesellschaft möglicherweise ein wertvoller Schadensersatzanspruch verloren gehen.

Prokuristen und Generalhandlungsbevollmächtige

Nach § 46 Nr. 7 GmbHG unterliegt die Einsetzung von Prokuristen und Generalhandlungsbevollmächtigten ebenfalls der Zuständigkeit der Gesellschafterversammlung. Hier ist zu beachten, daß im Innenverhältnis ein Gesellschafterbeschluß zu fassen ist, der im Außenverhältnis vom Geschäftsführer umgesetzt wird. Damit ist es Aufgabe des Geschäftsführers, den Prokuristen bzw. Generalhandlungsbevollmächtigten entsprechend des Beschlusses zu bestellen. Der Widerruf der Prokura bzw. der Generalhandlungsvollmacht darf dann vom Geschäftsführer auch ohne ermächtigenden Gesellschafterbeschluß erfolgen. Gleiches gilt für den Abschluß, die Änderung und die Aufhebung bzw. Kündigung der zugrundeliegenden Arbeitsverträge. Selbstverständlich kann die Gesellschafterversammlung aufgrund ihres Weisungsrechts auch hier bindend Vorgaben erteilen (siehe zu der Bestellung von Prokuristen und Generalhandlungsbevollmächtigten bereits die Ausführungen bei *Jula*, Der Status des GmbH-Geschäftsführers, S. 37 f.).

Inanspruchnahme von Gesellschaftern und Geschäftsführern

Nach § 46 Nr. 8 GmbHG obliegt der Gesellschafterversammlung schließlich die Geltendmachung von Ersatzansprüchen aus der Gründung und Geschäftsführung gegen Geschäftsführer und Gesellschafter sowie die Prozeßvertretung in Prozessen gegen die Geschäftsführer.

Ein Gesellschafterbeschluß ist dann vonnöten, wenn der Geschäftsführer oder ein Gesellschafter in die Haftung genommen werden soll. Dem Geschäftsführer könnten beispielsweise Verstöße gegen § 43 I GmbHG vorzuwerfen sein. Aber auch Ansprüche gegen den Geschäftsführer aus allgemeinen Anspruchsgrundlagen, z.B. aus unerlaubter Handlung, fallen unter diese Vorschrift. Bei Ansprüchen gegen einen Gesellschafter kann es um die Verletzung eines Wettbewerbsverbots oder um einen sonstigen Verstoß gegen die Treuepflicht gehen. Ein Gesellschafterbeschluß ist für jegliche Form der Geltendmachung bzw. Erledigung derartiger Angelegenheiten erforderlich. Möchte die Gesellschaft also eine Mahnung versenden, Klage erheben, den Anspruch stunden, auf ihn verzichten oder sich vergleichen, so bedarf es hierfür jeweils eines Gesellschafterbeschlusses.

Für die Geltendmachung ist der Gesellschafterbeschluß materielle Anspruchsvoraussetzung, d.h., ohne Beschluß brauchen sich der Gesellschafter oder der Geschäftsführer eine Inanspruchnahme nicht gefallen zu lassen. Dies gilt auch hier wieder nicht in der Insolvenz, in der der Insolvenzverwalter ohne Beschluß handeln darf, oder in dem Fall, in dem die Ansprüche gepfändet und einem Gläubiger der Gesellschaft zur Einziehung überwiesen worden sind.

Die Geltendmachung der Ansprüche gegen den Geschäftsführer oder Gesellschafter erfolgt durch einen speziell bestellten Vertreter (sog. besonderer Vertreter). Das bedeutet, daß die Gesellschafterversammlung eine Person bestimmt, die die Ansprüche durchsetzt. Dies kann ein Gesellschafter, ein Mitgeschäftsführer oder auch eine sonstige vertrauenswürdige Person sein. Besteht ein Aufsichtsrat, so verfolgt der Aufsichtsrat gemäß § 112 AktG die Ansprüche gegen den Geschäftsführer.

Nach der zweiten Alternative von § 46 Nr. 8 GmbHG ist die Gesellschafterversammlung für

Prozeßordnung

alle Prozesse gegen den Geschäftsführer zuständig. Darunter fallen nicht nur Schadensersatzprozesse, sondern auch Streitigkeiten aus dem Anstellungsvertrag, einer Versorgungszusage, etc. Hier bietet es sich ebenfalls an, daß die Gesellschafterversammlung einen besonderen Vertreter bestimmt, der die Gesellschaft im Prozeß gegen den Geschäftsführer vertritt. Betont sei an dieser Stelle, daß es um Prozesse der *Gesellschaft* gegen den Geschäftsführer oder Gesellschafter geht und die Gesellschafterversammlung lediglich dafür zuständig ist, die Frage der Aktivvertretung zu klären.

5. Weitere Zuständigkeiten

Aufsichtsrat

Die Gesellschafterversammlung ist noch für zahlreiche andere Aufgaben zuständig. Erwähnt sei beispielsweise die Wahl der Aufsichtsratsmitglieder, sofern ein Aufsichtsrat besteht. Gleichfalls nimmt sie die Entlastung der Aufsichtsratsmitglieder vor. Aus mitbestimmungsrechtlichen Vorschriften kann sich allerdings ergeben, daß ein Teil der Aufsichtsratsmitglieder von den Arbeitnehmern zu wählen ist. Es gibt mehrere Mitbestimmungsgesetze, deren Anwendungsbereich von der Arbeitnehmerzahl abhängt. Bei einer GmbH, die mehr als 500 Arbeitnehmer beschäftigt, ist das Betriebsverfassungsgesetz aus dem Jahre 1952 einschlägig, das in § 77 vorschreibt, daß 1/3 der Aufsichtsratsmitglieder von der Arbeitnehmerseite zu bestimmen ist.

Abschlußprüfer

In die Zuständigkeit der Gesellschafterversammlung fällt ferner die Wahl der Abschlußprüfer. Geprüft werden müssen lediglich große und mittlere Gesellschaften (zu den Größenmerkmalen siehe § 267 HGB). Der Abschlußprüfer, so legt es § 318 HGB fest, soll vor Ablauf des zu prüfenden Geschäftsjahres bestellt werden. Die Gesellschafterversammlung wählt den Prüfer, während anschließend der Geschäftsführer diesem den Prüfauftrag erteilt, den der Abschlußprüfer annimmt. Eine Verpflichtung zur Annahme besteht nicht. Nach der Annahme hat der Abschlußprüfer allerdings eine recht autonome Position, weder darf er ohne weiteres das Amt niederlegen noch kann die Gesellschafterversammlung an seiner Stelle einen anderen Abschlußprüfer bestellen.

Die Prüfung des Jahresabschlusses ist Voraussetzung für die Feststellung desselben. Ohne Feststellung ist der Jahresabschluß nichtig. Weiterhin ist die Gesellschafterversammlung in der Liquidation für die Bestellung der Liquidatoren sowie für die Bestimmung und Verwaltung der Geschäftsbücher nach Beendigung der Liquidation zuständig.

C.
Pflichten des Gesellschafters

I. Leistung der Stammeinlage als Kardinalpflicht

1. Grundsatz der effektiven Kapitalaufbringung

Die Leistung der vom Gesellschafter übernommenen Stammeinlage stellt seine Kardinalpflicht dar. Da der Gesellschafter für die Verbindlichkeiten der Gesellschaft nicht persönlich haftet, muß im Gläubigerinteresse wenigstens sichergestellt sein, daß die Stammeinlagen real und vollständig in das Gesellschaftsvermögen einbezahlt werden. § 19 GmbHG enthält hierzu folgende Regelungen:

Einlagepflicht

§ 19 GmbHG [Leistungen auf die Stammeinlage]

(1) Die Einzahlungen auf die Stammeinlagen sind nach dem Verhältnis der Geldeinlagen zu leisten.

(2) Von der Verpflichtung zur Leistung der Einlagen können die Gesellschafter nicht befreit werden. Gegen den Anspruch der Gesellschaft ist die Aufrechnung nicht zulässig. An dem Gegenstand einer Sacheinlage kann wegen Forderungen, welche sich nicht auf den Gegenstand beziehen, kein Zurückbehaltungsrecht geltend gemacht werden.

(3) Durch eine Kapitalherabsetzung können die Gesellschafter von der Verpflichtung zur Leistung von Einlagen höchstens in Höhe des Betrags befreit werden, um den das Stammkapital herabgesetzt worden ist.

(4) Vereinigen sich innerhalb von drei Jahren nach der Eintragung der Gesellschaft in das Handelsregister alle Geschäftsanteile in der Hand eines Gesellschafters oder daneben in der Hand der Gesellschaft, so hat der Gesellschafter innerhalb von drei Monaten seit der Vereinigung der Geschäftsanteile alle Geldeinlagen voll einzuzahlen oder der Gesellschaft für die Zahlung der noch ausstehenden Beträge eine Sicherung zu bestellen oder einen Teil der Geschäftsanteile an einen Dritten zu übertragen.

(5) Eine Leistung auf die Stammeinlage, welche nicht in Geld besteht oder welche durch Aufrechnung einer für die Überlassung von Vermögensgegenständen zu gewährenden Vergütung bewirkt wird, befreit den Gesellschafter von seiner Verpflichtung nur, soweit sie in Ausführung einer nach § 5 Abs. 4 Satz 1 GmbHG getroffenen Bestimmung erfolgt.

§ 19 GmbHG legt damit wichtige Voraussetzungen für die Leistungen auf die Stammeinlage fest. Die Rechtsprechung hat unter Beachtung des Prinzips der effektiven Kapitalaufbringung die gesetzliche Regelung noch erweitert und verfeinert. Zu den Einzelheiten:

Fälligkeit

Der Gesellschafter muß den Einlageanspruch erfüllen, sobald er fällig ist. Die Fälligkeit kann durch eine Terminsbestimmung in der Satzung

festgelegt werden, dann wird der Einlageanspruch ohne weitere Maßnahmen mit Zeitablauf
fällig. In der Regel fehlt ein solcher Zahlungster-
min im Gesellschaftsvertrag, da die Gesellschafter bei Abfassung des Vertrags meist noch nicht
wissen, wann sie die Mittel benötigen. Dann
wird die Fälligkeit durch einen Einforderungsbeschluß gemäß § 46 Nr. 2 GmbHG sowie die anschließende Umsetzung des Einforderungsbe-
schlusses durch eine entsprechende Anforderung
des Geschäftsführers beim Gesellschafter herbeigeführt. Die Anforderung durch den Geschäftsführer ist gegenüber denjenigen Gesellschaftern entbehrlich, die beim Beschluß anwesend waren (strittig). Zahlt der Gesellschafter
trotz Fälligkeit die Einlageforderung nicht, so
schuldet er gemäß § 20 GmbHG Zinsen in Höhe
der gesetzlichen Verzugszinsen, ohne daß es
hierfür noch weiterer Maßnahmen, etwa einer
erneuten Aufforderung oder Mahnung, bedarf.
Die Höhe der Zinsen beträgt in Anlehnung an
§ 288 BGB pro Jahr 4 %, die Satzung kann allerdings einen höheren Zinssatz festlegen.

§ 19 GmbHG will sicherstellen, daß der Grund- **Befreiung verboten**
satz der effektiven Kapitalaufbringung verwirk-
licht wird. Daher verbietet Absatz 2 dieser Vorschrift generell die Befreiung des Gesellschafters
von der Stammeinlagepflicht. Weiter heißt es
dort, daß eine Aufrechnung seitens des Gesellschafters nicht zulässig ist. An dem Gegenstand
einer Sacheinlage kann der Gesellschafter ferner
kein Zurückbehaltungsrecht geltend machen.

§ 19 IV GmbHG betrifft eine Sonderregelung für **Anteilsvereinigung**
die nachträglich entstehende Einpersonen-GmbH. **in einer Hand**
Zur Erinnerung: Bei der Gründung einer Einpersonen-GmbH ist das Stammkapital entweder voll-

ständig einzuzahlen oder für den nicht eingezahlten Teil eine Sicherheit zu bestellen. Der Gesetzgeber will mit § 19 IV GmbHG verhindern, daß zunächst eine mehrgliedrige GmbH, also eine GmbH mit mehreren Gesellschaftern, gegründet wird, anschließend jedoch die Anteile auf einen einzigen Gesellschafter übertragen werden. Bei der mehrgliedrigen GmbH müssen lediglich jeweils ¼ der Stammeinlagen, mindestens jedoch 12.500 € aufgebracht werden. Die strengeren Kapitalaufbringungsvorschriften der Einpersonen-GmbH sollen nicht durch die Gründung einer mehrgliedrigen GmbH mit anschließender Anteilsvereinigung umgangen werden. Daher schreibt § 19 IV GmbHG vor, daß der Gesellschafter bei einer Vereinigung sämtlicher Geschäftsanteile in seiner Hand innerhalb von drei Jahren verpflichtet ist, entweder die Stammeinlagen voll einzuzahlen, eine Sicherung zu bestellen oder einen weiteren Gesellschafter aufzunehmen. Tut er dies nicht, so besteht für das Registergericht die Möglichkeit, das Amtsauflösungsverfahren gemäß § 144 b FGG durchzuführen. Das Handelsregister wird dem Gesellschafter vorab eine Frist setzen, damit dieser eine geeignete Maßnahme zur Vermeidung der Auflösung treffen kann, bevor die Amtsauflösung eingeleitet wird.

Auf § 19 V GmbHG, eine Spezialvorschrift für Sacheinlagen, ist bereits unter dem Stichwort „Verschleierte Sachgründung" eingegangen worden (siehe oben 2. Teil, E.IV.).

§ 19 GmbHG gilt sowohl für Stammeinlagenverpflichtungen bei der Gründung als auch bei der Kapitalerhöhung. Die Regelungen betreffen grundsätzlich Sach- und Bareinlagen. Die Vorschrift gilt auch für die Differenzhaftung gemäß § 9 GmbHG sowie für die von der Rechtsprechung entwickelte Vorbelastungshaftung (siehe zu beiden Haftungsinstituten die Ausführungen oben 2. Teil, E.IV. und III.2.). Auch für die Ausfallhaftung gemäß §§ 21 III, 22, 24 GmbHG kommt § 19 GmbHG zur Anwendung (siehe zur Ausfallhaftung die Ausführung im 3. Teil, C.I.3.). § 19 GmbHG betrifft allerdings nicht sonstige Forderungen *neben* der Stammeinlageverpflichtung, auch nicht die Zahlung der Verzugszinsen gemäß § 20 GmbHG und erst recht nicht ausgelöste Vertragsstrafen, z. B. wegen Verstoßes gegen ein Wettbewerbsverbot.

Der Gesellschafter trägt die Beweislast dafür, daß er seine Stammeinlage eingezahlt hat.

Beweislast

Tip!
Da Sie als Gesellschafter im Streitfall beweisen müssen, daß Sie Ihre Stammeinlage eingezahlt haben, sollten Sie unbedingt bei der Zahlung den Verwendungszweck auf dem Überweisungsträger oder Einzahlungsbeleg angeben. Heben Sie Ihre Durchschrift einschließlich Ihres Kontoauszugs bzw. Ihre Einzahlungsquittung sorgfältig auf, da der Einlageanspruch erst in 30 Jahren nach der Fälligkeit verjährt. Es ist nie auszuschließen, daß irgendwann einmal die GmbH insolvent wird und der Insolvenzverwalter von Ihnen den Beweis verlangt, daß Sie die Stammeinlage eingezahlt haben. Ohne Beleg kann dies schwierig werden. Haben Sie keinen Verwendungszweck angegeben, so stehen Sie vor einem weiteren Problem, denn eine nachträgliche Zweckbestimmung ist nur dann statthaft, wenn die Einzahlung noch zur freien Verfügung der Gesellschaft steht. Dies ist in der Krise oder In-

solvenz nicht mehr der Fall. Sie haben dann allenfalls die Möglichkeit, plausibel nachzuweisen, daß es schlichtweg keine anderen Forderungen der GmbH Ihnen gegenüber gibt oder gab, so daß Sie die einzig vorhandene Verbindlichkeit Ihrerseits geleistet haben. Sie sollten sich nicht darauf verlassen, daß Sie sich mit dieser Argumentation durchsetzen können. Geben Sie daher stets als Verwendungszweck neben Ihrem Namen noch „Zahlung der Stammeinlage" an. Ferner ist zu beachten, daß Sie die Zahlung zur *freien Verfügung des Geschäftsführers* vornehmen müssen. Zahlen Sie auf ein debitorisches (d.h. überzogenes) Konto der Gesellschaft ein, so geht dies nur dann in Ordnung, wenn die Gesellschaft über die von Ihnen eingezahlte Stammeinlage verfügen darf, also ihren Kontokorrent noch ausschöpfen kann. Führt die Bank jedoch gleichzeitig mit Ihrer Zahlung den Überziehungskredit der GmbH zurück, so haben Sie die Stammeinlage nicht zur freien Verfügung der Gesellschaft geleistet (siehe hierzu BGH, WM 1991, 454, 455; OLG Stuttgart, WM 1996, 395, 397). In Zweifelsfällen sollten Sie lieber darauf bestehen, daß der Geschäftsführer ein neues Girokonto eröffnet, das auf Guthabenbasis geführt wird, oder aber Sie zahlen den Betrag in bar in die Gesellschaftskasse ein und lassen sich dies quittieren.

Die Verpflichtung zur Zahlung der Stammeinlage wird schließlich nicht dadurch erfüllt, daß Hin- und Herzahlungen stattfinden. Dies genügt nicht dem Erfordernis der effektiven Kapitalaufbringung. Die zeitliche Abfolge ist hierbei nicht entscheidend. Es kommt also nicht darauf an, ob erst die Gesellschaft dem Gesellschafter das Geld zur Verfügung stellt und dieser alsbald die Summe - als Stammeinlage deklariert - wieder an die Gesellschaft zurückzahlt, oder ob zunächst der Gesellschafter seine Stammeinlage einzahlt und dann der Betrag an ihn – auf welche Weise auch immer – zurückfließt.

2. Einzelfälle

a. Befreiung von der Einlagepflicht

Nach § 19 II 1 GmbHG ist eine Befreiung von der Einlagepflicht unzulässig. Der Begriff der Befreiung ist hier weit auszulegen. Jede rechtsgeschäftliche Verringerung der Einlageforderung ist verboten und unwirksam. Wird hiergegen verstoßen, so bleibt die Einlagepflicht bestehen. Befreiungen sind nach allgemeiner Auffassung auch der Erlaß sowie der Verzicht und jede Abschwächung der Einlageforderung, etwa durch eine Forderungsauswechslung, bei welcher der Gesellschaft statt der Einlageforderung eine andere Forderung verschafft wird.

Ein Vergleich über die Einlageforderung kann ebenfalls unzulässig sein, die Einzelheiten sind hier strittig. Ein Vergleich wird dann zugelassen, wenn eine vorhandene Rechtsunsicherheit beseitigt wird, so daß der Grundsatz der realen Kapitalaufbringung nicht ernsthaft erschüttert ist. Besteht objektiv betrachtet beispielsweise eine Unsicherheit darüber, ob tatsächlich die Einlageforderung vorher schon beglichen wurde oder nicht, läßt sich eine vergleichsweise Beilegung vertreten.

Weite Auslegung

Vergleich

b. Aufrechnung

Dem Gesellschafter ist es strikt untersagt, mit eigenen Ansprüchen, die er gegen die GmbH aus welchem Rechtsgrund auch immer hat, die Aufrechnung gegen die Einlageforderung zu erklären. Eine Aufrechnung seitens des Gesellschafters läßt somit seine Einlageverpflichtung nicht erlöschen.

Problematischer ist es, wenn nicht der Gesellschafter, sondern die GmbH die Aufrechnung erklärt. Dies ist vom Wortlaut des § 19 II GmbHG nicht ausgeschlossen. Der Grundsatz der realen Kapitalaufbringung kann jedoch dazu führen, daß eine Aufrechnung gleichwohl nicht statthaft ist. Danach ist die Erklärung der Aufrechnung durch die GmbH nur dann zulässig, wenn das Prinzip der effektiven Kapitalaufbringung gewahrt bleibt. Vorab muß allerdings geklärt werden, ob es sich wirklich um eine Aufrechnung der Gesellschaft und nicht um eine solche des Gesellschafters handelt. Rechnet beispielsweise der Gesellschafter-Geschäftsführer namens der GmbH wegen seiner eigenen Einlageforderung mit einer Gegenforderung gegen die Gesellschaft z.B. auf Zahlung der Gechäftsführer-Vergütung auf, so ist dies in jedem Fall unzulässig. Das gilt auch dann, wenn der Gesellschafter-Geschäftsführer vom Verbot des Selbstkontrahierens (§ 181 BGB) befreit ist, denn er soll es nicht in der Hand haben, seine eigene Stammeinlageverpflichtung durch Aufrechnung zum Erlöschen zu bringen. Ob er sich dafür entscheidet, namens der GmbH oder im eigenen Namen die Aufrechnung zu erklären, ist willkürlich. Hier greift § 19 GmbHG daher in jedem Fall ein.

Verschleierte Sachgründung gilt vorrangig

Eine Aufrechnung der Gesellschaft ist ferner dann unzulässig, wenn die Grundsätze der verschleierten Sachgründung eingreifen. Dieses Rechtsinstitut gilt vorrangig. Zur Erinnerung: Die Vorschriften über die Sachgründung sollen nicht dadurch umgangen werden, indem eine Bargründung durchgeführt wird, im engen zeitlichen Zusammenhang mit dieser jedoch Transaktionen stattfinden, die als Einbringung von Sacheinlagen hätten behandelt werden müssen. Dazu gehören auch Vorgänge, bei denen das Gesellschaftsvermögen durch Aufrechnung dazu verwandt wird, Forderungen des Gesellschafters zu tilgen. Die Grundsätze der verschleierten Sachgründung erfassen jedoch nicht später entstandene Ansprüche des Gesellschafters, wie z.b. solche auf Gewinnbezug oder Geschäftsführervergütung. Eine Aufrechnung der Gesellschaft gegen derartige fällige Ansprüche ist daher grundsätzlich zulässig, wenn die sonstigen Voraussetzungen, die nachfolgend erörtert werden sollen, eingehalten sind.

Eine zulässige Aufrechnung seitens der Gesellschaft setzt voraus, daß die Gegenforderung, d.h. die Forderung des Gesellschafters gegen die Gesellschaft, *vollwertig, fällig und liquide* ist (ständige Rechtsprechung, siehe BGHZ 125, 141, 143). Diese Voraussetzungen sind einzuhalten, da nur dann dem Grundsatz der realen Kapitalaufbringung Rechnung getragen wird.

Dem Gesellschafter muß gegen die Gesellschaft also zunächst eine *vollwertige Forderung* zustehen. Vollwertig bedeutet, daß das Gesellschaftsvermögen sowohl der Höhe nach als auch hinsichtlich seiner Liquidität zur Befriedigung aller fälligen Gesellschaftsverbindlichkeiten einschließlich der zur Aufrechnung stehenden Gesellschafterforderung sicher ausreicht. Entscheidend ist eine objektive Vollwertigkeit, auf die Sicht oder Meinung der Gesellschaft bzw. ihres Geschäftsführers kommt es nicht an. Durch dieses Kriteri-

Vollwertigkeit

um soll erreicht werden, daß der Gesellschafter sich nicht bevorzugt vor den sonstigen Gläubigern durch eine – ggf. von ihm selbst veranlaßte - Aufrechnung seitens der Gesellschaft befriedigen kann. Befindet sich die Gesellschaft in der Krise, dürfte der Anspruch des Gesellschafters nicht vollwertig sein, denn die GmbH könnte nicht sämtliche fällige Verbindlichkeiten sicher erfüllen. Daher darf die Gesellschaft in dieser Situation keine Aufrechnung mit der Einlageforderung erklären.

Von dem Erfordernis der Vollwertigkeit kann dann abgerückt werden, wenn die Durchsetzung der Einlageforderung der Gesellschaft wegen der schlechten wirtschaftlichen Lage des Gesellschafters gefährdet ist. Läßt sich die Einlageforderung gar nicht oder nicht mehr in voller Höhe vom Gesellschafter eintreiben, kann eine Aufrechnung statthaft sein. Dies liegt im Interesse der Gläubiger, für die es ungünstiger wäre, wenn die Gesellschaft möglicherweise mehr für die Bezahlung ihrer eigenen Verbindlichkeiten gegenüber dem Gesellschafter aufwenden müßte als sie bei der Eintreibung der Einlageforderung von diesem erhielte. In dieser Ausnahmesituation ist daher eine Aufrechnung ausnahmsweise trotz fehlender Vollwertigkeit zulässig (BGHZ 15, 52, 59 f.).

Fälligkeit

Des weiteren muß der Anspruch des Gesellschafters *fällig* sein. Eine Verrechnung mit später entstehenden Ansprüchen, etwa auf Zahlung von künftigen Gewinnen oder Geschäftsführergehältern, ist nicht statthaft.

Liquidität

Schließlich ist Voraussetzung, daß die Forderung des Gesellschafters *liquide* sein muß. Dies bedeutet, daß sie dem Grunde und der Höhe nach unbestritten ist. Besteht Streit darüber, ob oder in welcher Höhe die Gegenforderung des Gesellschafters existiert, so darf, soweit die Forderung nicht liquide ist, eine Aufrechnung nicht erfolgen.

Sind die Voraussetzungen gewahrt, so ist eine Aufrechnung grundsätzlich statthaft. Auch gegen fällige Darlehensansprüche des Gesellschafters kann aufgerechnet werden, es sei denn, es handelt sich hierbei um ein *eigenkapitalersetzendes* Darlehen (siehe zu diesen ausführlich im 4. Teil, B.III.). Dies verbietet sich einerseits deshalb, weil die Aufrechnung wirtschaftlich eine Rückzahlung bedeuten würde, die jedoch gerade nicht zulässig ist; andererseits wird die Aufrechnung auch an der Vollwertigkeit scheitern, denn da die Gesellschaft in der Krise ist, dürfte die Darlehensforderung des Gesellschafters gerade nicht mehr vollwertig sein (siehe BGHZ 90, 370, 373 f.).

Wird vom Gesellschafter (nochmals) die Leistung der Einlage verlangt, so hat er die Beweislast für die Vollwertigkeit (strittig).

> **Tip!**
> Sie sollten als Gesellschafter möglichst darauf dringen, daß eine Aufrechnung unterbleibt. Sie stehen sonst später vor dem Problem, beweisen zu müssen, daß Ihre eigene Forderung vollwertig war, was dann schwierig werden dürfte, wenn Sie keinen Zugang mehr zu den Geschäftsunterlagen haben. Es ist immer besser, Sie zahlen Ihre Stammeinlage effektiv in das Gesellschaftsvermögen ein und lassen sich Ihre eigene Forderung ebenfalls real begleichen.

3. Kaduzierung des Geschäftsanteils und Ausfallhaftung

Die unterlassene Einzahlung einer Stammeinlage berechtigt die Gesellschaft, die Einlageforderung gegen den säumigen Gesellschafter gerichtlich durchzusetzen. Statt dessen kann sie jedoch auch das Kaduzierungsverfahren gemäß §§ 21 ff. GmbHG betreiben. Da dieses Verfahren nur eine geringe praktische Bedeutung hat, wird es hier in der gebotenen Kürze erläutert. Die Kaduzierung betrifft nicht nur rückständige Stammeinlageforderungen, sondern auch Ansprüche aus der Differenz- und Vorbelastungshaftung. Durch das Kaduzierungsverfahren verliert der Gesellschafter seinen Geschäftsanteil, neben ihm müssen sowohl seine Rechtsvorgänger als auch die Mitgesellschafter damit rechnen, wegen der Stammeinlageforderung in die Haftung genommen zu werden. Im einzelnen muß allerdings ein sehr kompliziertes und aufwendiges Verfahren durchgeführt werden.

Nachfrist mit Androhung des Ausschlusses

Zunächst ist der Gesellschafter, bevor er seinen Anteil verliert, mit Nachfrist von mindestens einem Monat erneut zur Zahlung der rückständigen Einlage unter Androhung des Ausschlusses des Geschäftsanteils aufzufordern. Diese Maßnahme kann der Geschäftsführer, übrigens auch ohne ermächtigenden Gesellschafterbeschluß, vornehmen (h.M.). Der Gesellschafterversammlung steht es allerdings frei zu beschließen, daß der Geschäftsführer das Kaduzierungsverfahren nicht betreiben soll, dann ist er hieran auch gebunden.

Erklärung der Kaduzierung

Zahlt der Gesellschafter trotz Zahlungsaufforderung und Androhung des Ausschlusses die Stammeinlage nicht, so kann der Geschäftsführer namens der GmbH erklären, daß der Gesellschafter seines Anteils verlustig gegangen ist. Der Gesellschafter verliert damit sämtliche Rechte, auch den Gewinnanspruch für das laufende Jahr. Der Geschäftsanteil ist allerdings nicht aus der Welt, sondern er steht nunmehr der Gesellschaft zu, die ihn bestmöglichst zu verwerten hat, damit die Stammeinlage doch noch aufgebracht werden kann.

Bevor die GmbH den Anteil jedoch verwerten darf, muß sie sich bemühen, von den *Rechtsvorgängern*, also etwaigen ehemaligen, bereits ausgeschiedenen Gesellschaftern, die zuvor den Geschäftsanteil hielten, Zahlung zu verlangen. Hier wird ein sog. Staffelregreß durchgeführt, d.h. es wird zunächst der unmittelbare Vorgänger des säumigen Gesellschafters, dann der Vorgänger des Vorgängers usw. in Anspruch genommen. Einstehen müssen allerdings nur Rechtsvorgänger, die den GmbH-Anteil innerhalb der letzten fünf Jahre vor dem Einforderungsbeschluß gehalten haben.

Staffelregreß bei Vormännern

Ist von den Rechtsvorgängern nichts zu erlangen, wird der *Anteil* nach § 23 GmbHG *öffentlich versteigert*. Eine andere Art der Verwertung ist möglich, wenn der Gesellschafter seine Zustimmung hierzu gegeben hat; dies kann auch bereits durch eine entsprechende Regelung im Gesellschaftsvertrag geschehen sein. Ein Verkauf ist entbehrlich, wenn er offensichtlich aussichtslos ist (OLG Köln, NJW-RR 1994, 1192, 1194). Nach dem Verkauf bzw. dem erfolglosen Verkauf haftet der ursprünglich säumige Gesellschafter für die restliche Einlageforderung, d.h. nur insoweit diese durch den Veräußerungserlös nicht getilgt werden konnte.

Versteigerung

Ausfallhaftung

Ist der Gesellschafter auch zur Zahlung dieser restlichen Einlageforderung nicht in der Lage, so trifft die Mitglieder eine *Ausfallhaftung*. Der maßgebliche Zeitpunkt, zu dem der Mitgesellschafter der Gesellschaft angehören mußte, ist der Termin der Fälligkeit der Stammeinlageforderung, also der Moment, in dem der Geschäftsführer die Stammeinlage vom Gesellschafter anforderte (BGH, ZIP 1996, 1248, 1249 [h.M.]). In diesem Augenblick entsteht bereits aufschiebend bedingt die Ausfallhaftung der Mitgesellschafter, so daß sich diese ihrer Verantwortlichkeit nicht durch Übertragung ihres Geschäftsanteils entziehen können.

Die Ausfallhaftung trifft alle übrigen Mitgesellschafter im Verhältnis ihrer Stammeinlagen. Es handelt sich um eine anteilige, nicht um eine gesamtschuldnerische Haftung. Für die Entstehung und Fälligkeit der Ausfallhaftung ist kein Gesellschafterbeschluß erforderlich, der Geschäftsführer darf die Ausfallhaftung auch ohne entsprechende Entscheidung der Gesellschafter geltend machen. Kann einer der Mitgesellschafter den auf ihn entfallenen Anteil nicht aufbringen, so springen die übrigen Gesellschafter wiederum im Verhältnis ihrer Anteile für diesen Ausfall ein. Am Ende kann es daher passieren, daß ein Gesellschafter die rückständige Stammeinlage des ursprünglich säumigen Gesellschafters vollständig trägt.

Beispiel: *„Den letzten beißen die Hunde"*
Arnold Aermlich (A) hat seine Stammeinlage nicht gezahlt, das Kaduzierungsverfahren wurde durchgeführt, von den Rechtsvorgängern war nichts zu erlangen, die Versteigerung verlief erfolglos, auch danach konnte A seine Stammeinlage nicht zahlen. A war mit 10.000 € an der GmbH beteiligt. Daneben bestehen Beteiligungen von Babette Blank in

Höhe von 20.000 € und eine von Carl Cohle (C) in Höhe von 30.000 €. Von der Stammeinlage des A in Höhe von 10.000 € sind noch 7.500 € offen. B und C trifft nun die Ausfallhaftung, wobei B 40 % und C 60 % der ausstehenden Stammeinlage des A zu übernehmen haben. Fällt nun auch B aus, so muß C den Anteil der B im Wege der Ausfallhaftung übernehmen. Damit hat C im Ergebnis die ausstehende Stammeinlage des A vollständig zu erbringen.

4. Nachschußpflicht

Die Nachschußpflicht hat wie das Recht der Kaduzierung nur geringe praktische Bedeutung. Rechtsgrundlage der Nachschußpflicht sind die §§ 26 – 28 GmbHG. Ergänzend enthält § 30 II GmbHG eine Sonderregelung über die Rückzahlung von Nachschüssen. Eine Nachschußpflicht der Gesellschafter besteht nur dann, wenn dies im Gesellschaftsvertrag vereinbart wurde. Neben der Regelung im Gesellschaftsvertrag ist ein Einforderungsbeschluß der Gesellschafterversammlung erforderlich. Nachschüsse haben Finanzierungsfunktion. Sie sollen das Eigenkapital verstärken. Die Praxis arbeitet jedoch lieber mit Gesellschafterdarlehen oder nimmt statt der Vereinbarung von Nachschüssen eine Kapitalerhöhung vor.

Die Verankerung einer Nachschußpflicht in der Satzung einer bereits bestehenden Gesellschaft ist nur unter den Voraussetzungen des § 53 III GmbHG, d.h. mit Zustimmung aller betroffenen Gesellschafter, zulässig.

Das Gesetz kennt die beschränkte sowie die unbeschränkte Nachschußpflicht. Bei der *beschränkten Nachschußpflicht* ist ein Kaduzierungsverfahren, allerdings ohne Ausfallhaftung der Mitgesellschafter, vorgesehen, bei der *unbe-

Bedeutung

Beschränkte und unbeschränkte Nachschußpflicht

schränkten Nachschußpflicht besteht die Möglichkeit für den Gesellschafter, seinen Geschäftsanteil preiszugeben (sog. Abbandonrecht).

Tip!

Vergewissern Sie sich bei dem Kauf eines Geschäftsanteils, ob eine Nachschußpflicht in der Satzung verankert wurde. Auch wenn dies selten vorkommt, so ist nie auszuschließen, daß eine derartige Regelung im Gesellschaftsvertrag aufgenommen worden ist. Sie sollten sich dann sehr genau überlegen, ob Sie in dieser Gesellschaft noch Gesellschafter werden möchten. Möglicherweise haben Sie eine Chance, eine Satzungsänderung herbeizuführen, durch die die Nachschußpflicht aufgehoben wird. In jedem Fall sollten Sie bei der Kaufpreisbemessung die Nachschußpflicht einbeziehen und den Kaufpreis entsprechend reduzieren.

II. Treuepflicht

1. Voraussetzungen

Jedes Gesellschaftsverhältnis wird bestimmt von der Treuepflicht der Gesellschafter untereinander sowie der wechselseitigen Treuepflicht zwischen Gesellschaft und Gesellschaftern. Auch wenn die Herkunft der Treuepflicht keine abschließende Klärung gefunden hat, so ist dennoch anerkannt, daß sie existiert und daß aus ihr das Gebot der gegenseitigen Rücksichtnahme folgt. Für den Gesellschafter bedeutet dies, daß er sich gegenüber der Gesellschaft, aber auch gegenüber den Mitgesellschaftern loyal zu verhalten, den gemeinsamen Zweck nach Kräften zu fördern und Schaden abzuwenden hat.

Der Gesellschafter muß also im Rahmen des ihm
Zumutbaren alles tun, was der Gesellschaft nützt
und alles unterlassen, was ihr schadet. Je perso-
nalistischer die Gesellschaft strukturiert ist, desto stärker ist die Treuepflicht ausgeprägt; je
kapitalistischer der Verband organisiert ist, desto
schwächer wirkt die Treuepflicht. Die Konkreti-
sierung der Treuepflicht erfolgt im Rahmen einer
Interessenabwägung zwischen den in Rede stehenden Interessen der Gesellschaft, der Mitgesellschafter bzw. des betroffenen Gesellschafters. Aus der Treuepflicht werden sodann Förder-
bzw. Mitwirkungspflichten entwickelt. Hier gibt
es mehrere Fallgruppen, die jedoch keinesfalls
abschließend sind, es kommt immer auf den Einzelfall an.

Inhalt

Ein wichtiger Anwendungsbereich der Treuepflicht ist die Ausübung des Stimmrechts. Hier
kann der Gesellschafter verpflichtet sein, einem
Beschluß kraft seiner Treuepflicht zuzustimmen
bzw. möglicherweise einen Beschluß aufgrund
seiner Treuepflicht gerade nicht herbeizuführen.
Hat z.B. ein Gesellschafter das Gesellschaftsverhältnis gekündigt und nimmt sodann eine „Blokkadehaltung" ein, indem er ohne eigenes Interesse jegliche Beschlüsse verhindert, so ist diese
Stimmrechtsausübung treuwidrig, weshalb ggf.
erreicht werden kann, daß das Beschlußergebnis
festgestellt wird, das sich ergeben hätte, wenn
das Stimmrecht nicht mißbraucht worden wäre
(BGHZ 88, 320).

Anwendungsfälle

Bei der Fassung der Gewinnverwendungsbeschlüsse kann sich ein Mehrheitsgesellschafter,
z.B. durch ein „Aushungern" der Minderheit,
treuwidrig verhalten, indem er den Gewinn ausschließlich den Rücklagen zuführt, obwohl dies

nicht mehr im unternehmerischen Interesse liegt. Ziel des beherrschenden Gesellschafters ist es lediglich, die Gesellschafter zum Austritt aus der Gesellschaft, ggf. durch Übertragung der Anteile auf sich selbst, zu bewegen.

Auch Weisungsbeschlüsse bzw. Weisungen, die der Mehrheitsgesellschafter durchsetzt und die der Gesellschaft schaden, können treuwidrig sein. Aus der Treuepflicht des beherrschenden Gesellschafters, der aufgrund seiner Mehrheitsbeteiligung maßgeblich Einfluß auf die Geschicke der Gesellschaft nehmen kann, ist die *Konzernhaftung* entwickelt worden. Die Konzernhaftung, die mehrere Fallgruppen umfaßt, beruht daher im wesentlichen auf der Treuepflicht (siehe 4. Teil). Aus der Treuepflicht kann ferner die Pflicht des betreffenden Gesellschafters folgen, Stillschweigen über Betriebs- oder Geschäftsgeheimnisse zu wahren (Geheimhaltungspflicht).

Des weiteren folgt aus der Treuepflicht die Verpflichtung, Gesellschafterbeschlüsse zu achten. Dies soll das nachfolgende Beispiel verdeutlichen:

Beispiel: *„Mein Mann, der Architekt"*
Arnoldo Architetto (A) ist Architekt. Seine Ehefrau Eleonore (E) ist Minderheitsgesellschafterin und alleinvertretungsberechtigte Geschäftsführerin einer Bauträger-GmbH. Die GmbH hat einen Gesellschafterbeschluß gefaßt, wonach A auf eigenes Risiko Planungen für das Projekt „Gartenbebauung Juliusstraße" in Darmstadt vornehmen durfte. Mit dem erklärten Einverständnis des A sollten die Planungskosten nur bei Realisierung des Projekts im Rahmen des dann zu schließenden Architektenvertrags von der GmbH erstattet werden. Ohne Wissen der Mitgesellschafter und ohne Vorliegen eines Gesellschafterbeschlusses über die Projektrealisierung schloß dennoch die GmbH, vertreten durch die Geschäftsführerin E, mit A einen schriftlichen

Architektenvertrag über ein Nettopauschalhonorar von 250.000 DM. Das Projekt „Gartenbebauung Juliusstraße" wurde von der Bauträgergesellschaft später nicht mehr realisiert. A hat jedoch sein Architektenhonorar bereits in voller Höhe für die Planung erhalten. Die GmbH begehrt nun Schadensersatz von der Geschäftsführerin und Minderheitsgesellschafterin E, da sie ihr vorwirft, sie habe sowohl als Geschäftsführerin als auch als Gesellschafterin ihre Pflichten verletzt.

E haftet als Geschäftsführerin gemäß § 43 GmbHG gegenüber der GmbH auf Schadensersatz, da sie ihre Pflicht als Geschäftsführerin, die Gesellschafterbeschlüsse umzusetzen, nicht befolgt hat. Die Ansprüche aus § 43 IV GmbHG verjähren allerdings in fünf Jahren. In einem vom *BGH* entschiedenen Fall, an den dieses Beispiel angelehnt ist, kam es daher nicht mehr zu einer Inanspruchnahme der Geschäftsführerin aus § 43 GmbHG (BGH, ZIP 1999, 240). Der *BGH* führte jedoch aus, daß neben dem Anspruch aus § 43 GmbHG noch ein Anspruch wegen Verletzung der gesellschafterlichen Treuepflicht bestehe, wobei dieser Anspruch erst in *30 Jahren* verjähre. In der schuldhaften Verletzung der Geschäftsführer- und Organpflichten liege zugleich ein Verstoß gegen die gesellschafterliche Treuepflicht, für den die kurze Verjährungsfrist nicht gelten könne. Denn Sinn der kurzen Verjährungsfrist aus § 43 IV GmbHG sei es, dem Geschäftsführer gerecht zu werden, der als Verwalter „fremden" Vermögens ein berechtigtes Interesse daran habe, nach Ablauf einer gewissen Zeit Gewißheit darüber zu erlangen, ob die Gesellschaft im Zusammenhang mit seiner Organtätigkeit Ansprüche gegen ihn erhebt. Diese Erwägungen treffen jedoch für einen Gesellschafter im Hinblick auf seine mitgliedschaftliche Stellung nicht zu. Hier hat sich E unter Mißachtung des bindenden Gesellschafterbeschlusses zum Abschluß eines Architektenvertrags hinreißen lassen und damit gegen ihre Treuepflicht als Gesellschafterin verstoßen. Dadurch ist dem Gesellschaftsvermögen ein Schaden entstanden, den E auszugleichen hat. Das Urteil des *BGH* zeigt also, daß durchaus auch einschneidende schadensersatzrechtliche Folgen aus der Verletzung einer Treuepflicht resultieren können.

2. Rechtsfolgen

Abhängig vom
Einzelfall

Die Rechtsfolgen einer Treuepflichtverletzung richten sich nach dem jeweiligen Einzelfall. Treuwidrige Gesellschafterbeschlüsse, die auf treuepflichtwidrigen Stimmabgaben beruhen, sind durch Anfechtungsklage angreifbar. Entsteht der Gesellschaft durch Treuepflichtverletzungen ein Schaden, so kommt - wie im vorgenannten Beispiel - eine Schadensersatzpflicht des Gesellschafters in Betracht. Ansprüche auf bestimmte Handlungen oder Unterlassungen sind im Klagewege, ggf. auch durch einstweilige Verfügung durchsetzbar. Bei gravierenden Treuepflichtverstößen ist auch ein Ausschluß des Gesellschafters aus der Gesellschaft möglich. Der Ausschluß ist allerdings immer nur letztes Mittel, wenn mildere Maßnahmen nicht zur Verfügung stehen. Ein milderes Mittel besteht z.B. darin, einen Gesellschafter-Geschäftsführer aus dem Amt des Geschäftsführers abzuberufen, bevor man ihm den gesamten Geschäftsanteil entzieht.

Die Verjährungsfrist für Treuepflichtverletzungen beträgt, wie im vorgenannten Beispiel ausgeführt, 30 Jahre gemäß § 195 BGB (BGH, ZIP 1999, 240).

3. Schaden und Anspruchsberechtigung

Schaden der
GmbH und Reflex-
schaden beim
Gesellschafter

Zu beachten ist, daß bei einer Verletzung der Treuepflicht grundsätzlich nur die Gesellschaft als unmittelbar Geschädigte anspruchsberechtigt ist. Damit kann der Gesellschafter persönlich nicht den Verstoß gegen die Treuepflicht im Klagewege gegen den treuwidrigen Mitgesellschafter geltend machen, selbst dann nicht, wenn er sich darauf beruft, daß durch die Schmälerung des Gesellschaftsvermögens mittelbar auch der Wert seines Anteils verringert worden ist. Im vorgenannten Beispiel, in dem 250.000 DM aus dem Gesellschaftsvermögen zugunsten des Architekten A abgeflossen sind, wurde der Gesellschaft in dieser Höhe ein Schaden zugefügt, da keine verwertbare Gegenleistung erbracht worden ist. Das hat zur Folge, daß der Wert der GmbH-Anteile entsprechend sinkt. Dieser sog. Reflexschaden berechtigt die Gesellschafter jedoch nicht, selbst gegen den treuwidrigen Mitgesellschafter vorzugehen (BGH, NJW 1987, 1077, 1079). Vielmehr setzt die Gesellschaft den Anspruch im eigenen Namen durch, so daß es über diesen Weg zur Auffüllung des Gesellschaftsvermögens und zum Ausgleich des Wertverlusts der Anteile kommt. Ist die Gesellschaft nicht gewillt, den Anspruch durchzusetzen, so kann der einzelne Gesellschafter ausnahmsweise mit der sog. Gesellschafterklage die Kompetenzordnung „überspringen" und den Anspruch im eigenen Namen geltend machen, wobei grundsätzlich jedoch nur Zahlung in das Gesellschaftsvermögen verlangt werden darf (siehe 3. Teil, D. VII.). Hat der Gesellschafter durch die Treuepflichtverletzung eines Mitgesellschafters hingegen einen unmittelbaren Eigenschaden erlitten, kann er diesen ggf. auch selbst gerichtlich gegen den treuwidrigen Mitgesellschafter durchsetzen.

Beispiel: *„Das Auto ist weg"*
Der Mitgesellschafter Donald Dussel (D) stellt ständig das Fahrzeug, das Gesellschafter Marc Macchina (M) der Gesellschaft unentgeltlich zur Verfügung gestellt hat, grob fahrlässig unverschlossen ab. Eines Tages wird das Fahrzeug deshalb gestohlen. M kann sich direkt an D wenden, wobei dieser ihm nicht nur wegen Verletzung der Treuepflicht, sondern auch wegen Verletzung der Vorschriften aus unerlaubter Handlung (§ 823 I BGB [Verletzung des Eigentums]) Schadensersatz schuldet.

III. Wettbewerbsverbot

Voraussetzungen

Bereits im zweiten Teil wurde im Rahmen der Satzungsgestaltung auf das Wettbewerbsverbot des Gesellschafters eingegangen (zum Wettbewerbsverbot des Geschäftsführers siehe die ausführliche Darstellung bei *Jula*, Der Status des GmbH-Geschäftsführers, S. 131 ff.). Der GmbH-Gesellschafter unterliegt als Kapitalanleger nur ausnahmsweise einem Wettbewerbsverbot, sofern ein solches nicht ausdrücklich in der Satzung vereinbart ist. Besonders betroffen sind Mehrheitsgesellschafter, die kraft ihres beherrschenden Einflusses der Versuchung erliegen könnten, ihre eigenen Interessen *über* die der GmbH bzw. der Mitgesellschafter zu stellen. Die Folgen bestimmen sich nach dem Konzernhaftungsrecht (siehe 4. Teil, D.). Das Wettbewerbsverbot erlischt grundsätzlich mit dem Ausscheiden des Gesellschafters. Ein nachvertragliches Wettbewerbsverbot ist nur in engen Grenzen möglich: Für die Dauer von zwei Jahren nach Ausscheiden aus der Gesellschaft wird dies zugelassen, es darf aber nur räumlich und zeitlich gerade so weit vereinbart werden, wie es im Interesse der Gesellschaft nötig ist.

Rechtsfolgen

Die Rechtsfolgen bei Verletzung des Wettbewerbsverbots bestimmen sich nach den §§ 112, 113 HGB analog. Bei schweren Verstößen sind auch die Einziehung des Geschäftsanteils bzw. der Ausschluß des Gesellschafters zulässig.

IV. Nebenleistungspflichten (Sonderpflichten)

Auch zu diesen ist bereits bei der Satzungsgestaltung Stellung genommen worden. Werden Nebenleistungspflichten nicht erfüllt, so richten sich die Rechtsfolgen nach den allgemeinen Vor-

schriften des bürgerlichen Rechts. Im Falle der
verzögerten Erfüllung ist vom Gesellschafter beispielsweise der Verzugsschaden zu ersetzen, im
Falle der Nichterfüllung schuldet der Gesellschafter Schadensersatz wegen Nichterfüllung, usw.
Zu beachten ist, daß die Nebenleistungspflicht
dem Geschäftsanteil anhaftet und in der Satzung
verankert sein muß. Sie endet daher mit dem
Ende der Gesellschafterstellung. Geht der Geschäftsanteil auf Dritte über, so tritt der Erwerber auch in die Nebenleistungspflicht ein, es sei
denn, diese hat höchstpersönlichen Charakter,
etwa weil es entscheidend auf das Know-how
des vormaligen Gesellschafters ankam. Ist beispielsweise einer der Gesellschafter Designer und
hat sich im Rahmen einer Nebenleistungspflicht
verpflichtet, seine Entwürfe der Gesellschaft zur
Verfügung zu stellen, so kann diese Pflicht
schlechterdings nicht auf den Erwerber übergehen, der von der Designer-Kunst nichts versteht.

Eine Aufhebung der Nebenleistungspflicht ist
durch Satzungsänderung möglich. In extremen
Fällen kann allerdings auch einmal eine Kündigung des Gesellschafters aus wichtigem Grund
zulässig sein, wenn ihm die Einhaltung der Nebenleistungspflicht unzumutbar geworden ist.

V. Schuldrechtliche Pflichten und Sozialversicherungspflicht

Außerhalb des Gesellschaftsvertrags kann der
Gesellschafter auch schuldrechtliche Pflichten
gegenüber der GmbH eingehen. Zu denken ist
hier etwa an den Abschluß von Miet-, Kauf- oder
Darlehensverträgen zwischen der GmbH und dem
Gesellschafter. Dabei muß immer darauf geachtet werden, daß keine verdeckten Gewinnausschüttungen oder verdeckten Einlagen vorge-

Drittgeschäfte mit Gesellschafter

nommen werden, die dann zu einer Korrektur des körperschaftssteuerpflichtigen Ergebnisses führen. Leistung und Gegenleistung sollten also marktüblich sein. Darlehensverträge oder Gebrauchsüberlassungsverträge können ferner in der Krise eigenkapitalersetzenden Charakter annehmen (siehe hierzu die Ausführungen im 4. Teil, B.III.).

Gesellschafter als Arbeitnehmer

Vorstellbar ist auch der Abschluß eines Arbeitsvertrags, wobei der nichtbeherrschende Gesellschafter dann dem Arbeitsrecht sowie dem Sozialversicherungsrecht mit der Folge der Sozialversicherungspflicht unterliegt.

Sozialversicherungspflicht

Der beherrschende Gesellschafter, der aufgrund seiner Kapitalbeteiligung maßgeblichen Einfluß auf die Geschicke der GmbH nehmen kann, ist grundsätzlich nicht sozialversicherungspflichtig. Es kommt hier ggf. noch auf weitere Merkmale an, nämlich inwieweit der Gesellschafter die GmbH nach außen vertreten, d.h. für sie auftreten, darf bzw. ob er in der Gestaltung seiner Tätigkeit, insbesondere der Arbeitszeit, frei ist. Klärung bringt eine Anfrage bei den zuständigen Sozialversicherungsträgern (siehe *Jula*, Der Status des GmbH-Geschäftsführers, S. 225).

Maßnahmen gegen Scheinselbständigkeit

Der Gesetzgeber hat mit Wirkung zum 1. Januar 1999 Maßnahmen zur Bekämpfung von Scheinselbständigkeit getroffen. In § 7 IV SGB IV ist nun eine Vermutungsregelung enthalten, die im einzelnen festlegt, bei Vorliegen welcher Kriterien angenommen wird, daß der Betreffende sozialversicherungspflichtig, d.h. abhängig beschäftigt ist. Dies wird schon dann vermutet, wenn zwei der vier folgenden Kriterien vorliegen: (1) die fehlende Beschäftigung weiterer sozialversicherungspflichtiger Arbeitnehmer (mit Ausnahme von Familienangehörigen), (2) das regelmäßig überwiegende, nur für einen Auftraggeber erfolgende Tätigwerden, (3) die Erbringung von für eine abhängige Beschäftigung typischen Arbeitsleistungen sowie (4) der Umstand, daß der Beschäftige nicht aufgrund unternehmerischer Tätigkeit am Markt auftritt.

Der mitarbeitende GmbH-Gesellschafter beschäftigt typischerweise keine weiteren sozialversicherungspflichtigen Arbeitnehmer im eigenen Namen; vielmehr sind diese ebenfalls bei der GmbH angestellt. Ferner ist er, wenn er keine weitere Tätigkeit ausübt, auch im wesentlichen nur für die GmbH und damit für *einen* Auftraggeber tätig. Da der Gesetzgeber mit seiner Neuregelung jedoch nicht die mitarbeitenden Gesellschafter und Geschäftsführer der GmbH im Visier hatte, sondern die in bestimmten Branchen grassierende Scheinselbständigkeit bekämpfen wollte, haben die Spitzenverbände der Krankenkassen, die Rentenversicherungsträger und die Bundesanstalt für Arbeit in ihrem Rundschreiben vom 19.01.1999 entschieden, daß es für die mitarbeitenden Gesellschafter sowie für die Geschäftsführer bei der alten Rechtslage bleibt und die Vermutungsregelung in § 7 IV SGB IV nicht gilt (siehe Rundschreiben vom 19.01.1999, abgedruckt in ZIP 1999, 252, 255).

In arbeitsrechtlicher Hinsicht hat sich durch die neue Regelung im Sozialversicherungsrecht nichts geändert. Hier muß der Beschäftigte, der sich auf den Arbeitnehmerstatus beruft, die Arbeitnehmereigenschaft beweisen.

D.
Rechtsschutz für den Gesellschafter

I. Überblick

Der Gesellschafter hat die Möglichkeit, Gesellschafterbeschlüsse gerichtlich überprüfen zu lassen. Da die Gesellschafterversammlung als oberstes Willensbildungsorgan per Beschluß handelt und dadurch nicht nur die Grundlagen, sondern auch alle Einzelheiten der Geschäftspolitik bestimmen kann, kommt der Frage eine zentrale Bedeutung zu, welche rechtlichen Möglichkeiten der einzelne Gesellschafter hat, gegen ihm nicht genehme Gesellschafterbeschlüsse vorzugehen.

Hält ein Gesellschafter einen Gesellschafterbeschluß für fehlerhaft, so steht ihm der Rechtsweg zur Klärung dieser Frage offen. Das GmbH-Recht enthält indes keine Vorschriften, die die Art und Weise des gerichtlichen Rechtsschutzes regeln. Dies hat dazu geführt, daß die Reichweite des gerichtlichen Rechtsschutzes nicht in allen Einzelheiten geklärt ist. Die Rechtspraxis wendet die aktienrechtlichen Vorschriften über die Anfechtbarkeit und Nichtigkeit von Gesellschafterbeschlüssen weitgehend entsprechend an, wobei sie je nach Bedarf und den Besonderheiten des GmbH-Rechts Ausnahmen bzw. Modifikationen vornimmt.

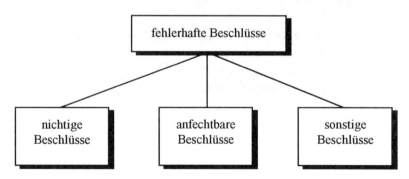

Ein fehlerhafter Beschluß liegt immer dann vor, wenn der Beschluß mit einem Mangel behaftet ist. Dieser Mangel kann sich ganz unterschiedlich auswirken: Er kann unter anderem zur Nichtigkeit oder zur Anfechtbarkeit des Beschlusses führen. Ein nichtiger Beschluß ist unwirksam, während ein anfechtbarer Beschluß als wirksam behandelt wird und erst durch das auf die Anfechtungsklage ergehende Anfechtungsurteil kassiert, d.h. aufgehoben und für nichtig erklärt wird.

Anfechtbarkeit und Nichtigkeit

Neben den nichtigen und anfechtbaren Beschlüssen gibt es noch schwebend unwirksame Beschlüsse, die sich dadurch auszeichnen, daß ihre Wirksamkeit von der Zustimmung in der Regel des betroffenen Gesellschafters abhängt. Ein Beispiel bilden die bereits angesprochenen Leistungsvermehrungen gemäß § 53 III GmbHG. Soll einem Gesellschafter eine zusätzliche Sonderpflicht, etwa ein Wettbewerbsverbot, auferlegt werden, so bedarf es hierfür seiner Zustimmung. Beschließt die Gesellschafterversammlung das Wettbewerbsverbot, steht jedoch die Zustimmung des Gesellschafters noch aus, so ist der Beschluß einstweilen schwebend unwirksam. Verweigert der Gesellschafter die Zustimmung, so wird der Beschluß endgültig unwirksam, d.h. nichtig. Gewährt der Gesellschafter seine Zustimmung, so wird der schwebend unwirksame Beschluß als von Anfang an wirksam eingeordnet.

Schwebend unwirksame Beschlüsse

Außer schwebend unwirksamen Beschlüssen werden, insbesondere im Schrifttum, noch weitere Kategorien von fehlerhaften Beschlüssen „gehandelt". So soll es unwirksame, wirkungslose Beschlüsse sowie Nicht-Beschlüsse und Schein-Beschlüsse geben. Ein wirkungsloser Beschluß

Sonstige fehlerhafte Beschlüsse

liegt beispielsweise dann vor, wenn ein unzuständiges Organ Maßnahmen beschließt. Beispiel: Der Geschäftsführer beschließt über die Feststellung des Jahresabschlusses festgestellt und die Gewinnverwendung, indem er feststellt, daß der Gewinn vollständig ausgeschüttet wird. Da der Geschäftsführer weder für die Feststellung des Jahresabschlusses noch für die Ergebnisverwendung zuständig ist – beides fällt in die Kompetenz der Gesellschafterversammlung -, sind beide Beschlüsse wirkungslos. Ob diese weiteren Kategorien von Beschlüssen wirklich existieren, ist strittig. Zu begrüßen ist die Ansicht, die meint, daß man mit nichtigen, anfechtbaren und schwebend unwirksamen Beschlüssen auskommt und alle weiteren Fälle hierunter zu fassen sind, auch wenn dies nicht immer ohne Brüche funktioniert. Im vorgenannten Beispiel läßt sich daher auch die Nichtigkeit der Beschlüsse annehmen.

Rechtsschutz wegen fehlerhafter Beschlüsse gewähren die Zivilgerichte. Der Prozeß wird durch die Erhebung einer Klage eingeleitet. Da das Gericht häufig längere Zeit benötigt, bis es über die Klage in mündlicher Verhandlung entscheidet, ist auch die Möglichkeit des vorläufigen, d.h. einstweiligen Rechtsschutzes, etwa durch den Erlaß einstweiliger Verfügungen, ins Kalkül zu ziehen. Gesellschafterbeschlüsse können ggf. durch einstweilige Verfügungen in ihrer Ausführung blockiert werden (siehe hierzu die Ausführungen im 3. Teil, D.V.).

Rechtsschutzziel Eine Klage kann entweder auf Feststellung, Leistung oder eine Gestaltungswirkung gerichtet sein. Der typische Fall einer *Leistungsklage* ist die Zahlungsklage oder die Klage auf Vornahme oder Unterlassung einer Handlung. Der Kläger begehrt mit der Klage also eine Leistung. Die Leistungsklage ist bei fehlerhaften Beschlüssen von untergeordneter Bedeutung; sie kommt etwa dann in Betracht, wenn ein Mitgesellschafter auf Abgabe einer Stimme in einem bestimmten Sinne verklagt wird. Die Leistung ist die Abgabe der Stimme durch den Mitgesellschafter, zu dieser Maßnahme wird der Mitgesellschafter dann verurteilt.

Wichtig im Bereich der fehlerhaften Gesellschafterbeschlüsse ist die *Feststellungsklage*, und zwar in Form der besonderen *Nichtigkeitsklage* analog § 249 AktG. Mit dieser Klage kann die Nichtigkeit von Gesellschafterbeschlüssen geltend gemacht werden. Auf die Nichtigkeitsklage wird später gesondert eingegangen. Neben der Nichtigkeitsklage als einer speziellen Form der Feststellungsklage hat die *allgemeine Feststellungsklage* Bedeutung. Auch diese wird hier angesprochen werden.

Außer der Feststellungsklage hat die *Anfechtungsklage* als Gestaltungsklage große praktische Relevanz. Die Anfechtungsklage führt zu einem sog. Gestaltungsurteil. Dies bedeutet, daß das Gericht selbst die Sachlage ändert, wenn es der Klage stattgibt. Kommt das Gericht zu dem Ergebnis, daß ein Gesellschafterbeschluß mangelhaft ist, so kann es per Anfechtungsurteil diesen Beschluß für nichtig erklären. Bis zu dieser Nichtigerklärung durch das Gericht wird der Beschluß als wirksam behandelt. Das Urteil gestaltet also die Wirklichkeit um.

Grob schematisch läßt sich sagen, daß die Nichtigkeitsklage für die schweren Mängel und die

Anfechtungsklage für die nicht so erheblichen Mängel eingreift.

II. Die Nichtigkeitsklage analog § 249 AktG

1. Grundsätzliches

Spezielle Klage
wegen nichtiger
Beschlüsse

Haften dem Beschluß schwere Mängel an, so ist er von Anfang an nichtig. Problematisch ist allerdings, welche Mängel so schwerwiegend sind, daß dem Beschluß das Verdikt der Nichtigkeit zukommen soll. Nach ganz überwiegender Ansicht wird § 241 AktG, der für die Aktiengesellschaft Nichtigkeitsgründe enthält, auf die GmbH analog angewandt. Neben den in dieser Vorschrift enthaltenen Nichtigkeitsgründen existiert in § 57 j Satz 2 GmbHG noch ein spezieller Nichtigkeitsgrund für die Kapitalerhöhung aus Gesellschaftsmitteln. Dort heißt es, daß den bisherigen Gesellschaftern die Anteile aus der Kapitalerhöhung entsprechend ihrer bisherigen Beteiligung zustehen, ein hiervon abweichender Beschluß wäre nichtig. Spezielle Nichtigkeitsgründe gibt es ferner bei der Wahl des Aufsichtsrats. Auch diese Nichtigkeitsgründe werden mit Einschränkungen, d.h. soweit sie auch für die Situation der GmbH zutreffen, auf diese Rechtsform übertragen. Große Bedeutung für die GmbH können schließlich die Nichtigkeitsgründe hinsichtlich des Jahresabschlusses erlangen, die in § 256 AktG enthalten sind. Das Gesetz sieht dort zahlreiche Nichtigkeitsgründe für den Jahresabschluß vor. Der Jahresabschluß kann aber nicht nur nichtig, sondern auch anfechtbar sein. Die Nichtigkeit und Anfechtbarkeit eines Jahresabschlusses sind eine „Wissenschaft" für sich, die hier nicht ausgebreitet werden kann. Ein Nichtigkeitsgrund ist beispielsweise ein Verstoß gegen allgemeine Bewertungsgrundsätze, wobei sich eine Überbe-

wertung stets mit der Folge der Nichtigkeit auswirkt. Ein nichtiger Jahresabschluß führt übrigens auch zu einem nichtigen Ergebnisverwendungsbeschluß analog § 243 AktG. Das Gesetz
sieht in § 256 VI AktG allerdings Heilungsmöglichkeiten vor, wobei unterschiedliche Heilungs-
fristen von sechs Monaten und drei Jahren verankert sind.

Das Gros der Nichtigkeitsgründe, die nachfolgend im einzelnen erörtert werden sollen, ist in
§ 241 AktG geregelt.

2. Einzelne Nichtigkeitsgründe

a. Einberufungsmängel

Nach § 241 Nr. 1 AktG analog können auch bei
der GmbH Einberufungsmängel eine Nichtigkeit
der anschließend auf der Gesellschafterversammlung gefaßten Beschlüsse bewirken.

Beispiel: *„Die Gesellschafterversammlung der
Motorrad-Shop-GmbH"*
Robert Rolli (R), Doris Duck (D) und Gabriella
Gomma (G) gründen in der Rechtsform der GmbH
einen Motorrad-Shop, der vorwiegend Motorroller
veräußert. Einzige Geschäftsführerin der GmbH ist
G, damit ist nur sie zur Einberufung einer Gesellschafterversammlung befugt. Dennoch beraumt R,
der es besonders eilig hat, aber lediglich Gesellschafter ist, eine Gesellschafterversammlung an.
Da R nicht befugt ist, eine Gesellschafterversammlung einzuberufen, braucht dort niemand zu
erscheinen. Die auf der Gesellschafterversammlung
dennoch gefaßten Beschlüsse sind nichtig. Gleiches würde gelten, wenn zwar G als zuständige
Geschäftsführerin eine Gesellschafterversammlung
ansetzt, jedoch vergißt, R zu laden. Weitere Einberufungsmängel, die zur Nichtigkeit führen, sind beispielsweise die falsche Angabe des Versamm-
lungsorts oder der Zeit.

Formalien

Ein Verstoß gegen die Formalien der Ladung führt grundsätzlich nur zur Anfechtbarkeit, nicht jedoch zur Nichtigkeit der Beschlüsse, die auf der nachfolgenden Gesellschaftersammlung gefaßt werden. Solche Verstöße liegen vor, wenn die Einladung nur mit einfacher Post anstatt mit eingeschriebenem Brief versandt oder wenn die Ladungsfrist nicht eingehalten wird. Dies kann aber meines Erachtens dann nicht gelten, wenn der nicht rechtzeitig oder nicht ordnungsgemäß geladene Gesellschafter nicht auf der Gesellschafterversammlung erscheint. Dann dürften die Gesellschafterbeschlüsse ebenfalls nichtig sein (strittig). Erscheinen alle Gesellschafter trotz eines Einberufungs- oder Ladungsmangels auf der Gesellschafterversammlung, so können sie einvernehmlich auf die Einhaltung der Form und der Fristen verzichten (Grundgedanke der Vollversammlung), weshalb anschließend auch keine Nichtigkeit oder Anfechtbarkeit von Gesellschafterbeschlüssen wegen der Verletzung der Verfahrensvorschriften vorliegen kann.

b. Unterbliebene Beurkundung eines Gesellschafterbeschlusses

Formverstoß

Nach § 241 Nr. 2 AktG tritt eine Nichtigkeit auch dann ein, wenn ein Hauptversammlungsbeschluß bei der Aktiengesellschaft nicht beurkundet worden ist. Dieser Nichtigkeitsgrund läßt sich ebenfalls auf die GmbH übertragen, soweit dort eine notarielle Beurkundung des Beschlusses vorgeschrieben ist, etwa für satzungsändernde Beschlüsse, Umwandlungsbeschlüsse oder einen Zustimmungsbeschluß zu einem Unternehmensvertrag auf Seiten der abhängigen GmbH.

Beispiel: *„Kapitalerhöhung ohne Notar und Rolli"*
Die Motorrad-Shop-GmbH hat ein Stammkapital
von 60.000 €. Hiervon übernehmen R 10.000 €, D
20.000 € und C 30.000 €. Die Gesellschafterversammlung der Motorrad-Shop-GmbH beschließt
gegen die Stimmen des R eine Kapitalerhöhung um
40.000 €. Hierbei soll das Bezugsrecht des R ausgeschlossen werden. D und G möchten dadurch ihre eigenen Beteiligungen entsprechend prozentual
erhöhen. Da R lediglich 10.000 € von insgesamt
60.000 € Stammkapital hält, verfügt er über
Stimmen in Höhe von 16,67 %. D und G könnten
daher rein rechnerisch mit satzungsändernder
Mehrheit eine Kapitalerhöhung beschließen. Problematisch ist jedoch, daß R an der Kapitalerhöhung nicht teilnehmen dürfen soll. Dieser Ausschluß des Bezugsrechts, der gegen den Gleichbehandlungsgrundsatz sowie ggf. gegen die Treuepflicht verstößt, ist fehlerhaft, was indes nur zur
Anfechtbarkeit, nicht aber zur Nichtigkeit des Kapi-
talerhöhungsbeschlusses führt. Da auf der Gesellschafterversammlung jedoch kein Notar anwesend
war, wurde der Kapitalerhöhungsbeschluß nicht
notariell beurkundet. Diese unterlassene Beurkundung ist in jedem Fall ein Nichtigkeitsgrund gemäß
§ 241 Nr. 2 AktG analog. Die Nichtigkeit des Kapi-
talerhöhungsbeschlusses kann R im Wege der
Nichtigkeitsklage analog § 249 AktG geltend machen.

c. Wesensfremde und schutzrechtswidrige Beschlußmängel

Noch weitere aus dem Aktiengesetz herangezo-
gene Nichtigkeitsgründe haben eine gewisse
praktische Bedeutung: Es handelt sich um die
Fälle, die in der Vorschrift des § 241 Nr. 3 AktG
geregelt sind. Dort heißt es, daß Beschlüsse, die
mit dem Wesen der Aktiengesellschaft nicht zu
vereinbaren sind oder die durch ihren Inhalt Vorschriften verletzen, die ausschließlich oder überwiegend dem Schutz der Gläubiger oder sonst
dem öffentlichen Interesse dienen, nichtig sind.
§ 241 Nr. 3 AktG enthält also zwei Fallgruppen
unwirksamer Beschlüsse, nämlich die wesens-

fremden Beschlüsse und jene, die gegen Vorschriften verstoßen, die überwiegend zum
Schutz von Gläubigern oder im öffentlichen Interesse geschaffen worden sind.

Verstoß gegen fundamentale Rechte

Sehr schwer zu definieren ist, welche Beschlüsse
mit dem Wesen der GmbH nicht zu vereinbaren
sind. Hier ist vieles strittig. Überzeugend ist die
Ansicht, die die zwingenden Bestimmungen des
GmbH-Gesetzes, die auf fundamentale Rechte
einzelner abstellen, für die GmbH als wesensty-
pisch einstuft. So sind Beschlüsse nichtig, die
darauf gerichtet sind, die Individualrechte auszu-
hebeln, wie etwa der Ausschluß des Teilnahme-
rechts, des Anfechtungsrechts gegen Gesellschafterbeschlüsse oder die Abschaffung von
Minderheitsrechten. Sonstige Verstöße, beispielsweise gegen das Gewinnbezugsrecht, das
Gleichbehandlungsgebot oder Angriffe gegen das
Stimmrecht, führen hingegen grundsätzlich nur
zur Anfechtbarkeit des betreffenden Beschlusses.

Gläubigerschutz

Zu den Gläubigerschutzvorschriften, die in der
zweiten Fallgruppe angesprochen werden, gehören sämtliche Vorschriften der Kapitalaufbringung und Kapitalerhaltung. Gesellschafterbeschlüsse, die hierzu im Widerspruch stehen, sind
nichtig.

Beispiel: *„Verzicht auf die Einlage von Rolli"*
Die Gesellschafterversammlung unserer Motorrad-
Shop-GmbH will Mitgesellschafter R, der wegen
des im vorherigen Beispiel beschlossenen Bezugsrechtsausschlusses etwas verstimmt ist, beruhigen
und beschließt einstimmig, daß R seine noch ausstehende Stammeinlageforderung von 7.500 €
nicht leisten muß. Dieser Beschluß ist nichtig, da
der Verzicht auf die Erbringung der Einlage bzw.
der Erlaß der Einlageschuld gegen § 19 II GmbHG,
eine Gläubigerschutzvorschrift, verstößt.

Vorschriften, die überwiegend im öffentlichen Interesse liegen, sind beispielsweise mitbestimmungsrechtliche oder kartellrechtliche Bestimmungen. Ein Beschluß, der darauf gerichtet ist, die Arbeitnehmermitbestimmung im Aufsichtsrat auszuschließen oder einzuschränken, steht im Widerspruch zum geltenden Mitbestimmungsrecht und wäre deshalb nichtig.

Weitere Vorschriften, die überwiegend dem öffentlichen Interesse dienen, sind strafrechtliche Normen, aber auch firmenrechtliche Bestimmungen, wie beispielsweise § 4 II GmbHG. So wäre der Beschluß der Gesellschafterversammlung, fortan ohne GmbH-Zusatz zu firmieren, wegen Verstoßes gegen das zwingende Firmenrecht nichtig. Ebenfalls nichtig wäre ein Beschluß, der im Widerspruch zu § 6 II GmbHG steht, indem etwa ein Geschäftsführer bestellt würde, der nicht die persönlichen Voraussetzungen für die Geschäftsführerstellung mit sich bringt. Beruft die Gesellschafterversammlung z.B. einen Manager in das Amt des Geschäftsführers, der innerhalb der letzten fünf Jahre rechtskräftig wegen einer Konkursstraftat verurteilt wurde, so ist dieser Beschluß wegen Verstoßes gegen § 6 II GmbHG nichtig.

Gegen strafrechtliche Vorschriften, die dem öffentlichen Interesse dienen, wird beispielsweise dann verstoßen, wenn die Gesellschafterversammlung beschließt, Sondermüll der Gesellschaft wild zu deponieren oder einen Beschluß faßt, wonach ein Politiker durch Zahlung eines erheblichen Geldbetrags bestochen werden soll, damit die GmbH einen bestimmten Auftrag erhält.

d. Sittenverstoß

Geringe praktische Bedeutung hat die analoge Anwendung von § 241 Nr. 4 AktG auf die GmbH. Danach ist ein Beschluß nichtig, der durch seinen Inhalt gegen die guten Sitten verstößt. Da es in der Vorschrift heißt, daß der Beschluß durch seinen *Inhalt* gegen die guten Sitten verstoßen muß, schließt man hieraus, daß es nicht auf die Motivation oder den Zweck des Beschlusses ankommt, sondern nur darauf, wie der Beschluß für sich allein betrachtet einzuordnen ist. Die „allgemeine" Sittenwidrigkeit aus dem Bürgerlichen Recht gemäß § 138 BGB ist daher nicht immer ausreichend, denn bei dieser kommt es ja auch auf das Motiv und den Zweck des Handelns an. Werden durch den Gesellschafterbeschluß allerdings Dritte geschädigt, so darf dann doch wieder auf Umstände, die außerhalb des Beschlusses liegen, abgestellt werden. Sittenwidrig wäre beispielsweise ein Beschluß, durch den die Zwangsvollstreckung der Gläubiger erschwert werden soll.

Beispiel: *„Rolli in Nöten"*
Gesellschafter R spürt seine Gläubiger im Nacken. Einer der Gläubiger schickt sich an, den Gesellschaftsanteil des R zu pfänden. R überzeugt daraufhin seine Mitgesellschafter, daß es das beste wäre, wenn die Gesellschafterversammlung eine Satzungsänderung des Inhalts beschließt, wonach eine Einziehung eines Geschäftsanteils gegen eine Abfindung von 0 DM erfolgt, wenn der Geschäftsanteil gepfändet wird. Die Satzung wird entsprechend dem Wunsch des R geändert, später pfändet der Gläubiger den Geschäftsanteil des R. Die Gesellschaft erkennt die Pfändung grundsätzlich an, beschließt jedoch in einer Gesellschafterversammlung auf der Grundlage ihrer nunmehr geänderten Satzung die Einziehung des Geschäftsanteils gegen eine Abfindung von 0 DM. Der Einziehungsbeschluß und ggf. auch schon die vorherige Sat-

zungsänderung sind sittenwidrig und damit analog
§ 241 Nr.4 AktG nichtig.

e. Nichtigkeit eines im Handelsregister gelöschten Beschlusses

Das Registergericht hat die Möglichkeit, Beschlüsse, die nichtig sind, im Handelsregister zu löschen. Hier geht es um Fälle, in denen das Gericht bei Eintragung die Nichtigkeit nicht festgestellt hat und nun nachträglich seinen Fehler korrigieren möchte. Nach § 144 II FGG kann das Handelsregister einen Beschluß als nichtig löschen, wenn durch seinen Inhalt zwingende gesetzliche Vorschriften verletzt und seine Beseitigung im öffentlichen Interesse erforderlich erscheinen.

Rechte des Registergerichts

Beispiel: *„G als Bankrotteurin"*
Ein Gläubiger der Motorrad-Shop-GmbH stellt mit Entsetzen fest, daß G Geschäftsführerin ist. Er kennt G bereits von einer in Konkurs gegangenen GmbH, wobei G seinerzeit rechtskräftig wegen Bankrotts verurteilt worden war. Innerhalb von fünf Jahren nach Rechtskraft des Urteils darf G daher nicht mehr das Amt einer GmbH-Geschäftsführerin bekleiden. Der Gläubiger meldet dies beim Handelsregister, das Registergericht prüft die Angelegenheit und löscht von sich aus die Eintragung der G als Geschäftsführerin im Handelsregister. Die Besonderheit dieser Nichtigkeit ist, daß sie auch noch nach Ablauf der Dreijahresfrist, nach der eine Nichtigkeitsklage analog § 249 AktG ausscheidet, vorgenommen werden darf.

3. Heilung und prozessuale Geltendmachung der Nichtigkeit

Die Nichtigkeit ist von jedermann zu beachten. Sie kann auch inzident festgestellt werden, z.B. indem der Geschäftsführer den Gewinn nicht auszahlt, weil er der Ansicht ist, daß der Jahresabschluß und der Gewinnverwendungsbeschluß

Heilung

nichtig sind, so daß ein Anspruch der Gesellschafter auf Auszahlung des Gewinns nicht besteht.

Die Kraft des „Faktischen"

Auch Dritte können sich auf die Nichtigkeit von Gesellschafterbeschlüssen berufen. So kann beispielsweise ein Arbeitnehmer der GmbH einwenden, die Kündigung seines Arbeitsverhältnisses sei unwirksam, da der Geschäftsführer wegen Fehlens persönlicher Voraussetzungen (aufgrund einer Konkursstraftat vorbestraft) nicht Geschäftsführer werden durfte, seine Bestellung folglich nichtig sei und er daher auch keine Vertretungsmacht für die Kündigung gehabt habe. Diese Lösung ist allerdings strittig; teils wird hier angenommen, daß die Handlungen des nichtig bestellten Geschäftsführers als wirksam eingeordnet werden müssen, da dies im Interesse der Rechtssicherheit nötig sei. Über die Grundsätze des sog. faktischen Geschäftsführers können somit Maßnahmen des unwirksam bestellten Geschäftsführers als wirksam eingeordnet werden.

Auch bei gewissen Strukturentscheidungen, z.B. Umwandlungen oder dem Abschluß von Unternehmensverträgen, die nichtig sind, weil die notarielle Beurkundung unterblieb, kann von einer Wirksamkeit jedenfalls für die Zeit bis zur rechtskräftigen gerichtlichen Entscheidung ausgegangen werden. Speziell beim Unternehmensvertrag hat sich hier das Schlagwort vom fehlerhaften Unternehmensvertrag durchgesetzt. Der fehlerhafte Unternehmensvertrag ist „eigentlich" nichtig, wird aber solange als wirksam eingeordnet, bis eine rechtskräftige Entscheidung ergeht. Im Vordergrund stehen also Gläubigerschutzerwägungen, jedoch auch das Interesse nach einer

Rechtssicherheit sowie häufig bestehende Rückabwicklungsschwierigkeiten.

Im Grundsatz bleibt es indes dabei, daß von dem Beschluß keinerlei Wirkungen ausgehen und sich jedermann auf die Nichtigkeit berufen kann. Allerdings existieren Heilungsmöglichkeiten. Es ist bereits angesprochen worden, daß Einberufungsmängel durch eine Vollversammlung, bei der alle Gesellschafter anwesend und mit der Beschlußfassung einverstanden sind, geheilt werden, so daß von der Nichtigkeit der Beschlüsse, die auf der nicht ordnungsgemäß einberufenen Gesellschafterversammlung gefaßt wurden, keine Rede mehr sein kann. Ferner sieht das Aktiengesetz in § 242 eine Heilung der Nichtigkeit in bestimmten Fällen vor. Auch diese Vorschrift wird nach herrschender Auffassung auf GmbH-Gesellschafterbeschlüsse entsprechend angewandt (BGH, WM 1995, 2185, 2186). Nach § 242 I AktG werden Verstöße gegen die Beurkundungspflicht dann geheilt, wenn der an sich nichtige Beschluß im Handelsregister eingetragen wird. Dieser Fall dürfte selten sein, da das Registergericht überprüft, ob das Formerfordernis gewahrt wurde. Bedeutsamer ist die Heilungsvorschrift in § 242 II AktG. Danach werden Mängel von Beschlüssen, die nach § 241 Nr.1, 3 und 4 AktG zur Nichtigkeit geführt haben, dann geheilt, wenn der Beschluß in das Handelsregister eingetragen worden ist und seitdem drei Jahre verstrichen sind. Diese Heilungsvorschrift bezieht sich nur auf die in § 241 Nr.1, 3 und 4 AktG geregelten Fälle und läßt sich nicht auf die sonstigen Nichtigkeitsgründe übertragen.

Einzelfälle der Heilung

Verhindert wird eine Heilung durch die Erhebung einer Nichtigkeitsklage entsprechend § 249

Prozessuales

AktG. Entscheidend ist, daß die Klage innerhalb der Dreijahresfrist erhoben wird, nach deren Verstreichen die Heilung sonst eintreten würde. Bei Beschlüssen, die nicht im Handelsregister einzutragen sind, was bei der GmbH häufig der Fall ist, da nur satzungsändernde Beschlüsse und Strukturentscheidungen beim Handelsregister anzumelden sind und eingetragen werden müssen, dürfte die Dreijahresfrist ab der Beschlußfassung durch die Gesellschafterversammlung zu berechnen sein.

Aktivlegitimation

Die Nichtigkeitsklage kann von jedem Gesellschafter erhoben werden, d.h. jeder einzelne Gesellschafter ist, wie es im Prozeßrecht heißt, aktivlegitimiert. Dies gilt auch für denjenigen, der dem nichtigen Beschluß zugestimmt oder den Nichtigkeitsgrund herbeigeführt hat. Umstritten ist, ob auch Fremdgeschäftsführer, also Geschäftsführer, die nicht gleichzeitig Gesellschafter sind, das Recht haben, Gesellschafterbeschlüsse wegen einer bestehenden Nichtigkeit anzugreifen. Dies wird man bei Beschlüssen befürworten müssen, die der Geschäftsführer umzusetzen hat, da es ihm nicht zumutbar ist, nichtige Beschlüsse auszuführen. In jedem Fall muß der Geschäftsführer Beschlüsse angreifen dürfen, durch deren Umsetzung er sich strafbar oder schadensersatzpflichtig machen würde. Wäre z.B. der Geschäftsführer wegen Untreue strafbar, weil er entgegen § 30 GmbHG Ausschüttungen aus dem Gesellschaftsvermögen zugunsten von Gesellschaftern vorgenommen hat, darf und muß er die Ausführung des nichtigen Beschlusses verweigern. Darüber hinaus ist der Geschäftsführer aber auch berechtigt, Nichtigkeitsklage zu erheben, wenn es für ihn unzumutbar ist abzuwarten, ob die Gesellschafter möglicherweise wegen der Nichtausführung zu seinen Lasten Konsequenzen ziehen, z.B. indem sie ihm keine Entlastung erteilen bzw. mit Schadensersatzansprüchen drohen.

Im Wege der Nichtigkeitsklage wird die Feststellung beantragt, daß der Beschluß nichtig ist. Die Klage ist gegen die Gesellschaft zu richten, die durch ihren Geschäftsführer vertreten wird.

Antrag

Das zuständige Gericht ist das Landgericht am Sitz der Gesellschaft, und zwar unabhängig vom Streitwert. Über die Klage entscheidet eine Kammer für Handelssachen, da es sich um eine Handelssache handelt (§ 95 II Gerichtsverfassungsgesetz). Der Streitwert wird in Anlehnung an § 247 AktG nach billigem Ermessen des Gerichts festgelegt, wobei die Beschränkung auf ein Zehntel des Nennkapitals für die GmbH nicht gilt.

Zuständigkeit und Streitwert

Das Urteil des Gerichts aufgrund der Nichtigkeitsklage wirkt für und gegen alle Gesellschafter sowie für und gegen die Gesellschaft (§ 248 I 1 AktG analog). Darüber entfaltet das Urteil auch Wirkung für und gegen alle sonstigen Beteiligten. Gegenüber jedermann kann nunmehr die Nichtigkeit des Beschlusses geltend gemacht werden. Dritte, die auf die Wirksamkeit des Beschlusses vertraut haben, werden entweder über die bereits zitierten Grundsätze des faktischen Geschäftsführers oder über die Publizität des Handelsregisters (§ 15 HGB) geschützt. Ist also beispielsweise ein Geschäftsführer, dessen Bestellung nichtig war, im Handelsregister als solcher eingetragen, können sich Dritte, die von der Nichtigkeit keine Kenntnis hatten, auf die Eintragung berufen und geltend machen, daß die GmbH sich so behandeln lassen müsse, als sei

Urteilswirkung

der Geschäftsführer vertretungsberechtigt gewesen. Ergänzend findet ferner ein Schutz durch allgemeine Rechtsscheinsgrundsätze statt. Diese Rechtsscheinsgrundsätze besagen - vereinfacht ausgedrückt -, daß sich die Gesellschaft den von ihr zurechenbar veranlaßten Rechtsschein so entgegenhalten lassen muß, als entspräche er der Wahrheit. Wurde also ein nichtiger Beschluß umgesetzt und haben Dritte auf seine Gültigkeit vertraut, so werden diese ggf. geschützt. Ansonsten bleibt es aber dabei, daß der nichtige Beschluß als nicht gefaßt gilt.

Vergleich unzulässig

Sowohl bei der Anfechtungsklage als auch bei der Nichtigkeitsklage ist ein Vergleich wegen der Bedeutung für Dritte und wegen der Wirkung des Urteils ausgeschlossen. Entweder ist der Beschluß nichtig oder er ist es nicht, eine Zwischenlösung gibt es nicht.

Rechtliches Gehör aller Gesellschafter

Wichtig ist, daß das Urteil erst dann ergehen darf, wenn sämtlichen Gesellschaftern die Möglichkeit auf rechtliches Gehör gewährt wurde. Sofort nach Klageerhebung hat der Geschäftsführer sämtliche Gesellschafter über die Erhebung der Nichtigkeitsklage zu informieren. Eine Bekanntmachung in den Gesellschaftsblättern wie im Aktienrecht (§ 246 IV AktG analog) ist aber nicht nötig. Hat das Gericht Zweifel, ob alle Gesellschafter informiert wurden, muß es selbst hierfür Sorge tragen und notfalls den Gesellschaftern die Klageschrift zustellen (BGHZ 97, 28, 32).

Das Urteil ist sodann beim Handelsregister einzureichen, dies jedenfalls dann, wenn ein anmeldepflichtiger Gesellschafterbeschluß, wie beispielsweise bei einer Satzungsänderung, gefaßt worden ist.

Noch nicht abschließend geklärt ist, ob es auch nach Ablauf der Dreijahresfrist, nach der Heilung eintritt, noch Möglichkeiten gibt, die Nichtigkeit des Beschlusses geltend zu machen.

4. Allgemeine Nichtigkeitsfeststellungsklage

Neben der speziellen Nichtigkeitsklage analog § 249 AktG existiert noch eine allgemeine Nichtigkeitsfeststellungsklage. Rechtsgrundlage ist wie bei jeder Feststellungsklage § 256 der Zivilprozeßordnung. Die Nichtigkeitsfeststellungsklage kann jedermann erheben, der ein Rechtsschutzbedürfnis hierfür hat, in dieser Hinsicht unterscheidet sie sich von der speziellen Nichtigkeitsklage analog § 249 AktG. Auch soll nach bestrittener Auffassung die allgemeine Nichtigkeitsfeststellungsklage nicht dazu führen, daß eine Heilung verhindert wird. Dem Urteil, das aufgrund einer allgemeinen Feststellungsklage ergeht, kommt nach bestrittener Auffassung nicht die umfassende Urteilswirkung gegenüber jedermann zu wie dem Nichtigkeitsurteil, das aufgrund der gemäß § 249 AktG speziell eingeführten Nichtigkeitsklage gefällt wird.

Die Nichtigkeitsfeststellungsklage ist für jeden von Bedeutung, der nicht berechtigt ist, die spezielle Nichtigkeitsklage zu erheben. So könnte beispielsweise ein stiller Gesellschafter, der die Nichtigkeit des Jahresabschlusses geltend macht, die allgemeine Nichtigkeitsfeststellungsklage erheben. Hierfür hat er auch ein Rechtsschutzbedürfnis, da die Höhe seines Gewinnanspruchs vom erwirtschafteten Jahresüberschuß abhängt. Damit beeinflußt ein fehlerhafter Jah-

Bedeutung

resabschluß unmittelbar den Gewinnanspruch des stillen Gesellschafters.

III. Anfechtungsklage

1. Allgemeines und Voraussetzungen

Überblick

Reicht der Mangel, mit dem der Gesellschafterbeschluß behaftet ist, nicht aus, um den Beschluß nichtig werden zu lassen, so ist er grundsätzlich zunächst wirksam. Der fehlerhafte Beschluß kann jedoch im Wege der Anfechtungsklage kassiert, d.h. für nichtig erklärt werden. Bis zur Aufhebung des Beschlusses durch das Gericht per Urteil dürfen aber alle Beteiligten davon ausgehen, daß der Beschluß wirksam ist, weshalb er auch umgesetzt, d.h. ausgeführt werden kann. Der Geschäftsführer darf daher anfechtbare Beschlüsse ausführen; er muß es tun, wenn die Anfechtungsfrist versäumt wurde, also niemand mehr den anfechtbaren Beschluß erfolgreich anfechten kann. Mit dem Ablauf der Anfechtungsfrist wird der anfechtbare Beschluß bestandskräftig. Wird hingegen eine Anfechtungsklage erhoben, so hat der Geschäftsführer einen Ermessensspielraum, ob er den angefochtenen Beschluß ausführt oder das Ergebnis des Anfechtungsprozesses abwartet. Gleiches gilt für das Registergericht bei einem im Handelsregister eintragungspflichtigen Beschluß. Das Gericht, das von der Anfechtungsklage Kenntnis erhält, kann die Eintragung aussetzen, es darf jedoch auch eigenständig entscheiden und den Beschluß zunächst eintragen. Ein gegenläufiges Urteil ist beim Handelsregister einzureichen und führt zur Korrektur der Eintragung.

Die Behandlung anfechtbarer Beschlüsse als wirksam ist schon deshalb sinnvoll, weil Beschlüsse häufig nicht angefochten werden, so daß nach Ablauf der Anfechtungsfrist Rechtssicherheit herrscht.

Anfechtbar ist jedoch nur ein solcher Beschluß, dessen Ergebnis *förmlich festgestellt* wurde. Fehlt eine solche förmliche Feststellung, ist nur eine Feststellungsklage statthaft. Zur Erinnerung: Das Beschlußergebnis muß im GmbH-Recht nicht förmlich festgestellt werden; dies ist jedoch empfehlenswert, da nur bei förmlich festgestellten Beschlüssen von ihrer vorläufigen Wirksamkeit ausgegangen werden kann. Möchte ein Gesellschafter das Beschlußergebnis nicht gelten lassen, muß er den Beschluß mit der Anfechtungsklage angreifen.

Förmliche Feststellung

Die Feststellung des Beschlußergebnisses geschieht durch einen Versammlungsleiter, der ausdrücklich auch diese Kompetenz erhalten haben muß. Die Beschlußfeststellung erfolgt, indem der Versammlungsleiter nach Auswertung beziehungsweise Zählung der Stimmen das Abstimmungsergebnis gegenüber den anwesenden Gesellschaftern verkündet. Strittig ist, ob eine förmliche Beschlußfeststellung im Gesellschaftsvertrag vorgesehen sein muß oder ob diese auch möglich ist, wenn sich sämtliche Gesellschafter mit ihr einverstanden erklären. Meines Erachtens muß es genügen, wenn Einvernehmen unter den Gesellschaftern über die förmliche Beschlußfeststellung herrscht, denn bei dieser handelt es sich um keine derart schwerwiegende Maßnahme, die nur im Gesellschaftsvertrag geregelt werden kann. Aber nicht nur ein förmlich festgestellter Beschluß ist anfechtbar, vielmehr ist dies nach zutreffender Ansicht auch dann möglich, wenn unter den Gesellschaftern nach der Beschlußfassung zunächst Übereinstimmung darüber geherrscht hat, daß ein bestimmtes Beschlußergebnis erzielt wurde. Tauchen dann erst später bei einem der Gesellschafter Zweifel auf und möchte dieser gegen den Beschluß vorgehen, so ist er ebenfalls auf die Anfechtungsklage zu verweisen.

Besteht hingegen Streit über das getroffene Beschlußergebnis, ist eine Feststellungsklage mit dem Ziel zu erheben, das nach Ansicht des Gesellschafters richtige Beschlußergebnis festzustellen. Fraglich ist, ob dies auch dann gilt, wenn der Versammlungsleiter trotz des Streits unter den Gesellschaftern ein umstrittenes Beschlußergebnis förmlich feststellt. Nach heute herrschender Auffassung ist grundsätzlich im Interesse der Rechtssicherheit bei förmlich festgestellten Beschlüssen nur die Anfechtungsklage statthaft. Dadurch wird erreicht, daß nach Ablauf der Anfechtungsfrist, ohne daß Anfechtungsklage erhoben wurde, Klarheit darüber besteht, daß der förmlich festgestellte Beschluß gefaßt wurde. Diese Rechtssicherheit nützt allen Beteiligten. Das gilt sowohl bei einem Beschluß, durch den ein Beschlußantrag angenommen wurde (positiver Beschluß) als auch bei einem Beschluß, der eine ablehnende Entscheidung beinhaltet (so ausdrücklich BGHZ 104, 66, 69).

Tip!
Sind Sie sich nicht sicher, ob Sie Feststellungs- oder Anfechtungsklage erheben sollen, so erheben Sie hilfsweise immer die jeweils andere Klage gleich mit. Vertreten Sie beispielsweise die Ansicht, daß ein für Sie günstiger Beschluß gefaßt worden ist, so erheben Sie Feststellungsklage mit dem Antrag, Ihr Beschlußergebnis festzu-

stellen sowie hilfsweise eine Anfechtungsklage mit dem Antrag, das gegenteilige Beschlußergebnis für nichtig zu erklären. Kommt das Gericht zu dem Ergebnis, daß nicht das von Ihnen gewünschte Beschlußergebnis, sondern das gegenteilige Resultat vorliegt, so haben Sie wegen der gleichzeitig anhängigen Anfechtungsklage die Möglichkeit, den Ihnen nicht genehmen Beschluß inhaltlich überprüfen zu lassen. Sie müssen allerdings dann auch schon mit der Klage etwaige Anfechtungsgründe geltend machen.

2. Anfechtungsgründe

Bei den Anfechtungsgründen greift man auf das Aktienrecht zurück. Hier wird § 243 AktG analog angewandt. Danach sind Beschlüsse anfechtbar, die das Gesetz oder die Satzung verletzen. Ferner kann nach § 243 II AktG die Anfechtung auch darauf gestützt werden, daß ein Gesellschafter mit der Ausübung seines Stimmrechts für sich oder einen Dritten Sondervorteile zum Schaden der Gesellschaft oder der anderen Gesellschafter zu erlangen versucht, wobei der Beschluß geeignet sein muß, diesem Zweck zu dienen.

Verstoß gegen Gesetz und Satzung

Entscheidend sind also allein Verletzungen des geltenden Rechts, so daß keine Überprüfung der Zweckmäßigkeit des Beschlusses, etwa dahingehend, ob er betriebswirtschaftlich sinnvoll ist, stattfinden kann.

Beispiel: *„Die neue Filiale"*
Die Motorrad-Shop-GmbH möchte eine neue Filiale eröffnen, da sie sich hiervon eine gewinnbringende Ausweitung des Geschäfts verspricht. R ist dagegen, da sich die GmbH seiner Meinung nach erst einmal am bisherigen Standort „konsolidieren" müsse, ehe Filialen eröffnet werden. Hier wird um eine rein betriebswirtschaftliche Frage gestritten,

eine Verletzung von gesetzlichen Vorschriften oder des Gesellschaftsvertrags ist nicht ersichtlich. Eine Anfechtungsklage kann daher nicht zum Erfolg, d.h. zur Nichtigerklärung des Beschlusses führen.

Angefochten werden können Gesellschafterbeschlüsse also nur wegen Verletzung des Gesetzes oder der Satzung. Gesetze sind alle Rechtsnormen, auch die Generalklauseln, d.h. das Gebot von Treu und Glauben (§ 242 BGB), die Sittenwidrigkeit (§ 138 BGB) sowie das Verbot vorsätzlicher sittenwidriger Schädigung gemäß § 826 BGB. Erinnert sei daran, daß sittenwidrige Beschlüsse schon nichtig sein könnten. Sind sie nicht nichtig, so können sie zumindest anfechtbar sein.

Gleichbehandlungsgrundsatz und Treuepflicht

Auch das Gleichbehandlungsgebot ist ein Gesetz in diesem Sinne. Hier kann § 53 a AktG analog angewandt werden, was allerdings nicht unbedingt erforderlich ist, da es sich bei dem Gleichbehandlungsgrundsatz um ein allgemein anerkanntes Rechtsprinzip im Gesellschaftsrecht handelt. Neben dem Gleichbehandlungsgrundsatz ist die Treuepflicht ein weiteres Rechtsinstitut von überragender Bedeutung. Ein Gesellschafterbeschluß, der den Gleichbehandlungsgrundsatz oder die Treuepflicht verletzt, ist anfechtbar. Dies geht auch aus § 243 II AktG hervor, da nach dieser Bestimmung die Gewährung von Sondervorteilen eine Anfechtbarkeit begründet, bei der es sich um einen typischen Verstoß gegen die Treuepflicht und den Gleichbehandlungsgrundsatz handelt.

Beispiel: *„Die Gratifikation der Motorrad-Shop-GmbH"*
G und D sind der Ansicht, daß man zum dreijährigen Bestehen der Motorrad-Shop-GmbH eine Sonderausschüttung in Höhe von jeweils 10.000 DM

für D und G vornehmen müsse. Da R im Gegensatz zu ihnen ja nicht an den Erfolg der GmbH glaubt und auch zur weiteren Expansion nicht bereit ist, soll er keine Sonderausschüttung erhalten. Ein solcher Beschluß verstößt gegen das Gleichbehandlungsgebot und ist treuwidrig, da sich D und G dadurch ungerechtfertigte Sondervorteile verschaffen. Der förmlich festgestellte Gesellschafterbeschluß wäre in jedem Fall von R erfolgreich anfechtbar.

Ein weiteres Beispiel anfechtbarer Gesellschafterbeschlüsse stammt aus dem Bereich der Satzungsdurchbrechungen (siehe bereits oben im 3. Teil, B.III.1.b.). Beschlüsse, die sich gegen die Satzung stellen, sind anfechtbar.

Beispiel: *„Doris will auf eigene Rechnung arbeiten"*
D möchte einen eigenen Motorrad-Shop in der nahegelegenen Nachbarstadt eröffnen. Obwohl viele Kunden der GmbH aus dieser Stadt stammen, erteilt die Gesellschafterversammlung der D mit den Stimmen der G und gegen die Stimmen des R Befreiung von dem in der Satzung verankerten Wettbewerbsverbot. Die Stimmen der D wurden korrekterweise nicht mitgerechnet. Da G dreimal mehr Stimmen als R hat, konnte sie ihn problemlos überstimmen. Dieser Beschluß verstößt gegen die Satzung und ist dann anfechtbar, sofern die Satzung ein verbindliches Wettbewerbsverbot *ohne Befreiungsmöglichkeit* vorsieht. Zusätzlich dürfte der Beschluß auch deshalb anfechtbar sein, weil er gegen § 53 III GmbHG verstößt, denn eine Bevorzugung einzelner Gesellschafter benachteiligt umgekehrt die nicht erfaßten Gesellschafter, so daß die Zustimmung der übergegangenen Gesellschafter zumindest analog § 53 III AktG nötig wäre.

Anfechtbar sind Gesellschafterbeschlüsse schließlich vor allem dann, wenn sie auf Gesellschafterversammlungen gefaßt werden, die nicht ordnungsgemäß einberufen worden sind oder bei denen Verfahrensrechte einzelner verletzt wurden. Ist beispielsweise die Ladungsfrist nicht eingehalten worden, erscheint der Gesellschafter jedoch gleichwohl auf der Gesellschafterversammlung und widerspricht er der Beschlußfassung, so ist der Beschluß anfechtbar. Gleiches gilt, wenn der Versammlungsort unzumutbar oder ungeeignet ist oder die Aussprache über einzelne Tagesordnungspunkte und damit das Rederecht verweigert werden. Auch die Abstimmung über nicht angekündigte Beschlußgegenstände, auf die sich die Gesellschafter nicht vorbereiten konnten, machen jeden Gesellschafterbeschluß anfechtbar.

3. Kausalität und Relevanz des Anfechtungsgrundes

Verstöße gegen das materielle Recht und die Satzung sind stets beachtlich, so daß eine Anfechtungsklage erfolgreich sein dürfte. Bei der Verletzung von Verfahrensvorschriften kann dies nicht ohne weiteres gelten. Zu den Verfahrensvorschriften gehören die Einberufungs- und Ladungsmängel, aber auch Fehler bei der Auszählung der Stimmen, etwa durch Mißachtung eines Stimmverbots. Hier ist grundsätzlich eine Kausalität zwischen dem Verstoß und dem gefaßten Beschluß zu fordern, wobei es ausreicht, wenn der Beschluß auf dem Verfahrensmangel beruht. War also z.B. die nichtige Stimme nicht ausschlaggebend, weil der Beschluß auch ohne diese gefaßt worden wäre, so ist der Beschluß mangels Kausalität nicht anfechtbar.

Beispiel: *„R will auch Motorroller verkaufen"*
R möchte in seiner weit entfernten Heimatstadt nun auch einen Motorroller-Shop eröffnen. Da R als Gesellschafter bei der bisherigen Motorrad-Shop-GmbH keinerlei Aufgaben neben der Teilnahme an der Gesellschafterversammlung hat, bliebe ihm viel Zeit, dieses Projekt zu verwirklichen. Er beantragt

daher für die nächste Gesellschafterversammlung, daß ihm vom satzungsmäßigen Wettbewerbsverbot Befreiung erteilt werde. Der Gesellschaftsvertrag sieht hier abweichend vom vorherigen Beispiel vor, daß eine Befreiung durch die Gesellschafterversammlung mit einem Beschluß erfolgen kann, der mit einfacher Mehrheit zu fassen ist. Auf der Gesellschafterversammlung stimmen G und R für die Befreiung, D stimmt dagegen. D will den Gesellschafterbeschluß anfechten, weil sie meint, daß R gar nicht hätte abstimmen dürfen, da er vom Stimmrecht gemäß § 47 IV GmbHG ausgeschlossen ist (siehe hierzu 3. Teil, A.III.1.c.). D ist im Recht, in der Tat hätte R nicht mitstimmen dürfen, da hier eine Interessenkollision vorliegt. Jedoch waren seine Stimmen für den Beschluß nicht ursächlich, da auch allein mit den Stimmen der G die einfache Mehrheit hätte erreicht werden können. Einfache Mehrheit bedeutet lediglich mehr Ja- als Nein-Stimmen. Da G mehr Stimmen als D hat, würde auch ohne die Stimmen des R die einfache Mehrheit erreicht werden. Beweist die Gesellschaft, daß die nichtigen Stimmen unter keinem Gesichtspunkt ausschlaggebend waren, erbringt sie also den Nachweis der vollständigen und sicheren Einflußlosigkeit, so wirkt sich der Beschlußmangel nicht aus und eine Anfechtbarkeit kann hierauf nicht gestützt werden. Wie erwähnt ist es allerdings Sache der Gesellschaft zu beweisen, daß der oder die übrigen Gesellschafter auch dann, wenn der vom Stimmrecht ausgeschlossene Gesellschafter nicht mitgestimmt hätte, in gleicher Weise ihre Stimmen abgegeben hätten. D muß also bezeugen, daß sie auch dann, wenn R von vornherein nicht mit abgestimmt hätte, in jedem Fall für eine Befreiung votiert hätte.

Grenzen des Kausalitätserfordernisses

Das Kausalitätserfordernis gilt hingegen nicht, wenn das Teilhabeinteresse, d.h. das Partizipationsinteresse des einzelnen Gesellschafters, betroffen ist. Dann bleibt der Beschluß selbst bei fehlender Kausalität unwirksam. Denn die wichtigen Individual- und Teilhaberechte des Gesellschafters dürfen nicht einfach dadurch ausgehebelt werden, daß man ihn darauf verweist, seine Stimmen seien „nicht ausschlaggebend" gewesen. Sonst könnte man die Rechte des Minderheitsgesellschafters mit dem Kausalitätserfordernis völlig aushöhlen. Es geht also beispielsweise nicht an, einen Gesellschafter stets zur Unzeit, etwa auf Sonntag um 24 Uhr zu laden, oder ihn zu einem unzumutbaren Ort zur Abhaltung der Gesellschafterversammlung zu bitten, z.B. in ein Hotel im Ausland. Auch kann es nicht akzeptabel sein, dem Gesellschafter nachhaltig das Rederecht zu verweigern und ihm anschließend auch noch die Anfechtungsklage mit der Begründung zu verwehren, seine Stimmen hätten ohnehin am Beschlußergebnis nichts geändert. Ist folglich das Partizipationsinteresse des Gesellschafters betroffen, muß der Beschluß auch dann unwirksam bleiben, wenn die Stimmen bei gegenteiliger Abgabe kein anderes Beschlußergebnis erzielt hätten (siehe OLG München, GmbHR 1994, 259). Ausnahmen soll es allerdings im Einzelfall auch hier geben, wenn der Verstoß unter keinem denkbaren Gesichtspunkt vernünftigerweise für den Gesellschafterbeschluß Bedeutung hätte gewinnen können. Dies wird man bei geringeren Verstößen gegen das Teilhaberecht des Gesellschafters vertreten können.

Bei den Verfahrensfehlern kommt ferner eine Bestätigung des Beschlusses analog § 244 AktG in Betracht. Dies bedeutet, daß die Gesellschafterversammlung die Möglichkeit hat, den anfechtbaren Beschluß erneut und diesmal ohne den Verfahrensfehler zu fassen. Dadurch wird der bisherige Verfahrensmangel beseitigt, so daß eine Anfechtung ausscheidet.

4. Klagefrist

Angemessene Frist

Der zur Anfechtbarkeit führende Mangel muß innerhalb einer angemessenen Frist im Klagewege geltend gemacht werden. Da das GmbH-Gesetz keine Klagefrist enthält, lehnt man sich auch hier an das Aktiengesetz an. Dort ist eine Klagefrist von einem Monat ab der Beschlußfassung vorgesehen (§ 246 I AktG). Diese Frist wird für das GmbH-Recht überwiegend als zu kurz angesehen, stellt aber als Leitlinie das absolute Minimum dar (BGHZ 104, 66, 70 ff.). Die Länge der Frist wird dann je nach den Umständen des Einzelfalls bestimmt und z.b. durch Verhandlungen zwischen Gesellschaft und Gesellschafter verlängert. Hierbei kann auch die Person des Gesellschafters eine Rolle spielen; muß dieser schwierige Rechtsfragen klären und sich ggf. anwaltlich beraten lassen, so verlängert dies ebenfalls die Frist. Erlangt der Gesellschafter unverschuldet von dem Beschluß keine Kenntnis, ist die Fristüberschreitung regelmäßig gerechtfertigt.

Im Gesellschaftsvertrag finden sich häufig Regelungen über eine Klagefrist, die grundsätzlich bindend sind, sofern sie sich im Rahmen des Angemessenen halten. In dem im zweiten Teil bei der Satzungestaltung erteilten Formulierungsvorschlag ist eine Frist von sechs Wochen nach Beschlußfassung vorgesehen. Da nach diesem vorgeschlagenen Gesellschaftsvertrag jeder Gesellschafter das Protokoll der Gesellschafterversammlung erhält, ist von einer Kenntniserlangung auszugehen, so daß die Sechs-Wochen-Frist sachgerecht sein dürfte.

Die Versäumung der Klagefrist führt zum Ausschluß des Anfechtungsrechts. Eine Anfechtungsklage ist zwar noch zulässig, wäre aber in der Sache nicht mehr erfolgreich, denn die Einhaltung der Anfechtungsfrist ist materielle Anspruchsvoraussetzung für das Anfechtungsrecht. Eine Anfechtungsklage wäre unbegründet. Der Beschluß der Gesellschafterversammlung wird mit Ablauf der Klagefrist bestandskräftig.

5. Anfechtungsberechtigte

Anfechtungsberechtigt ist jeder Gesellschafter, der dem Gesellschafterbeschluß nicht zugestimmt hat. Im Gegensatz zum Aktienrecht muß der Gesellschafter seinen Widerspruch nicht zur Niederschrift in das Protokoll auf der Gesellschafterversammlung erklärt haben (siehe zum Aktienrecht § 245 Nr.1 AktG). Der Gesellschafter braucht noch nicht einmal an der Gesellschafterversammlung teilzunehmen. Der Gesellschafter muß nicht selbst von dem Gesellschafterbeschluß betroffen sein, ein besonderes Rechtsschutzbedürfnis ist nicht erforderlich. Die Anfechtungsberechtigung eines *Geschäftsführers* wird wie bei der Nichtigkeitsklage entschieden (siehe oben im 3. Teil, D.II.3.).

Nicht anfechtungsberechtigt ist derjenige Gesellschafter, der dem Gesellschafterbeschluß zugestimmt hat, da er sich widersprüchlich verhalten würde, wenn er dennoch den Beschluß anficht.

6. Prozessuales

Die Klage ist gegen die Gesellschaft zu richten, welche durch den Geschäftsführer vertreten wird. Die Anfechtungsgründe sind in der Klageschrift zu bezeichnen. Hierzu wird vertreten, daß die Mängel innerhalb der Anfechtungsfrist im Prozeß eingeführt werden müssen, da andernfalls eine Ausschlußwirkung eintritt. Wenn die Mängel aber im Kern vorgetragen worden sind, können ergänzende Mängel oder Gründe in jedem Fall nachgeschoben werden. Ausschließlich zuständig ist auch hier das Landgericht am Sitz der Gesellschaft, und zwar die entsprechende Kammer für Handelssachen. Eine Information sämtlicher Gesellschafter ist ebenso nötig (siehe oben bei der Nichtigkeitsklage). Das stattgebende Urteil hat schließlich dieselbe Wirkung wie das Nichtigkeitsurteil (siehe bereits oben II.3.).

7. Mißbräuchliche Anfechtungsklage

Im Aktienrecht gibt es eine reichhaltige Rechtsprechung zur mißbräuchlichen Anfechtungsklage (siehe z.B. BGHZ 107, 296, 309 ff.). Der Aktionär, der mißbräuchlich eine Anfechtungsklage erhebt, wird auch als räuberischer Aktionär bezeichnet. Häufig verspricht sich der Aktionär von seiner Anfechtungsklage, daß ihm „unter der Hand" Zuwendungen gemacht werden, auf die er keinen Anspruch hat, damit er sich bereit erklärt, die Anfechtungsklage zurückzunehmen. Rechtlich betrachtet sind mißbräuchliche Anfechtungsklagen unbegründet, so daß der Aktionär schon aus diesem Grund den Prozeß verliert. Der Gedanke der rechtsmißbräuchlichen Anfechtungsklage läßt sich auf das GmbH-Recht übertragen. Auch hier kann die Situation eintreten, daß ein Gesellschafter lediglich deshalb Gesellschafterbeschlüsse anficht, um Druck auf die Gesellschaft auszuüben, durch den diese veranlaßt werden soll, Zuwendungen zu erbringen, durch die sich der Gesellschafter ungerechtfertigt auf Kosten der Gesellschaft und auf Kosten der Mitgesellschafter bereichern würde.

„Räuberischer Aktionär"

8. Kombination von Anfechtungsklage und Beschlußfeststellungsklage

Optimierung des Rechtsschutzes

Mit einer Anfechtungsklage wird lediglich eine Nichtigkeitserklärung des Beschlusses erreicht. Damit ist aber dem Interesse des Gesellschafters nicht Genüge getan, wenn dieser gerade erreichen wollte, daß ein gegenteiliger Beschluß festgestellt wird. Der Gesellschafter hat daher die Möglichkeit, die Anfechtungsklage mit einer sog. positiven Beschlußfeststellungsklage zu kombinieren (BGHZ 88, 320, 329 ff.).

Beispiel: *„Nun will Rolli endlich auch einmal Geschäftsführer werden"*

R möchte neben G ebenfalls Geschäftsführer der Motorrad-Shop-GmbH werden. R bringt daher die Bestellung seiner Person zum Geschäftsführer auf die Tagesordnung der nächsten Gesellschafterversammlung. Auf dieser Gesellschafterversammlung wird sodann über seine Bestellung abgestimmt, wobei R selbst dafür votiert. D und G enthalten sich jeweils ihrer Stimmen, da sie keinen weiteren Streit mit R möchten. Versammlungsleiter ist der Mitarbeiter Axel Akribo (A), der in dieses Amt bereits in einer früheren Gesellschafterversammlung einvernehmlich gewählt wurde. A hat das Recht, Beschlüsse förmlich festzustellen, was er auch in diesem Fall tut. Er ist der Ansicht, daß R nicht stimmberechtigt ist, da es hier um dessen eigene Bestellung geht. Mithin gibt es keine Ja-Stimmen für die Bestellung, so daß der Beschluß abgelehnt wird. Hiergegen wehrt sich R mit Erfolg, denn für die Bestellung eines Gesellschafters zum Geschäftsführer gilt das Stimmverbot gemäß § 47 IV GmbHG nicht. Es handelt sich um einen sog. Sozialakt, bei dem der betreffende Gesellschafter mitstimmen kann, sofern dem nicht ein wichtiger Grund entgegensteht. Ficht R den Beschluß nun lediglich an, so wird das Gericht feststellen, daß der Beschluß nichtig ist. Damit ist R jedoch noch immer nicht Geschäftsführer. Er hat daher die Möglichkeit, die Anfechtungsklage mit einer positiven Beschlußfeststellungsklage zu verbinden, so daß das Gericht dann befugt wäre, darüber zu entscheiden, welches Beschlußergebnis tatsächlich förmlich hätte festgestellt werden müssen. An dieser Feststellung hat R zumal deshalb ein Interesse, da völlig unsicher ist, ob sich auf der nächsten Gesellschafterversammlung die beiden Mitgesellschafterinnen wieder ihrer Stimmen enthalten oder dann gegen seine Bestellung votieren.

Die positive Beschlußfeststellungsklage ist innerhalb der Klagefrist für die Anfechtungsklage zu erheben und sollte mit dieser prozessual verbunden werden. Denn dann hat auch das Beschlußfeststellungsurteil analog § 248 I 1 AktG rechtsgestaltende Wirkung ähnlich wie das Anfechtungsurteil (BGHZ 76, 191, 199). Auch bei der Beschlußfeststellungsklage haben die Geschäftsführer den übrigen Gesellschaftern rechtliches Gehör zu gewähren. Das Gericht hat sich zu vergewissern, ob die Gesellschafter Kenntnis haben und muß ggf. selbst die Klageschrift zustellen (BGHZ 97, 28, 32). Strittig ist, ob zusätzlich zur positiven Beschlußfeststellungsklage in den Fällen, in denen das gewünschte Beschlußergebnis an den gegenteilig abgegebenen Stimmen der Mitgesellschafter scheiterte, eine Leistungsklage gegen diese Gesellschafter zu erheben ist, mit der jene zur „richtigen" Stimmabgabe verurteilt werden. Eine solche Leistungsklage wird jedenfalls dann für entbehrlich gehalten, wenn die Mitgesellschafter rechtliches Gehör erhalten bzw. die Möglichkeit haben, sich am Prozeß als Nebenintervenienten zu beteiligen, so daß sie ihre Einwendungen vorbringen können. Dann trifft sie das vom Gericht festgestellte Beschlußergebnis nicht unerwartet (BGHZ 88, 320, 330 f.).

Einzelheiten

IV. Sonstige Klagen

Außer der speziellen Nichtigkeitsklage analog § 249 AktG und der Anfechtungsklage stehen dem Gesellschafter je nach Einzelfall noch weitere Rechtsschutzmöglichkeiten zur Verfügung. Bereits angesprochen wurde die allgemeine Nichtigkeitsklage, die neben der in § 249 AktG geregelten speziellen Nichtigkeitsklage unter Heranziehung des § 256 ZPO erhoben werden kann (siehe oben II.1.). Eine allgemeine Feststellungsklage kommt auch dann in Betracht, wenn das Beschlußergebnis nicht förmlich festgestellt worden und zwischen den Gesellschaftern Streit darüber entstanden ist, in welcher Weise denn nun abgestimmt wurde. In dieser Situation hat jeder Gesellschafter ein Rechtsschutzbedürfnis, das Beschlußergebnis gerichtlich feststellen zu lassen. Die Feststellungsklage ist wie die Anfechtungs- und Nichtigkeitsklage gegen die Gesellschaft zu richten, wobei diese durch den Geschäftsführer vertreten wird, der dafür Sorge zu tragen hat, daß alle Gesellschafter über die Klageerhebung unterrichtet werden. Eine starre Klagefrist wie bei der Anfechtungsklage gilt hier nicht; die Klage muß allerdings innerhalb angemessener Frist erhoben werden, da das Anfechtungsrecht sonst verwirkt ist.

Klage auf Stimmabgabe

Neben der allgemeinen Feststellungsklage kommen auch Leistungsklagen gegen die Gesellschaft oder gegen Mitgesellschafter in Betracht. So könnte sich ein Gesellschafter z.B. mit der Unterlassungsklage dagegen wehren, daß in sein Sonderrecht eingegriffen wird. Hat sich beispielsweise ein Gesellschafter gesellschaftsvertraglich das Sonderrecht einräumen lassen, auf Lebenszeit ein Büro der Gesellschaft zu nutzen und möchte ihm die Gesellschaft dieses Büro streitig machen, indem sie ihm den Zugang verwehrt, so kann er auf Unterlassung der Störung klagen.

Außerhalb der mitgliedschaftlichen Beziehung, wenn der Gesellschafter wie ein Dritter mit der GmbH Geschäfte geschlossen hat, steht ihm ohnehin der „gewöhnliche Rechtsweg" offen. Hat also beispielsweise der Gesellschafter seinerseits der Gesellschaft Mieträume gegen Zahlung eines Mietzinses überlassen und schuldet ihm die Gesellschaft Miete, so kann er den Mietzins gerichtlich im Wege der Leistungsklage durchsetzen.

V. Einstweiliger Rechtsschutz

Nicht immer ist es den Gesellschaftern zuzumuten, den Abschluß eines Prozesses abzuwarten. In solchen Fällen kann mit Verfügungen im Rahmen des einstweiligen Rechtsschutzes geholfen werden. Hierbei muß unterschieden werden, ob der einstweilige Rechtsschutz auf Vollzugsebene oder auf Beschlußebene erfolgen soll. Ganz überwiegend ist anerkannt, daß durch einstweilige Verfügungen die Umsetzung von Beschlüssen verhindert oder auch im Gegenteil die Ausführung vollzogen werden kann. Die einstweilige Verfügung könnte also beispielsweise darauf gerichtet sein, eine Gewinnausschüttung (vorläufig) zu unterlassen oder einen Beschluß nicht zum Handelsregister anzumelden. Eine einstweilige Verfügung kann aber auch darauf abzielen, einen Beschluß auszuführen, beispielsweise zu erlauben, daß ein Geschäftsführer, dessen Bestellung angegriffen wird, zunächst sein Amt ausüben darf.

Einstweilige Verfügung

Schwieriger zu erreichen sind einstweilige Verfügungen auf der Ebene der Willensbildung, die also in die Stimmabgabe eingreifen. Hier ist vieles strittig; noch immer wird von einer starken Ansicht angenommen, daß einstweilige Verfü-

Stimmverhalten

gungen nicht darauf gerichtet sein können, einen Gesellschafter zu einer bestimmten Stimmabgabe zu bewegen bzw. eine bestimmte Stimmabgabe zu unterlassen. Zu befürworten ist jedoch die Auffassung, die einstweilige Verfügungen auch für den Bereich der Stimmabgabe grundsätzlich für zulässig erklärt, und zwar nicht nur dann, wenn sich der Gesellschafter in einem Stimmbindungsvertrag zu einer bestimmten Stimmabgabe verpflichtet hat, sondern auch in den Fällen, in denen sich die Verpflichtung zur Stimmabgabe aus dem Gesellschaftsvertrag oder der Treuepflicht ergibt (siehe OLG Hamburg, GmbHR 1991, 467, 468; LG München, ZIP 1994, 1858, 1859).

VI. Schiedsvereinbarungen

Grenzen

Schiedsvereinbarungen über die Entscheidung von Anfechtungsklagen, Nichtigkeitsklagen sowie ggf. Beschlußfeststellungsklagen, d.h. Klagen, bei denen eine Urteilswirkung gemäß § 248 AktG eintreten kann, sind nach nunmehr herrschender Auffassung unzulässig (siehe BGH, ZIP 1996, 830, 832 f.). Über derartige Klagen entscheiden somit ausschließlich die staatlichen Gerichte. Das ist deshalb geboten, weil sich das Urteil über § 248 I 1 AktG hinaus auch auf Dritte erstreckt, die sich auf die Nichtigkeit berufen können oder denen die Nichtigkeit entgegengehalten werden darf (siehe die Ausführungen im 3. Teil, II.3. zur Nichtigkeitsklage). Aus dem Umstand, daß ein Vergleich über die Frage, ob der Beschluß wirksam ist, nicht zulässig ist, wird deutlich, welche Bedeutung das staatliche Urteil für dritte, neben dem Prozeß stehende Personen hat, so daß die Entscheidung, Schiedsvereinbarungen nicht zuzulassen, auch unter diesem Gesichtspunkt sachgemäß erscheint. Der Gesetzgeber möchte ferner, daß über Nichtigkeits- und Anfechtungsklagen zentral ein Gericht entscheidet. Dies wird daran deutlich, daß hier eine ausschließliche Zuständigkeit des Landgerichts am Sitz der Gesellschaft verankert wurde (siehe § 246 III 1 AktG). Daneben noch ein Schiedsgericht zuzulassen, würde dieser Zuständigkeitsregelung widersprechen (BGH, ZIP 1996, 830, 833).

VII. Die Gesellschafterklage (*actio pro socio* bzw. *actio pro societate*)

Die Gesellschaft setzt ihre Ansprüche gegen die Gesellschafter über die zuständigen Organe, in der Regel über ihren Geschäftsführer, durch. Auf diese Kompetenzverteilung kann sich grundsätzlich jedermann verlassen. Dies gilt auch für Ansprüche zwischen der Gesellschaft und ihren Gesellschaftern, wie etwa auf Zahlung der noch ausstehenden Stammeinlagen, auf Einzahlung der Nachschüsse, auf Befriedigung von Ansprüchen aus der Ausfall- und Vorbelastungshaftung, für die Zahlung von Vertragsstrafen, für Ansprüche wegen der Verletzung eines Wettbewerbsverbots sowie wegen der Rückzahlung verdeckter Gewinnausschüttungen.

Was ist aber nun, wenn die Gesellschaft - vertreten durch ihren Geschäftsführer - den Anspruch gegen den betreffenden Gesellschafter nicht durchsetzt, etwa weil persönliche Beziehungen zwischen dem Geschäftsführer und dem Gesellschafter eine Rolle spielen? Der Mitgesellschafter, der dies mitansehen muß, wird hiermit nicht einverstanden sein und hat ein Interesse, ggf. auf eigene Faust Ansprüche der Gesellschaft gegen den säumigen Gesellschafter durchzusetzen. Dieser Konflikt tritt insbesondere dann auf,

Grundlagen

wenn ein Mehrheitsgesellschafter mit dem Geschäftsführer gemeinsame Sache macht und dadurch der Minderheitsgesellschafter benachteiligt wird.

Herleitung

Das Problem, daß die Geschäftsführung mitgliedschaftliche Ansprüche gegen einen Gesellschafter nicht durchsetzt, stellt sich nicht nur bei der GmbH, sondern insbesondere bei den Personengesellschaften, bei denen das persönliche Verhältnis zwischen dem geschäftsführenden Gesellschafter und einem Mitgesellschafter häufig so eng ist, daß ein treuwidriges Zusammenwirken dort viel öfter auftritt als bei Kapitalgesellschaften. Die Rechtsprechung hat daher im Personengesellschaftsrecht schon früh das Institut der sog. *Gesellschafterklage* entwickelt. Diese Klage wird auf lateinisch *actio pro socio* oder speziell im Kapitalgesellschaftsrecht als *actio pro societate* bezeichnet. Die Begrifflichkeit ist allerdings nicht eindeutig, teils wird darauf abgestellt, ob der Gesellschafter bei der Gesellschafterklage ein eigenes mitgliedschaftliches Recht oder ein solches der Gesellschaft durchsetzen will. Macht der Gesellschafter ein eigenes mitgliedschaftliches Recht geltend, so liegt der Begriff *actio pro socio* näher (*socio* ist der Gesellschafter). Setzt der Gesellschafter ein Recht der Gesellschaft durch, ist konsequent, von *actio pro societate* (*societate* ist die Gesellschaft) zu sprechen. Der Streit muß hier nicht vertieft werden, da das Institut der Gesellschafterklage im Personengesellschaftsrecht einhellig anerkannt ist und von der ganz überwiegenden Auffassung mit Einschränkungen auf die GmbH übertragen wird.

Die Gesellschafterklage soll nach herrschender Ansicht nur für mitgliedschaftliche Ansprüche gegen Gesellschafter und nicht für Ansprüche gegen den Geschäftsführer gelten (anderer Ansicht ist das OLG Köln, NJW-RR 1994, 616, ohne dies jedoch weiter zu begründen). Wird allerdings ein Gesellschafter-Geschäftsführer in Anspruch genommen, kann neben der Verletzung der Geschäftsführerpflichten gleichzeitig ein Treuepflichtverstoß vorliegen, der nun wiederum das mitgliedschaftliche Verhältnis betrifft, so daß der Weg für eine Gesellschafterklage eröffnet wäre. Keinesfalls kann mit der Gesellschafterklage ein Anspruch der Gesellschaft gegen einen Dritten, etwa einen Gesellschaftsgläubiger, durchgesetzt werden. Die Gesellschaftsgläubiger dürfen immer auf die Einhaltung der innergesellschaftlichen Kompetenzverteilung vertrauen und müssen sich nicht gefallen lassen, daß ein nicht zur Geschäftsführung befugter Gesellschafter namens der Gesellschaft gegen sie vorgeht.

Anwendungsbereich

Neben Ansprüchen gegen Mitgesellschafter kommen für die Gesellschafterklage aber auch noch Ansprüche gegen konzernverbundene Gesellschaften, Strohmänner der Gesellschafter oder den Gesellschaftern nahestehende Personen in Betracht. Dies ist insoweit interessengerecht, als daß diese Konstellationen dadurch geprägt werden, daß ein Zusammenwirken zwischen der konzernverbundenen Gesellschaft, dem Hintermann oder der nahestehenden Person und dem Gesellschafter vorliegt.

Die Einzelheiten der Gesellschafterklage im GmbH-Recht sind umstritten und sollen anhand eines Beispiels erläutert werden.

Beispiel: *„Der Ex-Freund von Doris"*

Die Motorrad-Shop-GmbH hat an den Ex-Freund von Doris einen Motorroller veräußert. Aufgrund der damals intimen Verhältnis zwischen beiden wurde versäumt, den Kaufpreis gegen den Freund geltend zu machen. Nachdem die Beziehung in die Brüche gegangen ist, weist D nunmehr G an, den Kaufpreisanspruch gegen den Ex-Freund gerichtlich durchzusetzen. Hierbei sind sich D und G allerdings darüber im Klaren, daß der Kaufpreisanspruch zwischenzeitlich verjährt ist, so daß der Prozeß mit großer Sicherheit verloren werden wird, zumal sich der Ex-Freund als Rechtsanwalt in juristischen Dingen auskennt. D möchte jedoch ihrem Ex-Freund in jedem Fall eins auswischen und besteht auf Durchführung des Prozesses, den G daher namens der GmbH gegen den Käufer führt. Es kommt, wie es kommen mußte: Der Prozeß wird verloren, der GmbH sind hierdurch Anwalts- und Gerichtskosten in Höhe von 3.000 DM entstanden. Mitgesellschafter Rolli hat erst nachträglich von der ganzen Aktion erfahren und ist alles andere als erfreut. Er besteht darauf, daß D der Gesellschaft den entstandenen Schaden in Höhe von 3.000 DM ersetzt. D habe gegen ihre Treuepflicht verstoßen, indem sie die Geschäftsführerin G dazu veranlaßt habe, eine völlig aussichtslose Klage auf Kosten der Gesellschaft anzustrengen. Hier ist R im Recht: In der Tat besteht ein Anspruch der GmbH gegen D wegen Verletzung der Treuepflicht, da D ihr persönliches Interesse, ihrem Ex-Freund „eins auszuwischen", zum Schaden der Gesellschaft verfolgt hat.

Dieser Anspruch wegen Verletzung der Treuepflicht müßte nun von der GmbH durchgesetzt werden. Nach § 46 Nr. 8 GmbHG ist hierfür zunächst ein Gesellschafterbeschluß erforderlich, da es sich um Ansprüche gegen einen Gesellschafter aus der Geschäftsführung (dies wird im weiten Sinne ausgelegt) handelt. R kennt diese Rechtslage und beantragt daher auf der nächsten Gesellschafterversammlung, einen Beschluß darüber zu fassen, daß D in Höhe von 3.000 DM wegen Verletzung der Treuepflicht in Anspruch genommen wird. Hierbei weist R darauf hin, daß D gemäß § 47 IV GmbHG vom Stimmrecht ausgeschlossen sei. Er trägt ferner vor, daß auch G nicht mitstimmen dürfe, da sich diese ebenfalls schadensersatzpflichtig gemacht habe, indem sie in Kenntnis der Umstände den aussichtslosen Prozeß anstrengte. D und G sehen dies ein und enthalten sich der Stimme, weshalb mit den Stimmen des R ein Beschluß ergeht, wonach D auf Zahlung der 3.000 DM in Anspruch genommen werden soll. Als besonderer Vertreter für die Durchsetzung des Anspruchs wird R bestimmt. In dieser Konstellation ist R in der Lage, selbst den Anspruch durchzusetzen. R muß also nicht den Weg einer Gesellschafterklage gehen.

Was wäre aber, wenn R nicht selbst von der Gesellschafterversammlung ermächtigt worden wäre, den Anspruch gegen D durchzusetzen, sondern wenn dies durch die Geschäftsführerin G geschehen soll, diese jedoch nicht tätig wird? Dann könnte R entweder gegen die Gesellschaft darauf klagen, daß der von ihm gefaßte Gesellschafterbeschluß umgesetzt wird, was indes einen komplizierten Prozeß erfordern würde und häufig unzumutbar sein dürfte (siehe auch OLG Düsseldorf, ZIP 1994, 619, 622). Oder aber R erhebt in dieser Situation eine Gesellschafterklage, bei der er selbst als Kläger gegen die Beklagte D auftritt. Bei der Gesellschafterklage ist der Gesellschafter, hier also R, selbst Partei, wobei er allerdings nicht Zahlung an sich selbst, sondern in das Gesellschaftsvermögen verlangt. R klagt damit im eigenen Namen gegen D auf Zahlung in das Vermögen der Motorrad-Shop-GmbH. In unserem Fall dürfte die Gesellschafterklage erfolgreich sein.

Das erläuterte Beispiel zeigt schon, wie kompliziert die Rechtslage bei der Gesellschafterklage ist, die im Prinzip einen Fremdkörper in der Kompetenzverteilung der GmbH darstellt. Zunächst muß also immer versucht werden, die Kompetenzverteilung zu wahren und die vom Gesetz zur Verfügung gestellten Rechtsmittel auszuschöpfen. Die Gesellschafterklage ist subsidiär, d.h., es darf erst im Notfall auf sie zurückgegriffen werden. Sie ist zudem erst statthaft, wenn die Gesellschaft nicht gewillt ist, den Anspruch zu verfolgen. Der Gesellschafter muß also vorab darauf hinwirken, daß die Gesellschaft den ihr

Schwieriges Kompetenzgefüge

zustehenden Anspruch durchsetzt. Dies bedeutet, daß bei Untätigkeit der Gesellschaft zunächst alle rechtlichen Mittel ausgeschöpft werden müssen (strittig). Welche rechtlichen Mittel jeweils notwendig sind, richtet sich nach dem Einzelfall.

Im vorgenannten Beispiel hatte R folglich zuerst zu versuchen, einen Gesellschafterbeschluß darüber herbeizuführen, die Mitgesellschafterin in Anspruch zu nehmen. Sollte hierauf, weil G oder D der Ansicht sind, sie träfe kein Stimmverbot, ein ablehnender Beschluß ergangen sein, so bedeutet dies nicht, daß R ohne weiteres eine Gesellschafterklage erheben darf. Er muß vielmehr gegen den ablehnenden Beschluß im Wege der Anfechtungsklage vorgehen. Hierbei bietet sich ferner eine Kombination mit der positiven Beschlußfeststellungsklage an, da R ja zugleich möchte, daß das Beschlußergebnis für ihn positiv festgestellt wird (siehe 3. Teil, D.III.8.). Kann R dies durchsetzen, so erhält er den gewünschten Gesellschafterbeschluß, wobei auch möglich ist, daß er als besonderer Vertreter für die Gesellschaft den Schadensersatzanspruch geltend macht. Dann bedarf es also nicht des Rückgriffs auf die *actio pro socio*.

Die Rechtsprechung verlangt allerdings nicht eine Ausschöpfung der gesellschaftsinternen Möglichkeiten, wenn jene aussichtslos sind und dies nur ein unnötiger Umweg wäre (BGHZ 65, 15, 21; BGH, WM 1982, 928 f.). Das ist beispielsweise der Fall, wenn andere Gesellschafter stets zusammenwirken und systematisch den Mitgesellschafter überstimmen. In dem Urteil des *BGH* (WM 1982, 928) waren drei Brüder zu je einem Drittel am Stammkapital beteiligt, wobei zwei

Brüder regelmäßig zusammenwirkten und einvernehmlich Geld aus dem Gesellschaftsvermögen ohne Kenntnis ihres dritten Bruders entnahmen. In dieser Konstellation dürfte der dritte Bruder keine Chance haben, einen Gesellschafterbeschluß herbeizuführen, der festlegt, daß die beiden in Anspruch genommen werden. Bei einer derart strafwürdigen Verhaltensweise der Brüder ist ein weiteres Zuwarten für den übervorteilten Gesellschafter unzumutbar, so daß er vielmehr gleich auf die Gesellschafterklage zurückgreifen kann. In diesem Bereich ist allerdings vieles umstritten.

Tip!

Falls bei Ihnen Zweifel bestehen, ob die Gesellschafterklage schon jetzt statthaft ist oder ob zunächst interne Rechtsschutzmöglichkeiten ausgeschöpft werden müssen, so sollten Sie, wenn Sie nicht mehr länger abwarten möchten, zwar schon die Gesellschafterklage erheben, jedoch auch gleichzeitig die internen Rechtsschutzmöglichkeiten weiterhin ausschöpfen. Stellt sich das Gericht auf den Standpunkt, daß Sie wegen der Nachrangigkeit der Gesellschafterklage noch nicht klageberechtigt sind, so besteht die Chance, daß Sie während des Prozesses parallel die Rechtsschutzmöglichkeiten bereits ausgeschöpft haben, so daß die Nachrangigkeit sich am Ende nicht mehr auswirkt.

Eine zügige Erhebung der Gesellschafterklage kann ggf. auch ratsam sein, weil völlig ungeklärt ist, welche Fristen für diese gelten. Teils wird die Klagefrist der Anfechtungsklage mit dem Argument angewandt, daß die Anfechtungsklage letztlich auch nur eine speziell geregelte Gesellschafterklage sei. Der Gesellschafter geht also insgesamt mit der Gesellschafterklage erhebliche Risiken ein.

Achtung!

Beachten Sie vor allem das enorme Prozeßkostenrisiko, das Sie mit der Einlegung der Gesellschafterklage auf sich nehmen. Wird Ihre Klage abgewiesen, so bleiben Sie auf den Kosten sitzen. Bei einem stattgebenden Urteil ist nicht auszuschließen, daß der Mitgesellschafter insolvent ist, so daß er Ihnen Ihre Kosten nicht erstatten kann. In dieser Konstellation haben Sie allerdings einen Anspruch gegen die Gesellschaft auf Erstattung Ihrer Gerichtskosten (der Anspruch folgt aus Geschäftsführung ohne Auftrag).

---

4. Teil
Haftung des Gesellschafters

A.
Grundlagen

In der Praxis sind viele Gesellschafter verunsichert, weil sie zwar darüber informiert sind, daß es grundsätzlich Haftungsrisiken gibt, jedoch nicht wissen, ob sich im Einzelfall ein solches Risiko verwirklicht hat und sie mit einer Inanspruchnahme durch die Gläubiger, die Gesellschaft oder gar durch einen Mitgesellschafter rechnen müssen.

Hinsichtlich der Inanspruchnahme Inanspruchnahme durch einen Gläubiger erweist sich die Befürchtung der Gesellschafter in den überwiegenden Fällen als unbegründet, da in der Praxis nur selten ein Gläubiger erfolgreich einen Gesellschafter persönlich in die Haftung nehmen kann. Anders sieht es hingegen mit Ansprüchen der Gesellschaft selbst gegen den Gesellschafter aus. Hier gibt es häufig Verstöße gegen die Kapitalerhaltung, die Ansprüche gegen den Gesellschafter auslösen; dies hat gerade in der Insolvenz der Gesellschaft praktische Bedeutung. Solche Ansprüche, auf die sogleich eingegangen wird, bewirken jedoch in keinem Fall eine unbegrenzte Einstandspflicht des Gesellschafters gegenüber seiner Gesellschaft. Vielmehr führt der

Überblick über Risiken

von der Gesellschaft konkret nachzuweisende Verstoß zu einem bezifferten Anspruch gegen den Gesellschafter, den dieser zu befriedigen hat. Eine unbegrenzte Haftung im Verhältnis zur Gesellschaft gibt es lediglich im Gründungsstadium (siehe bereits die Ausführungen zur Verlustdeckungshaftung im 2. Teil, E.II.1.) sowie im Bereich der Konzernhaftung nach den Grundsätzen des qualifiziert-faktischen Konzerns oder des Vertragskonzerns (siehe dazu die Ausführungen im 4. Teil, D.II. und IV.).

Die Geltendmachung von Ansprüchen der Mitgesellschafter muß der Gesellschafter hingegen nur äußerst selten befürchten. Hier handelt es sich um Konstellationen, in denen ein Gesellschafter durch Verletzung der Treuepflicht einem Mitgesellschafter Schaden zugefügt hat, der über die Schädigung des Gesellschaftsvermögens und die damit verbundene Schmälerung des Werts des Geschäftsanteils hinausgeht (siehe bereits die Ausführungen zur Treuepflicht 3. Teil, C.II.4.).

Außenhaftung selten

Im Verhältnis zu den Gesellschaftsgläubigern, also im Bereich der Außenhaftung, ist eine unbeschränkte persönliche Haftung ebenfalls nur in einigen wenigen Fallgruppen anzutreffen: So gibt es Tatbestände der sog. „Durchgriffshaftung". Unter diesem Schlagwort werden mehrere Fallgruppen zusammengefaßt, die jedoch – dies sei vorab gesagt – in der Praxis kaum Bedeutung haben. Daneben gibt es auch im Außenverhältnis eine unbeschränkte Konzernhaftung des beherrschenden GmbH-Gesellschafters, die allerdings nur konzernbeherrschende Gesellschafter und somit eine Ausnahmesituation betrifft.

Der Gesetzgeber hat in § 13 II GmbHG ausdrücklich festgelegt, daß zur Befriedigung der
Gesellschaftsgläubiger nur das Gesellschaftsvermögen zur Verfügung steht. Es heißt wörtlich in
dieser Vorschrift: *„Für die Verbindlichkeiten der
Gesellschaft haftet den Gläubigern derselben nur
das Gesellschaftsvermögen."* Aus diesem Satz,
insbesondere aus dem Wörtchen „nur", kann
unmißverständlich gefolgert werden, daß eine
persönliche Haftung der Gesellschafter für
Schulden der GmbH gegenüber den Gläubigern
nicht existiert. Dies ist der Grundsatz, von dem
es jedoch – wie angedeutet – durchaus Ausnahmen bzw. Durchbrechungen gibt. Es handelt sich
dann aber immer um Sondersituationen. Daneben
ist der Gesellschafter selbstverständlich nicht
daran gehindert, sich gegenüber den Gläubigern
persönlich, etwa durch Abgabe einer Bürg-
schaftserklärung, zu verpflichten. Gegenüber
institutionellen Kreditgebern, also Banken, wird
ihm oft auch nichts anderes übrig bleiben, als für
die aufgenommenen Darlehensverbindlichkeiten
der GmbH persönlich die Haftung zu übernehmen. Dies hat aber nichts mit einer gesellschaft-
lichen Durchgriffshaftung zu tun.

Ganz anders hingegen stellt sich die Situation | **Gefahren der**
beim Geschäftsführer dar, den durchaus erhebli- | **Innenhaftung**
che persönliche Haftungsrisiken treffen. Das gilt
insbesondere für den Bereich der Abführung von
Sozialversicherungsbeiträgen, für Steuerschulden
sowie in der Situation der Krise unter dem Gesichtspunkt der Konkursverschleppung bzw. der
sog. Masseschmälerung (siehe im einzelnen hierzu die Ausführungen bei *Jula*, Die Haftung von
GmbH-Geschäftsführern und Aufsichtsräten).
Auch in strafrechtlicher Hinsicht drohen insbesondere dem Geschäftsführer gesteigerte Risi-

ken. Vor allem in der Krise kann er sich leicht wegen Konkursverschleppung oder wegen der Nichtabführung von Sozialversicherungsbeiträgen strafbar machen, nicht selten werden auch strafbare Untreuehandlungen begangen. Der Gesellschafter hingegen ist weit weniger gefährdet, straffällig zu werden, vor allem deshalb, weil er nicht wie der Geschäftsführer „an der Front steht" und der Gesetzgeber ihm keinen vergleichbaren Pflichtenkatalog auferlegt hat. Vergegenwärtigen muß sich der Gesellschafter, daß er gegen allgemeine Strafvorschriften verstoßen kann, z.B. indem er sich an der Untreue des Geschäftsführers als Anstifter oder Gehilfe beteiligt, die dieser begeht, wenn er unter Verletzung der Kapitalerhaltungsvorschriften (siehe dazu sogleich die Ausführungen im nachfolgenden Teil) Ausschüttungen vornimmt, die der Gesellschafter unterstützt oder sogar initiiert hat. Ferner kann der Gesellschafter, der maßgeblich auf die Geschäftsführung Einfluß nimmt bzw. diese an sich zieht, als sog. faktischer Geschäftsführer genauso zu bestrafen sein wie der rechtlich wirksam bestellte Geschäftsführer. In einer solchen Situation könnte der Gesellschafter auch Täter einer Untreue sein. Das GmbH-Gesetz enthält für den Gesellschafter nur vereinzelt Straftatbestände; hinzuweisen ist auf § 82 I Nr. 1 und Nr. 2 GmbHG, die Vorgänge im Gründungsbereich betreffen. So macht sich der Gesellschafter strafbar, wenn er bei der Gründung falsche Angaben getätigt hat, unter anderem bezüglich der eingezahlten Stammeinlagen oder im Sachgründungsbericht.

Abschließend sei nochmals betont, daß der Gesellschafter im Verhältnis zum Geschäftsführer weit seltener damit rechnen muß, strafrechtlich verfolgt oder zivilrechtlich in Anspruch genommen zu werden. Nicht unerhebliche Risiken bestehen allerdings im Bereich der Kapitalerhaltung und im Bereich der Konzernhaftung, auf den ebenfalls noch ausführlich eingegangen wird. Daneben sollte der Gesellschafter auch die Haftungstatbestände der Durchgriffshaftung sollte der Gesellschafter kennen, damit er sein Verhalten hierauf einstellen kann. Diese werden daher ebenfalls im Folgenden angesprochen.

B.
Haftung wegen Verletzung des Grundsatzes der Kapitalerhaltung

I. Überblick

Das Kapitalerhaltungsrecht der GmbH ist für den Gläubigerschutz von zentraler Bedeutung. Gerade weil die Gesellschafter den Gläubigern gegenüber grundsätzlich nicht persönlich haften, kommt der Kapitalsicherung eine erhebliche Funktion zu. Das Kapitalerhaltungsrecht ist leider eine gerade in seinen Einzelheiten komplizierte Materie, die zum Teil Expertenwissen erfordert. Dies führt dazu, daß häufig Verstöße in Unkenntnis des Kapitalerhaltungsrechts begangen werden, die weitgehend unentdeckt bleiben. Verstöße gegen die Kapitalerhaltung führen nicht zu einer Außenhaftung der Gesellschafter gegenüber den Gläubigern, sondern lediglich dazu, daß sie gegenüber ihrer Gesellschaft, d.h. der GmbH, verpflichtet sind, den durch den Verstoß entstandenen „Schaden" auszugleichen. Vor allem besteht keine unbegrenzte Haftung, sondern nur eine Verpflichtung in der Höhe, in der das geschützte Kapital verletzt worden ist. Die zentralen Vor-

Kapitalbindung hat überragende Bedeutung

schriften der Kapitalerhaltung sind in den §§ 30, 31 GmbHG verankert. Dort heißt es:

§ 30 GmbHG [Erhaltung des Stammkapitals]

(1) Das zur Erhaltung des Stammkapitals erforderliche Vermögen der Gesellschaft darf an die Gesellschafter nicht ausgezahlt werden.

(2) Eingezahlte Nachschüsse können, soweit sie nicht zur Deckung eines Verlustes am Stammkapital erforderlich sind, an die Gesellschafter zurückgezahlt werden. Die Zurückzahlung darf nicht vor Ablauf von drei Monaten erfolgen, nachdem der Rückzahlungsbeschluß durch die im Gesellschaftsvertrag für die Bekanntmachungen der Gesellschaft bestimmten öffentlichen Blätter und in Ermangelung solcher durch die für die Bekanntmachungen aus dem Handelsregister bestimmten öffentlichen Blätter bekanntgemacht ist. Im Fall des § 28 Abs. 2 ist die Zurückzahlung von Nachschüssen vor der Volleinzahlung des Stammkapitals unzulässig. Zurückgezahlte Nachschüsse gelten als nicht eingezogen.

§ 31 GmbHG [Erstattung verbotener Zahlungen]

(1) Zahlungen, welche den Vorschriften des § 30 zuwider geleistet sind, müssen der Gesellschaft erstattet werden.

(2) War der Empfänger in gutem Glauben, so kann die Erstattung nur insoweit verlangt werden, als sie zur Befriedigung der Gesellschaftsgläubiger erforderlich ist.

(3) Ist die Erstattung von dem Empfänger nicht zu erlangen, so haften für den zu erstattenden Betrag, soweit er zur Befriedigung der Gesellschaftsgläubiger erforderlich ist, die übrigen Gesellschafter nach Verhältnis ihrer Geschäftsanteile. Beiträge, welche von einzelnen Gesellschaftern nicht zu erlangen sind, werden nach dem bezeichneten Verhältnis auf die übrigen verteilt.

(4) Zahlungen, welche auf Grund der vorstehenden Bestimmungen zu leisten sind, können den Verpflichteten nicht erlassen werden.

(5) Die Ansprüche der Gesellschaft verjähren in fünf Jahren; die Verjährung beginnt mit dem Ablauf des Tages, an welchem die Zahlung, deren Erstattung beansprucht wird, geleistet ist. Fällt dem

Verpflichteten eine bösliche Handlungsweise zur Last, so findet die Bestimmung keine Anwendung.

(6) Für die in den Fällen des Absatzes 3 geleistete Erstattung einer Zahlung sind den Gesellschaftern die Geschäftsführer, welchen in betreff der geleisteten Zahlung ein Verschulden zur Last fällt, solidarisch zum Ersatz verpflichtet.

§ 32 a GmbHG
[Eigenkapitalersetzende Gesellschafterleistungen]

(1) Hat ein Gesellschafter der Gesellschaft in einem Zeitpunkt, in dem ihr die Gesellschafter als ordentliche Kaufleute Eigenkapital zugeführt hätten (Krise der Gesellschaft), statt dessen ein Darlehen gewährt, so kann er den Anspruch auf Rückgewähr des Darlehens im Insolvenzverfahren über das Vermögen der Gesellschaft nur als nachrangiger Insolvenzgläubiger geltend machen.

(2) Hat ein Dritter der Gesellschaft in einem Zeitpunkt, in dem ihr die Gesellschafter als ordentliche Kaufleute Eigenkapital zugeführt hätten, statt dessen ein Darlehen gewährt und hat ihm ein Gesellschafter für die Rückgewähr des Darlehens eine Sicherung bestellt oder hat er sich dafür verbürgt, so kann der Dritte im Insolvenzverfahren über das Vermögen der Gesellschaft nur für den Betrag verhältnismäßige Befriedigung verlangen, mit dem er bei der Inanspruchnahme der Sicherung oder des Bürgen ausgefallen ist.

(3) Diese Vorschriften gelten sinngemäß für andere Rechtshandlungen eines Gesellschafters oder eines Dritten, die der Darlehensgewährung nach Absatz 1 oder 2 wirtschaftlich entsprechen. Erwirbt ein Darlehensgeber in der Krise der Gesellschaft Geschäftsanteile zum Zweck der Überwindung der Krise, führt dies für seine bestehenden oder neugewährten Kredite nicht zur Anwendung der Regeln über den Eigenkapitalersatz. Die Regeln über den Eigenkapitalersatz gelten nicht für den nicht geschäftsführenden Gesellschafter, der mit zehn von Hundert oder weniger am Stammkapital beteiligt ist.

§ 32 b GmbHG
[Erstattung zurückgezahlter Darlehen]

Hat die Gesellschaft im Fall des § 32 a Abs. 2, 3 das Darlehen im letzten Jahr vor dem Antrag auf

> *Eröffnung des Insolvenzverfahrens oder nach diesem Antrag zurückgezahlt, so hat der Gesellschafter, der die Sicherung bestellt hatte oder als Bürge haftete, der Gesellschaft den zurückgezahlten Betrag zu erstatten; § 146 der Insolvenzordnung gilt entsprechend. Die Verpflichtung besteht nur bis zur Höhe des Betrags, mit dem der Gesellschafter als Bürge haftete oder der dem Wert der von ihm bestellten Sicherung im Zeitpunkt der Rückzahlung des Darlehens entspricht. Der Gesellschafter wird von der Verpflichtung frei, wenn er die Gegenstände, die dem Gläubiger als Sicherung gedient hatten, der Gesellschaft zu ihrer Befriedigung zur Verfügung stellt. Diese Vorschriften gelten sinngemäß für andere Rechtshandlungen, die der Darlehensgewährung wirtschaftlich entsprechen.*

Aus diesen Vorschriften wird deutlich, daß Ausschüttungen an die Gesellschafter innerhalb der Grenzen zulässig sind, die in diesen Bestimmungen geregelt sind.

Ausschüttungssperre

Die hinsichtlich der Kapitalerhaltung wichtigste Vorschrift ist § 30 I GmbHG, der eine sog. Ausschüttungssperre statuiert, soweit Auszahlungen zu Lasten des Stammkapitals gehen. Aus dieser Vorschrift kann aber auch unmißverständlich geschlossen werden, daß kein gegenständlicher Schutz des Gesellschaftsvermögens besteht. Damit dürfen bestimmte, einzeln zu benennende Gegenstände aus dem Gesellschaftsvermögen herausgenommen werden. Es besteht lediglich ein sog. bilanzieller Vermögensschutz (BGH, NJW 1990, 1730, 1732). Es ist also stets eine wertmäßige Betrachtung vorzunehmen. Zu prüfen ist, ob durch die Ausschüttung das Gesellschaftsvermögen bei bilanzieller Betrachtung geschmälert wird. Die Gläubiger sollen nur davor geschützt werden, daß die Gesellschafter sich zu Lasten des Stammkapitals aus dem Gesellschaftsvermögen bedienen. Demgegenüber haben sie keinen Anspruch darauf, daß bestimmte, konkretisierte Gegenstände im Gesellschaftsvermögen verbleiben. Es steht also den Gesellschaftern frei, einen Vermögensgegenstand, etwa ein Kraftfahrzeug, aus dem Gesellschaftsvermögen herauszunehmen, sofern eine gleichwertige Gegenleistung dafür in das Gesellschaftsvermögen erbracht wird. Zunächst soll der gesetzliche Grundtatbestand in seinen Einzelheiten beleuchtet werden.

II. Verstoß gegen die Ausschüttungssperre gemäß § 30 I GmbHG

1. Gesetzlicher Normalfall

a. Übersicht

Die Vorschrift des § 30 I GmbHG soll verhindern, daß das satzungsmäßig bestimmte Mindestkapital durch Leistungen an die Gesellschafter willkürlich zu Lasten der Gesellschaftsgläubiger verringert wird. Betont sei, daß die Gläubiger nicht vor einer Auszehrung des Gesellschaftsvermögens durch den Geschäftsbetrieb geschützt sind. Das Risiko, daß die Gesellschaft Verluste erleidet, die zu einer Schmälerung des Gesellschaftsvermögens bis hin zur Vermögenslosigkeit führen, tragen die Gläubiger also dennoch. Niemand ist davor gefeit, daß sein Vertragspartner vermögenslos wird. Hat er sich nicht anderweitig abgesichert, so bleibt er in der Regel auf seinem Schaden sitzen. Auch das Kapitalerhaltungsrecht ändert daran nichts. Es soll lediglich verhindert werden, daß die Gesellschafter in die Kasse greifen und sich auf Kosten der Gläubiger und zu Lasten des für die Gläubiger bereitgestellten Haftungsfonds bereichern. Der Haftungsfonds, der zugunsten der Gläubiger erhalten werden soll, entspricht der in der Satzung festgelegten

Grundlagen

Stammkapitalziffer. Sieht also die Satzung ein Stammkapital in Höhe von 25.000 € (= Mindeststammkapital) vor, so soll ein Vermögen zugunsten der Gläubiger wertmäßig in dieser Höhe möglichst erhalten werden. Ausdrücklich herausgestellt sei, daß es nach herrschender Meinung keinen Anspruch der Gläubiger darauf gibt, daß die Gesellschaft ein bestimmtes Stammkapital festlegt. Selbst eine Fluggesellschaft, die mit einer Flotte von mehreren Millionen DM „operiert", kann sich darauf beschränken, lediglich das Mindeststammkapital von 25.000 € festzulegen.

Greifen wir zur Verdeutlichung wieder auf unser Beispiel der „Motorrad-Shop-GmbH" zurück:

Beispiel: *„Die Sondergratifikation für Gabriella"*
R, D und G sind Gesellschafter einer GmbH, die vorwiegend Motorroller verkauft. Die GmbH hat ein Stammkapital von 60.000 €, wobei R 10.000 €, D 20.000 € und G 30.000 € halten. G ist zudem Geschäftsführerin. Sie benötigt für private Zwecke dringend etwas „Handgeld". Daher fragt sie auf der nächsten Gesellschafterversammlung an, ob es nicht möglich wäre, daß sie vorab den Gewinn in Höhe von 5.000 € entnehmen darf. Da niemand etwas dagegen hat, ergeht einstimmig der Beschluß, daß an G 5.000 € ausgeschüttet werden, die sie sich noch am selben Tag vom Konto abhebt. Zu dem Zeitpunkt der Auszahlung hat die GmbH aber lediglich ein Reinvermögen von 40.000 €. Hier greift die Ausschüttungssperre gemäß § 30 I GmbHG ein, da das Stammkapital in Höhe von 60.000 € nicht mehr zu Verfügung steht und damit jede Auszahlung zugunsten der Gesellschafter unzulässig wird. Selbst ein einstimmiger Beschluß der Gesellschafter kann dieses Kapitalerhaltungsgebot nicht umgehen. Die Auszahlung an G war unzulässig, sie ist zur Rückzahlung gemäß § 31 I GmbHG verpflichtet. Kann von ihr der Betrag nicht erlangt werden, so trifft die Gesellschafter R und D gemäß § 31 III GmbHG eine sog. Subsidiärhaftung.

Das Beispiel zeigt schon, wie schnell die Kapitalerhaltungsvorschriften verletzt werden können.
Nachfolgend sollen die Voraussetzungen nunmehr im einzelnen dargestellt und erläutert werden, wobei auf das zuletzt genannte Beispiel
zurückgegriffen werden wird.

b. Voraussetzungen

aa. Zuwendung aufgrund des Mitgliedschaftsverhältnisses

Erforderlich ist zunächst eine Auszahlung aufgrund des Gesellschaftsverhältnisses. Hiervon ist
bei Leistungen an Gesellschafter grundsätzlich
auszugehen, falls nicht irgendein Drittgeschäft in
Rede steht, aufgrund dessen die Gesellschaft
verpflichtet ist, an den Gesellschafter eine Zahlung zu erbringen. Der Gesellschafter darf ohne
weiteres eine Geschäftsverbindung zur GmbH
aufnehmen und mit ihr Geschäfte abschließen.
Es muß bei diesen Geschäften allerdings darauf
geachtet werden, daß Leistung und Gegenleistung in einem marktgerechten Verhältnis stehen. Wird hier der Gesellschafter bevorzugt, so
kann in Höhe der Differenz, in der der Gesellschafter einen Vorteil erhält, eine verbotene Auszahlung gemäß § 30 I GmbHG liegen (siehe dazu
gleich die Ausführungen im 4. Teil, B.II.3.).

*Zusammenhang
mit Gesellschafter-
stellung*

Eine Zuwendung aus dem Gesellschaftsverhältnis
bedeutet nicht, daß damit die Einlage zurückbezahlt wird. Eine Rückzahlung der Einlage ist nämlich bei der GmbH grundsätzlich nicht vorgesehen, dies folgert man aus der Systematik der
Kapitalaufbringungsvorschriften (strittig). Eine
Rückzahlung der Einlage läßt sich nur durch eine
Kapitalherabsetzung realisieren, die jedoch bei
einer GmbH mit lediglich 25.000 € als Stammka-

*Keine Rückzahlung
der Einlage*

pital nicht möglich ist, da dieses Mindeststammkapital nicht unterschritten werden darf. Bei unserer Motorrad-Shop-GmbH wäre eine Kapitalherabsetzung zulässig, da ein Stammkapital von
60.000 € zur Verfügung steht.

Eine Zuwendung aufgrund des Mitgliedschafts-
verhältnisses liegt auch dann vor, wenn Gewinne
ausbezahlt werden. Der Gesellschafter hat zwar
aufgrund des Gewinnverwendungsbeschlusses
einen Anspruch auf Zahlung seines Gewinnanteils. Aber auch die Auszahlung der Gewinnteile
darf nicht zu Lasten des Stammkapitals geschehen. Ist also eine Unterbilanz entstanden oder
besteht eine Überschuldung (siehe dazu sogleich
die Ausführungen unter cc.), so ist selbst die
Auszahlung von bereits erwirtschafteten Gewinnen unzulässig.

bb.   Schmälerung des Gesellschaftsvermögens

**Abfluß aus Gesell-
schaftsvermögen**

Eine Zuwendung an den Gesellschafter kann nur
dann wegen Verstoßes gegen § 30 I GmbHG
unzulässig sein, wenn sie zu einer Schmälerung
des Gesellschaftsvermögens führt. Dies betrifft
alle Vorgänge bzw. Leistungen, denen keine entsprechende gleichwertige Gegenleistung gegenübersteht und die bei wirtschaftlicher Betrachtungsweise das Gesellschaftsvermögen verrin-
gern. In dem vorgenannten Beispiel, in dem G
5.000 € ohne jegliche Gegenleistung erhielt, liegt
in jedem Fall eine Schmälerung des Gesellschaftsvermögens vor. Bei gegenseitigen Verträgen müssen jeweils Leistung und Gegenleistung
gegenübergestellt und geprüft werden, inwieweit
hierbei eine Differenz zum Nachteil der Gesellschaft besteht, so daß eine Durchführung des
Geschäfts zu einer Schmälerung des Vermögens
führen würde (siehe 4. Teil, B.II.3.).

cc. *Unterbilanz und Überschuldung*

Eine Auszahlung ist nur dann unzulässig, wenn durch sie eine Unterbilanz herbeigeführt, eine bestehende Unterbilanz vertieft oder gar eine Überschuldung entsteht oder vergrößert wird. Entscheidend ist jeweils der Zeitpunkt der Auszahlung. Wie bereits erläutert, besteht kein gegenständlicher, sondern nur ein vermögensmäßiger Schutz des Gesellschaftsvermögens. Vorzunehmen ist also eine wertmäßige Betrachtung. Das Gesetz formuliert dies, indem es ausführt, daß „das zur Erhaltung des Stammkapitals erforderliche Vermögen der Gesellschaft" an die Gesellschafter nicht ausgezahlt werden darf. Das zur Erhaltung des Stammkapitals erforderliche Vermögen ist das Reinvermögen in Höhe der satzungsmäßig festgelegten Stammkapitalziffer. Ist ein Reinvermögen in Höhe der Stammkapitalziffer nicht mehr vorhanden, so liegt eine Unterbilanz in Höhe der Differenz zwischen dem tatsächlich vorhandenen Reinvermögen und der Stammkapitalziffer vor. In dem vorgenannten Beispiel hat die Motorrad-Shop-GmbH ein Stammkapital von 60.000 €, es ist aber lediglich ein Reinvermögen von 40.000 € vorhanden. Mithin besteht eine Unterbilanz in Höhe von 20.000 €, d.h. der Differenz zwischen dem tatsächlich vorhandenen Reinvermögen und der Stammkapitalziffer. Diese Unterbilanz steigt durch Auszahlung der Entnahme von 5.000 € auf 25.000 € an. Damit würde also das zur Erhaltung des Stammkapitals erforderliche Vermögen ausbezahlt werden. Ergo greift die Ausschüttungssperre. Wie ist nun das Reinvermögen zu ermitteln?

Hier greift man auf eine *bilanzielle* Betrachtungsweise zurück. Aus der letzten Bilanz sind die Werte bis zum Zeitpunkt der Auszahlung

Ermittlung der Unterbilanz

fortzuschreiben, ohne daß es darauf ankommt, ob etwa sog. stille Reserven in den Aktiva ruhen, auch ein originärer Firmenwert ist nicht anzusetzen. Vielmehr ist von den Buchwerten auszugehen. Die Ermittlung der Unterbilanz ist scharf von der Überschuldungsbilanz zu trennen, denn in der Überschuldungsbilanz sind durchaus stille Reserven aufzudecken und die tatsächlichen Werte anzusetzen. Anders ist dies jedoch bei der Ermittlung der Unterbilanz, bei der lediglich von den Bilanzwerten auszugehen ist. Nachdem man zunächst durch die Addition der Aktiva das Bruttovermögen errechnet hat, sind hiervon im zweiten Schritt die sog. echten Passiva, d.h. die Positionen, die kein Eigenkapital enthalten, abzuziehen. Es handelt sich also um die Verbindlichkeiten und die Rückstellungen. Die Eigenkapitalpositionen, wie das Stammkapital, die Rücklagen, Gewinnvorträge und etwaige Nachschußkonten, sind nicht in Abzug zu bringen. Zu den Verbindlichkeiten gehören auch eigenkapitalersetzende Darlehen, auf die in diesem Teil noch ausführlich eingegangen werden wird. Eigenkapitalersetzende Darlehen sind grundsätzlich als Verbindlichkeiten zu passivieren (BGHZ 124, 282, 284 [jedenfalls bei Fehlen einer Rangrücktrittsvereinbarung]). Dies ist für die Anwendung der Kapitalerhaltungsvorschriften auf eigenkapitalersetzende Darlehen von Bedeutung, wie noch an späterer Stelle aufgezeigt wird (siehe 4. Teil, B.III.3.c.).

Bei der Motorrad-Shop-GmbH ist somit die Unterbilanz zu ermitteln, indem sämtliche Aktiva addiert werden, wobei die Bilanzwerte zum Auszahlungszeitpunkt fortzuschreiben und hiervon die Verbindlichkeiten und Rückstellungen in Abzug zu bringen sind. Durch diese Rechnung erhält man das im Sachverhalt zugrunde gelegte Reinvermögen in Höhe von 40.000 €. Sobald eine Unterbilanz besteht oder durch die Auszahlung entstehen könnte, ist eine Auszahlung an den oder die Gesellschafter also unzulässig. Da bei der Motorrad-Shop-GmbH bereits eine Unterbilanz besteht, wäre jede Ausschüttung an einen Gesellschafter zu Lasten des Stammkapitals unzulässig. Die 5.000 € dürften daher nicht an G ausbezahlt werden. Bestünde hingegen bei der Motorrad-Shop-GmbH noch ein Reinvermögen in Höhe von 62.000 € und würde nunmehr die Auszahlung von 5.000 € an G vorgenommen, so müßte G nur 3.000 € an die GmbH zurückzahlen. 2.000 € stünden für die Auszahlung noch aus ungebundenem Vermögen zur Verfügung, denn dieser Betrag wäre nicht erforderlich, um das Stammkapital abzudecken. 3.000 € hingegen, also der Betrag zwischen 57.000 € und 60.000 €, dürften nicht an G ausgeschüttet werden.

Die Ausschüttungssperre greift erst recht ein, wenn eine Überschuldung besteht. Von einer Überschuldung spricht man dann, wenn die Gesellschaft mehr Verbindlichkeiten bzw. Rückstellungen als Vermögenswerte hat. Dann ist das Stammkapital vollständig aufgezehrt, die Auszahlung würde ausschließlich zu Lasten von Fremdkapital gehen. Bei der Erstellung des Überschuldungsstatus sind allerdings die stillen Reserven aufzulösen und die Aktiva mit den tatsächlichen Werten anzusetzen. Bestehen erhebliche stille Reserven, etwa in Grundstücken, die zu Anschaffungskosten bilanziert sind, deren Verkehrswerte jedoch in Wirklichkeit um ein Vielfaches höher liegen, so kann sich im Einzelfall ergeben, daß keine Überschuldung besteht. Hätte also beispielsweise die Motorrad-Shop-GmbH in

Ermittlung der Überschuldung

ihrem Betriebsvermögen ein Grundstück, das
einen Verkehrswert von 200.000 € hat, jedoch
nur mit 100.000 € bilanziert ist, so verfügte die
Gesellschaft über eine stille Reserve in Höhe von
100.000 €, d.h. der Differenz zwischen Buch-
und Verkehrswert. Trotz der bilanziellen Überschuldung nach Buchwerten von 10.000 € würde tatsächlich keine Überschuldung vorliegen.
Denn löst man diese stille Reserve auf, so ent-
stünde aus dem Minuskapital in Höhe von
10.000 € ein Aktivvermögen von 90.000 €.
Dennoch ist in dieser Situation eine Auszahlung
unzulässig, da der Zustand der *bilanziellen* Unterbilanz bereits überschritten ist, weil das
Stammkapital vollständig aufgezehrt wurde. Anders sähe die Situation aus, wenn die Gesellschaft das Grundstück zum Verkehrswert veräußert, also die stille Reserve realisiert. Dann würden 100.000 € in die Kassen der Gesellschaft
„gespült", so daß das Stammkapital auch bilan-
ziell wieder voll zur Verfügung stünde. Zur Berechnung der Überschuldung siehe auch die Ausführungen bei *Jula*, Der Status des GmbH-
Geschäftsführers, S. 202 ff.

c. Rechtsfolgen

aa.   *Unzulässigkeit der Auszahlung*

Leistungsverweige-
rungsrecht

Verstößt eine Auszahlung gegen die Ausschüttungssperre gemäß § 30 I GmbHG, so folgt hieraus zunächst ein Leistungsverweigerungsrecht,
aber auch eine Pflicht der Gesellschaft, die betreffende Leistung nicht vorzunehmen, also die
Auszahlung zu unterlassen. Wird ein Rechtsgeschäft mit dem Gesellschafter abgeschlossen,
das für diesen vorteilhaft ist, so kann hinsichtlich
des Vorteils ebenfalls eine unzulässige Auszah-

lung an den Gesellschafter vorliegen (siehe dazu 4. Teil, II.3.). Das Rechtsgeschäft, mit dem gegen das Kapitalerhaltungrecht verstoßen wird, ist jedoch nicht als Ganzes nichtig. § 30 I GmbHG ist kein gesetzliches Verbot im Sinne von § 134 BGB mit der Folge, daß das ganze Rechtsgeschäft hinfällig wird. Dies ist auch deshalb zwingend, weil es für das Auszahlungsverbot auf den Zeitpunkt der Zahlung, d.h. der Erfüllung und nicht auf den Abschluß des Rechtsgeschäfts, ankommt. Daher braucht zum Zeitpunkt des Abschlusses des Rechtsgeschäfts noch kein Verstoß gegen § 30 GmbHG vorzuliegen. Ist aber zum Erfüllungszeitpunkt dann das Stammkapital nicht mehr ungeschmälert vorhanden, so greift nunmehr die Ausschüttungssperre ein. Deutlich wird dies auch am Beispiel des Gewinnanspruchs, der - wie ausgeführt - ebenfalls vom Verbot des § 30 I GmbHG umfaßt sein kann. Besteht beispielsweise zum Zeitpunkt des Gewinnverwendungsbeschlusses noch keine Unterbilanz, darf der Gewinnanspruch des Gesellschafters in diesem Moment erfüllt werden. Tritt im Laufe der Zeit jedoch eine Unterbilanz ein, ist jetzt eine Ausschüttung nicht mehr zulässig.

bb.   Erstattungsanspruch der Gesellschaft

Wird aber entgegen dem Auszahlungsverbot eine Leistung an Gesellschafter erbracht, hat die Gesellschaft gegen den Gesellschafter einen Erstattungsanspruch. Dieser folgt aus §§ 31 I und II GmbHG. Nach Absatz 1 muß der Gesellschafter die unzulässig an ihn geleisteten Zahlungen grundsätzlich der Gesellschaft erstatten. Absatz 2 macht hiervon für den Fall eine Ausnahme, in dem der Gesellschafter hinsichtlich der Berechtigung der Auszahlung in gutem Glauben war.

Verpflichtung des Gesellschafters Zur Rückzahlung

Dann ist er nur insoweit zur Erstattung verpflichtet, als dies zur Befriedigung der Gesellschaftsgläubiger erforderlich ist. Da Ansprüche aus § 31 I GmbHG hauptsächlich in der Insolvenz geltend gemacht werden, hat die Einschränkung in Absatz 2 nur geringe praktische Bedeutung, die Rückzahlung wird dann zur Befriedigung der Gesellschaftsgläubiger nötig sein.

Die Gesellschafterstellung muß zum Zeitpunkt der Begründung der Verpflichtung zur Ausschüttung bestanden haben, d.h. in dem Augenblick, in dem beschlossen worden ist, die verbotene Leistung vorzunehmen. Anschließend (zum späteren Zeitpunkt der Ausschüttung) kann die Gesellschafterstellung durch das Ausscheiden des betreffenden Gesellschafters weggefallen sein. Kauft also beispielsweise die Gesellschafter-Geschäftsführerin G für sich selbst von der GmbH ein Fahrzeug unter Wert, so liegt in der Differenz zwischen dem Verkehrswert und dem Kaufpreis eine verdeckte Gewinnausschüttung und damit eine verbotene Zuwendung. Wird dieser Kaufvertrag noch während des Bestehens der Gesellschafterstellung vereinbart, aber erst nach dem Ausscheiden der G aus der GmbH ausgeführt, so liegt dennoch ein Verstoß gegen § 30 I GmbHG vor, der zu einem Rückzahlungsanspruch gemäß § 31 I GmbHG führt.

cc.   Haftung der Mitgesellschafter gemäß § 31 III GmbHG (Solidarhaftung)

Solidarhaftung der übrigen Gesellschafter

Besonders gravierend ist ein Verstoß gegen das Auszahlungsverbot gemäß § 30 I GmbHG, wenn die nichtsahnenden Mitgesellschafter in die Haftung genommen werden. Diese Möglichkeit besteht nach § 31 III GmbHG. Nach dieser Vorschrift haften die Mitgesellschafter für die Erstattung des geleisteten Betrags, soweit dieser von dem Empfänger nicht zu erlangen ist. Die Haftung trifft die Mitgesellschafter nach dem Verhältnis ihrer Geschäftsanteile, wobei Beiträge, welche von einzelnen Gesellschaftern nicht realisierbar sind, ebenfalls nach dem Verhältnis der Geschäftsanteile auf die übrigen verteilt werden. Verpflichtet sind die jeweiligen Mitgesellschafter, die zum Zeitpunkt der Auszahlung den Geschäftsanteil halten (strittig). Die Haftung ist in zweifacher Weise nachrangig ausgestaltet. Erstens haften die Mitgesellschafter nur dann, wenn der Betrag, wie es im Wortlaut des § 31 III GmbHG heißt, zur Befriedigung der Gesellschaftsgläubiger erforderlich und zweitens das Geleistete von dem betreffenden Gesellschafter nicht zu erlangen ist. Hierfür genügt die Aussichtslosigkeit eines Vorgehens gegen den Gesellschafter. Eine Zwangsvollstreckung muß nicht unternommen werden.

Die Solidarhaftung der Mitgesellschafter besteht nicht gesamtschuldnerisch in voller Höhe, sondern lediglich anteilig im Verhältnis ihrer Geschäftsanteile. Fällt einer der Gesellschafter aus, so ist dieser Beitrag wiederum auf die übrigen Gesellschafter entsprechend ihrer Geschäftsanteile zu verteilen. Dadurch kann im Ergebnis die Situation eintreten, daß der letztlich einzige solvente Gesellschafter den unzulässigerweise geleisteten Betrag zu erstatten hat.

Achtung!
Wegen Ihrer Haftung aus § 31 III GmbHG sollten Sie jedes Rechtsgeschäft zwischen der GmbH und einem Ihrer Mitgesellschafter mit Argusaugen beobachten. Insbesondere müssen Sie überprüfen, ob Leistung und Gegenleistung in ange-

messenem Verhältnis stehen. Parallel sollten Sie die finanzielle Situation der Gesellschaft im Auge behalten. Sobald sich der Verdacht einer unzulässigen Ausschüttung bei bestehender Unterbilanz erhärtet, sollten Sie einschreiten und die Auszahlung verhindern. Im übrigen ist jede Auszahlung zugunsten eines Mitgesellschafters, von der Sie nicht ebenfalls profitieren, ein Verstoß gegen das Gleichbehandlungsgebot, so daß Sie auch unter diesem Gesichtspunkt in Ihren Interessen verletzt wären, wenn einer der Gesellschafter bevorzugt aus dem Gesellschaftsvermögen bedient wird.

Umfang der Haftung ist umstritten

Die Reichweite der Haftung aus § 31 III GmbHG ist umstritten. Maximal haften die Mitgesellschafter selbstverständlich nur für das Geleistete, d.h. in Höhe der verbotenen Auszahlung. Eine unbeschränkte Haftung besteht nicht. Was ist aber, wenn die verbotene Auszahlung extrem hoch ist, etwa wenn ein eigenkapitalersetzendes Gesellschafterdarlehen unter Verstoß gegen § 30 I GmbHG an den Gesellschafter zurückgewährt wird? Auch für eigenkapitalersetzende Gesellschafterdarlehen gelten die §§ 30, 31 GmbHG (siehe BGH, NJW 1990, 1730 und die Ausführungen im 4. Teil, III.3.).

Beispiel: *„Das Startkapital der Gabriella für die GmbH"*
G hat der Motorrad-Shop-GmbH ein Existenzgründungsdarlehen in Höhe von 100.000 € gewährt. Mittlerweile gehen die Geschäfte schlecht, so daß G daran interessiert ist, ihr eingeschossenes Darlehen zurückzuführen. Zwischenzeitlich ist die Gesellschaft in Höhe von 50.000 € überschuldet. Die Liquidität reicht jedoch noch aus, um das Gesellschafterdarlehen der G zurückzugewähren. Daher läßt sich G ihr Darlehen in voller Höhe zurückbezahlen. Wenig später gerät die Gesellschaft in die Insolvenz, und der Insolvenzverwalter macht die

Ansprüche aus § 31 III GmbHG gegen die Mitgesellschafter D und R geltend. G selbst ist inzwischen völlig vermögenslos, so daß von ihr nichts zu holen ist. R und D müssen jetzt befürchten, persönlich in die Haftung genommen zu werden. Das eigenkapitalersetzende Darlehen hat in voller Höhe Stammkapital ersetzt bzw. darüber hinaus eine Überschuldung abgedeckt. Wie ausgeführt war das eigenkapitalersetzende Darlehen zu passivieren, d.h. als Verbindlichkeit auf der Passivseite der Bilanz anzusetzen. Hätte sich G dafür entschieden, das Darlehen in echtes Eigenkapital „umzuwandeln", so würde statt der Überschuldung von 50.000 € ein Reinvermögen von ebenfalls 50.000 € bestehen, da ja dann das Vermögen um 100.000 € erhöht worden wäre. Bei einem Stammkapital von 60.000 € bestünde also zu diesem Zeitpunkt lediglich eine Unterbilanz von 10.000 €, das entspricht der Differenz zwischen dem Reinvermögen von 50.000 € und der Stammkapitalziffer von 60.000 €. Selbst nach vollständiger Umwandlung des Darlehens in Eigenkapital besteht allerdings noch immer eine Unterbilanz, so daß das Darlehen vollständig der Ausschüttungssperre gemäß § 30 I GmbHG unterfällt. Das Darlehen hätte daher auch nicht teilweise an G zurückgezahlt werden dürfen. Da G zwischenzeitlich insolvent wurde und die Zurückzahlung zum Zwecke der Befriedigung der Gläubiger erforderlich ist, haften nun R und D gemäß § 31 III GmbHG subsidiär für das zurückgezahlte Darlehen. Die Verteilung der 100.000 € ist entsprechend der Geschäftsanteile vorzunehmen. D, die eine Stammeinlage von 20.000 € hält, ist somit verpflichtet, zwei Drittel des Betrags zu übernehmen, und R muß mit seiner Stammeinlage von 10.000 € die restliche Darlehenssumme tragen. D schuldet somit einen Betrag in Höhe von 66.666,67 €, während R die restlichen 33.333,33 € abzudecken hat. Kann auch D ihren Betrag auch nicht zahlen, so bleibt R auf der vollen Summe in Höhe von 100.000 € sitzen. Für die Mitgesellschafter R und D wäre in Anbetracht dieses enormen Haftungsrisikos daher grundsätzlich von Bedeutung, ob es eine Haftungsbeschränkung der Höhe nach auf die jeweils von ihnen übernommene Stammeinlage oder auch die Stammkapitalziffer gibt.

Begrenzung der Haftung

Es wird diskutiert, ob die einschneidende Haftung gemäß § 31 III GmbHG, die unabhängig von einem Verschulden der Mitgesellschafter eingreift, der Höhe nach begrenzt werden muß. Einerseits wird vorgeschlagen, die Haftung der Mitgesellschafter insgesamt auf die Höhe der Stammkapitalziffer zu begrenzen, andererseits dafür eingetreten, zusätzlich oder statt dessen die Haftung des jeweiligen Mitgesellschafters maximal in Höhe der von ihm übernommenen Stammeinlage zuzulassen. Der Bundesgerichtshof hat sich für eine Beschränkung auf die Höhe der Stammkapitalziffer ausgesprochen, dies später jedoch offengelassen (siehe BGHZ 60, 324, 31 einerseits sowie BGH, NJW 1990, 1730, 1732 andererseits). Für eine derartige Haftungsbegrenzung gibt es meines Erachtens keinen Anlaß, denn wenn die Gesellschafter mit einer überschuldeten Gesellschaft operieren und dann zusätzlich noch Verstöße gegen die Kapitalerhaltung begehen, so muß es im Gläubigerinteresse bei der vollständigen Erstattung des ausgezahlten Betrags auch durch die Mitgesellschafter bleiben. Der weitere Vorschlag, der – soweit ersichtlich – bisher höchstrichterlich ebenfalls ausdrücklich offengelassen wurde, betrifft die Beschränkung der Haftung auf die jeweils übernommene Stammeinlage (BGH, NJW 1990, 1730, 1732). Danach würde R also maximal in Höhe von 10.000 € und D höchstens auf 20.000 € haften.

dd.   Haftung der Mitgesellschafter bei schuldhafter Mitwirkung

Zusätzliche Verschuldenshaftung

Neben der verschuldensunabhängigen Haftung aus § 31 III GmbHG wird noch eine Verschuldenshaftung wegen schuldhafter Mitwirkung bei dem Verstoß gegen die Kapitalerhaltungsvorschriften befürwortet. Wirkt also ein Gesellschaf-

ter daran mit, daß an einen anderen Gesellschafter eine verbotene Auszahlung vorgenommen
wird, so haftet er ebenfalls neben diesem Gesellschafter auf Rückzahlung in Höhe dieser Ausschüttung, sofern ihm ein Verschulden vorwerf-
bar ist (siehe BGHZ 93, 146, 149 f.).

ee. *Haftung der Geschäftsführer*

Neben den Gesellschaftern haften auch die Geschäftsführer, und zwar in zweifacher Weise:
Einerseits haften sie gemäß § 43 GmbHG, sofern
sie schuldhaft an dem Kapitalerhaltungsverstoß
mitgewirkt haben. Läßt also ein Geschäftsführer
schuldhaft zu, daß an einen Gesellschafter entgegen § 30 I GmbHG eine Leistung erbracht
wird, so haftet er neben dem betreffenden Gesellschafter auf Rückzahlung des geleisteten Betrags. Der Gesellschafter und der Geschäftsführer sind hierbei Gesamtschuldner. Ferner trifft
den Geschäftsführer gemäß § 31 VI GmbHG die
Verpflichtung, den Mitgesellschaftern, die aus
ihrer Solidarhaftung gemäß § 31 III GmbHG in
Anspruch genommen wurden, die Beträge zu
erstatten. Auch für diese Haftung des Geschäftsführers ist ein Verschulden erforderlich. Die Mitgesellschafter, die also in die Subsidiärhaftung
genommen werden, können den Geschäftsführer, der schuldhaft die Auszahlung ermöglicht
hat, in Rückgriff nehmen.

*Geschäftsführer
haften ebenfalls*

ff. *Verjährung/Verzicht/Erlaß*

Der Anspruch aus §§ 31 I und II GmbHG verjährt
in fünf Jahren (siehe § 31 V GmbHG). Die Verjährungsfrist beginnt mit dem Ablauf des Tages,
an welchem die Zahlung erfolgt, deren Erstattung beansprucht wird. Weiterhin heißt es in
§ 31 V GmbHG, daß bei böswilliger Handlungs-

weise die Fünf-Jahres-Frist nicht gilt. Vielmehr kommt hier die regelmäßige Verjährungsfrist gemäß § 195 BGB (30 Jahre) zur Anwendung. Von einer böswilligen Handlungsweise ist schon dann auszugehen, wenn der Gesellschafter bei Entgegennahme der Leistung in Kenntnis der Unzulässigkeit der Auszahlung gehandelt hat (siehe BGHZ 110, 342, 352). Ebenfalls unter die eben genannten Verjährungsfristen fallen Ansprüche gegen die Mitgesellschafter gemäß § 31 III GmbHG.

Die Ansprüche gegen den Geschäftsführer aus § 43 GmbHG verjähren nach § 43 IV GmbHG in fünf Jahren. Nach herrschender Ansicht verjährt ferner auch der Regreßanspruch gegen den Geschäftsführer gemäß § 31 VI GmbHG in dieser fünfjährigen Verjährungsfrist, wobei diese erst mit der Geltendmachung des Anspruchs aus der Solidarhaftung gegen den betreffenden Gesellschafter zu laufen beginnt (strittig, andere stellen auf den Zeitpunkt der Zahlung aufgrund der Solidarhaftung ab). Nach § 31 IV GmbHG dürfen den Verpflichteten Ansprüche wegen Verstoßes gegen das Kapitalerhaltungsrecht nicht erlassen werden. Dies betrifft auch die Solidarhaftung der Gesellschafter. Gleiches gilt für einen Verzicht auf derartige Ansprüche.

2. Ausweitung des personellen Anwendungsbereichs

Gleichstellung Dritter

§ 30 I GmbHG verbietet seinem Wortlaut nach lediglich Auszahlungen an Gesellschafter. Auszahlungen an einen Dritten sind hingegen grundsätzlich zulässig und führen nicht zu einem Erstattungsanspruch gegen diesen. Es gibt jedoch Konstellationen, in denen Zahlungen an einen Dritten gleichgestellt werden müssen. Dabei

stellt sich allerdings das Problem, wer bei der
Zahlung an einen Dritten zur Rückzahlung, d.h.
zur Erstattung des Betrags, in das Gesellschaftsvermögen verpflichtet ist. Denkbar wäre, daß der
Dritte, der Gesellschafter oder beide rückerstat-
tungspflichtig sind.

Ein Dritter ist nur dann dem Gesellschafter
gleichgestellt, wenn ein persönliches oder wirtschaftliches Näheverhältnis zwischen ihm und
dem Gesellschafter besteht, das die Ausweitung
des personellen Anwendungsbereichs des Kapitalerhaltungsrechts rechtfertigt. Eindeutig sind
die Fälle, in denen der Dritte nur vorgeschoben
wird bzw. als Zahlungsmittler fungiert. Weiß er
von dem Verstoß, so sind sowohl er als auch der
Gesellschafter zur Rückerstattung verpflichtet.
Nahe Verwandte, etwa Ehegatten oder Kinder,
sind dem Gesellschafter ebenfalls gleichzustellen,
wobei auch sie persönlich zur Rückzahlung verpflichtet sind, wenn sie den Verstoß kannten
oder kennen mußten (strittig). Auszahlungen an
ein konzernverbundenes Unternehmen werden
ebenfalls grundsätzlich wie Leistungen an den
Gesellschafter behandelt.

Ist einer der Gesellschafter lediglich Treuhänder
für einen anderen, dahinterstehenden Treugeber,
für den er den Geschäftsanteil treuhänderisch
hält, so löst auch eine Zahlung an den Treugeber
eine Rückzahlungsverpflichtung des Treugebers
sowie des Treuhänders aus (BGHZ 31, 258,
266 f.). Gleichgestellt sind ferner atypische stille
Gesellschafter mit Einflußnahmemöglichkeit auf
die Geschäftsführung.

Es muß also immer jeder Einzelfall genau daraufhin untersucht werden, ob ein besonderes per-

sönliches oder ein wirtschaftliches Näheverhältnis zu dem Gesellschafter besteht, das es rechtfertigt, die Auszahlungssperre eingreifen zu lassen.

Beispiel: *„Die Auszahlung an die Biker-GmbH in
Dortmund"*
Bei unserer Motorrad-Shop-GmbH erfolgt eine Auszahlung in Höhe von 10.000 € an eine Dortmunder
Biker-GmbH zu einem Zeitpunkt, zu dem bereits eine Unterbilanz in Höhe von 20.000 € besteht, da
lediglich noch ein Reinvermögen in Höhe von
40.000 € bei einem Stammkapital von 60.000 €
vorhanden ist. Die Dortmunder Biker-GmbH gehört
D, die Alleingesellschafterin derselben ist. Es kann
kein Zweifel daran bestehen, daß die Auszahlung
an diese GmbH wirtschaftlich einer solchen, die an
D selbst erfolgt, gleichzustellen ist. Sowohl die
GmbH   als   auch   D   haften   daher   gemäß
§ 31 GmbHG für die Rückzahlung der unter Verstoß gegen § 30 I GmbHG erlangten 10.000 €.

3. Ausweitung des sachlichen Anwendungsbereichs

Verdeckte Gewinn-
ausschüttung

Die strengen Kapitalerhaltungsvorschriften gelten
nicht nur dann, wenn Auszahlungen an einen
Gesellschafter oder an eine ihm gleichgestellte
Person vorgenommen werden, sondern auch
dann, wenn die GmbH mit diesen Personen
Rechtsgeschäfte abschließt, die ebenfalls zu einer Schmälerung des Gesellschaftsvermögens zu
Lasten des Stammkapitals führen. Diese Rechtsgeschäfte werden unter dem Schlagwort der
verdeckten Gewinnausschüttung bzw. *verdeckten Zuwendung* zusammengefaßt. Hierunter versteht man Rechtsgeschäfte, die unter Anwendung der Sorgfalt eines ordentlichen und gewis-
senhaften Geschäftsleiters unter sonst gleichen
Bedingungen mit einem Dritten nicht abgeschlossen worden wären. Entscheidend ist also ein
Drittvergleich zu objektiven Bedingungen. Es soll

verhindert werden, daß die Gesellschaft dem Gesellschafter zu Lasten des Stammkapitals Vorzugskonditionen einräumt. Die Beispiele sind vielfältig und können hier nur exemplarisch präsentiert werden.

Verdeckte Gewinnausschüttungen liegen beispielsweise dann vor, wenn die GmbH Waren beim Gesellschafter zu überhöhten Preisen kauft oder an den Gesellschafter gegen ein zu geringes Entgelt veräußert. Verkauft die Motorrad-Shop-GmbH einem ihrer Gesellschafter einen Motorroller für 3.000 DM, obwohl der marktübliche Preis bei 4.000 DM (bereits unter Einberechnung üblicher Rabatte) läge, so haben wir es mit einer verdeckten Gewinnausschüttung an den betreffenden Gesellschafter in Höhe von 1.000 DM zu tun. Zusätzlich ist ein Verstoß gegen das Kapitalerhaltungsrecht erforderlich, d.h. das Stammkapital muß durch diese Ausschüttung angetastet werden. Außerhalb des Bereichs, in dem das Stammkapital angetastet wird, sind Ausschüttungen an den Gesellschafter grundsätzlich statthaft. Sie können zwar wegen Verstoßes gegen das Gleichbehandlungsgebot oder die Treuepflicht gegenüber dem Mitgesellschafter im Einzelfall unzulässig sein. Aus dem Gesichtspunkt des Gläubigerschutzes gibt es jedoch kein Verbot, über das Reinvermögen oberhalb der Stammkapitalziffer zugunsten einzelner Gesellschafter zu verfügen.

Einzelfälle

Auch die Bestellung von Sicherheiten aus dem Gesellschaftsvermögen zugunsten einzelner Gesellschafter, die etwa für sich privat einen Kredit aufnehmen möchten, kann eine verdeckte Gewinnausschüttung darstellen. Strittig ist allerdings dabei, wann das Auszahlungsverbot gemäß § 30 I GmbHG eingreift. Solange die Sicherheit nicht verwertet wird, wird das Gesellschaftsvermögen durch die bloße Stellung derselben nicht geschmälert. Erst wenn mit einer Verwertung zu rechnen ist und hierfür eine Rückstellung gebildet werden müßte, greift das Auszahlungsverbot gemäß § 30 I GmbHG ein. Die Einzelheiten sind hier strittig. Teils wird angenommen, daß bereits die Bestellung der Sicherheit gegen das Auszahlungsverbot verstößt.

Ein Verkauf von Vermögensgegenständen aus dem Gesellschaftsvermögen zum Buchwert stellt eine verdeckte Gewinnausschüttung dar, wenn die Kaufgegenstände stille Reserven enthalten.

Beispiel: *„Der Verkauf des Dienstwagens an G"*
G erwirbt von der Motorrad-Shop-GmbH ihren Dienstwagen für 3.000 €. Dies entspricht dem Buchwert, d.h. der Dienstwagen steht mit diesem Wert in der Bilanz. Der Listenpreis und Verkehrswert des Wagens beträgt jedoch 10.000 €. Der geringere Buchwert beruht darauf, daß der Wagen zulässigerweise abgeschrieben wurde. In Höhe der Differenz zwischen dem Verkaufspreis und dem Listenpreis, mithin in Höhe von 7.000 €, wird eine verdeckte Gewinnausschüttung an G vorgenommen. Besteht zu diesem Zeitpunkt eine Unterbilanz oder Überschuldung bzw. wird eine Unterbilanz vergrößert oder eine Verschuldung verursacht, so darf die Auszahlung, d.h. die Übereignung des Fahrzeugs an G, nicht erfolgen.

4. Anwendung der §§ 30, 31 GmbHG auf die Rückführung eigenkapitalersetzender Gesellschafterleistungen

Die §§ 30, 31 GmbHG werden ferner auf sog. eigenkapitalersetzende Gesellschafterleistungen angewandt. Während früher vorwiegend von einer analogen Anwendung gesprochen wurde, setzt sich in jüngerer Zeit die Auffassung durch, daß die Vorschriften sogar unmittelbar für derartige Fallgruppen gelten. Die eigenkapitalersetzenden Gesellschafterleistungen sind zusätzlich gesondert in den §§ 32 a und 32 b GmbHG geregelt. Bevor daher auf die (entsprechende) Anwendung der §§ 30, 31 GmbHG auf diese Fallgruppe eingegangen wird, soll zunächst die gesetzlich geregelte Rechtslage erörtert werden.

III. Behandlung eigenkapitalersetzender Gesellschafterleistungen

1. Einführung

Bei den Verstößen gegen die Kapitalerhaltung, die bisher dargestellt wurden, handelte es sich um einseitige Vermögensverschiebungen zu Lasten der GmbH und zugunsten einzelner Gesellschafter. Derartige Vermögensverschiebungen sind – wie ausgeführt – dann verboten, wenn diese zu Lasten des für die Erhaltung des Stammkapitals erforderlichen Vermögens erfolgen. Leistungen, bei denen die Gegenleistung gleichwertig ist, sind hingegen nicht betroffen. Dies gilt jedoch nicht ausnahmslos. Vielmehr ist die Fallgruppe der sog. eigenkapitalersetzenden Gesellschafterleistungen hervorzuheben, bei der Zahlungen an den Gesellschafter selbst dann unzulässig sein können, wenn dieser eine gleichwertige Gegenleistung bereitstellt.

Es handelt sich insbesondere um eigenkapitalersetzende Gesellschafterdarlehen. Der Gesellschafter hat hierbei der Gesellschaft ein Darlehen gewährt, das ggf. auch marktüblich verzinst worden ist, auf letzteres kommt es jedoch nicht an. Da die Gesellschaft das Darlehen erhalten hat, dürfte es keinen Zweifel daran geben, daß sie das Darlehen grundsätzlich auch zurückge-

Grundlagen

währen muß. Dennoch kann sich ein Rückzahlungsverbot der Gesellschaft ergeben, wenn die Grundsätze der eigenkapitalersetzenden Gesellschafterleistungen eingreifen. Wird das Darlehen gleichwohl zurückgezahlt, so besteht ggf. sogar eine Rückerstattungspflicht des Gesellschafters gegenüber der Gesellschaft, obwohl er lediglich sein eigenes, der Gesellschaft gewährtes Darlehen zurückerhalten hat. Für den Laien wirken diese Erweiterungen seltsam, wird doch letztlich der Gesellschafter damit gezwungen, auf die Rückzahlung seines der Gesellschaft gewährten Darlehens zu verzichten. Diese Rechtsfolgen treten jedoch nur dann ein, wenn es sich um ein sog. *eigenkapitalersetzendes* Darlehen handelt. Wir müssen also unterscheiden zwischen den „gewöhnlichen" und den eigenkapitalersetzenden Gesellschafterkrediten.

Finanzierungs-Verantwortung der Gesellschafter

Eigenkapitalersetzende Gesellschafterleistungen sind nur solche, die der Gesellschaft in der Krise gewährt oder in einer solchen Situation stehengelassen werden. In der Krise der GmbH haben die Gesellschafter eine gesteigerte Finanzierungsverantwortung. Sie müssen sich entscheiden, ob sie die Gesellschaft liquidieren oder aber durch Zuführung von Eigenkapital am Leben erhalten wollen. Entscheiden sie sich weder für die Liquidation, welche auch in Form eines Insolvenzverfahrens erfolgen kann, noch für die Zuführung von Eigenkapital, sondern für die Gewährung von Gesellschafterdarlehen, so übernehmen diese Kredite die Funktion von Eigenkapital und sind eigenkapitalersetzend. Zwar haben die Gesellschafter keine grundsätzliche Kapitalausstattungspflicht in der Weise, daß sie verpflichtet wären, Eigenkapital bereitzustellen; in der Krise jedoch, bei der der Gläubigerschutz hoch anzusiedeln ist, müssen sie sich entscheiden, ob sie dem „Todeskampf" der Gesellschaft ein Ende bereiten, indem sie auf die Stellung des Insolvenzantrags hinwirken bzw. die Liquidation beschließen, oder ob sie die Gesellschaft durch Zuführung von frischem Eigenkapital sanieren möchten. Entscheiden sie sich für die Bereitstellung von Gesellschafterdarlehen, so werden sie ihrer Finanzierungsverantwortung nicht gerecht, so daß dieses Kapital zum Zwecke des Gläubigerschutzes in Eigenkapital „umqualifiziert" wird.

2. Eigenkapitalersetzende Gesellschafterleistungen gemäß §§ 32 a, 32 b GmbHG

a. Übersicht

Der Gesetzgeber hat die Regelungen über eigenkapitalersetzende Gesellschafterleistungen durch die sog. GmbH-Novelle von 1980 eingeführt. Im Jahre 1998 wurde zusätzlich das Sanierungsprivileg geschaffen, Zwergbeteiligungen nichtunternehmerischer Art wurden vom Anwendungsbereich des Eigenkapitalersatzrechts ausgenommen (siehe sogleich unter 4.). Weitere Änderungen erfolgten schließlich durch die Insolvenzordnung mit Wirkung vom 1.1.1999.

Die §§ 32 a, 32 b GmbHG, die schlagwortartig wegen ihrer Einführung durch die GmbH-Novelle als „Novellenregeln" bezeichnet werden, bewirken lediglich einen *reaktiven Gläubigerschutz*. Vor der Insolvenz der Gesellschaft besteht nämlich kein Leistungsverweigerungsrecht der Gesellschaft wie etwa bei § 30 I GmbHG. Erst in der Insolvenz wird eine Rückzahlung an die Gesellschafter unzulässig. Nunmehr darf der Insolvenzverwalter tätig werden und im Wege der

Novellenregeln

Insolvenzanfechtung, einem speziellen Rechtsbehelf des Insolvenzverfahrens, vom Gesellschafter Erstattung des an ihn geflossenen Betrags verlangen.

Die Novellenregelungen bleiben deshalb in ihrer Wirkung und Reichweite weit hinter den §§ 30, 31 GmbHG zurück und haben diesen gegenüber nur geringfügige Vorteile (siehe zu den Einzelheiten die Ausführungen im 4. Teil, B.III.3.a.). Die gesetzliche Regelung enthält in § 32 a I GmbHG zunächst das klassische eigenkapitalersetzende Darlehen, erweitert den Anwendungsbereich dann in Absatz 2 auf die eigenkapitalersetzende Sicherheit, d.h. auf den Fall, in dem der Gesellschafter für einen Kredit der Gesellschaft eine Sicherheit bestellt. Ferner wird schließlich in Absatz 3 angeordnet, daß der Darlehensgewährung wirtschaftlich entsprechende Leistungen ebenfalls unter das Regime der eigenkapitalersetzenden Vorschriften fallen. Absatz 3 enthält schließlich Ausnahmeregelungen für Zwergbeteiligungen und das Sanierungsprivileg. § 32 b GmbHG ergänzt die Fallgruppe der eigenkapitalersetzenden Sicherheit. Zunächst zum klassischen eigenkapitalersetzenden Darlehen.

b. Eigenkapitalersetzendes Darlehen

aa.   *Voraussetzungen*

Definition

Die Voraussetzungen für das Vorliegen eines eigenkapitalersetzenden Darlehens beschreibt das Gesetz wie folgt: Das Darlehen muß der Gesellschaft zu einem Zeitpunkt gewährt werden, in dem die Gesellschafter ihrer Gesellschaft als ordentliche Kaufleute statt dessen Eigenkapital zugeführt hätten (Krise der Gesellschaft). Entscheidend ist also die Gewährung des Darlehens in der Krise. Von einer Krise der Gesellschaft ist dann auszugehen, wenn sie kreditunwürdig ist, d.h. ein Darlehen nicht mehr zu marktüblichen Zinsen erlangen könnte. In dieser Situation der Kreditunwürdigkeit müssen sich ordentliche Kaufleute entscheiden, ob sie „weitermachen" wollen, indem sie eigenes Kapital zuschießen, oder ob sie einen Schlußstrich ziehen und die Gesellschaft liquidieren.

Die Kreditunwürdigkeit ist anhand von Indizien zu ermitteln, wobei auch Konditionen des konkret vereinbarten Kreditvertrags herangezogen werden können, z.B. der Umstand, daß keine Sicherheiten für die Kreditvergabe gestellt werden, die Verzinsung nicht marktüblich ist bzw. daß die fälligen Zinsen gar nicht erst ausgezahlt werden könnten. Auch aus externen Faktoren, wie etwa dem Umstand, daß die Auftragseingänge oder der Absatz der GmbH rückläufig sind oder der Tatsache, daß sonstige fällige Verbindlichkeiten, etwa Löhne, rückständig sind, kann auf eine Kreditunwürdigkeit geschlossen werden. Die Kreditunwürdigkeit entfällt nicht dadurch, daß ein herrschender Gesellschafter, z.B. die Konzernmuttergesellschaft, zum Ausgleich des Verlusts verpflichtet ist (BGHZ 105, 168, 182 ff.).

Kreditunwürdigkeit

Unstreitig liegt eine Krise der Gesellschaft vor, wenn diese überschuldet ist.

Der maßgebliche Zeitpunkt für die Beurteilung, ob sich die Gesellschaft in der Krise befindet, ist derjenige, in dem das Darlehen gewährt, d.h. valutiert, wird. Ein späteres Ausscheiden des Gesellschafters läßt den eigenkapitalersetzenden Charakter des Darlehens nicht entfallen. Eben-

Maßgeblicher Zeitpunkt

falls irrelevant ist, ob der Gesellschafter bei der Gewährung des Darlehens Kenntnis von der Krise der Gesellschaft hatte. Das Abstellen auf seine Kenntnis als subjektives Kriterium wäre mit dem Gläubigerschutz nicht zu vereinbaren.

Stehenlassen eines Darlehens

Nicht auf subjektive Einschränkung verzichtet werden kann, wenn das Darlehen in der Blüte bzw. jedenfalls nicht in der Krise gewährt wurde, dann jedoch nach Eintritt der Krise stehengelassen, d.h. nicht abgezogen wird. Das *Stehenlassen eines Darlehens* kann unter bestimmten Voraussetzungen der Gewährung eines Darlehens in der Krise gleichgestellt werden. Zwar ist nach Ansicht der Rechtsprechung keine sog. Finanzierungsabrede zwischen der Gesellschaft und dem Gesellschafter erforderlich, wonach dieser darauf verzichtet, sein Darlehen einstweilen zu kündigen, jedoch muß zumindest eine *Kenntnisnahmemöglichkeit* des Gesellschafters als notwendige subjektive Voraussetzung vorliegen. Der Gesellschafter muß also die den Eintritt der Krise begründenden Umstände kennen (BGHZ 127, 336, 343 ff.).

Schließlich ist erforderlich, daß für den Gesellschafter die rechtliche Möglichkeit des Abzugs des Darlehens bestand. Nur dann kann von einem stehengelassenen Darlehen die Rede sein. Hat der Gesellschafter beispielsweise ein Darlehen auf zehn Jahre gewährt, so kann er dieses grundsätzlich nicht vor Ablauf der Kündigungsfrist abziehen, es sei denn, in den Verhältnissen der GmbH ist schon eine derartige Vermögensverschlechterung eingetreten, daß sich ein außerordentliches Kündigungsrecht rechtfertigen ließe. Hat der Gesellschafter kein aktuelles Kündigungsrecht, so muß er ggf. auf eine Liquidation der Gesellschaft hinwirken. Als Minderheitsgesellschafter kann er sich unter Umständen nicht durchsetzen, wenn die anderen Mitgesellschafter nicht mitwirken. Er muß dies aber zumindest versuchen, um einer Umqualifizierung seines Darlehens in eine eigenkapitalersetzende Gesellschafterleistung entgegenzuwirken. Hat der Gesellschafter von der Krise Kenntnis, so wird ihm eine angemessene Überlegungsfrist eingeräumt, die die Rechtsprechung mit zwei Wochen ansetzt (BGHZ 121, 31, 36; BGH, NJW 1995, 658, 659).

Achtung!
Haben Sie der Gesellschaft als Gesellschafter einen Kredit gewährt, so müssen Sie ganz besonders kritisch die Entwicklung der Gesellschaft verfolgen. Da Sie gemäß § 51 a GmbHG ein Auskunfts- und Einsichtsrecht haben, kann Ihnen später vorgeworfen werden, daß Sie die Krise der Gesellschaft grundsätzlich hätten erkennen müssen. Etwas anderes gilt nur dann, wenn der Geschäftsführer keine Auskünfte erteilt bzw. Ihnen die Einsicht in die Unterlagen verweigert hat. Konnten Sie jedoch in die Geschäftsunterlagen einsehen, so müssen Sie damit rechnen, daß man davon ausgeht, daß Sie hinsichtlich der Krise eine Kenntnisnahmemöglichkeit hatten. Nur dann, wenn aus den Unterlagen die Krise nicht ersichtlich ist, greifen die Rechtsfolgen über das stehengelassene eigenkapitalersetzende Darlehen nicht ein. Sie müssen beachten, daß Sie die Beweislast dafür tragen, daß Sie den Eintritt der Krise bzw. die den Eintritt der die Krise begründenden Umstande nicht kannten oder kennen konnten (siehe BGHZ 127, 347, 343 ff.).

bb. Rechtsfolgen

Nachrangige Insolvenzforderung

Ist ein Gesellschafterdarlehen eigenkapitalersetzend, so kann es in der Insolvenz nur als nachrangige Insolvenzforderung, d.h. ganz zum Schluß, geltend gemacht werden (§ 39 I Nr. 5 InsO). In der Praxis bedeutet dies, daß der Gesellschafter leer ausgeht. Die Zinsen für das Darlehen teilen ebenfalls das Schicksal der Hauptforderung, denn sobald die Hauptforderung eigenkapitalersetzend ist, sind es auch die Zinsen.

Insolvenzanfechtung

Ist es zu einer Rückzahlung des Darlehens gekommen, so kann der Insolvenzverwalter nach Eröffnung des Insolvenzverfahrens die Rückzahlung anfechten. Hierfür hat er ab Eröffnung des Verfahrens zwei Jahre Zeit (§ 146 InsO). Anfechtbar ist aber nur eine Rückzahlung des Darlehens an den Gesellschafter, die in einem bestimmten Zeitraum stattgefunden hat. Dieser ergibt sich aus § 135 der Insolvenzordnung. Danach ist die Rückzahlung nur dann anfechtbar, wenn sie im letzten Jahr vor dem Eröffnungsantrag oder nach diesem Antrag vorgenommen wurde. Ein Insolvenzverwalter darf also nur anfechten, wenn die Rückzahlung in diesem Zeitraum liegt. In der Praxis bedeutet dies, daß bei Gesellschaften, bei denen sich die Krise – was nicht selten ist – über einen längeren Zeitraum hinzieht, die Anfechtungsfrist häufig bereits verstrichen ist. Außerdem wird die Jahresfrist ab der Stellung des Antrags auf Eröffnung des Insolvenzverfahrens gerechnet und nicht erst mit Eröffnung desselben. Zwischen der Stellung des Antrags und der eigentlichen Eröffnung können Monate vergehen. Nach altem Recht, d.h. vor Einführung der Insolvenzordnung, wurde die Jahresfrist hingegen von der Eröffnung des Konkursverfahrens an gerechnet, was dazu führte, daß sich schon aus diesem Grund bei Konkurseröffnung die Anfechtungsfrist als zu knapp erwies.

Außerhalb des Insolvenzverfahrens gibt es die Möglichkeit der Anfechtung durch einen Gläubiger nach den Vorschriften des Anfechtungsgesetzes. Dies setzt jedoch voraus, daß der Gläubiger in der Zwangsvollstreckung mit seiner Forderung ausfällt oder auszufallen droht. In der Praxis hat dieses Anfechtungsrecht eines Gläubigers kaum Bedeutung. Insbesondere in den Fällen, in denen es nicht zur Eröffnung eines Insolvenzverfahrens kommt, weil der Antrag mangels Masse abgelehnt wird, ist der Gläubigerschutz also völlig unzureichend.

c. Eigenkapitalersetzende Sicherheit

aa. Voraussetzungen

Nach § 32 a II GmbHG kann nicht nur ein Darlehen, sondern auch eine Sicherheit, die der Gesellschafter für einen Kredit der Gesellschaft stellt, eigenkapitalersetzend sein. Unter „Sicherheit" ist jede Sicherheit des Gesellschafters zu verstehen, also sowohl eine Personalsicherheit (z.B. eine Bürgschaft oder Garantie) als auch eine Sachsicherheit (z.B. eine Hypothek, Grundschuld, Sicherungsübereignung, Sicherungsabtretung, Verpfändung). Eine Kenntnis des Dritten von der Krise, zu dessen Gunsten die Sicherheit bestellt wird, ist grundsätzlich nicht erforderlich. Entscheidend ist, daß der Gesellschafter in der Krise eine Sicherheit stellt, die die Kreditzuführung überhaupt erst ermöglicht. Die Stellung einer Sicherheit ist der direkten Kreditgewährung

Kreditsicherheit des Gesellschafters

gleichzustellen, da sie eine Finanzierung des Geschäftsbetriebs gleichermaßen gewährleisten kann. Auch den Tatbestand einer stehengelassenen Sicherheit kann es geben, selbst wenn die Voraussetzungen für ein Stehenlassen hier enger sind, da der Gesellschafter grundsätzlich kaum eine Möglichkeit hat, eine Sicherheit vor Ablauf der Kreditlaufzeit zu kündigen. Besteht jedoch dieses Recht, so muß er es auch ausüben.

bb.   Rechtsfolgen

Primäre
Verwertung

Besteht eine eigenkapitalersetzende Sicherheit, so hat der Darlehensnehmer, d.h. der Dritte, primär den Gesellschafter und nicht das Gesellschaftsvermögen in Anspruch zu nehmen. Das Gesellschaftsvermögen soll entsprechend geschont werden, indem die Sicherheit, die der Gesellschafter gestellt hat, verwertet wird. Nach Verwertung der Sicherheit hat der Gesellschafter grundsätzlich einen Rückgriffsanspruch gegen die Gesellschaft. Dieser unterliegt jedoch wie ein eigenkapitalersetzendes Darlehen den Eigenkapitalersatzregeln. Reicht die Sicherheit nicht aus, um den Kreditgeber zu befriedigen, so kann dieser die restliche Forderung als Insolvenzforderung anmelden. Besteht neben der vom Gesellschafter gestellten Sicherheit noch eine weitere Kreditsicherheit (sog. Fall der Doppelbesicherung), so ist es dem Kreditgeber freigestellt, jene andere, ggf. von der Gesellschaft gestellte Sicherheit zu verwerten. Insoweit greift § 32 a II GmbHG nicht ein.

Kommt es vor dem Insolvenzverfahren zu einer Rückzahlung des Kredits an den Dritten, ohne daß, wie vorgeschrieben, primär die Gesellschaftersicherheit verwertet wurde, so regelt § 32 b GmbHG das weitere Prozedere. Dort ist vorgeschrieben, daß bei einer Rückzahlung des Darlehens im letzten Jahr vor dem Antrag auf Eröffnung des Insolvenzverfahrens oder nach diesem der Gesellschafter, der die Sicherung bestellt hatte oder als Bürge haftete, der Gesellschaft den zurückgezahlten Betrag erstatten muß. Weiter heißt es, daß § 146 der Insolvenzordnung entsprechend gilt, was bedeutet, daß dieser Anspruch innerhalb von zwei Jahren nach Eröffnung des Insolvenzverfahrens vom Konkursverwalter geltend zu machen ist. Die Verpflichtung des Gesellschafters, den Kreditbetrag, der an den Dritten geflossen ist, auszugleichen, besteht nur in der Höhe, in der der Gesellschafter eine Sicherheit gestellt hat. Alternativ ist jedoch der Gesellschafter auch berechtigt, die von ihm gestellte Sicherheit zur Verwertung durch den Insolvenzverwalter zur Verfügung zu stellen.

Im Innenverhältnis gegenüber der Gesellschaft hat der Gesellschafter die Pflicht, es gar nicht erst soweit kommen zu lassen, daß der Kreditgeber von den Gesellschaftern sein Darlehen zurückkerhält. Er muß daher die Gesellschaft in Höhe der von ihm gestellten Sicherheit freistellen, um eine Inanspruchnahme zu verhindern.

Freistellung der Gesellschaft

d. Wirtschaftlich entsprechende Fallgestaltungen

aa. Überblick

Der Gesetzgeber hat von Anfang an berücksichtigt, daß die Fallgruppen der Gesellschafterdarlehen sowie der vom Gesellschafter gestellten Sicherheiten nicht ausreichend sind, um alle Gestaltungen der Praxis aufzufangen. Gleichzeitig war dem Gesetzgeber bewußt, daß anstelle des Gesellschafters auch ein Dritter eingeschaltet

werden könnte, der dem Gesellschafter gleich-
steht. § 32 a III GmbHG ordnet daher an, daß die
Vorschriften über die eigenkapitalersetzenden
Darlehen und Sicherheiten sinngemäß auch für
andere Rechtshandlungen eines Gesellschafters
oder eines Dritten gelten, die der Darlehensgewährung oder der Stellung einer Sicherheit wirtschaftlich entsprechen.

bb.   Ausweitung des personellen Anwendungsbereichs

Hinsichtlich der Ausweitung des personellen
Anwendungsbereichs, d.h. der Erstreckung des
Rechts eigenkapitalersetzender Gesellschafterleistungen auf Dritte, gelten im wesentlichen die
obigen Ausführungen zu den §§ 30, 31 GmbHG
(siehe 4. Teil, B.II. 2.). Der personelle Anwendungsbereich muß aber nicht von vornherein in
jedem Fall genauso bestimmt werden wie bei
§§ 30, 31 GmbHG. In der Diskussion sind hier
allerdings im wesentlichen dieselben Fallgruppen.
So wird bei Familienangehörigen oder sonstigen
nahestehenden Personen des Gesellschafters
eine entsprechende Anwendung dann befürwortet, wenn die Mittel zur Bereitstellung des Kredits an die Gesellschaft aus dem Vermögen des
Gesellschafters stammen. Demgegenüber ginge
es zu weit, wenn sich ein unbeteiligter Familien-
angehöriger generell den eigenkapitalersetzenden
Charakter seines Kredits entgegenhalten lassen
müßte. Vor allem hat der Familienangehörige
kein Einsichtsrecht und kann daher in der Tat
häufig von der Krise der Gesellschaft nichts wissen. Insbesondere bei der Fallgruppe des stehengelassenen Darlehens ist also hinsichtlich der
Ausweitung des Anwendungsbereichs auf Dritte
Vorsicht geboten.

cc. *Ausweitung des sachlichen Anwendungsbereichs*

aaa. *Überblick*

Der sachliche Anwendungsbereich des Eigenkapitalersatzrechts ist in vielfältiger Weise von der Rechtsprechung ausgedehnt und sämtliche Kreditgeschäfte gleichgestellt worden. Unter den Anwendungsbereich des Eigenkapitalersatzrechts fallen demnach beispielsweise die Stundung, das Factoring und selbst der Leasing-Vertrag, bei dem der Gesellschafter als Leasinggeber auftritt.

Besondere praktische Bedeutung kommt der eigenkapitalersetzenden Gebrauchsüberlassung zu, also der Vermietung, Verpachtung oder der Leihe von Räumen oder beweglichen Gegenständen (z.B. Kraftfahrzeugen) des Gesellschafters an die Gesellschaft. Dies hat mannigfaltige Gründe, so spielen haftungsrechtliche, aber auch steuerrechtliche Erwägungen eine Rolle. Angemietete Gegenstände gehören nicht zum Gesellschaftsvermögen und stehen daher grundsätzlich in der Krise der Gesellschaft den Gesellschaftsgläubigern nicht als Verwertungsobjekt zur Verfügung. Diesen Grundsatz schränkt jedoch das Recht der eigenkapitalersetzenden Gebrauchsüberlassung ein, das in Anlehnung an die eigenkapitalersetzenden Darlehen entwickelt wurde. Danach wird die eigenkapitalersetzende Gebrauchsüberlassung unter bestimmten Umständen dem Darlehen gleichgestellt. Dies hat der *Bundesgerichtshof* in vier sog. Lagergrundstück-Entscheidungen entwickelt (BGHZ 109, 550 [Lagergrundstück-I]; BGHZ 121, 31 [Lagergrundstück-II]; BGHZ 127, 1 [Lagergrundstück-III]; BGHZ 127, 17 [Lagergrundstück-IV]). Hintergrund ist, daß sich durch die Überlassung von Gegenständen in wirt-

Eigenkapitalersetzende Gebrauchsüberlassung

schaftlich entsprechender Weise der Geschäftsbetrieb der GmbH finanzieren läßt. Auch die Überlassung von Gegenständen in der Krise kann dazu führen, daß das Leben der GmbH unnötig zu Lasten aller sonstigen Gläubiger verlängert wird. Insoweit erstreckt sich die Finanzierungsverantwortung der Gesellschafter grundsätzlich auch auf Gebrauchsüberlassungen. Erhebliche Bedeutung hat dies für die Betriebsaufspaltung, bei der von einer sog. Besitzgesellschaft das Anlagevermögen komplett der Betriebs-GmbH durch einen Miet- oder Pachtvertrag zur Verfügung gestellt wird. Auch die Betriebsaufspaltung unterfällt den Regelungen der eigenkapitalersetzenden Gebrauchsüberlassung, wenn die sonstigen Voraussetzungen vorliegen.

bbb. Voraussetzungen

Die Voraussetzungen der eigenkapitalersetzenden Gebrauchsüberlassung sind analog zum eigenkapitalersetzenden Gesellschafterdarlehen entwickelt worden.

Beispiel: *„Die Geschäftsräume der Motorrad-Shop-GmbH"*
Die Motorrad-Shop-GmbH hatte zunächst bei einem Dritten Geschäftsräume angemietet, geriet allerdings infolge ihrer schlechten finanziellen Lage in Mietrückstand, so daß ihr schließlich gekündigt wurde. Nunmehr vermietet R der Motorrad-Shop-GmbH Geschäftsräume zu einem marktüblichen Mietzins von monatlich 10.000 DM. Diese Vermietung hat eigenkapitalersetzenden Charakter, da ein Dritter der Gesellschaft die Räume angesichts der schlechten Aussicht auf reguläre Mietzahlungen nicht mehr vermietet hätte.

Gebrauchsüberlassungsunwürdigkeit

Bei der Gebrauchsüberlassung wird anstelle der Kreditunwürdigkeit auf die sog. Gebrauchsüberlassungsunwürdigkeit abgestellt. Dabei ist relevant, ob ein vergleichbarer Dritter, der wie ein ordentlicher Kaufmann handelt, der Gesellschaft zu diesem Zeitpunkt die Mieträume ebenfalls überlassen hätte. Bei einer Überschuldung der Gesellschaft ist stets von einer Gebrauchsüberlassungsunwürdigkeit auszugehen (BGHZ 127, 1, 5 f.). Ob eine derartige Unwürdigkeit vorliegt, hängt von dem überlassenen Gegenstand ab. Wird nur ein einzelner Raum vermietet, so dürfte sich eher ein Dritter finden lassen, der bereit ist, diesen der GmbH zu vermieten, als dies bei der Vermietung eines ganzen Bürohochhauses mit einer erheblichen Miete der Fall wäre. Neben dem Umfang der Gebrauchsüberlassung kommt es auch darauf an, ob es sich um ein Standardwirtschaftsgut oder eine Spezialanfertigung für die GmbH handelt. Standardwirtschaftsgüter, etwa ein Kfz, das der GmbH überlassen wird, sind für andere ohne Zweifel verwendbar. Deshalb wird ein Dritter eher bereit sein, der GmbH das Gut zu überlassen, auch wenn nicht sichergestellt ist, daß die GmbH während der gesamten Nutzungsdauer des Gegenstands die Miete begleicht. In diesem Fall wird und kann der Dritte den Überlassungsvertrag ohne weiteres kündigen und das Wirtschaftsgut einem anderen zur Verfügung stellen. Demgegenüber ist eine Verwendbarkeit für Dritte bei einer Sonderanfertigung, etwa einer Produktionsanlage, die speziell auf die Bedürfnisse der GmbH zugeschnitten ist, nicht möglich. Hier wird ein Dritter von vornherein viel stärker darauf achten, daß die Bonität des Kunden sichergestellt ist, so daß eine volle Amortisation seiner Investition erreicht werden kann. Somit kommt es bei Spezialgütern entscheidend auf die Kreditwürdigkeit der GmbH an; die Gebrauchsüberlassungsunwürdigkeit ist hier der Kreditunwürdigkeit gleichzustellen. Abzustellen ist also darauf, ob die Gesellschaft statt der Gebrauchsüberlassung auch in der Lage gewesen wäre, sich das spezielle Wirtschaftsgut durch Finanzierung über ein Darlehen anzuschaffen (BGHZ 121, 31, 38 f.).

Maßgeblicher Zeitpunkt für die Beurteilung, ob eine Gebrauchsüberlassungsunwürdigkeit vorliegt, ist derjenige der Überlassung des Wirtschaftsguts an die GmbH zum Gebrauch.

Belassen der Nutzungen

Auch hier treten Fallgestaltungen auf, in denen eine Gebrauchsüberlassung vor Eintritt der Krise gewährt und in der Krise belassen wird. Die Rechtslage ist derjenigen des eigenkapitalersetzenden Darlehens vergleichbar. Der Gesellschafter muß, sobald die Gesellschaft in der Krise ist, ein ihm zustehendes Kündigungsrecht ausüben. Entscheidend kommt es hier wieder auf die Kündigungs- bzw. Liquidationsmöglichkeit an. Notfalls muß der Gesellschafter darauf Einfluß nehmen, daß Insolvenzantrag gestellt wird.

ccc. *Rechtsfolgen*

Die Rechtsfolgen einer eigenkapitalersetzenden Gebrauchsüberlassung können für den Gesellschafter äußerst empfindlich sein. Zunächst kann er den Mietzins ab Eröffnung des Insolvenzverfahrens nicht mehr verlangen. Seine Mietzinsforderung wird lediglich nachrangige Insolvenzforderung (§ 39 I Nr. 5 InsO). Obwohl also beispielsweise der Insolvenzverwalter weiterhin die Geschäftsräume nutzt, geht der Gesellschafter leer aus. Sonstige Mietverbindlichkeiten, die nicht eigenkapitalersetzend sind, werden hingegen bervorrechtigt als sog. Masseschulden beglichen.

Ferner hat der Insolvenzverwalter die Möglichkeit, die Zahlung des Mietzinses, der innerhalb der Anfechtungsfrist an den Gesellschafter ausbezahlt wurde, im Wege der Insolvenzanfechtung zur Masse zurückzuverlangen.

Etwas problematischer ist, was mit der Mietsache selbst zu geschehen hat. Diskutiert wird, ob das Eigentum an der Sache in die Insolvenzmasse fällt. Eine solche Verwertung der Sache selbst lehnt der *BGH* jedoch ausdrücklich ab (BGHZ 127, 17, 27 ff.). Hierzu führt er aus, daß die Gesellschaft eine Verwertung der Sache selbst nicht vornehmen dürfe, da es zu keinem Eigentumsübergang komme und auch kein Anspruch auf Übereignung bestehe. Der Gesellschafter dürfe nicht zu mehr verpflichtet werden, als er versprochen hat. Aus dem Eigenkapitalersatzrecht ergäbe sich ein „Abzugsverbot", nicht jedoch ein Zuführungsgebot. Insoweit dürfe der Gesellschafter die Nutzungen nicht abziehen, müsse aber auch nicht mehr als diese zur Masse zuführen. Die Nutzungen, d.h. die Zurverfügungstellung der Sache, seien in der Masse zu belassen. Der Verwalter könne das Nutzungsrecht selbst durch Überlassung an Dritte verwerten (BGHZ 127, 1, 12 ff.). Nach Ansicht des *BGH* ist bezüglich der Bemessung und Bewertung des Nutzungsrechts auf die vertraglich vereinbarte Dauer abzustellen. Ist also beispielsweise ein Zehn-Jahres-Vertrag abgeschlossen worden, so sind grundsätzlich die Nutzungen auch für diesen Zeitraum in der Masse zu belassen. Dies kommt zwar fast einer Enteignung des Gesellschafters gleich, muß aber hingenommen werden. Entscheidend für die Nutzungsdauer ist die Vereinbarung zwischen GmbH und Gesellschafter, sofern sie ernstlich getroffen wurde. Außerordentli-

Schicksal der zur Nutzung überlassenen Sache

che Kündigungsrechte im Mietvertrag speziell für den Fall der Insolvenz greifen jedoch nicht ein. Dies würde dem Zweck der eigenkapitalersetzenden Schutzvorschriften zuwiderlaufen. Hat der Gesellschafter vor Eröffnung des Insolvenzverfahrens die Mietsache zurückerhalten und anderweitig verwertet, etwa durch Vermittlung an einen Dritten, so ist er verpflichtet, für entgangene Nutzungen Wertersatz in die Masse zu leisten (BGHZ 127, 1, 14 ff.).

Fehlt eine Vereinbarung über die Dauer des Mietvertrags, so ist auf den hypothetischen Parteiwillen abzustellen, dessen Bestimmung im Einzelfall allerdings schwierig werden kann.

Achtung!
Die Rechtsfolgen der eigenkapitalersetzenden Gebrauchsüberlassung können Sie empfindlich treffen. Haben Sie der Gesellschaft miet- oder pachtweise oder auch unentgeltlich Gegenstände, z.B. Geschäftsräume, überlassen, so müssen Sie peinlich genau die wirtschaftliche Lage der Gesellschaft im Auge behalten. Hierfür sollten Sie sich am besten vom Geschäftsführer monatlich schriftlich Bericht erstatten lassen. Sobald Sie Anhaltspunkte dafür haben, daß die Gesellschaft in die Krise geraten könnte, sollten Sie die Geschäftsräume kündigen und Ihr Recht als Eigentümer durchsetzen.

---

3. Eigenkapitalersetzende Gesellschafterleistungen analog §§ 30, 31 GmbHG

a. Überblick

Zweistufiger
Schutz

Neben den gesetzlichen Regelungen der §§ 32 a und 32 b GmbHG gelten die von der Rechtspre-

chung in Analogie bzw. durch erweiternde Auslegung der §§ 30, 31 GmbHG entwickelten Grundsätze fort. Das wird mit den Vorteilen begründet,
die die alte Regelung aufweist. Die Vorschriften
der §§ 30, 31 GmbHG geben der Gesellschaft -
im Gegensatz zu den Novellenregeln - ein echtes
Leistungsverweigerungrecht, d.h. sie bewirken
eine Ausschüttungssperre. So kann durch dieses
Rückführungsverbot schon vor der Eröffnung des
Insolvenzverfahrens dem Gläubigerschutzgedan-
ken Rechnung getragen werden. Auch ist es
möglicherweise im Einzelfall einfacher, eine Unterbilanz als eine Kreditunwürdigkeit festzustellen. Dies gilt jedenfalls dann, wenn eine aussa-
gekräftige Buchhaltung existiert.

Ein weiterer entscheidender Vorteil liegt in der
Verjährungsfrist gemäß § 31 V GmbHG von fünf
Jahren, die für die Gesellschaft wesentlich günstiger ist als die knappe Anfechtungsfrist von
einem Jahr.

b. Voraussetzungen

Die Voraussetzungen stimmen weitgehend mit
jenen der eigenkapitalersetzenden Darlehen oder
der eigenkapitalersetzenden Gebrauchsüberlassungen überein. Sowohl stehengelassene Darlehen als auch fortgewährte Gebrauchsüberlassungen und eigenkapitalersetzende Sicherheiten des
Gesellschafters werden in den Anwendungsbereich der §§ 30, 31 GmbHG einbezogen. Vorausgesetzt wird jeweils wieder, daß eine Kredit-
oder Gebrauchsüberlassungsunwürdigkeit besteht.

Als zusätzliche Voraussetzung ist allerdings eine
Unterbilanz bzw. eine Überschuldung zu fordern.

Dies führt dazu, daß die Rückführung eines eigenkapitalersetzenden Darlehens oder die Zahlung von Mieten für eine eigenkapitalersetzende
Gebrauchsüberlassung nur dann unzulässig ist,
wenn diese Zahlungsflüsse zu Lasten des
Stammkapitals gehen.

c. Rechtsfolgen

Die Rechtsfolgen ergeben sich aus § 31 GmbHG.
Demnach ist der betreffende Gesellschafter verpflichtet, das Stammkapital entsprechend wieder
aufzufüllen und das Darlehen bzw. die Mietzin-
sen in dieser Höhe in das Gesellschaftsvermögen
zurückzuzahlen. Daneben besteht auch die Solidarhaftung der Mitgesellschafter nach § 31 III
GmbHG.

Zur Verdeutlichung folgendes Beispiel:

Beispiel: *„Der Kredit von Rolli"*
R hat der Motorrad-Shop-GmbH einen Kredit in
Höhe von 80.000 € gewährt. Nunmehr ist die Gesellschaft in Höhe von 10.000 € überschuldet. Zur
Erinnerung: Die Gesellschaft hat ein Stammkapital
in Höhe von 60.000 €. Da der Kredit auf der Passivseite der Bilanz erfaßt ist, wäre die Gesellschaft,
wenn dieser Kredit ersatzlos verbucht werden
würde, nicht in Höhe von 10.000 € überschuldet,
sondern hätte vielmehr ein Reinvermögen von
70.000 €. Dies wäre die Konsequenz, wenn man
den Kredit als Eigenkapital behandeln würde. Daraus folgt aber auch, daß der Kredit in Höhe von
70.000 € blockiert ist, denn in dieser Höhe ersetzt
er Stammkapital bzw. wendet er eine Überschuldung ab. Wird nun dieser Kredit dennoch zurückgezahlt, so besteht ein Erstattungsanspruch aus
§ 31 I GmbHG gegen R in Höhe von 70.000 €.
Kann von ihm der Betrag nicht erlangt werden, so
trifft D und G als Mitgesellschafterinnen die Solidarhaftung gemäß § 31 III GmbHG (siehe bereits
oben 4. Teil, B.II. 1. C. cc.).

Als Konsequenz bleibt festzuhalten, daß bei eigenkapitalersetzenden Gebrauchsüberlassungen der Mietzins solange nicht ausgezahlt werden darf, wie dies gegen § 30 I GmbHG verstoßen würde.

4. Einschränkungen des Anwendungsbereichs

Sowohl die Novellenregeln in §§ 32 a und 32 b GmbHG als auch die §§ 30 und 31 GmbHG gelten nicht uneingeschränkt. Der Gesetzgeber hat vielmehr in § 32 a Satz 2 und 3 GmbHG Ausnahmen vom Anwendungsbereich vorgesehen.

a. Herausnahme von nichtunternehmerischen Kleinbeteiligungen (§ 32 a III 2 GmbHG)

Die Ausnahmeregelung des 32 a III 2 GmbHG wurde durch das Kapitalaufnahmeerleichterungsgesetz am 24.4.1998 eingeführt. Danach gelten die Grundsätze über die eigenkapitalersetzenden Gesellschafterleistungen grundsätzlich nicht für Gesellschafter, die nicht mehr als 10 % der GmbH-Anteile halten. Es muß sich allerdings um nichtunternehmerische Kleinbeteiligungen handeln. Das bedeutet, daß der Gesellschafter nicht gleichzeitig auch das Amt des Geschäftsführers wahrnehmen darf. Eine Tätigkeit unterhalb der Geschäftsführungsebene, etwa als Prokurist oder sonstiger Manager, schadet nicht.

Zwergbeteiligung

b. Sanierungsprivileg (§ 32 a III 3 GmbHG)

Mit Wirkung zum 1.5.1998 ist das sog. Sanierungsprivileg in Kraft getreten. Danach kommen die Regeln über den Eigenkapitalersatz dann nicht zur Anwendung, wenn ein Darlehensgeber

Sanierungsfinanzierung

in der Krise der Gesellschaft zum Zweck der Überwindung der Krise Geschäftsanteile erwirbt. Dies gilt sowohl für die bisherigen Kredite des Darlehensgebers – sofern er nicht schon Gesellschafter ist – als auch für etwaige neu gewährte Kredite. Der Erwerb der Geschäftsanteile muß zum Zwecke der Überwindung der Krise geschehen. Das bedeutet, daß ein Sanierungskonzept, also eine Sanierungsfähigkeit, aber auch ein Sanierungswille vorliegen müssen. Welche Anforderungen hieran zu stellen sind, muß die Rechtsprechung erst noch entwickeln. Die Geschäftsanteile können entweder von den bisherigen Gesellschaftern erworben werden oder aus einer eigens dafür durchgeführten Kapitalerhöhung stammen. Vom Wortlaut her ist sogar zulässig, daß sämtliche bisherigen Anteile erworben werden können. Eine entscheidende Bedeutung kommt daher dem Umstand zu, ob tatsächlich ein Erwerb zum Zweck der Überwindung der Krise vorgenommen wird. Kann die Krise überwunden werden, ist es auch sachgerecht, daß die bisherigen Gesellschafter ihre Anteile verloren haben, da dafür im Gegenzug die Gesellschaft nebst den Arbeitsplätzen gerettet werden konnte. Die Beteiligungen an der in der Krise befindlichen Gesellschaft waren für die bisherigen Gesellschafter sowieso wertlos, wenn die GmbH ohne die frischen Mittel unweigerlich insolvent geworden wäre.

Nach Erwerb der Geschäftsanteile dürfte es häufig zu einem Austausch des Managements kommen, das die Krise nicht selten verschuldet hat. Dies entspricht der Vorstellung des Gesetzgebers und stellt einen wichtigen Beitrag zur Sanierung dar.

Strittig ist, ob das Sanierungsprivileg lediglich für die einmalige Überwindung der Krise gilt oder ob es anschließend mit der Folge fortbesteht, daß in einer neuen Krise die bisherigen Kredite noch immer nicht eigenkapitalersetzenden Charakter annehmen. Meines Erachtens kann das Sanierungsprivileg nur einmalig gelten, denn nach Überwindung der Krise gibt es keinen sachlichen Grund dafür, daß die betreffenden Gesellschafter nicht dieselbe Finanzierungsverantwortung tragen wie alle anderen Gesellschafter auch. Kommt es daher zu einer erneuten Krise, müssen die Gesellschafter entscheiden, ob sie ihre Kredite mit der Folge stehenlassen, daß diese eigenkapitalersetzend werden, oder ob sie diese ggf. unter Liquidation der Gesellschaft abziehen.

Sowohl das Sanierungsprivileg als auch die Ausnahmeregelung für nichtunternehmerische Zwergbeteiligungen gelten gleichermaßen für die Grundsätze, die von der Rechtsprechung in Anlehnung an §§ 30, 31 GmbHG zu den eigenkapitalersetzenden Gesellschafterleistungen entwickelt worden sind.

IV. Eigenkapitalgleiche Gesellschafterleistungen (Finanzplankredite)

Neben den eigenkapitalersetzenden Gesellschafterleistungen gibt es noch eigenkapital*gleiche* Gesellschafterleistungen. Synonym wird überwiegend der Begriff Finanzplankredit verwandt. Beim Finanzplankredit handelt es sich um Mittel, die ein Gesellschafter aufgrund eines Finanzierungsplans der Gesellschaft zur Verwirklichung des Unternehmenszwecks oder auch zur Überwindung einer besonderen Aufbausituation oder Krisenlage bzw. zur Finanzierung eines speziellen

Eigenkapitalgleiche Leistungen

Vorhabens ergänzend zum sonstigen Eigenkapital zur Verfügung stellt (siehe OLG Karlsruhe, ZIP 1996, 918; BGHZ 104, 33, 38 ff.). Finanzplankredite übernehmen damit die Funktion von Eigenkapital. Insbesondere in Aufbau- oder Erweiterungs-, d.h. Expansionsphasen, können solche Mittel eine Rolle spielen.

Beispiel: *„Die zusätzlichen Mittel von Rolli"*
R gibt der Motorrad-Shop-GmbH bereits bei Gründung eine Finanzierungszusage über 200.000 €, wobei die ersten 100.000 € dann an die Gesellschaft gezahlt werden sollen, wenn diese nach einigen Monaten Personal einstellt und ihre Verkaufsfläche erweitert. Die restlichen 100.000 € sollen in ca. 18 bis 24 Monaten abgerufen werden können, wenn es - wie geplant - in der City zur Eröffnung eines zweiten Verkaufssalons in repräsentativer Lage kommt. Dies alles ist bereits im Gesellschaftsvertrag geregelt. Die Gesellschaft gelangt in die Krise und schließlich in die Insolvenz. Nunmehr verlangt der Insolvenzverwalter von R Zahlung der 200.000 € unter Hinweis darauf, daß er sich hierzu bereits im Gesellschaftsvertrag verpflichtet habe. Ob R tatsächlich zahlen muß, hängt davon ab, ob man die zugesagte Leistung wie Eigenkapital behandelt, das R ebenso wie eine ausstehende Stammeinlageforderung dann auch im Insolvenzfall zur Verfügung stellen müßte. Hierfür spricht einiges, da die Mittel bereits im Gesellschaftsvertrag zugesagt wurden, mit ihnen die Erfüllung des Unternehmenszwecks verfolgt wird und ihnen damit insgesamt die Funktion von Eigenkapital zukommt.

Finanzplankredit als Sonderpflicht

Im vorgenannten Beispiel dürfte die Übernahme des Finanzplankredits eine Nebenleistungsverpflichtung gemäß § 3 II GmbHG darstellen, so daß es auch unter diesem Gesichtspunkt gerechtfertigt erscheint, diese Nebenleistung im Insolvenzfall abzurufen. Ob Finanzplankredite als eigenständige Fallgruppe neben eigenkapitalersetzenden Darlehen überhaupt existieren oder ob solche Kredite allein nach den vorbenannten Regelungen über die kapitalersetzenden Darlehen behandelt werden, ist nicht abschließend geklärt (siehe instruktiv Kammergericht, GmbHR 1999, 129 f.). Ein eigenkapitalersetzendes Darlehen, das noch nicht an die Gesellschaft gewährt wurde, muß jedenfalls in der Insolvenz nicht valutiert, d.h. ausgezahlt, werden. Die Eigenkapitalersatzvorschriften greifen erst dann, wenn es zur Gewährung eines Darlehens kommt. Erst dann ist die Finanzierungsentscheidung der Gesellschafter umgesetzt worden. Im Gegensatz dazu ist der Gesellschafter bei den eigenkapitalgleichen Leistungen bzw. den Finanzplankrediten zusätzlich verpflichtet, sogar zugesagte, aber noch nicht valutierte Mittel in die Masse zu zahlen (KG, GmbHR 1999, 129, 130 f.).

Ungeklart ist, ob für Finanzplankredite ein Gesellschafterbeschluß genügt oder ob eine Regelung im Gesellschaftsvertrag zu fordern ist (für eine Regelung im Gesellschaftsvertrag siehe BGHZ 104, 33, 38 ff.; dies für eine eigenkapitalersetzende Leistung nicht fordernd siehe BGHZ 121, 31, 41 f.). Zusätzlich kommen - jedenfalls nach überwiegender Ansicht - auch die Grundsätze über die eigenkapitalersetzenden Gesellschafterleistungen zur Anwendung. Dies ist sachgerecht, da ja die Finanzplankredite funktional die Rolle von Eigenkapital übernehmen, so daß auch eine Ausschüttungssperre und ein etwaiger Rückerstattungsanspruch eingreifen müssen. Bis zur Krise können die Gesellschafter die zugesagten Finanzplanmittel ohne weiteres aufheben oder ändern.

Voraussetzungen

C.
Durchgriffshaftung

I. Überblick

Trennungsprinzip
und Durchgriff

Im Recht der GmbH gilt grundsätzlich das Trennungsprinzip. Das bedeutet, daß die juristische Person und der an ihr beteiligte Gesellschafter scharf auseinanderzuhalten sind. Schuldet die juristische Person, d.h. die GmbH, Dritten gegenüber eine Leistung, so können sich diese nur an die Gesellschaft und nicht zusätzlich an den Gesellschafter halten. Ein Durchgriff auf die Anteilseigner ist grundsätzlich ausgeschlossen. Dies folgt unmißverständlich aus § 13 II GmbHG, wo ausdrücklich festgelegt ist, daß gegenüber den Gesellschaftsgläubigern nur das Gesellschaftsvermögen haftet. Dieses Trennungsprinzip gilt jedoch nicht uneingeschränkt, es gibt durchaus sog. Fälle der Durchgriffshaftung. Die Rechtsprechung ist allerdings mit der Bejahung einer Durchgriffshaftung äußerst zurückhaltend. Sie verwendet stereotyp die Formel, daß über die Rechtsform einer juristischen Person nicht leichtfertig und schrankenlos hinweggegangen werden dürfe.

In der Literatur gibt es zahlreiche dogmatische Ansätze für die Begründung einer Durchgriffshaftung. Entwickelt wurden u.a. die Mißbrauchs- und die Normzwecklehre. Die Mißbrauchslehre stützt sich darauf, daß es mißbräuchlich sein kann, eine GmbH mit dem Zweck „vorzuschieben", die Gläubiger zu benachteiligen. In diesem Zusammenhang wird ausgeführt, daß die Verwendung der GmbH als Rechtsform rechtsmißbräuchlich sein könne, bzw. daß die Berufung auf das Haftungsprivileg im Einzelfall den Geboten von Treu und Glauben zuwider laufe, so daß der Haftungsausschluß nicht eingreifen dürfe. Die Normzwecklehre knüpft an die Auslegung von § 13 II GmbHG als der entscheidenden Norm an. Diese Vorschrift müsse im Zusammenhang mit den Kapitalerhaltungsvorschriften so ausgelegt werden, daß das Haftungsprivileg nur dann gerechtfertigt sei, wenn die sonstigen Vorschriften des GmbH-Rechts respektiert würden. Mißachten die Gesellschafter die Vorschriften über die Kapitalaufbringung und -erhaltung bzw. sorgen sie nicht für eine ordnungsgemäße Kapitalausstattung, so läßt sich vertreten, daß die Gesellschafter das Haftungsprivileg nicht verdient hätten. Trotz dieser plausiblen Theorien nimmt die Rechtsprechung nur in extremen Ausnahmesituationen eine Durchgriffshaftung an. Dies wird nachfolgend anhand einzelner Fallgruppen erläutert.

II. Fallgruppen der Durchgriffshaftung

1. Rechtsform- und Institutsmißbrauch

Wird die Rechtsform der GmbH mißbräuchlich vorgeschoben, um Gläubiger zu schädigen, so läßt sich eine Durchgriffshaftung durchaus befürworten. Fraglich ist allerdings, ob eine eigene Anspruchsgrundlage überhaupt benötigt wird oder ob man mit der allgemeinen deliktrechtlichen Vorschrift des § 826 BGB auskommt. § 826 BGB statuiert eine Schadensersatzpflicht desjenigen, der andere vorsätzlich sittenwidrig schädigt. Verurteilungen aus § 826 BGB sind selten, weil sich die Voraussetzungen häufig nicht beweisen lassen. Vor dem gleichen Problem steht man bei der Fallgruppe der Durchgriffshaftung, die schlagwortartig als Rechtsform- oder Institutsmißbrauch bezeichnet wird. Die Fälle, in denen sich wirklich ein Mißbrauch

Mißbrauch der Rechtsform

der Rechtsform nachweisen lassen dürfte, haben daher Ausnahmecharakter.

Beispiel: *„Der Abzocker"*
Gerald Gierig gründet eine Fertighaus-GmbH. Die GmbH verspricht den Käufern zu absoluten Superkonditionen, schlüsselfertig Fertighäuser zu erstellen. Die Kalkulation kann jedoch nicht aufgehen, da die Einkaufspreise für die Fertighäuser deutlich die Endverkaufspreise übersteigen. G hatte auch niemals vor, Fertighäuser einzukaufen, die er dann veräußert und auf die entsprechenden Grundstücke aufbauen läßt; vielmehr möchte er von der von ihm selbst gegründeten GmbH lediglich Provisionen für erfolgreiche Vertragsabschlüsse mit den Fertighauskäufern kassieren. G hat nämlich mit der GmbH eine Provisionsabrede getroffen, wonach er vom Verkaufspreis für jedes verkaufte Fertighaus 10 % erhält. Dies entspricht der Anzahlung, die die GmbH von den Käufern bei Vertragsabschluß verlangt. G entnimmt sich - entsprechend seiner Vereinbarung mit der GmbH - die Provisionen aus dem Gesellschaftsvermögen und bleibt anschließend untätig. Die GmbH geht Pleite, die Fertighauskäufer haben ihre Anzahlungen verloren. Es ist offensichtlich, daß die GmbH nur dazwischen geschaltet wurde, um Gläubiger zu schädigen. Ein Haftungsdurchgriff läßt sich hier ohne weiteres befürworten. Die Rechtsprechung hat ebenfalls angenommen, daß sich in den Fällen, in denen die Gesellschaft so ausgestaltet war, daß die Nachteile aus der Geschäftstätigkeit notwendig die Gläubiger der Gesellschaft treffen mußten, eine Haftung aus § 826 BGB befürworten läßt (siehe BAG, ZIP 1999, 878, 880 m.w.N.). Für den für § 826 BGB erforderlichen Schädigungsvorsatz genügt es, wenn sich nach den äußeren Umständen die Möglichkeit einer Schädigung der Gläubiger geradezu aufdrängen mußte (BAG, ZIP 1999, 878, 880).

2. Vermögensvermischung

Keine Trennung der Vermögenssphären

Die Vermögensvermischung ist eine weitere Fallgruppe der Durchgriffshaftung, die diskutiert wird. Hier wird dem Gesellschafter vorgeworfen, er habe die Vermögenssphäre der Gesellschaft mit seiner eigenen durcheinandergebracht, so daß sich nicht mehr genau trennen läßt, was zum Gesellschaftsvermögen und was zum Privatvermögen gehört. Exakt konturiert ist diese Fallgruppe allerdings nicht. Es genügt für einen Durchgriff keinesfalls, wenn die Belege noch nicht in der Buchhaltung verbucht worden sind, weil dies ja jederzeit nachgeholt werden könnte. Auch einzelne Entnahmen aus dem Gesellschaftsvermögen reichen für einen Durchgriff nicht aus, da diese über die Kapitalerhaltungsvorschriften gemäß §§ 30, 31 GmbHG zu Rückerstattungsansprüchen führen können, so daß ein Ausgleich erfolgen kann. Einer Durchgriffshaftung bedarf es hierfür nicht. Der *BGH* hat vielmehr unter Berufung auf ein früheres Urteil (WM 1985, 54) prägnant ausgeführt, daß einzelne Privatentnahmen der Gesellschafter, auch wenn sie weit über den Bezug von Jahresgewinnen hinausgehen, nicht ohne weiteres einen Durchgriffstatbestand bilden, sondern nur Ansprüche der betroffenen GmbH auf Rückzahlung gemäß §§ 30, 31 GmbHG auslösen können, wenn hierbei das Stammkapital angegriffen wird. Es muß für eine Durchgriffshaftung wegen Vermögensvermischung hinzukommen, daß die Vermögensabgrenzung zwischen Gesellschafts- und Privatvermögen durch eine undurchsichtige Buchführung oder auf andere Weise allgemein verschleiert wird, so daß insbesondere die Beachtung der Kapitalerhaltungsvorschriften, weswegen die Haftungsbeschränkung auf das Gesellschaftsvermögen allein vertretbar ist, unkontrollierbar wird (BGHZ 95, 330, 334). Der *BGH* verlangt also eine undurchsichtige Buchführung oder eine sonstige Verschleierung der Vermögensabgrenzung zwischen Privat- und Gesellschaftsvermögen. In einer späteren Entscheidung hat er dann ausgeführt, daß ein Durchgriff wegen Vermögensvermischung nicht den Minderheitsgesellschafter treffen kann, selbst wenn dieser Geschäftsführer ist, da er es nicht in der Hand hat, für eine sorgfältige Abgrenzung der Vermögenssphären zu sorgen (BGHZ 125, 366, 368 f.). Dem *BGH* ist zu folgen, soweit der Minderheitsgesellschafter nicht *per se* haften soll. Ist er allerdings zusätzlich Geschäftsführer, muß er selbstverständlich dafür sorgen, daß die Vermögensverhältnisse der GmbH geordnet sind, so daß ihn als Minderheitsgesellschafter wegen der besonderen unternehmerischen Stellung dann doch wieder eine Durchgriffshaftung wegen Vermögensvermischung treffen sollte. Dies gilt m.E. auch dann, wenn - wie in der Entscheidung des *BGH* - die Geschäftsführerin und gleichzeitige Minderheitsgesellschafterin, die ansonsten geschäftlich unerfahren „nur" eine Hausfrauenrolle wahrnimmt, von ihrem Ehemann in das Amt der Geschäftsführerin gedrängt wurde (a.A. BGHZ 125, 366, 369).

Festzuhalten bleibt, daß eine Durchgriffshaftung wegen Vermögensvermischung dann eingreift, wenn der Gesellschafter nicht dafür gesorgt hat, daß das Schicksal des Haftungsfonds, d.h. das Schicksal des den Gläubigern zur Verfügung stehenden Garantiekapitals in Form des Stammkapitals, geklärt ist.

3. Unterkapitalisierung

Unzureichende finanzielle Ausstattung

Als letzte Fallgruppe der Durchgriffshaftung sei schließlich die nominelle Unterkapitalisierung genannt. Es wird zwischen nomineller Unterkapitalisierung (unzureichendes Stammkapital) und materieller Unterkapitalisierung (insgesamt unzureichende Eigenkapitalausstattung) unterschieden. Die Terminologie ist allerdings schwankend und uneinheitlich. Eine materielle Unterkapitalisierung muß nicht unbedingt durch die Zuführung von Stammkapital ausgeglichen werden, vielmehr kommen auch sonstige Mittel, wie eigenkapitalersetzende Gesellschafterdarlehen, Finanzplankredite (siehe hierzu die Ausführungen im 4. Teil, B.IV.) oder die Einforderung von Nachschüssen bzw. die Bildung von Rücklagen in Betracht.

Bei einer Durchgriffshaftung wegen Unterkapitalisierung geht es sowohl um die sog. nominelle Unterkapitalisierung, d.h., es wird dem Gesellschafter vorgeworfen, daß das Stammkapital nicht im angemessenen Verhältnis zu Art und Umfang der Geschäfte steht, als auch um die materielle Unterkapitalisierung, bei der an die unzureichende Eigenkapital- bzw. Eigenmittelausstattung angeknüpft wird.

Beispiel: *„Die Superflotte"*
Sören Ship (S) betreibt über seine GmbH mit einem Stammkapital von 25.000 €, an der er alle Anteile hält, eine Tankerflotte mit sechs Super-Öltankern, die einen Zeitwert von 30 Mio. € haben. Das Stammkapital in Höhe von 25.000 € ist hierfür viel zu dürftig. Derzeit ist ein Tanker vom Persischen Golf nach Rotterdam unterwegs, der Öl geladen hat, das vom Käufer Kurt Kleber (K) bereits im voraus bezahlt wurde. Durch ein Büroversehen war die Ladung nicht versichert. Das Schiff havariert, das Öl läuft überwiegend aus, es gibt eine Umweltkatastrophe. S stellt Insolvenzantrag und zieht sich auf die Kanaren zurück, wo das Öl glücklicherweise nicht angespült worden ist. K findet die Umweltkatastrophe zwar auch grauenvoll, will aber auf jeden Fall seinen Kaufpreis zurückhaben und wendet sich persönlich an S, der auf seiner Finca auf Teneriffa weilt. S weist alle Ansprüche zurück. K meint, daß S vor allem deshalb persönlich verpflichtet sei, weil er eine GmbH, die mit derart hohen Werten umgeht, lediglich mit einem Stammka-

pital von 25.000 € ausgestattet habe. S kommentiert den Fall salopp: „Da ist das Hemd wohl etwas zu kurz gewesen!"

Die Chancen des K im vorgenannten Beispiel, tatsächlich gegen S nach deutschem Recht einen Prozeß zu gewinnen, sind nicht allzu hoch. Die Rechtsprechung hat es bisher abgelehnt, einen allgemeinen Tatbestand der Unterkapitalisierung anzuerkennen, der lediglich daran anknüpft, daß eine GmbH mit einem unzureichenden Stammkapital oder mit zu geringen Eigenmitteln ausgestattet ist. Das Gesetz schreibt in § 5 I GmbHG das Mindeststammkapital vor, mehr kann grundsätzlich nicht verlangt werden. Wie die Gesellschafter ansonsten ihren Geschäftsbetrieb finanzieren, bleibt in erster Linie ihre freie Entscheidung. Aus diesem Umstand allein folgt jedenfalls noch keine Durchgriffshaftung. Die Literatur hingegen hat recht großzügig Durchgriffslehren wegen Unterkapitalisierung aufgrund unterschiedlicher dogmatischer Ansätze entwickelt. Auch bei diesen steht wieder im Vordergrund, daß die Vorschriften über die Kapitalhöhe, die Kapitalaufbringung und die Kapitalerhaltung in engem Zusammenhang mit dem Haftungsausschluß der Gesellschafter stehen, wobei sich der Gesetzgeber vorstellt, daß das Kapitalaufbringungs- und Erhaltungsrecht jedenfalls zum Teil den Ausschluß der persönlichen Haftung ausgleicht. Wenn das Stammkapital oder die Eigenmittel insgesamt völlig unzureichend seien, hätten sich die Gesellschafter das Haftungsprivileg nicht verdient. Der *BGH* ist diesen Ansätzen bisher nicht konsequent gefolgt, ein eigener Tatbestand der Unterkapitalisierung läßt sich derzeit noch nicht feststellen (eindeutig ablehnend siehe BGHZ 68, 312; eher offenlassend siehe BGH, NJW 1977, 1683, 1686; BGH, NJW 1979,

2104; bejahend das Bundessozialgericht, NJW 1984, 2117, wobei allerdings die Unterkapitalisierungshaftung nicht die die Entscheidung tragende Anspruchsgrundlage war). Das *BAG* hat jüngst die restriktive Haltung der Rechtsprechung bestätigt und vor allem auch darauf abgestellt, daß die Unklarheit des Begriffs der Unterkapitalisierung und seiner tatsächlichen Voraussetzungen dagegen sprechen, eine Mindestkapitalausstattung der GmbH vorzuschreiben (BAG, ZIP 1999, 878, 879).

D. Konzernhaftung

I. Überblick

1. Grundlagen

a. Unterordnungs- und Gleichordnungskonzern

Das Konzernrecht ist ein eigenständiges und umfangreiches Rechtsgebiet, das hier nur im Ausschnitt dargestellt werden kann. Die nachfolgenden Ausführungen beschränken sich auf die Konzernhaftung aus Sicht der betroffenen, d.h. konzernabhängigen GmbH, wobei nur die Anspruchsgrundlagen erläutert werden, die in der Praxis eine Rolle spielen. Von einem Konzern spricht man dann, wenn verbundene Unternehmen einheitlich geleitet werden. Rechtlich wird zwischen dem *Unterordnungskonzern* und dem *Gleichordnungskonzern* unterschieden. Diese beiden Konzerntypen sind in § 18 AktG erwähnt.

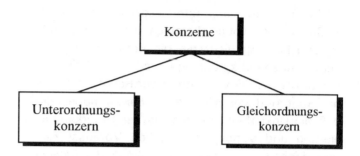

Gleichordnungs-konzern

§ 18 II AktG definiert, was unter einem Gleich-ordnungskonzern zu verstehen ist: die Zusam-menfassung mehrerer rechtlich selbständiger Unternehmen unter einheitlicher Leitung, ohne daß das eine von dem anderen abhängig ist. Es handelt sich um die typische Konstellation zweier Schwestergesellschaften, die ihre unternehmeri-sche Tätigkeit unter einheitlicher Leitung zu-sammengefaßt haben. Der Gleichordnungskon-zern hat nur geringe praktische Bedeutung, so daß er hier ausgeklammert bleibt. Die Darstellung beschränkt sich vielmehr auf den Unterord-nungskonzern.

Unterordnungs-konzern

Für den Unterordnungskonzern heißt es in § 18 I AktG, daß dann, wenn ein herrschendes und ein oder mehrere abhängige Unternehmen unter der einheitlichen Leitung des herrschenden Unternehmens zusammengefaßt sind, sämtliche Unternehmen zusammengenommen einen Kon-zern bilden. Die Konzernmuttergesellschaft be-herrscht also beim Unterordnungskonzern minde-stens eine Tochtergesellschaft.

Der Unterordnungskonzern zeichnet sich dadurch aus, daß das herrschende und mindestens ein beherrschtes Unternehmen einheitlich geleitet werden. Bei dem herrschenden bzw. beherr-schenden Unternehmen handelt es sich um die

Konzernmuttergesellschaft (Konzernspitze), bei der beherrschten Gesellschaft um die Tochtergesellschaft. Selbstverständlich sind auch mehrstufige Unternehmensverbindungen denkbar, etwa wenn die Tochtergesellschaft ihrerseits die Herrschaft über ein weiteres abhängiges Unternehmen ausübt, das dann als Enkelgesellschaft bezeichnet werden kann. Das entscheidende Definitionsmerkmal für einen Konzern ist die *einheitliche Leitung* der verbundenen Unternehmen. Die Muttergesellschaft muß also die Konzernleitungsmacht ausüben. Dies wird allerdings gemäß § 18 I 3 AktG grundsätzlich vermutet.

b. Stammhaus- und Holdingkonzern

Hinsichtlich der betriebswirtschaftlichen Organisation werden herkömmlicherweise Stammhaus- und Holdingkonzerne voneinander unterschieden.

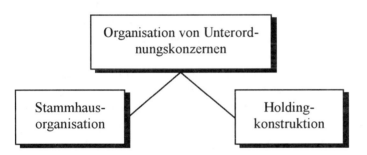

Bei der klassischen Stammhausorganisation erfüllt die Muttergesellschaft eine Doppelfunktion. Sie leitet nämlich sowohl das zu ihr gehörende Stammhaus mit eigenem Geschäftsbetrieb sowie - über ihre „Instrumente" aus den Beteiligungen, die ihr die Konzerngeschäftsführungsbefugnis ermöglichen - die Tochtergesellschaften. *Holdingkonzerne* hingegen werden dadurch definiert, daß sich die Muttergesellschaft allein auf das

Halten der Beteiligungen an den Tochtergesellschaften beschränkt und daneben keinen eigenen
Geschäftsbetrieb mehr unterhält.

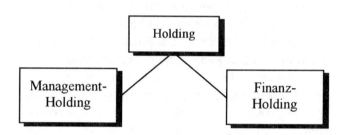

Holdingtypen

Übt die Holdinggesellschaft die Konzerngeschäftsführungsbefugnis tatsächlich aus, so redet man von einer *Management-Holding*. Beschränkt sich die Muttergesellschaft hingegen
darauf, die Beteiligung zu halten, ohne auf die
Geschäftspolitik der abhängigen Unternehmen
Einfluß zu nehmen, so handelt es sich um eine
sog. *Finanz-Holding*. Bei letzterer liegt dann ge-
naugenommen kein Konzern mehr vor, da die
Holding keine einheitliche Leitung ausübt. Allerdings wird grundsätzlich vermutet, daß in einer
derartigen Abhängigkeitskonstellation ein Konzern vorliegt (§ 18 I 3 AktG). Diese Vermutung
kann jedoch die Muttergesellschaft, hier also die
Finanz-Holding, widerlegen.

c. Der Konzern als Gefährdungslage

**Gefahren der
Konzernierung**

Die Konzernierung, d.h. die Einbindung der Gesellschaft in die Organisation eines anderen Unternehmens, birgt für die Tochtergesellschaft
mannigfaltige Gefahren. Sie bleibt zwar rechtlich
selbständig, wird jedoch wirtschaftlich abhängig.
Betriebswirtschaftlich zeichnet sich der Konzern
gerade durch die wirtschaftliche Einheit der ver-

bundenen Unternehmen aus. Die Muttergesellschaft könnte Maßnahmen ergreifen, die zwar
die einzelne Tochtergesellschaft benachteiligen,
jedoch insgesamt im Konzerninteresse liegen,
weil sie sich zugunsten der Muttergesellschaft
oder zum Vorteil anderer konzernverbundener
Unternehmen auswirken. Weist beispielsweise
die Muttergesellschaft die Tochtergesellschaft
an, einen ihrer qualifiziertesten Ingenieure der
Muttergesellschaft zur Verfügung zu stellen, weil
dessen besondere Fähigkeiten für ein Projekt der
Konzernspitze wichtig sind, so geht der Tochtergesellschaft dessen Know-how verloren. Das
Know-how kann aber ggf. bei der Muttergesellschaft besser und lukrativer verwertet werden.
Problematisch ist, ob sich die Tochtergesellschaft derartige nachteilige Weisungen grundsätzlich gefallen lassen muß und - falls man dies
bejaht - welche haftungsrechtlichen Folgen sich
hieraus ergeben. Wegen dieser besonderen Ge-
fährdung, die im Konzern besteht, ist das Kon-
zerngesellschaftsrecht vor allem als Schutzrecht
entwickelt worden. Schutzwürdig sind sowohl
die abhängige Gesellschaft selbst als auch die
Personen, die an deren Bestand ein Interesse
haben bzw. haben können, so z.B. ihre Minderheitsgesellschafter, Gläubiger, Arbeitnehmer,
aber auch die Allgemeinheit. So nützt es den
Minderheitsgesellschaftern der Tochtergesellschaft wenig, wenn es der Muttergesellschaft
oder einer Tochtergesellschaft deshalb besser
geht, weil sie sich auf Kosten der Tochtergesellschaft Vorteile „zuschanzt". Daneben sind vor
allem die Interessen der Gläubiger der abhängigen Gesellschaft zu beachten, die davor geschützt werden müssen, daß eine Gesellschaft
im Konzerninteresse „ausgenommen" und damit
vermögenslos wird.

Konzernrecht schützt

Neben dem Konzernrecht als Schutzrecht ist ein Konzernverfassungsrecht nötig, das die Organisation der Konzerne strukturiert und koordiniert (siehe hierzu *Jula*, Die Bildung besonderer Konzernorgane, 1995). Auf dieses Konzernorganisationsrecht kann hier ebenfalls nicht eingegangen werden. Gegenstand der folgenden Ausführungen ist vielmehr allein das Konzernhaftungsrecht aus Sicht der Tochtergesellschaft, also die Frage, inwieweit ein beherrschender Gesellschafter gegenüber der von ihm konzernabhängigen GmbH haftet.

Die Rechtsform der GmbH ist besonders gut geeignet, um als Tochtergesellschaft in einen Konzern eingebunden zu werden. Denn durch die Möglichkeit der Erteilung von Weisungen an den Geschäftsführer seitens der Gesellschafterversammlung könnte ein beherrschender Gesellschafter, der in der Gesellschafterversammlung dominiert, weitgehend seine Vorstellungen durchsetzen.

Zu beachten ist allerdings, daß, sofern es um Vertragsabschlüsse zwischen der Tochter- und der Konzernmuttergesellschaft geht, die Muttergesellschaft als Gesellschafterin in der Gesellschafterversammlung der Tochtergesellschaft vom Stimmrecht gemäß § 47 IV GmbHG ausgeschlossen ist. Jedoch kann die Muttergesellschaft ohne weiteres das Tagesgeschäft beeinflussen, da gewöhnlich der Geschäftsführer der Tochtergesellschaft die Maßnahmen „im eigenen Ermessen" und nicht aufgrund von Weisungsbeschlüssen trifft. Da die Konzernmuttergesellschaft in der Gesellschafterversammlung der Tochtergesellschaft die Mehrheit hat, kann gegen ihren Willen kein Geschäftsführer bestellt werden. Üblicherweise richtet der Geschäftsführer seine Geschäftsführung an den Interessen des Mehrheitsgesellschafters aus, so daß den Wünschen der Konzernmuttergesellschaft schon häufig allein dadurch Rechnung getragen wird. Dies vor allem dann, wenn als Geschäftsführer ggf. ein Manager der Muttergesellschaft eingesetzt wird.

d. Vertragskonzerne und faktische Konzerne

Hinsichtlich des angewandten Konzernhaftungsrechts bzw. „Konzernschutzrechts" unterscheiden wir danach, wie die Konzernleitung ausgeübt wird:

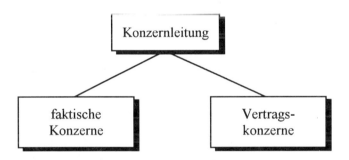

Besteht ein *Vertragskonzern*, d.h., ist mit der abhängigen Gesellschaft ein Beherrschungs- und/oder Gewinnabführungsvertrag geschlossen worden, bestimmen sich die Rechtsfolgen weitgehend nach den entsprechenden Vorschriften des Aktienrechts, so daß die Muttergesellschaft das volle unternehmerische Risiko der Tochtergesellschaft trägt.

Konzern auf vertraglicher Grundlage

Besteht kein Unternehmensvertrag, so spricht man von einem *faktischen* Konzern, da die Konzernleitung nicht aufgrund eines Vertrags, sondern durch tatsächliche Ausübung der Konzern-

Konzern auf faktischer Grundlage

leitungsmacht wahrgenommen wird. Beim faktischen Konzern unterscheidet man den *einfachen faktischen* sowie den *qualifiziert-faktischen* Konzern. Die Rechtsfolgen beim einfachen faktischen Konzern werden über die gesellschaftsrechtliche Treuepflicht geregelt, während für den qualifiziert-faktischen Konzern die Rechtsprechung eine eigene Anspruchsgrundlage, eben die Grundsätze des qualifiziert-faktischen Konzerns, entwickelt hat.

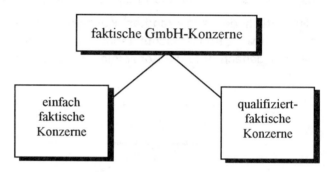

2. Konzernbildungskontrolle

Verhinderung eines Konzerns

Bevor auf das Haftungsrecht beim Konzern im einzelnen eingegangen wird, sei nochmals betont, daß sich die Frage der Haftung erst dann stellt, wenn ein Konzern vorliegt. Der Minderheitsgesellschafter einer GmbH muß sich vergegenwärtigen, daß er es tunlichst nie so weit kommen lassen darf, daß sich überhaupt ein Unterordnungskonzern bildet. Er sollte zumindest versuchen, hierauf Einfluß nehmen zu können. Die Bildung eines Konzerns setzt typischerweise voraus, daß sich die Konzernspitze unmittelbar oder mittelbar an der GmbH beteiligt. Es ist noch nicht abschließend entschieden, ob der Minderheitsgesellschafter bei der Bildung eines Konzerns zustimmen muß. Dies dürfte aber m.E. zu verneinen sein, da der bloße Anteilserwerb keine eigene Zustimmungspflicht auslösen kann. Daher muß der Minderheitsgesellschafter von vornherein dafür sorgen, daß Instrumente im Gesellschaftsvertrag verankert werden, die eine Vereinnahmung der Gesellschaft mit der Folge verhindern, daß sie eine abhängige Konzerngesellschaft wird.

Ein solches Instrument kann z.B. eine sog. *Vinkulierungsklausel* in der Satzung sein, die bestimmt, daß Anteilsübertragungen nur durch einen einstimmigen Beschluß der Gesellschafterversammlung oder mit Zustimmung aller Gesellschafter zulässig sind. Ohne einen derartigen einstimmigen Beschluß der Gesellschafterversammlung oder die Zustimmung der Gesellschafter dürfen Anteile nicht abgetreten werden. Dadurch kann erreicht werden, daß Gesellschafter, die noch andere eigene unternehmerische Interessen verfolgen, außen vor bleiben. Ist für die übrigen Gesellschafter allerdings nicht erkennbar, daß der neue Gesellschafter anderweitig, etwa als Konkurrent, unternehmerisch tätig ist, z.B. weil Strohmänner dazwischengeschaltet sind, läßt sich durch eine Zustimmungspflicht allein keine Konzernierung verhindern.

Vinkulierungsklausel

Die konzerntypische Gefährdungslage besteht also gerade dann, wenn der beherrschende Gesellschafter neben der Beteiligung an der GmbH noch in anderen Gesellschaften oder auch als Einzelkaufmann unternehmerische Ambitionen entwickelt. Neben einer Vinkulierungsklausel, die nur davor schützt, daß neue Gesellschafter hinzukommen, sollte daher für die bisherigen Gesellschafter ein *striktes Wettbewerbsverbot* im Gesellschaftsvertrag verankert werden. Dadurch

Wettbewerbsverbot

läßt sich eine Konzerneinbindung der bisherigen Gesellschafter in vielen Fällen verhindern.

Bezugsrecht

Weiterhin muß darauf geachtet werden, daß bei Kapitalerhöhungen das *Bezugsrecht* des bisherigen Minderheitsgesellschafters nicht ausgeschlossen wird. Die neuen Anteile könnten sonst einem Dritten angeboten werden, der möglicherweise danach trachtet, das Unternehmen konzernmäßig zu beherrschen. Denkbar ist auch eine Konzernbildung durch die Kombination von Kapitalerhöhung und anschließender Anteilsübertragung. Der neue Geschäftsanteil kommt dem zukünftigen konzernbeherrschenden Unternehmen zugute. Danach überträgt sodann einer der sonstigen Gesellschafter seinen Anteil ebenfalls auf die neue Gesellschafterin, wodurch eine Mehrheitsbeteiligung entsteht. Häufig ist dieses Vorgehen vorher zwischen den Beteiligten abgesprochen worden, ohne daß die sonstigen Gesellschafter hiervon etwas wußten.

Tip für den Minderheitsgesellschafter!
Achten Sie als Minderheitsgesellschafter darauf, daß keinerlei Sonderrechte für einen Mitgesellschafter eingeführt werden, die diesem möglicherweise dazu verhelfen könnten, das Unternehmen zu einem abhängigen Unternehmen „umzufunktionieren". Hervorragend eignet sich hierfür ein Sonderrecht, das auf die Bestellung des Geschäftsführers gerichtet ist. Der Geschäftsführer, der von dem Inhaber des Sonderrechts abhängig ist, wird sein Verhalten typischerweise an dessen Interessen ausrichten.

Behalten Sie auch im Auge, daß insbesondere Bezugsrechtsausschlüsse sowie die Einschränkungen von Vinkulierungsklauseln vorbereitende

> Maßnahmen zur Konzernbildung sein können. Sie sollten daher darüber nachdenken, ob Sie derartige Gesellschafterbeschlüsse ggf. gerichtlich angreifen.

Beispiel: *„Schoko-Bären und Marzipankartoffeln"*
Laura Lakritzia (L) und Sandra Süß (S) sind Gesellschafterinnen der Schoko-Bären-GmbH, die ein Stammkapital von 100.000 € aufweist. L und S sind hieran jeweils mit 50.000 € beteiligt. Die GmbH produziert und vertreibt Süßwaren aller Art, wobei sie sich insbesondere bei Schokoladen- und Marzipanspezialitäten einen Namen erworben hat, der überregional bekannt ist. Ihre Produkte werden sowohl über Einzelhandelsgeschäfte (Konfiserien) als auch über die Süßwarenabteilungen der großen Kaufhäuser und Supermärkte vertrieben. In letzter Zeit stockt allerdings der Absatz, auch bedingt durch Verteuerung der Rohstoffe, insbesondere für Mandeln, Rosinen und Sultaninen. Auch macht sich in der Branche ein Preisdumping breit, so daß die Produkte der GmbH, die überwiegend im Hochpreissegment angesiedelt sind, an Marktanteilen verlieren. Dennoch muß sich die GmbH keine Sorgen machen, da sie Markenprodukte vertreibt, die seit Generationen gern gegessen werden. S, die gleichzeitig Geschäftsführerin ist, dramatisiert jedoch L gegenüber die Lage und meint, daß man nur mit frischem Kapital wieder nach vorn kommen könnte. Hierbei weiß S sehr genau, daß L privat durch ihren Hausbau in finanzieller Bedrängnis ist und kein neues Kapital zur Verfügung stellen kann. S weiß jedoch Abhilfe; sie kenne aus dem Tennisclub einen Herrn Tobias Trüffel (T), der bereit sei, 300.000 € in das Gesellschaftsvermögen einzuschießen, wobei er jedoch nur lediglich mit 50.000 € am Stammkapital beteiligt werden möchte, der Rest könne in die Rücklagen eingestellt werden.

L stimmt schließlich zu, so daß T als neuer gleichberechtigter Gesellschafter in die GmbH aufgenommen wird. Was L nicht weiß: T hält bereits mehrere maßgebliche Beteiligungen an zahlreichen Unternehmen der Lebensmittelbranche. Unter anderem ist T an der Löwenwolf-Schokoladen-GmbH (LW-GmbH) mehrheitlich beteiligt. Diese Gesell-

schaft stellt ebenfalls Schokoladen- und Marzi-
panartikel her. Was L ebenfalls nicht bekannt ist:
Zwischen T und S besteht ein sog. Treuhandver-
hältnis, d.h. S hält ihren Anteil an der Schoko-
Bären-GmbH seit kurzem nicht mehr auf eigene
Rechnung, sondern als Treuhänderin für T. Hierfür
erhält sie von T eine nicht unerhebliche monatliche
Vergütung. S ist aufgrund des Treuhandvertrags
verpflichtet, ihr Stimmrecht nach den Weisungen
des T auszuüben. T steht damit die Mehrheit der
Anteile zu. S richtet ihr Verhalten nach den Wünschen des T aus, so daß L befürchten muß, daß
sich dies über kurz oder lang zum Nachteil der
Schoko-Bären-GmbH auswirkt. Für L ist die Situation auch beweisrechtlich sehr schwierig, weil S
ihr überzeugend wahrheitswidrig erklärt, daß sie
selbst auch erst später von der anderweitigen Tätigkeit des T erfahren und sie sich wiederum deutlich später aus privaten Gründen für den Abschluß
des Treuhandvertrags entschieden habe, da sie
sich ohnehin mittelfristig von ihrer Beteiligung lösen will.

Möchte ein beherrschender Gesellschafter auf
eine abhängige GmbH zu deren Nachteil einwir-
ken, so ist zu prüfen, inwieweit dies zulässig ist.
Im vorgenannten Beispiel könnte T etwa auf die
Idee kommen, die Produktion der abhängigen
GmbH, sofern dort identische Produkte wie bei
seiner LW-GmbH hergestellt werden, einstellen
zu lassen.

**Treuepflicht als
Anknüpfungspunkt**

Ganz überwiegend wird vertreten, daß das herrschende Unternehmen aufgrund der gesellschaftsrechtlichen Treuepflicht nicht schädigend
bei der Tochtergesellschaft eingreifen darf (sog.
Schädigungsverbot). Daher verbieten sich nachteilige Weisungen, die auf der Gesellschafterversammlung gefaßt werden, oder sonstige nachteilige Maßnahmen. Somit wäre es T aufgrund dieses Schädigungsverbots grundsätzlich verboten,
lukratives Geschäft auf eigene Rechnung zu ver-
lagern oder auch die Produktpalette der Tochter-

gesellschaft nach seinem Gutdünken einzuschränken oder zu verändern. Auch alle sonstigen nachteiligen Maßnahmen sind ihm verwehrt,
wie etwa die Änderung der Vertriebspolitik, indem der Schoko-Bären-GmbH Absatzmärkte zugunsten der LW-GmbH entzogen werden. Hier ist
T als natürliche Person übrigens selbst Konzernspitze. T darf solche Maßnahmen dann durchführen, wenn er einen einstimmigen Beschluß der
Gesellschafterversammlung bei der Schoko-
Bären-GmbH erzielt. Sind alle Gesellschafter mit
dem entsprechenden nachteiligen Geschäft einverstanden, so dürfen diese auch erfolgen. Grenze ist auch hier wieder nur die Kapitalerhaltung
gemäß § 30 GmbHG. Ferner ist der Auffassung
zu folgen, die darüber hinaus trotz einstimmigen
Beschlusses existenzgefährdende Weisungen für
unzulässig hält. Ein solcher einstimmiger Beschluß dürfte jedoch die Ausnahme sein. Erinnert
sei aber daran, daß viele Maßnahmen gar nicht
aufgrund von Gesellschafterbeschlüssen initiiert
werden müssen, sondern durch die sonstige Ein-
flußnahme auf den Geschäftsführer vorgenommen werden können. Ob sich der Geschäftsführer ggf. schadensersatzpflichtig macht, steht auf
einem anderen Blatt. Möchte der beherrschende
Gesellschafter seine Konzernleitungsmacht jedoch „legalisieren", so bietet sich der Abschluß
eines Unternehmensvertrags an. Dazu nun im
folgenden mehr.

II. Der GmbH-Vertragskonzern

Mit der abhängigen GmbH kann ein Unternehmensvertrag geschlossen werden. Nach der hier
vertretenen Auffassung bedarf es dafür eines
einstimmigen Beschlusses der Gesellschafterversammlung der abhängigen GmbH (siehe oben im
3. Teil, B.III.2.). Nur dadurch läßt sich verhin-

dern, daß gegen den Willen von Minderheitsgesellschaftern ein Vertragskonzern gebildet wird. Dieses Erfordernis des einstimmigen Beschlusses ist damit ein Instrument zur Konzernbildungskontrolle. Der Minderheitsgesellschafter kann sich überlegen, ob und zu welchen Bedingungen er bereit ist, dem Unternehmensvertrag zuzustimmen.

Die hiesige Darstellung bleibt beschränkt auf die typische Konstellation, in der sowohl ein Beherrschungs- als auch ein Gewinnabführungsvertrag abgeschlossen werden. Es handelt sich hierbei um eine Kombination aus zwei Unternehmensverträgen. Beide Verträge lassen sich auch isoliert abschließen, was beim Beherrschungsvertrag jedoch so gut wie nie der Fall ist, während es beim Gewinnabführungsvertrag aus steuerrechtlichen Gründen durchaus vorkommen kann. Beabsichtigt ist häufig, die Rechtsfolgen einer steuerrechtlichen Organschaft herbeizuführen, für die eine Beherrschung durch ein vertragliches Weisungsrecht nicht erforderlich ist. Durch den Abschluß des Gewinnabführungsvertrags verpflichtet sich die Tochtergesellschaft, ihren gesamten Gewinn an ein anderes Unternehmen abzuführen. Beim Beherrschungsvertrag unterstellt die GmbH die Leitung der Gesellschaft einem anderen Unternehmen. Beide Verträge zusammen werden als Beherrschungs- und Gewinnabführungsvertrag oder auch als Organschaftsvertrag in Anlehnung an die steuerrechtliche Terminologie bezeichnet.

Wirkungen des Beherrschungsvertags

Durch den Beherrschungsvertrag sichert sich die Muttergesellschaft nachhaltig die Leitungsmacht in der Tochtergesellschaft, wobei sie nunmehr im Konzerninteresse auch nachteilige Weisungen

erteilen darf. Ohne den Unternehmensvertrag
dürfte die Muttergesellschaft wegen des Schädigungsverbots nur dann nachteilige Weisungen
erteilen, wenn sämtliche Gesellschafter, also
auch Minderheitsgesellschafter der abhängigen
GmbH, zustimmen. Weiterer Vorteil des Unternehmensvertrags ist der Umstand, daß die Weisungen direkt von der Geschäftsführung der
Muttergesellschaft an die Geschäftsführung der
Tochtergesellschaft gerichtet werden können, so
daß ein Weisungsbeschluß auf der Gesellschafterversammlung der abhängigen Tochter entbehrlich wird. Dies läßt die Konzerngeschäftsführung nicht nur unkompliziert werden, sondern
schützt die Muttergesellschaft auch vor etwaigen
Anfechtungsklagen gegen Weisungsbeschlüsse
auf der Gesellschafterversammlung der Tochtergesellschaft, die nun mangels Vorliegens eines
Gesellschafterbeschlusses nicht mehr möglich
sind.

Insbesondere bei hundertprozentigen Tochtergesellschaften, also bei Einpersonengesellschaften,
bedarf es nicht unbedingt eines Beherrschungsvertrags, da aufgrund des Fehlens von Minderheitsgesellschaftern ohnehin nur einstimmige
Beschlüsse ergehen können. Daher wird auch
vertreten, daß das aus der Treuepflicht entwik-
kelte Verbot, schädigende Weisungen oder sonstige Nachteilszufügungen vorzunehmen, nicht
bei der Einpersonengesellschaft gilt. In der Praxis
wird bei der Einpersonen-GmbH in Fragen der
Geschäftsführung ohnehin keine Gesellschafterversammlung abgehalten, sondern der Geschäftsführer formlos angewiesen, das „Entsprechende" zu tun.

Möchte in dem vorgenannten Beispiel die LW-GmbH mit der Schoko-Bären-GmbH einen Unternehmensvertrag abschließen, so würde sie, wenn sie dieses Ziel erreicht, eine Position erlangen, in der sie die Konzerngeschäftsführung problemlos ausüben könnte. Da jedoch für den Abschluß des Unternehmensvertrags ein einstimmiger Beschluß der Tochtergesellschaft erforderlich wäre, ginge dies nicht ohne die Zustimmung aller Gesellschafter. Die Voraussetzungen des Abschlusses und die Rechtsfolgen eines Unternehmensvertrags (Beherrschungs- und/oder Gewinnabführungsvertrag) sind für die GmbH gesetzlich nicht geregelt (siehe zu den Voraussetzungen für den wirksamen Abschluß eines Unternehmensvertrags bereits oben im 3. Teil, B.III.2.).

Rechtsfolgen

Bei den Rechtsfolgen eines Unternehmensvertrags lehnt man sich weitgehend an das Aktienrecht an. Dort enthalten die §§ 302 und 303 AktG Vorschriften über den Verlustausgleich sowie über den Gläubigerschutz bei der Beendigung eines Unternehmensvertrags. Diese beiden Vorschriften werden auf den GmbH-Vertragskonzern analog, d.h. entsprechend, angewandt. Danach ist nach § 302 AktG die Konzernmuttergesellschaft, in unserem Beispiel also Tobias Trüffel (T), verpflichtet, jeden Jahresfehlbetrag bei der Schoko-Bären-GmbH auszugleichen. Nach Beendigung des Beherrschungs- und Gewinnabführungsvertrags gilt zudem § 303 AktG, d.h., es ist zugunsten der Gläubiger auf deren Verlangen Sicherheit zu bestellen.

Durch diese beiden Vorschriften ist sichergestellt, daß die Muttergesellschaft das volle unternehmerische Risiko der Tochtergesellschaft

trägt. Denn wer jeden Jahresfehlbetrag ausgleichen muß, haftet damit im Innenverhältnis für
sämtliche entstehenden Verluste.

Neben dieser haftungsrechtlichen Folge wird
diskutiert, ob beim Abschluß von Unternehmensverträgen zugunsten von Minderheitsgesellschaftern der abhängigen Gesellschaft Abfindungs-
bzw. Ausgleichsregelungen im Unternehmensvertrag aufgenommen werden müssen. Dies ist
dann entbehrlich, wenn man einen einstimmigen
Beschluß der Gesellschafterversammlung der
abhängigen Gesellschaft fordert, da es die Minderheitsgesellschafter dann in der Hand haben,
eine „Gegenleistung" für ihre Zustimmung aus-
zuhandeln. Ansonsten sollte durchaus in Anlehnung an die entsprechenden Vorschriften aus
dem Aktienrecht, nämlich die §§ 304 und 305
AktG, auch für das GmbH-Recht eine Abfindung
bzw. ein Ausgleich der außenstehenden Gesellschafter gefordert werden. Hierbei wird differenziert, ob die Minderheitsgesellschafter weiterhin
ihren Geschäftsanteil behalten und wegen des
Verlusts der wirtschaftlichen Selbständigkeit der
GmbH einen Ausgleich erhalten oder aber gegen
Abfindung ausscheiden möchten.

Möchten die Minderheitsgesellschafter in der   Ausgleich
Gesellschaft verbleiben, so kommt ein Ausgleich
in Betracht, der grundsätzlich sicherstellt, daß
den Gesellschaftern der Tochtergesellschaft eine
Dividende zufließt. Diese Ausgleichszahlung, die
jährlich erfolgt, hat sich, so sagt es § 304 II
AktG, an der bisherigen Ertragslage unter Berücksichtigung der künftigen Ertragsaussichten
zu orientieren. Ist die Muttergesellschaft eine
Kommanditgesellschaft auf Aktien oder eine Aktiengesellschaft, so kann die Ausgleichszahlung

auch an die Gewinne der Muttergesellschaft geknüpft werden.

Abfindung

Scheidet der Minderheitsgesellschafter hingegen aus, so erhält er eine Abfindung, wobei das Gesetz zwischen Barabfindung und einer Abfindung in Anteilen der Muttergesellschaft unterscheidet (siehe § 305 AktG). Strittig ist, ob bei der GmbH lediglich eine Barabfindung an die - anläßlich des Abschlusses eines Unternehmensvertrags - ausscheidenden Minderheitsgesellschafter zu zahlen ist, oder ob diese auch hier eine Abfindung in Anteilen der Muttergesellschaft verlangen können. Teils wird angenommen, daß dies der Fall sein müsse, wenn die Obergesellschaft kapitalistisch strukturiert ist. Ist die Konzernspitze hingegen z.B. ein Einzelkaufmann, so scheidet dennotwendig eine Abfindung durch Beteiligung aus, der Kaufmann müßte sich dadurch vielmehr in eine Personengesellschaft umwandeln, was meines Erachtens nicht verlangt werden kann. In jedem Fall muß die Abfindung den vollen Anteilswert ausgleichen. Angesetzt wird der Ertragswert; ist dieser geringer als der Liquidationswert, dann muß zumindest der letztere als Abfindung anteilig an den ausscheidenden Minderheitsgesellschafter gezahlt werden.

III. Der einfach faktische GmbH-Konzern

Überblick

Ein faktischer Konzern liegt vor, wenn kein Beherrschungsvertrag abgeschlossen wurde. Existiert nur ein Gewinnabführungsvertrag, so besteht, was die Leitung anbetrifft, ebenfalls ein faktischer Konzern, da die Leitungsmacht nicht aufgrund eines Vertrags ausgeübt wird. Im faktischen GmbH-Konzern gilt - wie ausgeführt - ein Schädigungsverbot. Das bedeutet, daß die Muttergesellschaft nur mit einstimmigem Beschluß

der Gesellschafterversammlung der Tochtergesellschaft dieser nachteilige Weisungen erteilen
oder sonstige Nachteile zufügen darf. Tut sie
dies dennoch, so muß sie den dadurch entstehenden Schaden ausgleichen. Es besteht ein sofort fälliger Anspruch der abhängigen GmbH. Die
Muttergesellschaft hat gegen ihre Treuepflicht
verstoßen, so daß sie für den Schaden aufzukommen hat. Vorausgesetzt wird ein Verschulden.

Beispiel: *„Die italienischen Mandeln"*
(Fortsetzung des Schoko-Bären-GmbH-Beispiels.) T
veranlaßt die Geschäftsführerin S, nunmehr Mandeln der Mandorle Spa, einer Aktiengesellschaft
italienischen Rechts, zu kaufen. Bei der Mandorle Spa handelt es sich um eine hundertprozentige
Tochtergesellschaft des T. Die Mandeln sind dort
trotz gleicher Qualität um zehn Prozent teurer als
beim bisherigen Lieferanten. Damit handelt es sich
eindeutig um eine Nachteilszufügung, durch die am
Vermögen der Schoko-Bären-GmbH ein Schaden
entsteht. Diese Schädigung erfolgte zudem schuldhaft. T ist der Schoko-Bären-GmbH zum Ausgleich
des entstandenen Schadens, d.h. zur Zahlung der
Differenz zwischen dem ursprünglichen Preis und
dem nunmehr höheren Preis, verpflichtet.

Die Nachteilszufügung ist also im Wege eines
Drittvergleichs festzustellen. Entscheidend ist, ob
es sich um Maßnahmen handelt, die ein ordent-
lich und sorgfältig handelnder Geschäftsleiter
einer unabhängigen Gesellschaft unterlassen hätte.

Nachteilszufügung

Die Fälle der Nachteilszufügungen können nicht
abschließend dargestellt werden, zu bunt ist die
Phantasie der beherrschenden Gesellschafter.
Denkbar sind beispielsweise:

Einzelfälle

- die Bestellung von Sicherheiten aus dem Vermögen der Tochtergesellschaft zugunsten von Krediten der Muttergesellschaft;
- die Gewährung von Darlehen aus dem Vermögen der Tochtergesellschaft ohne angemessene Verzinsung oder Besicherung zugunsten der Muttergesellschaft;
- die Abtretung von Forderungen der Tochtergesellschaft an die Muttergesellschaft ohne Gegenleistung;
- die Zahlung einer Umlage an die Muttergesellschaft ohne entsprechende gleichwertige Gegenleistung;
- die Veranlassung durch die Muttergesellschaft zum Abschluß nachteiliger Geschäfte, wie etwa hier bei dem teureren Einkauf der Mandeln;
- der Abschluß von riskanten oder unsicheren Geschäften auf Initiative der Muttergesellschaft;
- die Verlagerung von Aufträgen oder Gewinnchancen von der Tochtergesellschaft auf die Muttergesellschaft;
- der Einsatz von Arbeitskräften der Tochtergesellschaft zugunsten der Muttergesellschaft ohne bzw. ohne angemessene Gegenleistung.

Zu beachten ist hierbei stets, daß es durchaus ein unternehmerisches Ermessen gibt, auf das sich auch der beherrschende Gesellschafter berufen kann. Schließlich kann eine Konzernierung, d.h. eine Konzerneinbindung, für beide Seiten fruchtbar sein, wenn Synergieeffekte entstehen, die allen Beteiligten nützen. Nicht jede Maßnahme, die sich nachteilig auswirkt, muß daher eine schuldhafte Verletzung der Treuepflicht darstellen.

Die abhängige Gesellschaft, die den Schadensersatzanspruch durchsetzen möchte, hat die Voraussetzungen, d.h. die Nachteilszufügung und den dadurch entstandenen Schaden, zu beweisen, während sich der konzernbeherrschende Gesellschafter hinsichtlich seines Verschuldens entlasten muß. Hier gilt der Sorgfaltsmaßstab eines ordentlichen Geschäftsleiters analog § 43 GmbHG. Die dort von der Rechtsprechung entwickelte Beweislastumkehr wird auch bei der Treuepflichtverletzung, d.h. beim Verstoß gegen das Schädigungsverbot, entsprechend angewandt.

Häufig wird die abhängige Gesellschaft nicht gewillt sein, den Anspruch gegen den Mehrheitsgesellschafter durchzusetzen, weil der Geschäftsführer mit diesem zusammenwirkt. Es ist daher anerkannt, daß auch der Minderheitsgesellschafter analog §§ 309 IV, 317 IV AktG oder unter Berufung auf das Institut der *actio pro socio* Klage gegen den Mehrheitsgesellschafter erheben kann, wobei er jedoch nur Zahlung an die GmbH verlangen darf. Auch hier ist aber nach herrschender Auffassung ein Beschluß gemäß § 46 Nr. 8 GmbHG erforderlich. Zur Erinnerung: Ein solcher Gesellschafterbeschluß ist nötig, wenn es sich um die Geltendmachung von Ersatzansprüchen handelt, welche der Gesellschaft aus der Geschäftsführung gegen die Gesellschafter zustehen. Da es hier gerade um Ansprüche aus der Konzerngeschäftsführung geht, wäre diese Vorschrift eindeutig anwendbar, so daß zunächst ein Beschluß gefaßt werden müßte. Die Muttergesellschaft darf hierbei wegen des Verbots des Richters in eigener Sache ihr Stimmrecht bei der Fassung des Beschlusses nicht ausüben. Tut sie es dennoch, so muß der Min-

Durchsetzung durch Minderheitsgesellschafter

derheitsgesellschafter zunächst gegen diesen Beschluß gerichtlich vorgehen.

Durchsetzung durch Gläubiger

Auch der Gläubiger der abhängigen GmbH kann nach zutreffender Ansicht gegen die Konzernmuttergesellschaft Klage auf Schadensersatz erheben, wobei er diesmal Zahlung an sich selbst verlangen kann; dies allerdings erst dann, wenn der Gläubiger von der abhängigen Gesellschaft keine Befriedigung erlangen konnte, was regelmäßig erst in der Vermögenslosigkeit der Fall ist. Für das Klagerecht des Gläubigers wird ebenfalls auf die einschlägigen aktienrechtlichen Vorschriften zurückgegriffen (§§ 309 IV, 317 IV AktG). In der Insolvenz der abhängigen Gesellschaft macht diese Ansprüche der Insolvenzverwalter geltend. Ist die GmbH noch nicht vermögenslos, kann der Gläubiger die Schadensersatzansprüche, die der abhängigen GmbH wegen der schuldhaften Verletzung der Treuepflicht gegen die Konzernmuttergesellschaft zustehen, im Wege der Zwangsvollstreckung bei der Tochtergesellschaft pfänden und sich überweisen lassen (dies funktioniert über einen sog. Pfändungs- und Überweisungsbeschluß).

Unterlassung

Neben der Geltendmachung des Anspruchs auf Schadensersatz kann die Tochtergesellschaft auf Unterlassung klagen. Sie darf begehren, daß die Verstöße gegen die Treuepflicht beendet werden. Ein solcher Anspruch auf Unterlassung macht indes nur dann Sinn, wenn die Treuepflichtverstöße noch anhalten, was selten der Fall sein dürfte, denn in der Regel sind die Beteiligten bereits vor vollendete Tatsachen gestellt worden. In unserem Beispiel der zehn Prozent teureren Einkäufe ist es aber durchaus möglich, daß auch in Zukunft die Mandeln zu diesen überhöhten

Preisen erworben werden sollen, weshalb ein Unterlassungsanspruch durchgesetzt werden sollte. Der Unterlassungsanspruch ist dann darauf gerichtet, daß künftig diese Geschäfte unterbleiben. Häufig erlangt allerdings der Minderheitsgesellschafter erst viel zu spät von den Vorgängen Kenntnis, so daß schon ein erheblicher Schaden entstanden ist. Dann ist er dringend auf die Möglichkeit angewiesen, den Schadensersatz ggf. auch selbst durchzusetzen.

Beruht der schuldhafte Verstoß gegen die Treuepflicht auf einem Gesellschafterbeschluß, so ist der betreffende Minderheitsgesellschafter, der sich gegen die Umsetzung dieses Beschlusses wehren will, gehalten, zunächst im Wege der Anfechtungs- beziehungsweise Feststellungsklage gegen diesen Beschluß vorzugehen. Schädigende Maßnahmen erfordern, wie erwähnt, einen einstimmigen Beschluß. Zu beachten ist, daß die Muttergesellschaft vom Stimmrecht bei der Tochtergesellschaft gemäß § 47 IV GmbHG ausgeschlossen ist, wenn es um Rechtsgeschäfte zwischen Mutter- und Tochtergesellschaft oder um das Verbot des Richters in eigener Sache geht. Der *BGH* hat allerdings offengelassen, ob dies auch für Maßnahmen der laufenden Geschäftsführung gilt (siehe BGH, NJW 1973, 1039, 1040 f.).

Verhältnis zu sonstigen Rechtsschutzmöglichkeiten

Häufig ist es jedoch so, daß der Minderheitsgesellschafter dem Beschluß zustimmt bzw. gegen diesen nicht gerichtlich vorgeht, da er zunächst nicht die Tragweite des Beschlusses absehen kann, denn die Nachteilszufügung muß nicht immer offensichtlich sein. Erfolgt eine Anfechtung innerhalb der Anfechtungsfrist nicht, wird der Beschluß grundsätzlich bestandskräftig, so daß eine Anfechtungsklage nicht mehr erfolgen kann (siehe bereits 3. Teil, D.III.4.). Wie sich dies auf die Schadensersatzansprüche auswirkt, ist nicht abschließend geklärt. Meines Erachtens bestehen diese ungeschmälert fort, da den beherrschenden Gesellschafter die Aufklärungsobliegenheit trifft, etwaige nachteilige Auswirkungen der von ihm initiierten Beschlüsse aufzuzeigen. Bringt er diese nicht zur Sprache, bestehen Schadensersatzansprüche unabhängig davon, ob der Minderheitsgesellschafter dem Beschluß zugestimmt oder diesen angefochten hat.

IV. Der qualifiziert-faktische GmbH-Konzern

In Rechtsfortbildung entwickelt

Das bei dem einfach faktischen GmbH-Konzern beschriebene Instrumentarium setzt voraus, daß der Treuepflichtverstoß zu einem separierbaren, d.h. isolierbaren Nachteil geführt hat, der konkret ausgeglichen werden kann. Wird jedoch die Konzerngeschäftsführung dergestalt ausgeübt, daß sich einzelne Nachteile nicht mehr isolieren lassen, etwa weil die Nachteilszufügung großflächig ist oder nicht dokumentiert wird, muß diesem Umstand mit einer umfassenden Einstandspflicht der Muttergesellschaft für die Verbindlichkeiten der Tochtergesellschaft begegnet werden. Der *Bundesgerichtshof* hat daher eine spezielle Anspruchsgrundlage, nämlich die Grundsätze des qualifiziert-faktischen Konzerns, entwickelt, mit denen auf die flächendeckende, nicht separierbare Nachteilszufügung reagiert werden soll.

Beispiel: *„Die Herrschaft über die Schoko-Bären-GmbH"*

T hat die Schoko-Bären-GmbH fest im Griff. Es wurde zwar kein Beherrschungsvertrag abgeschlossen, T kann jedoch über den Treuhandvertrag die Geschäftsführerin S nach seinen Wünschen dirigieren. So hat er sie veranlaßt, die Roh-

stoffe komplett bei seiner italienischen Tochtergesellschaft einzukaufen. T hat ferner dafür gesorgt,
daß die Produkte der Schoko-Bären-GmbH nicht
mehr über die Kaufhäuser verkauft werden, da er
diesen Markt selbst beliefern will. Die Artikel der
Schoko-Bären-GmbH, die mit Erzeugnissen der LW-
GmbH weitgehend identisch sind, wie beispielsweise Marzipankartoffeln oder Cognac-Kirschen,
wurden vom Markt genommen. Welche Nachteile
im einzelnen dadurch der Schoko-Bären-GmbH zugefügt wurden, läßt sich nicht mehr beziffern. Hier
einen Einzelausgleich jeder einzelnen Maßnahme zu
fordern, wäre utopisch, es kann daher nur eine
Globalhaftung eintreten.

Die Rechtsprechung in Zivilsachen hat maßgeb- **Tatbestand**
lich im sog. TBB-Urteil (BGHZ 122, 123 ff.) Tatbestandsmerkmale für die Haftung nach den
Grundsätzen des qualifiziert-faktischen Konzerns
entwickelt. Das Urteil stammt aus dem Jahre
1993 und wurde in den Folgejahren durch die
Rechtsprechung bestätigt und weiter verfeinert.
Das *Bundesarbeitsgericht* und das *Bundessozialgericht* haben die Grundsätze vollständig übernommen. Man kann daher von einem in der
Rechtsprechung gefestigten Tatbestand des qualifiziert-faktischen GmbH-Konzerns ausgehen.

Folgende Tatbestandsmerkmale müssen vorliegen:

- *Ausübung der Konzernleitung*; in welchem
  Umfang oder in welcher Intensität ist gleich-
  gültig, die dauernde und umfassende Leitung
  des abhängigen Unternehmens ist nicht erforderlich.
- *Verletzung des Eigeninteresses der abhängigen GmbH*; hierbei handelt es sich um das
  zentrale Tatbestandsmerkmal. Erforderlich ist
  ein objektiver Mißbrauch der beherrschenden
  Gesellschafterstellung. Die Interessen der ab-

hängigen GmbH müssen durch Nachteilszufügungen beeinträchtigt sein. Vorausgesetzt werden konkrete Benachteiligungen, wobei auch hier die Palette wie beim einfach faktischen Konzern reichhaltig ist: Es kann sich um den Abschluß nachteiliger Geschäfte, den Liquidationsentzug, den Entzug von qualifiziertem Personal, die unzureichende Ausstattung der Tochtergesellschaft, die Verhinderung notwendiger Investitionen, usw. handeln. Für die Frage, ob das Eigeninteresse der abhängigen GmbH verletzt ist, muß immer die konkrete Gesellschaft unter Berücksichtigung ihrer bisherigen Situation betrachtet werden. Daß in dem vorgenannten Beispiel der Schoko-Bären-GmbH die Eingriffe in die Produktionspolitik eine Verletzung des Eigeninteresses der Schoko-Bären-GmbH darstellen, liegt auf der Hand.

- *Schaden;* durch die Verletzung des Eigeninteresses der abhängigen GmbH muß dieser ein Nachteil zugefügt worden sein, der nicht anderweitig ausgeglichen wurde. Es ist also stets eine Gesamtbetrachtung vorzunehmen, welche Vor- und Nachteile der abhängigen Gesellschaft entstanden sind.

- *Mangelnde Isolierbarkeit des Nachteils;* nur dann, wenn sich die Nachteile nicht mehr isolieren lassen bzw. dies nur noch unter wesentlich erschwerten Bedingungen möglich ist, besteht eine Globalhaftung, ansonsten hat der Einzelausgleich Vorrang. Solange sich also noch nachvollziehen läßt, zu welchen Nachteilen die konkreten Maßnahmen geführt haben, sind diese auch einzeln ausgleichsfähig. Daß dies bisher nicht erfolgt ist, führt nicht zu einer Globalhaftung, sondern nur zu einer Haftung für den Ausgleich der konkret

zugefügten Nachteile. Bei der Muttergesellschaft sollte eine ordnungsgemäße Dokumentation dafür sorgen, daß die einzelnen Nachteile ausgleichsfähig bleiben. In dem vorbezeichneten Beispiel der Schoko-Bären-GmbH
ist von der mangelnden Separierbarkeit auszugehen, da offenbar keinerlei Dokumentation erfolgte und nunmehr niemand beziffern
kann, wie sich die einzelnen Nachteile bei der
GmbH ausgewirkt haben.

• *Verschulden* muß nicht vorliegen (strittig).
Teils wird zwar gefordert, daß die Konzernmuttergesellschaft schuldhaft gehandelt haben muß; dies wird in der Regel ohnehin der
Fall sein, doch ist der Ansicht zu folgen, die
kein Verschulden verlangt (siehe OLG Dresden, GmbHR 1997, 215, 219). Die Schaf-
fung der intransparenten Lage, die zur feh-
lenden Isolierbarkeit der Nachteile geführt
hat, geschieht stets „schuldhaft", da es die
Konzernmuttergesellschaft versäumte, für eine transparente Dokumentation zu sorgen.
Darüber hinaus ist jedoch kein besonderes
Verschulden zu fordern.

Liegt der Tatbestand des qualifiziert-faktischen
Konzerns vor, so treten folgende Rechtsfolgen
ein:

Rechtsfolgen

Die Konzernmuttergesellschaft schuldet *Verlustausgleich analog § 302 AktG*. Das heißt, es
erfolgt ein Globalausgleich, durch den der Jahresfehlbetrag der Tochtergesellschaft von der
Muttergesellschaft abgedeckt wird. Der Anspruch ist nach Feststellung des Jahresabschlusses bei der Tochtergesellschaft fällig. Den Anspruch auf Verlustausgleich macht die abhängige
GmbH, vertreten durch ihren Geschäftsführer,

geltend. In der Insolvenz tut dies der Insolvenz-verwalter. Auch der Minderheitsgesellschafter darf, wie schon beim einfach faktischen Konzern, Zahlung an die GmbH verlangen. Ein Gläubiger könnte sich die Ansprüche pfänden und überweisen lassen, kann aber ansonsten auch nur Zahlung in das Gesellschaftsvermögen der GmbH verlangen, jedenfalls solange die Gesellschaft nicht vermögenslos ist. Bei der Einmann-GmbH wird diskutiert, ob der Alleingesellschafter den Jahresfehlbetrag nur insoweit ausgleichen muß, bis das angetastete Stammkapital wieder aufgefüllt ist.

Neben der Verpflichtung gegenüber der abhängigen Gesellschaft zum Ausgleich der Verluste besteht noch eine *Ausfallhaftung analog § 303 AktG*. Nach dieser Vorschrift können die Gläubiger bei Beendigung des Beherrschungsver-trags Sicherheitsleistung verlangen. Bei dem qualifiziert-faktischen Konzern ist diese Vor-schrift bei der tatsächlichen Beendigung des qualifiziert-faktischen Konzernverhältnisses ana-log anzuwenden. Dieses Verhältnis ist auch dann beendet, wenn die Gesellschaft insolvent gewor-den ist und sich in Abwicklung befindet. Sicher-heitsleistung macht aber nur so lange Sinn, wie bei der abhängigen Gesellschaft noch etwas zu verteilen ist. Ist die abhängige Gesellschaft ver-mögenslos, besteht kein Grund, den Umweg über die Sicherheitsleistung zu wählen; dann können die Gläubiger vielmehr direkt Zahlung an sich verlangen. Vermögenslosigkeit liegt bei-spielsweise vor, wenn das Insolvenzverfahren mangels Masse abgelehnt worden ist.

Direktanspruch

Beim qualifiziert-faktischen Konzern hat also der Gläubiger einer vermögenslosen GmbH einen

direkten Zahlungsanspruch gegen die Konzernmuttergesellschaft. Noch nicht vom *BGH* entschieden ist die Frage, ob die Haftung auf das
unternehmerische Vermögen der Muttergesellschaft beschränkt ist, oder ob diese, wenn es
sich um eine natürliche Person handelt, auch mit
ihrem sonstigen Privatvermögen haften muß (offenlassend BGHZ 122, 123, 128). Das *OLG Köln*
hat entschieden, daß eine Haftung auch mit dem
Privatvermögen zu erfolgen hat, da es für die
gegenteilige Ansicht keine gesetzliche Grundlage
gibt und daher von einer unbeschränkten Haftung auszugehen ist (OLG Köln, GmbHR 1997,
220, 221). Der Ansicht des *OLG Kölns* ist zuzustimmen, denn wenn schon der beherrschende
Gesellschafter keine angemessene Rücksicht auf
die Interessen der Tochtergesellschaft genommen hat, ist es erst recht nicht einsehbar, warum
er dadurch auch noch durch eine Haftungsbeschränkung belohnt werden soll.

Neben den Grundsätzen des qualifiziert-
faktischen Konzerns wird in Extremfällen eine
Haftung aus § 826 BGB befürwortet (siehe
BGHZ 107, 7, 21 [sog. Tiefbau-Entscheidung]).
Dort hat der *BGH* ausgeführt, daß die Herbeiführung der Überschuldung durch sittenwidrige Ent-
ziehung der finanziellen Mittel eine vorsätzliche
sittenwidrige Schädigung darstellt. Ein Rückgriff
auf § 826 BGB dürfte aber wegen der erhöhten
Anforderungen an den Tatbestand die Ausnahme
bilden.

Die Geltendmachung der Ansprüche nach den
Grundsätzen des qualifiziert-faktischen Konzerns
erfolgt nach den üblichen Beweislastregeln. Das
bedeutet für den Anspruchsteller, d.h. den Gläubiger, daß er sämtliche haftungsbegründenden

**Beweis- und
Darlegungslast**

Tatsachen darzulegen und zu beweisen hat. Er muß also beweisen, daß die Muttergesellschaft keine angemessene Rücksicht auf die Interessen der Tochtergesellschaft genommen hat und das dieser dadurch Nachteile entstanden sind, die sich nicht mehr einzeln ausgleichen lassen. Da ein Einblick in die Verhältnisse der Mutter- und Tochtergesellschaft häufig nicht möglich sein wird, läßt der *Bundesgerichtshof* allerdings Erleichterungen hinsichtlich der Sustantiierungslast zu. Danach muß das herrschende Unternehmen nähere Angaben tätigen, wenn es - im Gegensatz zum Kläger - die Tatsachen kennt und wenn ihm diese Darlegung zumutbar ist, d.h., wenn für die Muttergesellschaft der Zugriff auf die Buchhaltung bzw. die Geschäftsunterlagen noch vorhanden ist. Der Gläubiger muß allerdings Umstände darlegen und beweisen, die die Annahme zumindest nahelegen, daß bei der Unternehmensführung im Hinblick auf das Konzerninteresse die eigenen Belange der GmbH über bestimmte, konkret ausgleichsfähige Einzelinteressen hinaus beeinträchtigt worden sind. Eine ins Blaue hinein geäußerte Behauptung, es habe Nachteilszufügungen gegeben, genügt also nicht. Zumindest einzelne Nachteilszufügungen muß der Kläger benennen. Der Gläubiger genügt seiner Darlegungslast hinsichtlich des Eigeninteresses der Tochtergesellschaft nicht allein dadurch, indem er sich darauf beruft, daß eine Vermögenslosigkeit bzw. eine Insolvenz der abhängigen Gesellschaft vorliegt, da dadurch nicht bewiesen ist, auf welchen Ursachen diese beruht (siehe auch BGH, NJW 1997, 943, 944).

Schutz von Minderheitsgesellschaftern

Neben den haftungsrechtlichen Folgen löst der Tatbestand des qualifiziert-faktischen Konzerns auch noch Rechtsfolgen zum *Schutz von Min-*

derheitsgesellschaftern aus. So haben diese auch hier, wie beim einfachen faktischen Konzern, einen *Anspruch auf Unterlassung*, d.h., sie können darauf bestehen, daß die Verletzung des Eigeninteresses der Tochtergesellschaft unterbleibt. Daneben wird ihnen ein *Austrittsrecht aus wichtigem Grund* gegen volle Abfindung durch das herrschende Unternehmen zugebilligt. Vertragliche Abfindungsklauseln greifen hier nicht ein. Es ist dem Minderheitsgesellschafter unzumutbar, in einer Gesellschaft zu verbleiben, die sich in qualifiziert abhängiger Konzernierung befindet, da hier ständig mit empfindlichen Nachteilszufügungen gerechnet werden muß, die sowohl die Gewinnaussichten schmälern als auch die Gefahr der Insolvenz begründen.

Tip!
Als *beherrschender Gesellschafter* müssen Sie sich das Risiko der Haftung nach den Grundsätzen des qualifiziert-faktischen Konzerns vor Augen halten. Sind Sie noch anderweitig unternehmerisch tätig, so laufen Sie Gefahr, in die unbegrenzte persönliche Haftung hineinzugeraten. Sie sollten daher im eigenen Interesse darauf achten, daß etwaige Maßnahmen, die Sie für die Tochtergesellschaft treffen, detailliert dokumentiert werden, so daß Sie im Haftungsfall die durch ihr Handeln entstandenen Nachteile beziffern und ausgleichen können. Dadurch verhindern Sie, daß Sie in eine Globalhaftung geraten, aufgrund derer Sie für sämtliche entstandenen Verluste einstehen müssen. Verpflichten Sie den Geschäftsführer der abhängigen Gesellschaft, zeitnah die nachteiligen Maßnahmen zu dokumentieren, wobei dieser sich nicht darauf beschränken soll, dies lediglich durch die Buchhaltung zu tun, sondern darüber hinaus noch eine eigene Dokumen-

tation anlegen sollte. Zu jedem Vorgang sind die dazugehörigen Belege, z.B. Vertragsurkunden, Verhandlungsprotokolle oder Aktennotizen, zusätzlich zu den Auszügen aus der Buchhaltung zu nehmen. Trägt dann später ein Gläubiger einzelne nachteilige Maßnahmen vor, so können Sie mit der Vorlage der entsprechenden Unterlagen unter Beweis stellen, daß diese Nachteilszufügung durchaus erkannt und dokumentiert wurde und sich der Einzelausgleich ohne weiteres beziffern läßt.

5. Teil
Gesellschafterwechsel und
Beendigung der Gesellschaft

A.
Überblick

Die mitgliedschaftliche Stellung als Gesellschafter endet entweder durch das Ausscheiden aus der GmbH, wobei diese dann von den übrigen Gesellschaftern fortgesetzt wird, oder durch eine Beendigung der Gesellschaft durch Löschung im Handelsregister, bei der sämtliche Gesellschafter ihre Gesellschafterstellung verlieren. Das Ausscheiden des Gesellschafters kann sich durch eine Anteilsübertragung vollziehen, bei der anstelle des Gesellschafters ein anderer den Geschäftsanteil übernimmt. Statt der Anteilsübertragung kommen aber auch ein Austritt oder ein Ausschluß aus der Gesellschaft in Betracht, wobei mit dem Austritt das freiwillige Ausscheiden des Gesellschafters aus der Gesellschaft gemeint ist, während der Ausschluß dem Gesellschafter die Mitgliedschaft zwangsweise entzieht. Schließlich sieht das Gesetz in § 34 GmbHG noch das Institut der Einziehung des Geschäftsanteils vor, das ebenfalls dazu führt, daß der Gesellschafter seine Mitgliedschaft verliert.

Die Beendigung der Gesellschaft erfolgt durch Auflösung, wobei das Gesetz in § 60 GmbHG eine Vielzahl von Auflösungsgründen vorsieht. Hierauf soll zunächst eingegangen werden.

B.
Beendigung der Gesellschaft

I. Überblick

Auflösung und Vollbeendigung

Wir müssen zwischen der Auflösung, der sich anschließenden Abwicklung und der Vollbeendigung der Gesellschaft durch ihre Löschung im Handelsregister unterscheiden. Durch die Auflösung ist die Gesellschaft noch nicht „aus der Welt", sondern wandelt sich lediglich von der lebenden, d.h. werbenden Gesellschaft in eine Abwicklungsgesellschaft um. Nach Durchführung der Abwicklung erfolgt sodann die Vollbeendigung, indem die Gesellschaft nebst ihrer Firma im Handelsregister gelöscht wird.

Die Auflösungsgründe sind in § 60 GmbHG zusammengefaßt. Dort heißt es:

§ 60 GmbHG [Auflösungsgründe]
(1) Die Gesellschaft mit beschränkter Haftung wird aufgelöst:
  1. *durch Ablauf der im Gesellschaftsvertrag bestimmten Zeit;*
  2. *durch Beschluß der Gesellschafter; derselbe bedarf, sofern im Gesellschaftsvertrag nicht ein anderes bestimmt ist, einer Mehrheit von drei Vierteilen der abgegebenen Stimmen;*
  3. *durch gerichtliches Urteil oder durch Entscheidung des Verwaltungsgerichts oder der Verwaltungsbehörde in den Fällen der §§ 61 und 62;*
  4. *durch die Eröffnung des Insolvenzverfahrens; wird das Verfahren auf Antrag des Schuldners eingestellt oder nach der Bestätigung eines Insolvenzplans, der den Fortbestand der Gesellschaft vorsieht, aufgehoben, so können die Gesellschafter die Fortsetzung der Gesellschaft beschließen;*

5. *mit der Rechtskraft des Beschlusses, durch den die Eröffnung des Insolvenzverfahrens mangels Masse abgelehnt worden ist;*
6. *mit er Rechtskraft einer Verfügung des Registergerichts, durch welche nach den §§ 144 a, 144 b des Gesetzes über die Angelegenheiten der freiwilligen Gerichtsbarkeit ein Mangel des Gesellschaftsvertrags oder die Nichteinhaltung der Verpflichtungen nach § 19 Abs. 4 dieses Gesetzes festgestellt worden ist;*
7. *durch die Löschung der Gesellschaft wegen Vermögenslosigkeit nach § 141 a des Gesetzes über die Angelegenheiten der freiwilligen Gerichtsbarkeit.*

(2) Im Gesellschaftsvertrag können weitere Auflösungsgründe festgesetzt werden.

Zu den Auflösungsgründen im einzelnen:
Der Auflösungsgrund nach § 60 I Nr. 1 GmbHG (Zeitablauf) hat kaum praktische Bedeutung. Es steht den Gesellschaftern frei, die Lebensdauer der Gesellschaft zeitlich zu begrenzen. Dies bietet sich etwa an, wenn die GmbH für einen besonderen Anlaß, etwa die Durchführung einer Messe, gegründet wird. Mit Ablauf der Messe wird die Gesellschaft aufgelöst und sodann das Liquidationsverfahren durchgeführt.

Auflösungsgründe

Der „Normalfall" der Auflösung einer Gesellschaft auf Initiative der Gesellschafter ist die Fassung eines Auflösungsbeschlusses gemäß § 60 I Nr. 2 GmbHG. Hierfür ist eine Mehrheit von drei Vierteln der abgegebenen Stimmen erforderlich. Einer sachlichen Rechtfertigung bedarf der Auflösungsbeschluß nicht (BGHZ 76, 352, 353 ff.). Es steht den Gesellschaftern frei, jederzeit ihre unternehmerische Tätigkeit zu beenden und die Gesellschaft wieder aufzulösen. Der Beschluß ist nur dann fehlerhaft und im Wege der Anfechtungsklage angreifbar, wenn er gegen die Treuepflicht verstößt, etwa weil die Minderheit

Auflösungs-beschluß

bewußt „ausgebootet" werden soll, indem beispielsweise die Mehrheit versucht, das Gesellschaftsvermögen und insbesondere den Geschäftsbetrieb nebst den Kundenbeziehungen auf andere Gesellschaften unter Ausschaltung der Mitgesellschafter zu überführen (BGHZ 76, 352, 355 f.). Diese Extremfälle dürften jedoch selten sein.

Mit der Beschlußfassung bzw. dem im Beschluß genannten Termin ist die Gesellschaft aufgelöst. Anschließend wird das Liquidationsverfahren durchgeführt. Die Anmeldung der Auflösung beim Handelsregister ist Pflicht, jedoch nicht Bedingung, um die Auflösung wirksam werden zu lassen. Sie hat lediglich sog. deklaratorische Wirkung.

Nur äußerst geringe praktische Bedeutung haben die Auflösungsgründe in § 60 I Nr.3 GmbHG. Dort heißt es, daß die Gesellschaft durch ein gerichtliches Urteil oder eine Entscheidung des Verwaltungsgerichts oder der Verwaltungsbehörde in den Fällen der §§ 61 und 62 GmbHG aufgelöst werden kann.

Auflösungsurteil

Eine Auflösung durch Auflösungsurteil gemäß § 61 GmbHG kann im Anschluß an eine Auflösungsklage ergehen. Berechtigt, eine Auflösungsklage zu erheben, sind die Gesellschafter, die zusammen mindestens 10 % des Stammkapitals halten. Die Auflösungsklage ist gegen die Gesellschaft zu richten. Sie ist begründet, wenn die Erreichung des Gesellschaftszwecks unmöglich wird oder wenn andere in den Verhältnissen der Gesellschaft liegende wichtige Gründe für die Auflösung vorhanden sind. Die Vorschrift ist nur von geringer Bedeutung, da die Gesellschafter nach heute allgemeiner Ansicht beim Vorliegen eines wichtigen Grundes ein Austrittsrecht aus der Gesellschaft haben, so daß sie auf die Auflösungsklage als wesentlich einschneidendes Mittel nicht mehr zurückgreifen dürfen (siehe zum Austrittsrecht die Ausführung im 5. Teil, C.III.3.).

Eine Unmöglichkeit der Zweckerreichung wird für den Fall diskutiert, in dem die Gesellschaft zukünftig nicht erwerbswirtschaftlich in Deutschland tätig werden kann, weil sich mit ihrem Unternehmensgegenstand aufgrund der Standortfaktoren kein Gewinn mehr erzielen läßt.

Ferner kann eine GmbH durch die zuständige Verwaltungsbehörde aufgelöst werden, wenn sie, wie es in § 62 GmbHG heißt, das Gemeinwohl dadurch gefährdet, daß die Gesellschafter gesetzwidrige Beschlüsse fassen oder gesetzwidrige Handlungen der Geschäftsführer wissentlich geschehen lassen. Betreibt beispielsweise eine GmbH das „Schleuser-Geschäft", indem sie aus den Entwicklungsländern einreisewillige Menschen illegal in das Bundesgebiet bringt, so verwirklichen die Handelnden dadurch Straftatbestände, die es erlauben würden, daß die GmbH, die den Deckmantel für die Straftaten bereitstellt, durch Entscheidung der Verwaltungsbehörde aufgelöst wird. Als weiteres Beispiel sei eine GmbH angeführt, die Anleger prellen möchte, indem sie von ihnen Gelder entgegennimmt und diese abredewidrig nicht anlegt, sondern veruntreut. Ist die Gesellschaft auf die Begehung derartiger Straftaten angelegt, kann sie ebenfalls per Verwaltungsakt aufgelöst werden.

Auflösung durch Behörde

Nach § 60 I Nr. 4 und 5 GmbHG wird die Gesellschaft mit Eröffnung des Insolvenzverfahrens

Auflösung bei Insolvenz

oder mit der Rechtskraft des Beschlusses, durch den die Eröffnung des Insolvenzverfahrens mangels Masse abgelehnt worden ist, aufgelöst. In beiden Fällen veranlaßt das Insolvenzgericht die Eintragung der Auflösung im Handelsregister. Im ersten Fall wird das Insolvenzverfahren durchgeführt, an dessen Ende in der Regel eine Vollbeendigung der Gesellschaft durch Löschung derselben im Handelsregister steht. Allerdings läßt § 60 I Nr. 4 GmbHG eine Fortsetzung der Gesellschaft durch entsprechenden Beschluß der Gesellschafterversammlung zu, wenn eine Sanierung der Gesellschaft durch Insolvenzplan erfolgt oder wenn der Antrag des Schuldners auf Durchführung des Insolvenzverfahrens zurückgenommen wird. Eine Zurücknahme des Antrags ist beispielsweise dann denkbar, wenn eine Überschuldung oder Zahlungsunfähigkeit der Gesellschaft nicht mehr besteht. Mangels Insolvenzreife bedarf es dann nicht mehr der Durchführung eines Insolvenzverfahrens.

Auflösung durch Registergericht

Nach § 60 I Nr. 6 GmbHG wird die Gesellschaft aufgelöst, wenn eine Verfügung des Registergerichts nach § 144 a und b GmbHG ergangen ist.

Mangel in der Satzung

Voraussetzung für eine solche Verfügung ist zum einen ein Mangel des Gesellschaftsvertrags, womit insbesondere das Fehlen des notwendigen Mindestinhalts gemäß § 3 I GmbHG gemeint ist (also z.B. die unterlassene Angabe des Unternehmensgegenstands, der Firma oder des Sitzes der Gesellschaft).

Anteilsvereinigung

Ferner erfolgt eine Löschung nach § 144 b GmbHG, wenn sich die Geschäftsanteile innerhalb von drei Jahren nach der Eintragung der GmbH im Handelsregister in einer Hand bzw. in

der Hand der Gesellschaft selbst vereinigen, so
daß die verschärften Voraussetzungen für die
Einpersonen-Gesellschaft zur Anwendung kommen müßten. Der Gesellschafter muß sich nunmehr entscheiden, ob er einen weiteren Gesellschafter aufnimmt, die restliche Stammeinlage
einzahlt oder hierfür Sicherheitsleistung bestellt.
Kommt er diesen Forderungen nicht nach, so
besteht die Möglichkeit, durch das Registergericht eine Auflösung der GmbH herbeizuführen.

Als letzter Auflösungsgrund nennt § 60 I
GmbHG in Ziffer 7 schließlich die Löschung der
Gesellschaft wegen Vermögenslosigkeit nach
§ 141 a FGG. § 141 a FGG hat das alte Lö-
schungsgesetz aus dem Jahre 1934 abgelöst. Er
wurde mit Wirkung zum 1.1.1999 eingeführt.
Inhaltlich gab es dadurch nur unwesentliche Änderungen. Eine GmbH kann danach von Amts
wegen, auf Antrag der IHK oder der zuständigen
Steuerbehörde gelöscht werden, wenn sie vermögenslos ist. Nach dem Ende eines Insolvenzverfahrens ist sie zwingend von Amts wegen zu
löschen, falls keine Anhaltspunkte dafür vorliegen, daß noch Vermögen vorhanden ist.

Löschung wegen Vermögenslosigkeit

Außerhalb des Insolvenzverfahrens ist das Handelsregister berechtigt, aber nicht verpflichtet,
von Amts wegen eine Löschung vorzunehmen.
Um einem „Herumgeistern" von vermögenslosen
GmbH-Mänteln entgegenzuwirken, ist das Handelsregister durchaus bestrebt, Löschungen wegen Vermögenslosigkeit herbeizuführen. Allerdings muß sichergestellt sein, daß tatsächlich
keinerlei Vermögensgegenstände mehr vorhanden sind. Ob eine Überschuldung besteht, ist
hierfür unerheblich. Entscheidend ist, ob wenigstens noch ein verwertbarer Vermögensgegen-

Verfahren und Voraussetzungen

stand zur Verfügung steht. Schon dann scheidet eine Löschung wegen Vermögenslosigkeit aus. Eine solche darf erst dann erfolgen, wenn der Geschäftsführer, soweit er vorhanden und sein Aufenthaltsort bekannt ist, angehört wurde sowie die Möglichkeit zur Einlegung eines Widerspruchs erhalten hat.

Tip!

Eine Löschung wegen Vermögenslosigkeit sollten Sie als Gesellschafter dann in Erwägung ziehen, wenn Ihre Gesellschaft aufgrund der Vermögenslosigkeit nicht mehr in der Lage ist, ein ordentliches Liquidationsverfahren durchzuführen. Für die Durchführung des Liquidationsverfahrens sind beispielsweise Gläubigeraufrufe erforderlich, die für sich allein durch ihre Bekanntmachung schon erhebliche Kosten verursachen. Ferner dürfte sich auch kein Liquidator finden, der bereit ist, das Liquidationsverfahren zu betreiben. Hier kann eine Löschung wegen Vermögenslosigkeit helfen. Da Sie selbst jedoch nicht antragsberechtigt sind, sollten Sie versuchen, entweder das Handelsregister dazu zu bewegen, von Amts wegen das Löschungsverfahren einzuleiten, oder aber Sie treten gleichzeitig an die IHK und das Finanzamt, ggf. auch an die kommunale Steuerbehörde heran, und bitten diese, von ihrem Antragsrecht Gebrauch zu machen. Insbesondere die IHK erweist sich in der Praxis als antragsfreudig, da sie daran interessiert ist, daß vermögenslose Gesellschaften gelöscht werden, die lediglich den Handelsverkehr belasten. Zum Beweis der Vermögenslosigkeit sollten Sie den letzten Jahresabschluß einreichen. Das Handelsregister wird aber nicht leichtfertig eine Löschung vornehmen, sondern die Angelegenheit in Ruhe prüfen und die Steuerbehörden sowie ggf. die

Sozialversicherungsträger neben der IHK anhö-
ren. Das Gesetz sieht allerdings nur eine Anhö-
rung der IHK - bzw. bei Handwerkern der Hand-
werkskammer sowie bei Land- oder Forstwirten
der zuständigen berufsständischen Vereinigung -
vor.

II. Liquidationsverfahren

1. Ablauf des Verfahrens

In allen Fällen - mit Ausnahme der Durchführung   Grundlagen
des Insolvenzverfahrens oder bei Löschung we-
gen Vermögenslosigkeit - findet ein Liquidationsverfahren statt. Das Liquidationsverfahren beginnt mit der Auflösung der Gesellschaft. Als
erste Maßnahme ist die Liquidation beim Handelsregister anzumelden, was von diesem ggf.
mit Zwangsgeld durchgesetzt werden kann. Die
Liquidation ist in den Gesellschaftsblättern bekanntzumachen, indem die Gläubiger aufzufordern sind, sich bei der Gesellschaft wegen ihrer
Forderungen zu melden. Der Gläubigeraufruf hat
dreimal in den Gesellschaftsblättern zu erfolgen.
Der dreimalige Aufruf kann auch in drei nachein-
ander erscheinenden Zeitungen stattfinden. Dadurch werden erhebliche Kosten verursacht, die
dadurch reduziert werden können, daß in der
Satzung als Gesellschaftsblatt von vornherein
nur der Bundesanzeiger bestimmt wird (siehe
bereits 1. Teil, D.III.5.a.).

Liquidatoren, bei denen es sich - sofern nichts
anderes bestimmt wird - um die bisherigen Geschäftsführer handelt, sorgen für die Abwicklung
der Gesellschaft. Die Abwicklungs-, d.h. die Li-
quidationsgesellschaft, bleibt identisch mit der
bisherigen GmbH. Sie ist weiterhin Inhaberin aller
Rechte und Pflichten. Lediglich der Gesell-

schaftszweck hat sich geändert. Er ist nunmehr auf Abwicklung gerichtet, wobei er darauf abzielt, einen optimalen Liquidationserlös zu erzielen. Die Kapitalerhaltungsvorschriften gelten weiterhin. Falls Überschuldung oder Zahlungsunfähigkeit eintreten, muß also Insolvenzantrag gestellt werden. Hierzu ist der Liquidator aufgrund von § 64 I GmbHG, der auch für die Liquidation gilt, verpflichtet.

Die Liquidatoren sind ebenfalls beim Handelsregister anzumelden und einzutragen.

Verfahren

Als erste Maßnahme haben die Liquidatoren eine Eröffnungsbilanz gemäß § 71 GmbHG nebst einem erläuternden Bericht zu erstellen. Kernaufgabe der Liquidatoren ist die Abwicklung der laufenden Geschäfte, wobei sie bei Bedarf, sofern es dem Abwicklungszweck dienlich ist, neue Geschäfte eingehen dürfen. Dies ist ebenfalls zulässig, um schwebende Geschäfte zu beenden. Die Liquidatoren haben die ausstehenden Forderungen ggf. gerichtlich einzuziehen sowie das Vermögen zu versilbern. Sie sorgen für die Einhaltung und Erfüllung der Verpflichtungen der GmbH. Verbindlichkeiten, die gegenüber den Gesellschaftern selbst bestehen, gehören zu diesen Verpflichtungen, wenn sie aus üblichen Verkehrsgeschäften resultieren. Mitgliedschaftliche Ansprüche hingegen werden erst bei der Verteilung ganz zum Schluß berücksichtigt. Diese Verteilung darf erst nach Ablauf eines Sperrjahres (§ 73 GmbHG) stattfinden. Das Sperrjahr beginnt nach dem letztmaligen Gläubigeraufruf.

Eigenkapital-ersetzende Darlehen

Zu mitgliedschaftlichen Ansprüchen der Gesellschafter, die erst nach den sonstigen Gläubigeransprüchen zu befriedigen sind, gehören auch

Ansprüche wegen der Rückzahlung von eigenkapitalersetzenden Gesellschafterdarlehen. Strittig
ist, ob dies nur für die eigenkapitalersetzenden
Darlehen, die unter die Grundsätze des *Bundesgerichtshofs*, die dieser in Analogie zu §§ 30 und
31 GmbHG entwickelt hat, oder auch für die
gesetzlich geregelten eigenkapitalersetzenden
Darlehen in § 32 a GmbHG gilt. Da bei letzteren
kein Leistungsverweigerungrecht der Gesellschaft besteht, spricht dies dafür, daß lediglich
die Gesellschafterdarlehen, die unter die Ausschüttungssperre von § 30 GmbHG fallen, nicht
vorzeitig mit sonstigen Gläubigerforderungen
zurückgeführt werden dürfen. Diese Darlehen
sind nach Ablauf des Sperrjahres vor Feststellung
des Liquidationsguthabens an die Gesellschafter
auszuzahlen. Betont sei noch einmal, daß der
Liquidator verpflichtet ist, Insolvenzantrag zu
stellen, sobald sich eine Überschuldung abzeichnet, so daß es grundsätzlich unschädlich ist,
wenn auch eigenkapitalersetzende Darlehen zurückgezahlt werden, da von einer ausreichenden
Liquidationsmasse auszugehen ist.

Nach dem Ablauf des Sperrjahres schließlich ist
das Liquidationsguthaben entsprechend der Beteiligung der Gesellschafter an diese auszuschütten (siehe bereits oben 3. Teil, A.II.5.).

Die Liquidatoren haben eine Schlußrechnung zu
erstellen und beim Handelsregister den Schluß
der Liquidation zur Eintragung anzumelden. Anschließend ist die Gesellschaft zu löschen
(§ 74 GmbHG). Die Bücher und Schriften der
Gesellschaft sind für die Dauer von zehn Jahren
einem Gesellschafter oder einem Dritten in Ver-
wahrung zu geben (wobei jeder Gesellschafter,
mit Ermächtigung des Gerichts auch jeder Gläu-

biger, Einsicht in die Unterlagen nehmen darf
[siehe § 74 II, III GmbHG]).

2. Steuerrechtliche Hinweise

**Schluß-
besteuerung**

Am Ende der Liquidation, d.h. grundsätzlich nach
Ablauf des Sperrjahres, ist eine Schlußbesteue-
rung nach § 11 KStG durchzuführen. Entsteht
ein Gewinn, ist dieser zu versteuern, wobei bei
der Ausschüttung des Liquidationsguthabens die
Ausschüttungsbelastung herzustellen ist. Die Gesellschafter haben auch hier die Anrechnungs-
möglichkeit hinsichtlich des Körperschaftsteuer-
guthabens (siehe §§ 41 I, 27 KStG).

**Beim
Gesellschafter**

In der Sphäre des Gesellschafters können ebenfalls steuerrechtliche Folgen ausgelöst werden.
Der Liquidationserlös ist in steuerpflichtige Kapitalerträge und Kapitalrückzahlungen aufzuteilen.
Die Kapitalerträge sind wie üblich mit der Ausschüttungsbelastung zu versteuern.

Die Kapitalrückzahlung löst als Vorgang im Bereich der privaten Vermögensverwaltung grundsätzlich keine steuerrechtlichen Folgen aus. Hält
der Gesellschafter den Anteil jedoch im Betriebsvermögen, so wird er nunmehr zum Buchwert
ausgebucht. Statt dessen ist der Liquidationserlös (Kapitalrückzahlungsanteil) zugeflossen. Ist
dieser höher als der Buchwert, so entsteht ein
steuerpflichtiger Gewinn ohne Tarifbegünstigung.
Eine Tarifbegünstigung ist nach §§ 16 III, 34
EStG nur bei der Liquidation einer Kapitalgesellschaft, an der eine 100%ige Beteiligung bestand,
vorgesehen.

Wird der Anteil im Privatvermögen gehalten, so
ist der Kapitalrückzahlungsanteil des Liquidation-
serlöses, der über die Anschaffungskosten hin-

ausgeht, grundsätzlich steuerfrei, es sei denn, es handelt sich um eine wesentliche Beteiligung nach § 17 EStG. In diesem Fall ordnet § 17 IV 1 EStG an, daß die Rechtsfolgen sich entsprechend der Situation bestimmen, in der eine wesentliche Beteiligung veräußert wird. Das bedeutet, daß der Auflösungsgewinn, d.h. der die Anschaffungskosten übersteigende Liquidationserlös, zu versteuern ist, wobei sowohl der Freibetrag nach § 17 III EStG als auch die Tarifbegünstigung nach § 34 II Satz 1 EStG eingreifen können (siehe hierzu unten die Ausführungen im 5. Teil, C.II.2.c.).

C.
Gesellschafterwechsel unter Lebenden

I. Überblick

Fast jeder Gesellschafter gerät irgendwann einmal in die Situation, darüber nachzudenken, ob und wie er seine Gesellschafterstellung beendet. Das Gesetz sieht hierfür in § 15 GmbHG die *Übertragung des Geschäftsanteils* vor. Die Geschäftsanteile sind allerdings in der Regel durch eine entsprechende Klausel in der Satzung vinkuliert, d.h. die Übertragung ist nur mit Zustimmung der Gesellschaft oder der Gesellschafter zulässig. Ferner besteht das Problem, einen Käufer zu finden, der bereit ist, ein adäquates Entgelt für den Anteil zu entrichten. Da GmbH-Geschäftsanteile nicht an der Börse gehandelt werden, sind sie im Gegensatz zu Aktien weit weniger verkehrsfähig. Es fehlt ein institutionalisierter Markt für GmbH-Anteile.

Ein Gesellschafter ist daher auch an Möglichkeiten interessiert, aus der Gesellschaft auszuschei-

Ausscheiden des
Gesellschafters

den, ohne daß er sich auf die mühevolle Suche nach einem Nachfolger machen muß. Das GmbH-Gesetz sieht jedoch den freiwilligen Austritt des GmbH-Gesellschafters nicht vor. Einzig geregelt ist in § 34 GmbHG der umgekehrte Weg, nämlich die Einziehung auf Initiative der Gesellschaft, die mit Zustimmung des betreffenden Gesellschafters oder gegen seinen Willen als Zwangseinziehung erfolgen kann. Beides setzt jedoch eine Regelung im Gesellschaftsvertrag voraus. Dennoch ist anerkannt, daß auch ohne Regelung in der Satzung unter bestimmten Voraussetzungen sowohl ein *Austrittsrecht des Gesellschafters* als auch eine *Ausschlußmöglichkeit der GmbH* gegeben sind. In Extremfällen muß jedem Gesellschafter ein Weg offenstehen, auf dem er die Gesellschaft verlassen kann, genauso wie die Gesellschaft in Ausnahmesituationen die Möglichkeit haben muß, den Gesellschafter gegen seinen Willen aus der GmbH auszuschließen.

Initiative für das Ausscheiden

Wir müssen also unterscheiden zwischen dem Verlust der Gesellschafterstellung, den der ausscheidende Gesellschafter selbst aus freien Stücken herbeiführt, und dem zwangsweisen Ausschluß auf Initiative der Mitgesellschafter. Der *freiwillige* Austritt ist zwar im GmbH-Gesetz nicht ausdrücklich geregelt, jedoch heute anerkannt. Nach ständiger Rechtsprechung ist ein Austritt aus der GmbH aus *wichtigem Grund* jederzeit möglich. Dies beruht auf dem Prinzip, daß ein Dauerschuldverhältnis, wozu auch das Gesellschaftsverhältnis gehört, jedenfalls bei einem wichtigen Grund auch beendbar sein muß.

Wie angedeutet kann nicht nur der ausscheidende Gesellschafter mit dem Problem konfrontiert werden, ob und wie er ausscheidet, vielmehr ist

es häufig auch so, daß die Mitgesellschafter einen ihnen unliebsam gewordenen Gesellschafter
aus der Gesellschaft ausschließen möchten.
Auch diese sind daher daran interessiert, Instru-
mentarien an die Hand zu bekommen, mit denen
sich dieses Ziel verwirklichen läßt. Grundsätzlich
kann ein „lästig" gewordener Gesellschafter
nicht ohne weiteres ausgeschlossen werden.
Auch hierfür bedarf es eines wichtigen Grundes.
Ein Verlust der Gesellschafterstellung kann zum
einen durch die bereits erwähnte Einziehung gemäß § 34 GmbHG erreicht werden, die jedoch in
der Satzung vorgesehen sein muß. Enthält die
Satzung keine sog. Amortisationsklausel, so
kommt ein *Ausschluß* dennoch aus wichtigem
Grund in Betracht.

Die Rechtsprechung hat also sowohl den Austritt
(freiwillig auf Initiative des ausscheidenden Gesellschafters) als auch den Ausschluß (zwangsweise auf Initiative der Mitgesellschafter) in
Rechtsfortbildung entwickelt.

Die verschiedenen Möglichkeiten des Verlusts
der Gesellschafterstellung sind in dem nachfolgenden Schaubild zusammengefaßt. Die Kaduzierung des Anteils sowie das Abandonrecht wurden bereits oben bei den Ausführungen zur Einlagepflicht erörtert (siehe 3. Teil, C.I.3 und 4.).

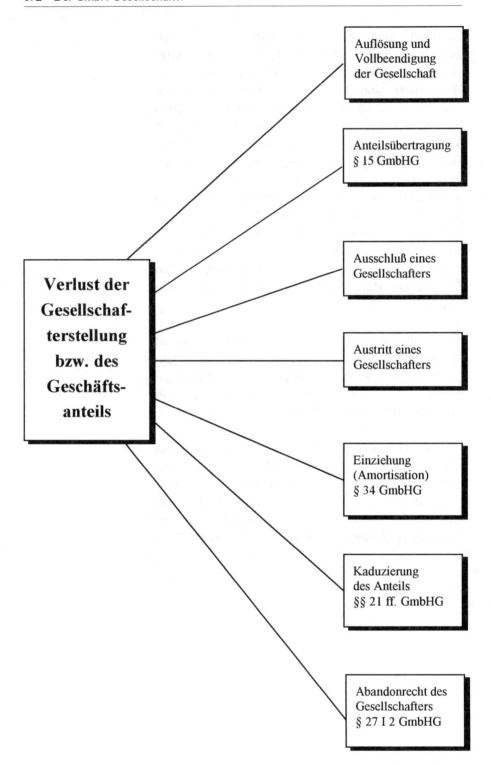

Welcher der zahlreichen Wege, die zu einem Verlust der Gesellschafterstellung bzw. des Geschäftsanteils führen, gewählt wird, hängt vom Einzelfall ab. Eine Kenntnis der verschiedenen Möglichkeiten mit ihren Voraussetzungen ist daher unumgänglich.

II. Erwerb eines Geschäftsanteils

1. Überblick

Ein Geschäftsanteil kann auf verschiedene Weise erworben werden. Bereits angesprochen wurde der klassische Weg bei Gründung der GmbH; ein kurzer Hinweis erfolgte ferner auf den Erwerb eines Geschäftsanteils im Wege der Umwandlung (siehe 2. Teil, C.). Auch aus einer Kapitalerhöhung gegen Einlagen kann ein Geschäftsanteil erlangt werden, wenn die bisherigen Gesellschafter vom Bezugsrecht ausgeschlossen sind. Eine weitere Möglichkeit ist schließlich die Teilung eines Anteils, wobei dann anschließend der abgelöste Geschäftsanteil auf den neuen Gesellschafter übertragen wird. Bei einer „lebenden" GmbH wird häufig ein existierender Anteil durch Anteilsübertragung erworben. Dazu im folgenden mehr.

Viele Wege führen zur Gesellschafterstellung

2. Erwerb durch Anteilsübertragung

a. Voraussetzungen

Die Voraussetzungen zur Übertragung eines Geschäftsanteils sind in § 15 GmbHG geregelt. Die Vorschrift lautet wie folgt:

§ 15 GmbHG
  [Übertragung von Geschäftsanteilen]
  (1) Die Geschäftsanteile sind veräußerlich und vererblich.

(2) Erwirbt ein Gesellschafter zu seinem ursprünglichen Geschäftsanteil weitere Geschäftsanteile, so behalten dieselben ihre Selbständigkeit.

(3) Zur Abtretung von Geschäftsanteilen durch Gesellschafter bedarf es eines in notarieller Form geschlossenen Vertrages.

(4) Der notariellen Form bedarf auch eine Vereinbarung, durch welche die Verpflichtung eines Gesellschafters zur Abtretung eines Geschäftsanteils begründet wird. Eine ohne diese Form getroffene Vereinbarung wird jedoch durch den nach Maßgabe des vorigen Absatzes geschlossenen Abtretungsvetrag gültig.

(5) Durch den Gesellschaftsvertrag kann die Abtretung der Geschäftsanteile an weitere Voraussetzungen geknüpft, insbesondere von der Genehmigung der Gesellschaft abhängig gemacht werden.

Voraussetzungen

Im Grundsatz sind damit Geschäftsanteile veräußerlich und vererblich. Die Übertragung ist allerdings formbedürftig: Sowohl die Verpflichtung hierzu als auch die Umsetzung dieser Verpflichtung durch Abtretung des Geschäftsanteils bedürfen zu ihrer Wirksamkeit der notariellen Form (§ 15 III, IV GmbHG). Wird eine notarielle Beurkundung des Verpflichtungsgeschäfts, d.h. in der Regel des Kauf- oder des Schenkungsvertrags, versäumt, so wird der Formmangel dann geheilt, wenn wenigstens die anschließende Abtretung notariell beurkundet wird. Unterbleibt allerdings auch eine Beurkundung der Abtretung, so ist die Anteilsübertragung wegen dieses Formmangels nichtig.

Gewährleistungsrecht

Wird, wie in den überwiegenden Fällen, der Geschäftsanteil verkauft, so gelten für diesen Anteilskauf die kaufrechtlichen Vorschriften des BGB. Der Verkäufer, d.h. der bisherige Gesellschafter, haftet nach kaufrechtlichen Bestimmungen, wobei wegen etwaiger Mängel in der Regel die Rechtsmängelhaftung gilt. Solche Rechtsmängel bilden beispielsweise fehlende

Sonderrechte, etwa auf Bestellung des Geschäftsführers, die trotz vertraglicher Vereinbarung in Wirklichkeit gar nicht bestehen. Hintergrund hierfür könnte sein, daß der bisherige Gesellschafter versehentlich eine alte Fassung der Satzung vorlegte, die das Sonderrecht noch enthielt, das aber später aufgehoben wurde. Weitere Rechtsmängel stellen beispielsweise von dem vertraglichen Inhalt abweichende Einlageverpflichtungen oder Gewinnbeteiligungen dar. Den Verkäufer trifft für Rechtsmängel eine verschuldensunabhängige Garantiehaftung.

Keine Garantie übernimmt der Veräußerer grundsätzlich für den Wert des Anteils, auch nicht für die Richtigkeit der Bilanzen sowie Gewinn- und Verlustrechnungen. Bei unrichtigen Angaben kann jedoch eine Haftung aus Vertrauen nach den Grundsätzen des Verschuldens bei Vertragsabschluß bestehen (sog. *culpa in contrahendo*). Aus dieser Anspruchsgrundlage haftet derjenige, der gegenüber dem Vertragspartner vorsätzlich oder fahrlässig falsche Angaben macht, für den dadurch verursachten Schaden. Werden falsche Bilanzzahlen vorgelegt, die Grundlage für die Preisbildung des Anteils sind, so entsteht dem Gegner dann ein Schaden, wenn er aufgrund der Bilanzen einen höheren Kaufpreis wählt. Ein Schaden kann aber auch darin bestehen, daß der Käufer das Geschäft überhaupt aufgrund dieser Bilanzzahlen getätigt hat. Wenn der Käufer vorträgt, daß er sich bei Kenntnis der tatsächlichen Bilanzsituation auf den Anteilskauf gar nicht eingelassen hätte, kann er aufgrund der Anspruchsgrundlage aus *culpa in contrahendo* ggf. beanspruchen, so gestellt zu werden, als hätte er den Anteilskauf nie getätigt. Eine Anfechtung des Anteilskaufs, etwa wegen arglistiger Täuschung,

Falsche Angaben des ausscheidenden Gesellschafters

ist ebenfalls möglich, führt jedoch abweichend von der gesetzlichen Regel (§ 142 I BGB) immer nur zu einer Nichtigkeit des Anteilskaufvertrags für die Zukunft. Für die Vergangenheit muß sich der Käufer grundsätzlich gefallen lassen, daß er GmbH-Gesellschafter war.

Werden nahezu alle Geschäftsanteile erworben, so kann neben der Rechtsmängelhaftung auch die Sachmängelhaftung eingreifen, die dem Käufer wegen etwaiger Sachmängel an den einzelnen Gegenständen des Unternehmens Ansprüche verschafft. Bei welcher Grenze des Anteilserwerbs von dem Eingreifen einer Sachmängelgewährleistung auszugehen ist, ist strittig. Dies hat der *BGH* bisher nicht abschließend entschieden; die Grenze dürfte wohl bei 90 bis 95 % der Anteile liegen. Erwirbt also jemand Anteile in dieser Größenordnung, so kann er sich auf die Sachmängelgewährleistung berufen.

Rechtsfolgen

Durch die Abtretung des Anteils tritt der Erwerber in alle Rechte und Pflichten des bisherigen Gesellschafters ein. Der Anteil geht mit diesen Rechten und Pflichten über, und zwar unabhängig davon, ob der Erwerber von der Satzung sowie den existierenden Gesellschafterbeschlüssen Kenntnis hat. Der Erwerber übernimmt hingegen nicht Bürgschaften oder sonstige Haftungsübernahmeerklärungen des bisherigen Gesellschafters, die dieser zugunsten von Verbindlichkeiten der GmbH gegenüber Dritten abgegeben hat. Bei diesen handelt es sich hier um schuldrechtliche Abreden, die neben der Satzung bestehen und die nicht so ohne weiteres durch die Anteilsabtretung übertragen werden.

Die Abtretung kann mit einer Bedingung ver-
knüpft werden. Denkbar ist etwa eine auflösende
Bedingung, wonach die Abtretung dann ihre Wirkung verliert, wenn der Kaufpreis nicht innerhalb
einer bestimmten Frist gezahlt wird. Dies könnte
auch als aufschiebende Bedingung konstruiert
werden, indem vereinbart wird, daß erst dann
der Anteil übergeht, wenn der Kaufpreis beglichen wurde. Derartige Bedingungen bieten sich
an, wenn der Käufer nicht sofort zur Bezahlung
des gesamten Kaufpreises in der Lage ist und der
Verkäufer ihm mit einer Ratenzahlung oder Stundung entgegenkommt. Zusätzlich oder statt dessen könnte sich der Verkäufer auch ein Pfand-
recht an dem bisherigen Anteil einräumen lassen.

Vereinbarung von Bedingungen

Der neue Gesellschafter ist bei der Gesellschaft
anzumelden. Erst ab diesem Zeitpunkt gilt er ihr
gegenüber als Gesellschafter. Der Geschäftsführer hat anschließend eine aktuelle Gesellschafterliste beim Handelsregister einzureichen (siehe
§ 40 GmbHG).

Anmeldung bei Gesellschaft und Gesellschafterliste

Erwirbt ein Mitgesellschafter einen weiteren Geschäftsanteil, so behält jeder der beiden Anteile
seine rechtliche Selbständigkeit (siehe § 15 II
GmbHG). Dies ist vor dem Hintergrund des Ka-
duzierungsverfahrens verständlich, in dessen
Rahmen auch die Vormänner für ausstehende
Einlageforderungen haften müssen. Es muß
nachvollziehbar sein, welche Einlageforderung
mit welchem Anteil zusammengehört, da nur die
jeweils entsprechenden Vormänner in Anspruch
genommen werden dürfen (zum Kaduzierungsverfahren und der Haftung der Vormänner siehe
bereits die Ausführungen im 3. Teil, C.I.3.). Nach
herrschender Ansicht ist allerdings bei voll eingezahlten Anteilen eine Zusammenlegung mehrerer

Mehrere Geschäftsanteile

Geschäftsanteile zulässig. Dies erfordert einen Gesellschafterbeschluß mit der Zustimmung des betroffenen Gesellschafters.

b. Erschwerungen der Abtretbarkeit

Vinkulierungs-
klausel

In den gängigen GmbH-Satzungen finden sich stets Vinkulierungsklauseln. Durch solche Klauseln wird im Regelfall die Übertragung des Anteils an die Zustimmung der Gesellschafterversammlung geknüpft. Denkbar sind allerdings auch Klauseln, die eine Übertragbarkeit völlig ausschließen (in diesen Fällen erlangt ein Austrittsrecht aus wichtigem Grund besondere Bedeutung, siehe zu diesem die Ausführungen 5. Teil, C.III.3.). Vinkulierungsklauseln dienen dem Interesse der bisherigen Gesellschafter, die sich davor schützen möchten, mit ihnen nicht genehmen Gesellschaftern konfrontiert zu werden. Auch kann dadurch ein Schutz vor Überfremdung erreicht werden, insbesondere vor einer Einbindung in einen Konzern. Die Vinkulierung (Fesselung) greift beim dinglichen Rechtsgeschäft, d.h. bei der Abtretung des Geschäftsanteils an. Eine Abtretung ist dann nur mit Zustimmung der Gesellschaft bzw. je nach Ausgestaltung der Klausel der Gesellschafterversammlung oder auch jedes einzelnen Gesellschafters zulässig. Die Klausel muß also regeln, wer zustimmen soll. Im Zweifel ist sie auszulegen.

Die nachträgliche Einführung einer Vinkulierungsklausel ist nur mit Zustimmung aller Gesellschafter analog § 53 III GmbHG zulässig (strittig). Gegebenenfalls besteht allerdings eine Zustimmungspflicht aus der Treuepflicht, wenn dies zur Erhaltung und Sicherung der Unabhängigkeit der Gesellschaft erforderlich ist. Verkündet also beispielsweise ein Konkurrent, daß er die Gesellschaft in jedem Fall „schlucken" möchten, so dürfte wegen dieses Übernahmeinteresses jeder Gesellschafter verpflichtet sein, der Einführung einer Vinkulierungsklausel unter dem Gesichtspunkt der Treuepflicht zuzustimmen.

Die Aufhebung einer Vinkulierungsklausel ist nach bestrittener Auffassung ebenfalls nur durch Zustimmung aller Gesellschafter möglich.

Steht nun die Anteilsübertragung unter dem Vorbehalt der Zustimmung durch die Gesellschaft bzw. die Gesellschafterversammlung, so gilt folgendes: Die Zustimmung erteilt im Außenverhältnis grundsätzlich der Geschäftsführer. Dieser bedarf hierfür jedoch eines ermächtigenden Gesellschafterbeschlusses; die Satzung kann allerdings bestimmen, daß ein solcher Beschluß nicht erforderlich ist, was indes regelmäßig nicht der Fall sein wird. Die Zustimmung kann gegenüber dem bisherigen Gesellschafter oder gegenüber dem Erwerber erteilt werden. Gegenüber dem Erwerber gilt der Grundsatz der unbeschränkten Vertretungsmacht, d.h. der Geschäftsführer darf im Außenverhältnis die Zustimmung zur Anteilsübertragung erteilen, selbst wenn es keinen Zustimmungsbeschluß der Gesellschafterversammlung gibt (siehe BGHZ 14, 25, 31 [zur Zustimmung bei der Teilung]).

Verfahren

Tip!
Die Satzung sollte regeln, daß die Zustimmung nur gegenüber dem Veräußerer erteilt werden muß, da gegenüber dem Veräußerer, d.h. gegenüber dem bisherigen Gesellschafter, der Grundsatz der unbeschränkbaren Vertretungsmacht nicht gilt, so daß die Gefahr minimiert wird, daß ein Dritter die Gesellschafterstellung ohne Zu-

> stimmung der Gesellschafter allein durch die Genehmigung des Geschäftsführers erlangt.

Kein Anspruch auf Zustimmung

Der Veräußerer, d.h. der bisherige Gesellschafter, hat einen Anspruch auf Entscheidung der Gesellschaft, nicht jedoch auf Zustimmung, es sei denn, die Satzung legt klare Voraussetzungen fest, unter denen eine Zustimmung erteilt werden muß. Ansonsten steht diese im Ermessen desjenigen, der über die Zustimmung entscheidet, also im Zweifel in der Entscheidungsmacht der Gesellschafterversammlung. Ein Anspruch auf Zustimmung kann sich allenfalls in Extremfällen aus dem Gleichbehandlungsgrundsatz ergeben, wobei dies kaum denkbar ist, da sich Anteilsveräußerungen nur schwer miteinander vergleichen lassen werden. Ferner kann die Gesellschaft unter dem Gesichtspunkt der Treuepflicht verpflichtet sein, der Anteilsübertragung zuzustimmen, wobei aber auch dies nur ausnahmsweise in Betracht kommt, da bei Ablehnung der Zustimmung der betreffende Gesellschafter ggf. ein Austrittsrecht aus wichtigem Grund hat.

Umgehungsgeschäfte

Eine Vinkulierungsklausel umfaßt grundsätzlich auch Umgehungsgeschäfte. Kann der Gesellschafter seinen Anteil nicht gegen den Willen der Mitgesellschafter auf einen ihm genehmen Dritten übertragen, so besteht die Gefahr, daß er mit dem Dritten Umgehungsgeschäfte vereinbart. Beispielsweise könnte er einen Stimmbindungsvertrag abschließen, aufgrund dessen er sich verpflichtet, auf der Gesellschafterversammlung nach Weisung des Dritten abzustimmen. Denkbar ist auch ein Treuhandvertrag, der formlos möglich ist und in dem sich der ausscheidewillige Gesellschafter verpflichtet, sich stets nach den

Weisungen des Dritten in den Angelegenheiten der Gesellschaft zu verhalten. Es wird vertreten, daß solche Umgehungsgeschäfte ebenfalls nur mit der erforderlichen Zustimmung der Gesellschaft analog der Vinkulierungsklausel zulässig sind. Fehlt diese Zustimmung, sind derartige Rechtsgeschäfte nichtig, so daß auch eine Stimmabgabe, die aufgrund eines solchen Vertrags abgegeben wird, ebenfalls unwirksam ist. Der darauf beruhende Gesellschafterbeschluß ist konsequent anfechtbar. In der Praxis dürfte es in der Regel an der Beweisbarkeit derartiger Stimmbindungs- oder Treuhandverträge scheitern.

c. Steuerrechtliche Konsequenzen

Die steuerrechtlichen Auswirkungen einer Anteilsübertragung sind kompliziert und sollten gründlich geprüft werden. Die nachfolgenden Ausführungen geben einen Überblick und schärfen das Problembewußtsein, können jedoch eine Einzelfallprüfung nicht ersetzen.

Einkommensteuerrechtlich ist bei der Anteilsveräußerung danach zu unterscheiden, ob der Anteil im Betriebs- oder im Privatvermögen gehalten wird.

Einkommensteuer

Hält der Veräußerer den Anteil im Betriebsvermögen, so ist der Veräußerungserlös dem Buchwert der Beteiligung gegenüberzustellen. Hierbei ergibt sich ein Veräußerungserlös oder -verlust, der sich auf das steuerpflichtige Ergebnis auswirkt. Nach §§ 16 I Nr. 1, 34 I, II Nr. 1 EStG gilt die sogleich zu erläuternde Tarifermäßigung (1/5-Methode), wenn 100 % der Anteile an einer Kapitalgesellschaft gehalten worden sind.

Anteil im Privatvermögen

Gehört der Anteil zum Privatvermögen des veräußernden Gesellschafters, so ist die Veräußerung grundsätzlich einkommensteuerrechtlich irrelevant. Handelt es sich jedoch um eine wesentliche Beteiligung von mindestens 10 %, so werden gewerbliche Einkünfte nach § 17 EStG fingiert. Auch hier ist Bemessungsgrundlage die Differenz zwischen den Anschaffungskosten und dem Veräußerungserlös. Zu den abzugsfähigen Veräußerungskosten gehören beispielsweise auch die Notarkosten, die bei der Anteilsübertragung anfallen.

Wesentliche Beteiligung

Eine wesentliche Beteiligung liegt vor, wenn der ausscheidende Gesellschafter innerhalb der letzten fünf Jahre mehr als 10 % an der Gesellschaft unmittelbar oder auch mittelbar, d.h. über zwischengeschaltete Gesellschaften oder Personen beteiligt war. Vor dem Steuerentlastungsgesetz 1999/2000/2001 betrug die Grenze der wesentlichen Beteiligung mehr als 25 %. Durch die Senkung auf 10 % werden nun zahlreiche Anteilsveräußerungen bzw. Ausscheidungsvorgänge von Gesellschaftern erfaßt.

Freibetrag

Einem ausscheidenden Gesellschafter kommt gemäß § 17 III EStG ein Freibetrag von maximal 20.000 DM zugute. Dieser Freibetrag beträgt jedoch nur dann 20.000 DM, wenn der Veräußerungserlös bzw. die die Anschaffungskosten übersteigende Abfindung 80.000 DM nicht übersteigt. Ferner ist der Freibetrag nur in der Höhe zu gewähren, die der prozentualen Beteiligung des betreffenden Gesellschafters entspricht. Wer z.B. einen Anteil von 20 % überträgt, kann auch nur maximal 20 % des Freibetrags, also 4.000 DM ausschöpfen. Der Freibetrag ermäßigt sich dann schließlich noch bei Veräußerungsgewinnen von über 80.000 DM. Die Einzelheiten sind kompliziert. Bevor eine Anteilsübertragung vorgenommen wird, sollte zunächst eine steuerrechtliche Betrachtung unter Hinzuziehung eines Fachmanns vorgenommen werden.

Die Zuordnung des Veräußerungserlöses zu einem Veranlagungszeitraum erfolgt danach, zu welchem Zeitpunkt der Übergang des sog. *wirtschaftlichen* Eigentums erfolgt. Im wesentlichen wird auf § 39 der Abgabenordnung verwiesen. Entscheidend ist, wann der Erwerber über die mitgliedschaftlichen Rechte verfügen kann. Nicht entscheidend ist, wann er den Kaufpreis bezahlt. In dem Augenblick, in dem der Erwerber die tatsächliche Herrschaft über die Anteile erhält und in der Lage ist, die Rechte aus den Anteilen auszuüben, sind ihm diese mit der Folge zuzurechnen, daß sie aus dem Vermögen des Veräußerers ausscheiden. Das ist der entscheidende Zeitpunkt, in dem der Veräußerungserlös steuerrechtlich erfaßt wird. In der Regel fällt dieser Zeitpunkt mit der Anteilsübertragung, d.h. dem der Abtretung der Anteile, zusammen.

Zeitliche Zuordnung

Auch Veräußerungsverluste bei der Veräußerung wesentlicher Beteiligungen sind abzugsfähig, wobei § 17 II 4 EStG Schranken setzt.

Verluste

Die Veräußerungserlöse werden begünstigt besteuert. Nach § 34 Einkommensteuergesetz, der jüngst durch das Steuerentlastungsgesetz mit Wirkung zum 1. Januar 1999 geändert worden ist, besteht die Möglichkeit, *auf Antrag* den Veräußerungserlös nach der sog. 1/5-Methode zu versteuern. Dies bedeutet, daß zunächst das sonstige zu versteuernde Einkommen sowie die darauf entfallende Steuer des die Beteiligung

Tarifbegünstigung

übertragenden Gesellschafters ermittelt wird. Anschließend wird dann 1/5 des Veräußerungserlöses zu dem versteuernden Einkommen hinzugerechnet und nun geprüft, welche Steuer sich hieraus ergibt. Die Differenz zwischen der Steuer ohne dieses Fünftel des Veräußerungserlöses und der Steuer, die sich nach Hinzurechnung des Fünftels ergibt, wird verfünffacht und ergibt damit den Steuerbetrag für den Veräußerungserlös. Die Einkommensteuer setzt sich dann insgesamt aus der Steuer für das zu versteuernde Einkommen (ohne den Veräußerungserlös) und der Steuer zusammen, die für den Veräußerungserlös ermittelt wurde. Durch diese Fünftelung des Veräußerungserlöses wird die Progression abgemildert, weshalb je nach persönlichem Grenzsteuersatz eine gewisse Steuerersparnis eintritt.

Spekulationsgeschäft

Handelt es sich bei dem Anteilsverkauf bzw. bei dem Verlust des Anteils durch Ausscheiden um ein sog. Spekulationsgeschäft im Sinne von § 23 I Nr. 2 EStG (= privates Veräußerungsgeschäft), so werden die Einkünfte vorrangig nach dieser Vorschrift, d.h. als sonstige Einkünfte, steuerrechtlich behandelt. § 17 EStG ist nicht anzuwenden, wenn die Voraussetzungen für ein Spekulationsgeschäft bestehen (§ 23 II 2 EStG). Ein Spekulationsgeschäft liegt vor, wenn der Zeitraum zwischen der Anschaffung und Veräußerung nicht mehr als ein Jahr beträgt.

Freigrenze

Einen Freibetrag gibt es bei der Spekulationsteuer nicht, lediglich eine sog. Freigrenze, d.h. Gewinne aus privaten Veräußerungsgeschäften bleiben nur dann steuerfrei, wenn der erzielte Gesamtgewinn im Kalenderjahr weniger als 1.000 DM beträgt. Sind jedoch mindestens 1.000 DM Gesamtgewinn erzielt worden, so unterliegt der Erlös dann insgesamt, auch hinsichtlich der ersten 999,99 DM, der Einkommensteuer.

Schließlich ist an die Grunderwerbsteuer zu denken. Diese kann bei einer Anteilsvereinigung ausgelöst werden, also wenn durch die Anteilsveräußerung an einen Mitgesellschafter eine Einpersonen-GmbH entsteht. Ein weiterer Grunderwerbsteuertatbestand ist die gleichzeitige Abtretung aller Anteile (siehe § 1 III Nr. 1 und Nr. 2 ErbStG).

Grunderwerbsteuer

III. Ausscheiden eines Gesellschafters

Die Gesellschafterstellung kann nicht nur durch die Vollbeendigung der Gesellschaft oder die Übertragung des Anteils enden. Es gibt vielmehr noch weitere Möglichkeiten, aus der Gesellschaft auszuscheiden. Diesen ist gemeinsam, daß die Gesellschaft nach dem Ausscheiden des Gesellschafters von den übrigen Anteilseignern fortgesetzt wird.

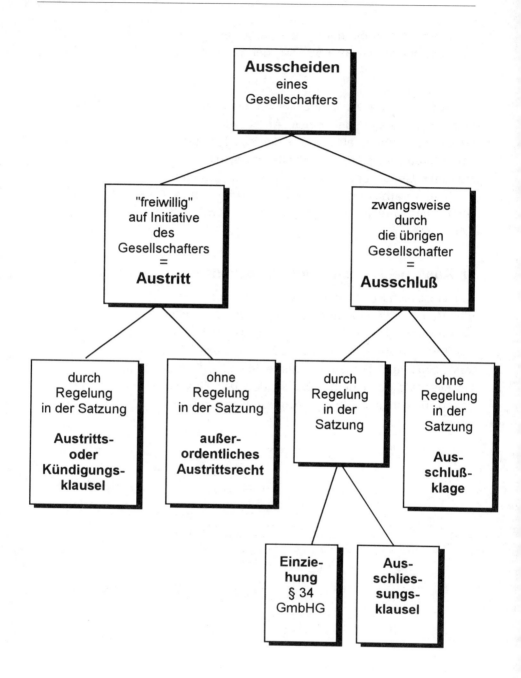

1. Die Einziehung

a. Voraussetzungen

aa.   Grundlagen

Die Einziehung (= Amortisation) muß in der Satzung geregelt sein. Das gilt sowohl für die freiwillige Einziehung, die in der Praxis selten ist, als auch für die Zwangseinziehung. Dies folgt aus § 34 GmbHG:

§ 34 GmbHG [Einziehung]

(1) Die Einziehung (Amortisation) von Geschäftsanteilen darf nur erfolgen, soweit sie im Gesellschaftsvertrag zugelassen ist.

(2) Ohne die Zustimmung des Anteilsberechtigten findet die Einziehung nur statt, wenn die Voraussetzungen derselben vor dem Zeitpunkt, in welchem der Berechtigte den Geschäftsanteil erworben hat, im Gesellschaftsvertrag festgesetzt waren.

(3) Die Bestimmung in § 30 Abs. 1 bleibt unberührt.

Die Einziehung richtet sich gegen den Geschäftsanteil und vernichtet ihn samt der an diesem hängenden Mitgliedschaftrechte.

Mit der Einziehung können unterschiedliche Zwecke verfolgt werden: Die Einziehung kann dazu dienen, Erben eines Gesellschafters aus der Gesellschaft auszuschließen, sie bietet aber auch Schutz davor, daß Dritte im Wege der Zwangsvollstreckung, die gegen den einzelnen Gesellschafter betrieben wird, in die Gesellschaft eindringen. Schließlich kann sich die Gesellschaft durch die Einziehung des Geschäftsanteils auch eines unliebsam gewordenen Gesellschafters entledigen, soweit bestimmte Einziehungsgründe vorliegen.

Zwecke und Motive

Da sich bei der freiwilligen Einziehung keine erwähnenswerten Probleme ergeben und diese kaum praktische Bedeutung hat, wird nachfolgend nur die Zwangseinziehung behandelt.

bb. Einziehungsgründe

Satzungsregelung erforderlich

Eine Zwangseinziehung ist nur dann zugelassen, wenn die Satzungsbestimmung, die die Einziehung regelt, möglichst bestimmt formulierte Einziehungsgründe festlegt. Jeder Gesellschafter muß erkennen können, welche Risiken ihm drohen. Daher ist eine Einziehung ohne Angabe von Gründen in der Satzung nicht möglich. Auch das freie Belieben der Mehrheit genügt nicht, um eine Einziehung zu rechtfertigen. Die Gründe müssen überprüfbar sein und von der Gesellschaft genannt werden. Nur wenn der Gesellschafter informiert wird, hat er die Möglichkeit, sich gegen etwaige Vorwürfe verteidigen. Werden dem Gesellschafter keine Gründe genannt, so kann er schon aus diesem Grund erfolgreich gegen den Einziehungsbeschluß vorgehen. Dieser ist unwirksam bzw. fehlerhaft, was mit der Feststellungsklage oder bei förmlicher Feststellung mit der Anfechtungsklage gerichtlich geklärt werden kann (siehe OLG München, GmbHR 1998, 332, 333).

Liegen Einziehungsgründe vor, so sind diese nicht „konservierbar", etwa um sie bei Bedarf als Druckmittel gegen den betreffenden Gesellschafter einzusetzen. Vielmehr tritt Verwirkung ein, wenn aufgrund bekannter Gründe ein Einziehungsbeschluß nicht gefaßt wird (siehe OLG München, GmbHR 1998, 332, 334).

Typische Einziehungsgründe sind die Insolvenz des Gesellschafters, der Erbfall des Gesellschafters sowie die Pfändung seines Geschäftsanteils.

Beispiele

Als weiterer Einziehungsgrund ist ferner das Vorliegen eines wichtigen Grundes in der Person oder des Verhaltens des Gesellschafters anerkannt. Es ist nicht erforderlich, daß die in der Satzung verankerte Einziehungsklausel den wichtigen Grund näher spezifiziert. Eine Umschreibung, wie sie inhaltlich das Gesetz etwa in § 140 HGB für die OHG selbst verwendet, ist bestimmt genug formuliert (siehe BGH, NJW 1977, 2316).

Wichtiger Grund

Dieser wichtige Grund muß so gravierend sein, daß den Mitgesellschaftern eine weitere Zusammenarbeit mit dem auszuschließenden Gesellschafter unzumutbar ist.

Der wichtige Grund kann also sowohl in den persönlichen Verhältnissen des Gesellschafters als auch in seinem Verhalten begründet sein.

Ein *personenbedingter* Grund ist beispielsweise eine schwere und dauerhaft bestehende Erkrankung. Eine Spiel- oder Alkoholsucht oder ungeordnete persönliche Vermögensverhältnisse können im Ausnahmefall ebenfalls für eine Einziehung ausreichen.

Person des Gesellschafters

Bei den personenbedingten Gründen muß allerdings berücksichtigt werden, daß der GmbH-Gesellschafter grundsätzlich nur kapitalmäßig beteiligt ist. Sein Interesse geht typischerweise dahin, eine möglichst hohe Dividende zu bekommen und persönlich „keinen Handschlag" zu leisten. Hierzu ist er ja auch grundsätzlich nicht verpflichtet. Seine persönlichen Verhältnisse sind daher grundsätzlich irrelevant für den Fortbestand der GmbH-Gesellschafterstellung.

Daher muß hinzukommen, daß sich die persönlichen Verhältnisse auch negativ auf das Verhalten des Gesellschafters zur Gesellschaft bzw. dem Geschäftsführer und den Mitgesellschaftern auswirken. Ein vernünftiges gedeihliches Zusammenwirken in der Gesellschafterversammlung, etwa wenn es um Ausübung der Gesellschafterrechte wie dem Weisungsrecht gegenüber dem Geschäftsführer geht, muß durch die persönlichen Gründe wesentlich erschwert werden. Letztlich entscheidet immer eine Gesamtwürdigung aller Umstände.

Verhalten des Gesellschafters

Weit wichtiger als die Gründe, die in den persönlichen Verhältnissen des Gesellschafters liegen, sind *verhaltensbedingte* Ursachen, die eine Einziehung rechtfertigen können. Diese verhaltensbedingten Gründe lassen sich auf eine Verletzung der gesellschaftsrechtlichen Treuepflicht reduzieren. Hierzu gehören zunächst alle Verhaltensweisen, die auch strafrechtlich relevant sind. Begeht der GmbH-Geschäftsführer zum Nachteil der GmbH oder von Mitgesellschaftern einen Betrug, eine Untreue, einen Diebstahl oder eine Unterschlagung, so stellt dies einen wichtigen Grund dar, der zur Einziehung des Geschäftsanteils berechtigt.

Einzelfälle

Eng damit zusammen hängen sämtliche Maßnahmen des Gesellschafters, die zu einer persönlichen Bereicherung auf Kosten der GmbH oder der Mitgesellschafter führen, wie:

* unzulässige Entnahmen aus dem Gesellschaftsvermögen,

- die Verwendung von Gesellschaftsmitteln zur Begleichung privater Verbindlichkeiten des Gesellschafters,

- Anschaffungen der GmbH zugunsten des Gesellschafters, von denen die Gesellschaft selbst keinerlei Vorteile hat,

- Zuwendungen an Dritte, ohne daß ein Interesse der Gesellschaft dahintersteht.

Eine weitere Fallgruppe verhaltensbedingter Gründe betrifft den Vertrauensbereich. Wichtige Gründe können etwa sein:

Vertrauensbereich

- Geheimnisverrat des Gesellschafters oder Anstiftung eines Angestellten zur Weitergabe von Gesellschaftsinterna an Dritte,

- Zerstörung des Vertrauensverhältnisses zu den Mitgesellschaftern etwa durch ungerechtfertigte Strafanzeigen oder ähnliche Maßnahmen,

- Verschweigen von nicht unerheblichen Vorstrafen sowie das Vortäuschen von in Wirklichkeit nicht vorhandenen Fachkenntnissen,

- Verstoß gegen ein bestehendes Wettbewerbsverbot.

Schließlich kann auch querulatorisches, den Geschäftsführer und die Mitgesellschafter in unzumutbarer Weise strapazierendes Verhalten eines Gesellschafters die Einziehung rechtfertigen. Solche Gründe können beispielsweise sein:

Der nervende Gesellschafter

- schikanöses Geltendmachen von Auskunfts- und Einsichtsrechten (§ 51a GmbHG),

- ständiges Begehren nach der Einberufung von Gesellschafterversammlungen ohne sachlich nachvollziehbaren Anlaß,

- nachhaltige treuwidrige Ausübung des Stimmrechts auf den Gesellschafterversammlungen.

Beschluß als Voraussetzung

Weitere Voraussetzung für die Einziehung ist ein Beschluß der Gesellschafterversammlung (§ 46 Nr. 4 GmbHG), der mit einfacher Mehrheit gefaßt werden kann. Bei der Einziehung aus wichtigem Grund hat der betreffende Gesellschafter kein Stimmrecht. Ferner sind auch Mitgesellschafter ausgeschlossen, die an einer etwaigen Pflichtverletzung, die den wichtigen Grund bildet, mitgewirkt haben.

Beispiel: *„Unberechtigte Entnahmen bei der Schoko-Bären-GmbH"*
Greifen wir auf das Beispiel der Schoko-Bären-GmbH zurück: Gesellschafter sind Laura Lakritzia (L), Sandra Süß (S), die gleichzeitig Geschäftsführerin ist, sowie Tobias Trüffel (T). Alle drei sind mit jeweils 50.000 € an der GmbH beteiligt, die damit insgesamt ein Stammkapital von 150.000 € hat. S entnimmt sich ständig ohne Rücksprache mit L Gelder aus der Gesellschaftskasse. T weiß hiervon und bekommt auch hin und wieder „ein paar Mark" ab, wobei er es jedoch bei weitem nicht so nachhaltig treibt wie S. L erfährt von diesen Vorgängen und will S aus dem Amt der Geschäftsführerin abberufen sowie den Geschäftsanteil der S einziehen lassen. S ist bei beiden Beschlüssen nicht stimmberechtigt. Auch T dürfte wohl vom Stimmrecht ausgeschlossen sein, da er bei einigen Verstößen mitwirkte. Wäre T vom Stimmrecht nicht ausgeschlossen, so könnte L gegen die Stimmen des T sowohl die Einziehung als auch die Abberufung nicht durchsetzen, da beide Gesellschafter die gleiche Anzahl von Stimmen haben und bei Stimmengleichheit beide Anträge abgelehnt wären. Stimmt T mit und hält L dies für unzulässig, so muß sie dies ggf. gerichtlich durch Anfechtung des Beschlusses (falls förmlich festgestellt) klären. Hier

bietet sich eine Verbindung mit einer positiven Beschlußfeststellungsklage an, durch die dann ihr Beschlußergebnis, nämlich die Abberufung und die
Einziehung, festgestellt wird (siehe hierzu die Ausführungen oben S. 3. Teil, C.III.8.).

Als weitere Voraussetzung ist die vollständige
Zahlung der Stammeinlage zu fordern. Ansonsten
würde die Stammeinlagepflicht untergehen, was
dem Grundsatz der Kapitalaufbringung zuwider-
liefe. Notfalls muß über eine Kapitalherabsetzung
erreicht werden, daß die Stammeinlageforderung
untergeht. Eine Kapitalherabsetzung darf allerdings nicht zu einer Unterschreitung des Mindeststammkapitals von 25.000 € führen. Im Beispiel der Schoko-Bären-GmbH mit einem Stammkapital von 150.000 € ist noch „Luft nach unten" vorhanden. Ferner können die Gesellschafter darüber nachdenken, ob sie im Interesse der
Realisierung der Einziehung die fremde Einlageschuld begleichen. Gegebenenfalls könnten sie
sich hierfür ein Darlehen aus dem Gesellschaftsvermögen einräumen lassen. Denkbar ist, daß
sich alle sonstigen Gesellschafter entsprechend
ihrer Beteiligung das Darlehen teilen, so daß sich
niemand benachteiligt fühlt. Nach Aufnahme des
Darlehens wird der Betrag dann gleich wieder als
Stammeinlage in das Gesellschaftsvermögen
zurückbezahlt, so daß die Einlage des betroffenen Gesellschafters, dessen Anteil eingezogen
wird, erbracht ist.

Vollständige Leistung der Einlage

Eine Einziehung ist aber nur dann zulässig, wenn
die Abfindung aus dem Gesellschaftsvermögen
erbracht werden kann, ohne daß die Kapitalerhaltung betroffen ist. Der Zeitpunkt, zu dem die
Kapitalerhaltung eingehalten werden muß, ist
allerdings strittig. Es genügt nach der herrschenden Ansicht, wenn bei Zahlung des Abfindungsentgelts das Stammkapital nicht verletzt wird

Kapitalerhaltung hat Vorrang

(BGHZ 9, 157, 169). Schüttet die Gesellschaft entgegen § 30 GmbHG eine Abfindung an den betreffenden Gesellschafter aus, dessen Anteil eingezogen ist, so wird gegen den Gesellschafter ein sofort fälliger Anspruch aus § 31 I GmbHG ausgelöst, für den die Mitgesellschafter gemäß § 31 III GmbHG die sog. Solidarhaftung trifft (siehe oben 4. Teil, B.II.1.c.cc.).

Solange die Abfindung an den Betroffenen nicht bezahlt wird, ist dieser noch Gesellschafter. Die Einziehung steht unter der aufschiebenden Bedingung der Abfindungszahlung (h.M.). Es ist allerdings nicht erforderlich, daß die Frage der Abfindung in der Satzung geregelt ist, in diesem Fall hat der Gesellschafter vielmehr einen Anspruch auf eine Abfindung zum Verkehrswert.

Die Einziehung wird im übrigen mit der Erklärung der Einziehung durch die Gesellschaft wirksam, wobei strittig ist, ob der Geschäftsführer oder die Gesellschafterversammlung diese erklären muß. Diese Erklärung kann formlos, d.h. mündlich erfolgen. Die Einziehung vernichtet den Geschäftsanteil des betroffenen Gesellschafters und läßt sämtliche mit dem Geschäftsanteil verbundenen Mitgliedschaftsrechte und –pflichten untergehen (so wörtlich BGHZ 139, 299 ff.). Bereits fällig gewordene verselbständigte Ansprüche, z.B. auf Auszahlung eines Gewinnanteils oder auf rückständige Einlage, bleiben allerdings bestehen. Der *BGH* hat bisher nicht entschieden, ob der Gesellschafter zwischen dem Wirksamwerden des Einziehungsbeschlusses durch Zugang beim Gesellschafter und der Zahlung der Abfindung noch an den Gewinnen zu beteiligen ist, die in diesem Zeitraum durch Fassung der Gewinnverwendungsbeschlüsse entstehen (BGHZ 139, 299 ff.).

Da der Gesellschafter bis zur Abfindungszahlung noch Gesellschafter ist, bietet es sich an, für diesen Zeitraum in der Satzung das Ruhen der mitgliedschaftlichen Rechte anzuordnen und auch die Frage der Gewinnverwendung zu regeln.

Geht der betreffende Gesellschafter gegen den Einziehungsbeschluß vor, so kann ein langwieriger Prozeß auf die Gesellschaft zukommen, in dessen Rahmen der Gesellschafter einwenden könnte, daß die Gesellschaft wegen § 30 I GmbHG zur Zahlung der Abfindung gar nicht in der Lage sowie die zu zahlende Abfindung ohnehin unzureichend sei.

Um solchen Einwendungen zu begegnen, sollte von vornherein in der Satzungsklausel eine klare Abfindungsregelung enthalten sein und ggf. von der Möglichkeit eines Schiedsgutachtens Gebrauch gemacht werden.

Kann die Gesellschaft die geschuldete Abfindung nicht zahlen, so bietet sich auch hier an, daß die Gesellschafter diesen Betrag einschießen, allerdings müssen sie auf eine Rückforderung verzichten, da nur dann das Reinvermögen erhöht wird. Leisten die Gesellschafter die erforderlichen Mittel nur darlehensweise an die Gesellschaft, müßten auf der Passivseite sofort ihre Gesellschafterdarlehen angesetzt werden, so daß sich dadurch keine Steigerung des Reinvermögens der Gesellschaft ergäbe. In die Kasse gelangt zwar das Geld des Gesellschafters, im Gegenzug ist die Gesellschaft jedoch neue Verbindlichkeiten eingegangen.

Rechtsfolgen

Die Einziehung führt – wie erwähnt - zum Untergang des Geschäftsanteils mit allen Rechten und Pflichten. Das Stammkapital bleibt unverändert. Strittig ist, ob sich die Nennbeträge der übrigen Beteiligungen entsprechend erhöhen oder ob ein Anpassungsbeschluß erforderlich ist. Eine Ansicht verzichtet ganz auf eine Erhöhung der Nennbeträge der bisherigen Stammeinlagen und läßt die Situation so wie sie ist, so daß die bisherigen Gesellschafter nominell ihre Stammeinlagen behalten, das Stammkapital dennoch unverändert bleibt. Diese Diskrepanz zwischen dem Stammkapital und der Summe der Stammeinlagen sollte jedoch behoben werden, indem durch Anpassungs- bzw. Aufstockungsbeschluß die verbleibenden Nennbeträge entsprechend der Beteiligungsverhältnisse angepaßt werden. Wird also in unserem Beispiel der Schoko-Bären-GmbH S ausgeschlossen, so erhöhen sich die Anteile von T und L auf jeweils 75.000 €, so daß sie jetzt hälftig an der GmbH beteiligt sind. Bevor sie sich den Geschäftsanteil der S gleichberechtigt aufgeteilt haben, hielten sie jeder 50.000 € des Stammkapitals.

Tip!
Nach einer Einziehung sollten Sie im Zweifel einen Anpassungsbeschluß fassen, damit wieder Klarheit über die Stimmenverhältnisse besteht. Dieses fördert die Übersichtlichkeit. Der Anpassungsbeschluß ist grundsätzlich keine Satzungsänderung, daher sind auch keine notarielle Beurkundung und Eintragung im Handelsregister erforderlich. Insgesamt handelt es sich also um eine kostengünstige Angelegenheit. Vergessen Sie aber nicht, den Geschäftsführer daran zu erinnern, daß dieser eine aktualisierte Gesellschafterliste beim Handelsregister einreicht.

Eine wichtige Rechtsfolge, die durch die Einziehung ausgelöst wird, ist schließlich die bereits erwähnte Verpflichtung der Gesellschaft zur Zahlung der Abfindung.

b. Zahlung der Abfindung

Der Gesellschafter, dessen Geschäftsanteil eingezogen worden ist, hat grundsätzlich Anspruch auf Zahlung einer Abfindung zum vollen Verkehrswert. Dies schließt den Firmenwert sowie stille Reserven mit ein (BGHZ 116, 359, 370). Der Verkehrswert ist der Preis, den ein Dritter zum Zeitpunkt der Klageerhebung als Erwerber des gesamten Unternehmens zahlen würde, wobei dieser anteilig auf den eingezogenen Geschäftsanteil umzulegen ist. Da keine Börse für GmbH-Anteile bzw. ein sonst geregelter Markt existiert, ist die Ermittlung des Werts durch die Einholung eines kostspieligen Sachverständigengutachtens die Regel (BGHZ 116, 359, 371). Allenfalls dann, wenn bei einer GmbH in der jüngeren Zeit Anteile an Dritte zu marktüblichen Preisen veräußert wurden, läßt sich anhand dieser Verkehrsgeschäfte ein anteiliger Unternehmenswert für den betreffenden Anteil festlegen.

Ermittlung problematisch

Der Sachverständige, der im Rahmen eines Rechtsstreits über die Höhe der zu zahlenden Abfindung vom Gericht zur Ermittlung des Unternehmenswerts bestellt wird, ist bei der Bestimmung desselben nicht strikt an eine Methode gebunden. Vorherrschend ist allerdings die Ertragswertmethode, die die Erträge der Vergangenheit zugrunde legt und unter Berücksichtigung der prognostizierten zukünftigen Ertragschanchen den Unternehmenswert ermittelt (siehe zu den Wertermittlungsmethoden die Ausfüh-

rungen im 3. Teil, A.I.1.). Gerade bei ertrags-
schwachen Unternehmen mit hohem Anlagevermögen ist jedoch auch die Substanzwertmethode
einzubeziehen. Als Untergrenze für die zu zahlende Abfindung wird grundsätzlich der anteilige
Liquidationswert angesetzt, d.h. der Erlös, der
auf den ausscheidenden Gesellschafter dann
entfiele, wenn die Gesellschaft statt dessen aufgelöst werden würde.

c. Vereinbarung von Abfindungsklauseln

Vereinbarungen
möglich

In der Satzung sind häufig sog. Abfindungsklauseln verankert, die Vorgaben für die Ermittlung
der Abfindung enthalten. Diese sind grundsätzlich zulässig und damit maßgeblich. Es werden
jedoch Grenzen derartiger Abfindungsklauseln
diskutiert.

Grenzen

Hierbei muß unterschieden werden, ob die Abfindungsklausel von Beginn an den zulässigen
Rahmen überschreitet oder ob sich eine zunächst
wirksame Abfindungsklausel im Laufe der Jahr-
zehnte durch die Veränderungen der Vermögensverhältnisse der Gesellschaft außerhalb dessen
bewegt, was für die Beteiligten noch zumutbar
ist.

Sittenwidrigkeit

Eine absolute Grenze der Wirksamkeit von Abfindungsklauseln bildet die *Sittenwidrigkeit* gemäß
§ 138 BGB. Wann jedoch eine Abfindungsregelung der Sittenwidrigkeit erreicht ist, läßt sich im
Einzelfall sehr schwierig feststellen. Hier müssen
alle Umstände mitberücksichtigt werden. Man
kann nicht generell sagen, daß beispielsweise
Buchwertklauseln, die die stillen Reserven und
den Firmenwert ausklammern, grundsätzlich sittenwidrig sind. Als Richtlinie, bei der die Grenze

der Sittenwidrigkeit ggf. erreicht sein könnte, lassen sich Klauseln anführen, die eine Abfindung zum halben Buchwert vorsehen. Aber auch dies ist lediglich ein Anhaltspunkt, der keine allgemeingültige Bedeutung hat.

Abfindungsklauseln haben den Sinn, den Gesellschaftern, die das Unternehmen fortführen, die hierfür erforderliche Liquidität zu sichern. Bei der Bemessung der Sittenwidrigkeit spielt dieser Umstand zwar eine Rolle, er darf jedoch nicht dazu führen, daß der ausscheidende Gesellschafter ohne Abfindung enteignet wird. Die zu zahlende Abfindung darf daher nicht vollkommen außer Verhältnis zu der Beschränkung stehen, die erforderlich ist, um im Interesse der verbleibenden Gesellschafter den Fortbestand der Gesellschaft und die Fortführung des Unternehmens zu sichern (BGHZ 116, 359). Unzulässig ist daher eine erhebliche Unterschreitung vom Verkehrswert, die in jedem Fall dann erreicht ist, wenn der Verkehrswert ein Vielfaches über der nach der Abfindungsklausel zu zahlenden Abfindung liegt (BGHZ 116, 359, 376).

Die Sittenwidrigkeit einer Klausel ist aber nicht nur für den ausscheidenden Gesellschafter, sondern auch für die Gläubiger desselben von Bedeutung, die Zugriff auf die Abfindung im Wege der Zwangsvollstreckung begehren. Daher wird diskutiert, ob eine Beschränkung der Abfindung, die gezielt für den Fall der Pfändung erfolgt, wegen Verstoßes gegen § 138 BGB nichtig ist. Man stelle sich die Situation vor, daß ein Gläubiger gegen den Gesellschafter die Zwangsvollstreckung betreibt, worauf die Gesellschaft mit der Einziehung des Geschäftsanteils reagiert. Sieht nun der Gesellschaftsvertrag eine äußerst geringe Abfindung vor, beispielsweise zum Nennwert der Stammeinlage, obwohl der Verkehrswert deutlich höher ist, so läßt sich die Sittenwidrigkeit einer derartigen Abfindungsklausel durchaus vertreten.

Einschränkend wird allerdings von der herrschenden Ansicht angenommen, daß eine Sittenwidrigkeit dann nicht anzunehmen ist, wenn die Abfindung generell bei dem Ausscheiden aus der Gesellschaft aus *wichtigem Grund* eingeschränkt wird. Dies darf sich dann auch auf die Fälle der Pfändung oder des sonstigen Zugriffs auf den Geschäftsanteil durch die Gesellschaftsgläubiger beziehen (BGHZ 65, 22, 26; OLG Celle, ZIP 1985, 1392, 1393).

Korrektur der Vereinbarten Abfindung

Neben der Grenze der Sittenwidrigkeit wird die Statthaftigkeit einer Abfindungsklausel auch an dem Grundsatz einer unzulässigen Einschränkung des Austrittsrechts gemessen. Wie bereits mehrfach angesprochen, hat jeder Gesellschafter aus wichtigem Grund ein Austrittsrecht aus der Gesellschaft. Hierbei handelt es sich um ein unentziehbares Mitgliedschaftsrecht. Eine Klausel, so wird nun argumentiert, die die Abfindung, die im Falle des Ausscheidens zu zahlen ist, unangemessen unter den Verkehrswert herabmindert, beschränkt den Gesellschafter in unzulässiger Weise in seinem Austrittsrecht. Denn der Gesellschafter wird trotz wichtigen Grundes allein deshalb nicht austreten, weil die „dürftige" Abfindung ihn quasi enteignet. Eine derartige Entwertung des Austrittsrechts kann die Abfindungsklausel unwirksam werden lassen, wobei der Gesellschafter in diesem Fall ein Recht auf Austritt gegen angemessene Abfindung hat (siehe BGHZ 116, 359, 369).

Die Klauseln, die erst *nachträglich* zu einer Unangemessenheit der Abfindung hinsichtlich ihrer Höhe führen, unterliegen nicht so ohne weiteres dem Verdikt der Unwirksamkeit. Vielmehr nimmt die Rechtsprechung hier an, daß im Wege der ergänzenden Vertragsauslegung die Klausel an die veränderten Verhältnisse anzupassen sei. Es ist also zu fragen, was die Parteien vereinbart hätten, wenn für sie die Entwicklung vorhersehbar gewesen wäre (BGH, ZIP 1993, 1611, 1612 für die KG; BGH, NJW 1993, 2101, 2102 f. für die OHG). Dies ist insbesondere für Abfindungen nach Buchwertklauseln von Bedeutung, die erst im Laufe der Entwicklung immer mehr hinter den zu zahlenden Verkehrswerten zurückbleiben. Eine Diskrepanz zwischen Buch- und Verkehrswerten kann dann entstehen, wenn es einen selbstgeschaffenen Geschäfts- oder Firmenwert gibt, der nicht in der Bilanz angesetzt werden darf (siehe § 248 II HGB), oder wenn Gegenstände des Anlagevermögens existieren, deren Buchwerte geringer sind als die Verkehrswerte oder die gar nicht erst aktiviert werden dürfen. Im letzteren Fall wurden also sog. stille Reserven gebildet. Beispielsweise ist es unzulässig, selbstgeschaffene Immaterial-Werte des Anlagevermögens in die Bilanz aufzunehmen. Dies betrifft unter anderem Marken- oder Urheberrechte, wozu etwa selbstentwickelte Software gehört. Da zudem Vermögensgegenstände grundsätzlich maximal zu den Anschaffungskosten in der Bilanz angesetzt werden dürfen, die tatsächlichen Verkehrswerte aber häufig weit über den Anschaffungskosten liegen, können sich, insbesondere dann, wenn Grundstücke zum Vermögen gehören, erhebliche stille Reserven gebildet haben.

Ergänzende Vertragsauslegung

Beispiel: *„Schoko-Bären und Panther-Tatzen"*

Die Schoko-Bären GmbH, an der Tobias Trüffel, Laura Lakritzia und Sandra Süß jeweils mit 50.000 € beteiligt sind, hat zahlreiche Markenrechte. So ist 'Schoko-Bär' selbst eine eingetragene Marke, daneben werden die Marken 'Panther-Tatzen', 'Mandelsplitter-Traum' sowie 'Marzipan-Engel' geführt. Es handelt sich um Marken, die die Schoko-Bären-GmbH selbst geschaffen hat, die aber wegen des Traditionsbetriebs einen hohen Marktwert haben. In der Bilanz der Schoko-Bären-GmbH werden diese Markenrechte nicht aktiviert. Der Wert dieser Markenrechte insgesamt läßt sich vorsichtig ermittelt mit 500.000 € beziffern. Scheidet nun einer der Gesellschafter aus der Gesellschaft aus, indem sein Anteil eingezogen wird, so würde bei einer Buchwert-Abfindung unberücksichtigt bleiben, daß noch Markenrechte in Höhe von 500.000 € vorhanden sind. War bei dem Abschluß des Gesellschaftsvertrags, z.B. vor fünfzig Jahren, von diesen Markenrechten noch keine Rede, so läßt sich nicht argumentieren, daß die Abfindungsklausel von vornherein unwirksam ist, vielmehr haben die Gesellschafter seinerzeit den Fall der Markenrechte nicht bedacht, so daß nunmehr der Gesellschaftsvertrag, d.h. konkret die Abfindungsklausel, an die veränderten Umstände anzupassen ist. Die Anpassung im Wege der ergänzenden Vertragsauslegung berücksichtigt aber nicht nur die Interessen des ausscheidenden Gesellschafters, sondern auch die der verbleibenden Gesellschafter, die immerhin mit der Buchwertklausel haben erkennen lassen, daß sie grundsätzlich eine Beschränkung der Abfindung im Interesse der Erhaltung der Liquidität des Unternehmens gewollt haben.

Stille Reserven

Ein weiteres Beispiel für eine Diskrepanz zwischen Buch- und Verkehrswerten läßt sich ebenfalls am Beispiel der Schoko-Bären-GmbH zeigen: Die GmbH hat 1950 ein Grundstück erworben, das seinerzeit 20.000 DM gekostet hat. Das Grundstück ist zwar bis heute unbebaut, zwischenzeitlich aber ein gefragtes Industrieareal mit einer erstklassigen Anbindung, für das Preise in Höhe von ca. 2 Mio DM gehandelt werden. Hier schlummert also eine stille Reserve von 2 Mio DM minus 20.000 DM. Eine Abfindungsklausel, die sich nur an den Buchwerten orientiert, berücksichtigt diese stille Reserve nicht, daher ist im Wege der ergänzenden Vertragsauslegung die Abfindung entsprechend zu erhöhen.

Bei den Abfindungsklauseln muß also danach differenziert werden, ob sie unwirksam sind oder „geltungserhaltend" angepaßt werden können. Ist die Abfindungsklausel sittenwidrig, so ist sie nichtig. An die Stelle der Abfindungsklausel tritt daher eine Abfindung zum vollen Verkehrswert. In den Fällen der Anpassung ist hingegen eine angemessene Abfindung anstatt der vereinbarten Abfindung zu zahlen.

Existiert keine wirksame Abfindungsklausel, so ist keineswegs der Einziehungsbeschluß der Gesellschafterversammlung gleichfalls unwirksam, vielmehr muß eine Abfindung auch ohne wirksame Abfindungsklausel zum vollen Verkehrswert gezahlt werden. Bei einer anzupassenden Abfindungsklausel ist die Abfindung ggf. gerichtlich zu korrigieren, wenn keine Einigung erzielt werden kann.

Der Einziehungsbeschluß, den die Gesellschafterversammlung faßt, steht wie erwähnt unter der aufschiebenden gesetzlichen Bedingung der vollständigen Zahlung der Abfindung. Solange die Abfindung nicht gezahlt wurde, bleiben der Geschäftsanteil und die Gesellschafterstellung bestehen. Auch das Stimmrecht steht dem Gesellschafter noch zu. Daher ist eine Satzungsklausel zu empfehlen, die das Ruhen der Rechte nach dem Einziehungsbeschluß anordnet.

2. Ausschluß

a. Einleitung

Der Ausschluß eines Gesellschafters aus der GmbH aus wichtigem Grund ist prinzipiell möglich. Beim *Ausschluß* geht - wie ausgeführt - die Initiative von den Mitgesellschaftern aus, die den „lästigen" Gesellschafter loswerden wollen. Ist es der Gesellschafter, der den Wunsch hat, aus der Gesellschaft auszuscheiden, so bezeichnet man dies als *Austritt*.

Grundlagen

Ein Ausschluß kann in der Satzung vorgesehen sein. Dann unterscheidet sich der Ausschluß nur unwesentlich von der bereits erläuterten Einziehung. Im Unterschied zur Einziehung geht allerdings beim Ausschluß der Geschäftsanteil nicht unter, sondern bleibt bestehen. Der Ausschluß wendet sich primär gegen die Mitgliedschaft, während die Einziehung sich gegen den Geschäftsanteil richtet. In den Rechtsfolgen kann es Unterschiede geben, da die Satzungsklausel diese individuell festlegen darf. So könnte in einer Ausschlußklausel statt einer Einziehung des Geschäftsanteils z.B. auch der Zwangsverkauf des Geschäftsanteils angeordnet werden.

Fehlt eine entsprechende Satzungsregelung, richten sich die Voraussetzungen und die Rechtsfolgen des Ausschlusses nach den von der Rechtsprechung entwickelten Kriterien, die nicht in allen Einzelheiten hinreichend geklärt sind. Über die Grundsätze besteht jedoch - zumindest in der höchstrichterlichen Rechtsprechung - weitgehend Einigkeit.

Voraussetzungen

Entscheidende Voraussetzung für die Durchsetzung eines Ausschlusses ist das Vorliegen eines wichtigen Grundes in der Person oder in dem Verhalten des auszuschließenden Gesellschafters. Der wichtige Grund wird hier in gleicher Weise bestimmt wie bei der Einziehung (siehe oben die Ausführungen im 5. Teil, C.III.1.a.bb.).

Auch eine Vielzahl von kleineren Verstößen können in ihrer Gesamtheit einen Ausschluß rechtfertigen. Es kann nicht oft genug betont werden, daß es immer eine Frage des Einzelfalls ist, ob der geltend gemachte Grund wirklich ausreicht, um den Ausschluß zu rechtfertigen. Dies soll folgendes Beispiel, das an eine Entscheidung des *BGH* (NJW-RR 1991, 1249) angelehnt ist, verdeutlichen:

Beispiel: *"Streit in der Familien-GmbH"*
Fritz Famulus (F) ist gemeinsam mit seiner Ehefrau Erika (E) und seinem Sohn Sven (S) Gesellschafter einer GmbH. Seine Ehefrau und sein Sohn, ein typisches „Muttersöhnchen", bilden ihm gegenüber eine einheitliche „Front" und ziehen in der Regel „am selben Strang". F ist zusammen mit seiner Ehefrau E noch Eigentümer eines Grundstücks, das an die GmbH verpachtet ist. Dieses Grundstück hat er gemeinsam mit seiner Ehefrau geerbt. Da sich seine Ehefrau querstellt, als es darum geht, das Grundstück zu verwerten bzw. zumindest den von der GmbH zu zahlenden Pachtzins angemessen zu erhöhen, betreibt F die Teilungsversteigerung. Im Rahmen dieser Versteigerung bietet F selbst mit, so daß er den Zuschlag erhält. Anschließend kündigt er den Pachtvertrag mit der GmbH und veräußert das Grundstück. E und S sind der Ansicht, daß dies treuwidrig ist und betreiben gegen F das Ausschlußverfahren.

Im gleichgelagerten Fall entschied schließlich der *Bundesgerichtshof*, ob ein wichtiger Grund für den Ausschluß vorlag. Dafür sprach, daß die Familien-GmbH ihr Gewerbe in einer verhältnismäßig kleinen Stadt betrieb, so daß sich die Versteigerung eines Grundstücks möglicherweise nachteilig auf ihr Ansehen auswirken könnte. Andererseits handelte es sich nicht um eine Zwangs-, sondern um eine Tei-

lungsversteigerung im Rahmen der Erbauseinandersetzung.

Außerdem war das Grundstück für die GmbH von
nur untergeordnetem Interesse. Auf ihm befanden
sich lediglich ein Schuppen mit Gerümpel sowie ein
Lagerplatz für einige Fässer. Da sich die Ehefrau
geweigert habe, von der Gesellschaft einen höheren Pachtzins zu verlangen, könne dem Ehemann
nicht vorgeworfen werden, treuwidrig lediglich seine eigenen Interessen verfolgt zu haben.

Der dem *BGH* zugrundeliegende Sachverhalt war
wesentlich komplizierter, es gab dort noch zahlreiche weitere Vorwürfe. Das Beispiel zeigt jedoch
schon in der hier dargestellten Kürze, daß für jeden
Fall eine Gesamtwürdigung aller Umstände vorgenommen werden muß. Allgemeingültige Aussagen,
wann ein wichtiger Grund vorliegt, lassen sich daher nur schwer treffen.

b. Verfahren beim Ausschluß eines Gesell-
schafters

aa.   *Beim Fehlen einer Ausschlußklausel*

Ausschlußklage

Fehlt eine Klausel im Gesellschaftsvertrag, die
den Ausschluß des Gesellschafters bzw. die Einziehung seines Geschäftsanteils regelt, so ist die
Gesellschaft darauf angewiesen, im Wege der
Ausschließungsklage gegen den betreffenden
Gesellschafter vor dem zuständigen Landgericht
(Kammer für Handelssachen) vorzugehen (siehe
BGHZ 9, 157 ff.). Die Erhebung der Klage setzt
einen entsprechenden Beschluß der Gesellschafterversammlung voraus, wobei der auszuschließende Gesellschafter kein Stimmrecht hat
(§ 47 IV GmbHG). Strittig ist, mit welcher Mehrheit die Gesellschaftersammlung den Ausschluß
beschließen muß. Ein einstimmiger Beschluß
wird heute nicht mehr gefordert. Streit besteht
aber darüber, ob die einfache oder die ¾-
Mehrheit zu verlangen ist. Der *Bundesgerichtshof*

fordert eine satzungsändernde ¾-Mehrheit (BGHZ 9, 157, 177). Hierfür spricht eine Parallelbetrachtung der Situation des Auflösungsbeschlusses, für den gemäß § 60 I Nr. 2 GmbHG ebenfalls eine Mehrheit von drei Vierteln der abgegebenen Stimmen erforderlich ist. Wird der Gesellschafterbeschluß schließlich gefaßt, muß anschließend die sog. *Ausschließungsklage* erhoben werden.

Klägerin ist die GmbH, vertreten durch ihren Geschäftsführer. Bei der Zwei-Personen-GmbH wird die Ansicht vertreten, daß neben der GmbH der andere Gesellschafter ebenfalls klageberechtigt ist. Dadurch kann in der typischen Situation des wechselseitigen Ausschlusses der Gesellschafter erreicht werden, daß beide Gesellschafter Rechtsschutz vor den Gerichten suchen können. Klagt beispielsweise zunächst einer der Gesellschafter namens der GmbH auf Ausschluß des anderen Gesellschafters, so könnte dieser, wenn er der Meinung ist, gerade der andere Gesellschafter müßte ausgeschlossen werden, in demselben Prozeß eine sog. Widerklage erheben, die auf den Ausschluß des Kontrahenten gerichtet ist. Das Gericht hat dann die Möglichkeit, über beide Ausschlußklagen in einem Prozeß zu entscheiden.

Zwei-Personen-GmbH

Frühestens mit *Rechtskraft des Urteils* ist der Gesellschafter aus der Gesellschaft ausgeschlossen. Das Urteil hat damit rechtsgestaltende Wirkung, da es den Verlust der Gesellschafterstellung herbeiführt. Während des Ausschlußverfahrens behält der auszuschließende Gesellschafter seine Rechte und Pflichten. Das bedeutet, daß er in den Gesellschafterversammlungen weiterhin sein Stimmrecht ausüben darf und am Gewinn

Rechtsfolgen

beteiligt ist. Dies ist allerdings nicht ganz unumstritten. Anerkannt ist, daß der Gesellschafter bei der Wahrnehmung seines Stimmrechts zurückhaltend sein muß, eine Blockadepolitik ist ihm aufgrund der Treuepflicht untersagt.

Abfindung

Ein Ausschluß aus der Gesellschaft kommt nur gegen *Abfindung* in Betracht. Das ausschließende Urteil muß daher den Abfindungsbetrag, der dem Verkehrswert des Anteils entsprechen muß, und die Zahlungstermine festsetzen. Hier wird zu Recht vertreten, daß der Ausschluß erst dann wirksam wird, wenn die Abfindung aus ungebundenem Gesellschaftsvermögen bezahlt worden ist. Der Ausschluß steht daher unter der aufschiebenden Bedingung der im Urteil festzustellenden Abfindung (OLG Nürnberg, GmbHR 1994, 252, 253 im Anschluß an BGHZ 9, 157, 174). Der Gesellschaft ist im Urteil eine angemessene Zahlungsfrist zu setzen. Damit ist der Ausschluß frühestens mit Rechtskraft des Urteils wirksam, sofern zu diesem Zeitpunkt bereits die Abfindung unter Wahrung des § 30 GmbHG gezahlt wurde. Vor Zahlung der Abfindung wird der Ausschluß daher nicht wirksam (strittig).

Anteil bleibt bestehen

In dem Moment, in dem der Ausschluß wirksam wird, scheidet der Gesellschafter aus der Gesellschaft aus, d.h. er verliert seine mitgliedschaftliche Stellung, nicht jedoch seinen Geschäftsanteil. Eine eigenartige Konstruktion, die an die Quadratur des Kreises erinnert. Dieser juristische Kunstgriff ist aber nötig, damit der GmbH-Anteil, der durch den Ausschluß nicht untergeht, nicht herrenlos wird. Die Gesellschaft hat nunmehr das Recht, den Anteil einzuziehen oder auf einen Dritten, der ggf. auch ein Mitgesellschafter sein darf, zu übertragen. Eine Einziehung setzt allerdings voraus, daß die Einlage vollständig einbezahlt ist. Ferner muß auch hier eine Zahlung der Abfindung aus ungebundenem Vermögen möglich sein.

Entscheidend ist, daß die Gesellschaft, nicht etwa die Mitgesellschafter, die Abfindung schulden.

Einzelheiten

Die Höhe der Abfindung ist im Ausschlußurteil festzulegen, maßgeblicher Stichtag für die Bewertung des Geschäftsanteils ist der Tag der Klageerhebung (BGHZ 9, 157, 176).

Hat die Gesellschaft kein ungebundenes Vermögen, um die Abfindung zu zahlen, so müssen die Mittel auf andere Weise beschafft werden.

Ist die Berechtigung zum Ausschluß zweifelhaft, kann es empfehlenswert sein, zunächst das Ausschlußurteil zu erwirken und dann die Mittel für die Abfindung aufzubringen, wenn hierüber Klarheit durch das rechtskräftige Urteil besteht.

Keinesfalls darf die Gesellschaft – dies sei nochmals betont - die Abfindung aus dem in Höhe der Stammkapitalziffer gebundenen Vermögen leisten, da das Stammkapital aufzehrende Zahlungen unzulässig sind. Zwar kann dies für die Gesellschaft sehr belastend sein, doch muß im Gläubigerinteresse hieran festgehalten werden.

Kapitalerhaltung

Die Mittel für die Abfindung können z.B. – wie bereits bei der Einziehung angesprochen - über eine Kapitalherabsetzung freigesetzt werden. Dies funktioniert allerdings nur, wenn die Stammkapitalziffer über 25.000 € liegt. Diese

Mindest-Stammkapitalziffer darf auch durch eine Kapitalherabsetzung nicht unterschritten werden.

Auch nach erfolgter Kapitalherabsetzung gilt das Verbot der Erhaltung des nunmehr herabgesetzten Stammkapitals. Die Abfindung darf nur dann vollständig ausbezahlt werden, wenn anschließend mindestens noch ein Reinvermögen in Höhe der nunmehr festgesetzten Stammkapitalziffer vorhanden ist. Es ist stets erforderlich, daß die Abfindung aus ungebundenem Kapital geleistet wird, insofern wird auf die obigen Ausführungen zur Einziehung verwiesen.

Zur Bestreitung der Abfindung ist auch eine Verwertung des Geschäftsanteils möglich, was sich insbesondere dann anbietet, wenn das Stammkapital entgegen § 30 I GmbHG durch die Auszahlung der Abfindung angetastet werden würde.

Eine Verwertung kann in der Weise erfolgen, daß die verbleibenden Gesellschafter den Anteil übernehmen. Hierfür ist nach richtiger Ansicht wohl auch eine Aufteilung des Geschäftsanteils zulässig, so daß die Nennbeträge der verbleibenden Anteile unter Auflösung des Anteils des Ausgeschlossenen entsprechend erhöht werden könnten. Wenn die Gesellschafter sich einig sind, kann selbstverständlich auch ein Mitgesellschafter allein den Geschäftsanteil übernehmen. Schließlich ist auch ein Verkauf an einen Dritten zu erwägen.

Tip!
Aus Sicht der Mitgesellschafter ist es empfehlenswert, im Gesellschaftsvertrag das Ruhen des Stimmrechts für den Fall des Ausschließungsbe-

schlusses anzuordnen. Günstiger ist es, gleich eine Ausschlußklausel in der Satzung zu verankern, die bereits mit dem Ausschließungsbeschluß der Gesellschafterversammlung das Ausscheiden bewirkt, noch bevor die Abfindung bezahlt ist. Dazu nun im folgenden mehr.

bb. Bei Geltung einer Ausschlußklausel

Enthält die Satzung eine Bestimmung, wonach ein Gesellschafter ausgeschlossen werden kann, so richtet sich das Verfahren primär nach dieser Klausel. Zunächst ist Voraussetzung, daß ein Gesellschafterbeschluß über den Ausschluß gefaßt wird. Mit der ordnungsgemäßen Beschlußfassung ist der Gesellschafter aus der Gesellschaft ausgeschlossen (BGHZ 32, 17, 23).

Es ist nun Sache des ausgeschlossenen Gesellschafters, sich hiergegen im Wege der Anfechtungsklage vor dem zuständigen Landgericht zu wehren. Beim Ausschluß aufgrund einer Satzungsklausel kehren sich also - im Vergleich zur Ausschlußklage beim Fehlen einer entsprechenden Bestimmung - die Parteirollen um. Der ausgeschlossene Gesellschafter ist nun Kläger, die Gesellschaft ist Beklagte. Die Anfechtungsfrist ist einzuhalten (siehe bereits 3. Teil, D.III.4.).

Klage des Gesellschafters

Die Abfindung des Gesellschafters regelt sich ebenfalls in erster Linie nach der Satzungsklausel. Wie bei der Einziehung wird hier diskutiert, in welchem Umfang die Abfindung unter den tatsächlichen Verkehrswert des Geschäftsanteils "gedrückt" werden kann. Wie bei der Einziehung ausgeführt, kann eine Abfindungsregelung im Einzelfall wegen Verstoßes gegen § 138 BGB sittenwidrig und damit nichtig sein.

Mit dem Zugang des Ausschließungsbeschlusses und der Zahlung der Abfindung ist der Gesellschafter ausgeschlossen. Seinen Geschäftsanteil darf die Gesellschaft einziehen oder im Wege der Abtretung verwerten. Die Satzungsklausel kann aber auch anordnen, daß der Ausschluß schon vor der Zahlung der Abfindung mit Zugang des Ausschließungsbeschlusses wirksam ist.

Einzelfragen

Entscheidender Vorteil der Ausschlußklausel ist somit - im Verhältnis zur Ausschluß*klage* aus Sicht der Gesellschaft - vor allem, daß die Wirksamkeit des Ausschlusses nicht von der Zahlung einer angemessenen Abfindung abhängt. Es ist also zulässig, den Ausschluß wirksam werden zu lassen und die Abfindung erst später, ggf. auch in mehreren Raten zu entrichten. Der *BGH* hat sogar eine Klausel für wirksam erachtet, die die GmbH ermächtigt, den Geschäftsanteil mit sofortiger Wirkung auf die GmbH oder auf einen im Beschluß Benannten zu übertragen; der rasche Ausschluß sei gerade Sinn einer Ausschließungsklausel (BGH, NJW 1983 2880, 2881). Ein solcher Beschluß muß meines Erachtens notariell beurkundet werden, da er bei der Überleitung des Anteils auf die GmbH eine Anteilsübertragung beinhaltet bzw. bei der Benennung eines Dritten eine entsprechende Verpflichtung des auszuschließenden Gesellschafters begründet. Zur Gesellschafterversammlung müßte dann ein Notar hinzugezogen werden. Eine solche Satzungsregelung ist sicherlich sehr effektiv, da sie zum sofortigen Ausschluß des Gesellschafters und zur Einsetzung des neuen, von den übrigen Beteiligten gewünschten Gesellschafters führt. Diese Rechtsprechung ist allerdings äußerst umstritten, so daß die Praxis hier immer mit Änderungen rechnen muß.

3. Austrittsrecht oder Kündigung des Gesellschafters

Es ist allgemein anerkannt, daß es ein Rechtsprinzip bei Dauerschuldverhältnissen gibt, wonach bei Vorliegen eines wichtigen Grundes stets eine Loslösung von dem Vertragsverhältnis begehrt werden kann. Für das Gesellschaftsverhältnis bedeutet dies, daß der Gesellschafter ein Austritts- bzw. Kündigungsrecht dann hat, wenn ihm ein Festhalten am Vertrag nicht mehr zuzumuten ist. Dieses Mitgliedschaftsrecht kann nicht ausgeschlossen werden, da es sich um ein unentziehbares Notrecht handelt.

Ausstieg muß möglich sein

Das Austrittsrecht wird durch formfreie Erklärung gegenüber der GmbH ausgeübt. Die Satzung kann allerdings das „Wie" regeln und weitere Austrittsgründe ergänzen oder auch den Austritt erleichtern, ihn etwa ohne weitere Gründe unter Wahrung einer Frist zulassen.

Das Austrittsrecht aus wichtigem Grund ist nur dann gegeben, wenn dem Gesellschafter ein weniger einschneidendes Mittel nicht zur Verfügung steht, also z.B. dann, wenn eine Anteilsübertragung aufgrund einer Vinkulierungsklausel und der ständig verweigerten Zustimmung der GmbH nicht möglich ist. Vorzunehmen ist stets eine Gesamtabwägung zwischen den angeführten wichtigen Gründen sowie den Interessen der verbleibenden Gesellschafter. Mißlingt dem ausscheidungswilligen Gesellschafter die Veräußerung seines Geschäftsanteils aus Ungeschicklichkeit oder mangels eines Kaufinteressenten, so entsteht dadurch noch kein Austrittsrecht aus wichtigem Grund.

Austrittsrecht als letztes Mittel

Austrittsgründe problematisch

Äußerst schwierig zu beurteilen ist, welche wichtigen Gründe für die Bejahung des Austrittsrechts in Betracht kommen.

Sphäre des Gesellschafters

Solche wichtigen Gründe können etwa in der Person des Gesellschafters liegen. So kann es sich um auf Dauer untragbare Nebenleistungspflichten handeln, wie z.B. unentgeltliche Dienstleistungen, die dem Gesellschafter aufgrund seiner persönlichen Umstände, etwa weil er jetzt eine Behinderung hat, nicht mehr weiter zumutbar sind. Problematisch sind insbesondere Änderungen hinsichtlich der privaten Verhältnisse. So ist es schwierig einzuschätzen, ob der Wunsch des Gesellschafters, sich beruflich nachhaltig zu verändern, für seinen Austritt genügt. Will der mitarbeitende Gesellschafter nunmehr Flugzeugpilot werden oder nach Australien auswandern, um dort ein neues Leben aufzubauen, wäre für ihn ein Austrittsrecht unter Auszahlung seiner Abfindung bedeutsam. Handelt es sich um eine GmbH, bei der die Gesellschafter mitarbeiten müssen, so dürfte es sich wegen der erforderlich werdenden Umstellungen für den Gesellschafter durchaus um einen wichtigen Grund handeln, da er sich nicht anders von den Nebenleistungspflichten zur Mitarbeit befreien kann. Ist der Gesellschafter allerdings nur kapitalmäßig beteiligt und möchte lediglich eine Abfindung erzielen, um etwas Startkapital im neuen Beruf bzw. im neuen Land zu erhalten, so dürfte dies allein wohl nicht für einen wichtigen Grund genügen. Droht dem Gesellschafter die persönliche Insolvenz und kann er diese nur dadurch abwenden, indem er aus der Gesellschaft gegen Abfindung ausscheidet, weil er auf die Zahlung der Summe wegen seiner persönlichen Schulden dringend angewiesen ist, so kommt es auch hier auf den Einzelfall an. Gegebenenfalls wird der Gesellschafter zuvor versuchen müssen, Kredit aufzunehmen, wobei der Geschäftsanteil als Sicherheit verpfändet werden könnte.

Wichtige Gründe können aber auch in der Person der Mitgesellschafter liegen. So kann eine schwere Zerrüttung, insbesondere eine Zerstörung des Vertrauensverhältnisses, einen wichtigen Grund darstellen.

Sphäre der Mitgesellschafter

Aber auch aus den Verhältnissen der Gesellschaft selbst können sich wichtige Gründe herleiten lassen. Wird aus der Gesellschaft z.B. eine abhängige Konzerngesellschaft, indem sie etwa von einer anderen qualifiziert-faktisch beherrscht wird, so läßt sich durchaus ein Austrittsrecht aus wichtigem Grund befürworten. Ein ständiges Mißmanagement oder die fehlerhafte Bilanzerstellung dürften für sich allein aber beispielsweise nicht ausreichen, da hier der Gesellschafter zunächst darauf drängen muß, daß das Management ausgetauscht wird. Setzt er sich damit allerdings nachhaltig in der Gesellschafterversammlung nicht durch, obwohl es für eine Blokkadehaltung der Mitgesellschafter keinerlei triftige Gründe gibt, so läßt sich auch hier wieder ein wichtiger Grund für einen Austritt rechtfertigen.

Sphäre der Gesellschaft

Auch ein negatives Image der Gesellschaft kann ggf. einen wichtigen Grund darstellen. Entwickelt sich beispielsweise die Gesellschaft von einem seriösen Versicherungsmakler zu einem anrüchigen Strukturvertrieb, der ein negatives Presse-Echo erntet, so kann ein Festhalten am Gesellschaftsvertrag für den Gesellschafter, der diese Umorientierung nicht mitgetragen hat, durchaus unzumutbar sein.

Verfahren

Zu beachten ist, daß der Gesellschafter durch die Erklärung des Austritts noch nicht aus der Gesellschaft ausgeschieden ist. Der Austritt muß vielmehr umgesetzt werden und vollzieht sich somit in zwei Akten: Die Verwertung des Anteils sowie die Zahlung der Abfindung.

Die Umsetzung des Austritts bzw. der Kündigung erfolgt nach Wahl der GmbH entweder durch Einziehung des Geschäftsanteils oder Abtretung desselben an die Gesellschaft oder einen Dritten (OLG Köln, GmbHR 1999, 296). Die Einziehung des Geschäftsanteils kommt nur dann in Betracht, wenn dieser voll einbezahlt ist. Bis zur Einziehung oder Übertragung des Geschäftsanteils ist der austrittswillige Gesellschafter noch Mitglied der Gesellschaft. Solange bleibt er auch Inhaber der Gesellschafterrechte einschließlich des Stimmrechts (BGHZ 88, 320, 324 ff.). Die Satzung kann jedoch ein Ruhen des Stimmrechts bis zum Ausscheiden anordnen (BGHZ 88, 320).

Abfindung

Der Gesellschafter, der ausgetreten ist, hat ferner Anspruch auf Abfindung zum Verkehrswert, der zum Zeitpunkt des Zugangs der Austrittserklärung bemessen wird. Auch hier sind Abfindungsklauseln zulässig, wobei allerdings dem austrittsberechtigten Gesellschafter beim Austritt wegen eines Fehlverhaltens der Mitgesellschafter oder der Gesellschaft eine Minderung der vollen Abfindung unzumutbar ist. Tritt beispielsweise der Gesellschafter aus, weil die Gesellschaft in einen qualifiziert-faktischen Konzern eingebunden wird, so hat er Anspruch auf Zahlung einer vollen Abfindung.

Tut die Gesellschaft trotz der Austrittserklärung nichts, nimmt sie also keine Einziehung vor und ist sie auch nicht bereit, den Anteil an einen Dritten abtreten zu lassen oder hat sie keinerlei Mittel oder Interesse, die Abfindungssumme zu zahlen, so bleibt dem ausgeschiedenen Gesellschafter nichts anderes übrig als analog § 61 GmbHG die Auflösungsklage zu erheben (strittig).

4. Steuerrechtliche Hinweise

Sämtliche Tatbestände des Ausscheidens werden steuerrechtlich wie die Anteilsveräußerung behandelt (siehe oben 5. Teil, C.II.2.c.). Wie immer gilt es, zwischen den verschiedenen Steuerarten zu differenzieren:

a. Einkommensteuer

Hier muß danach unterschieden werden, ob die Beteiligung des ausgeschiedenen Gesellschafters zu seinem Betriebsvermögen oder zu seinem Privatvermögen gehört hat. War der ausgeschiedene Gesellschafter beispielsweise Einzelkaufmann und gehörte zu seinem Betriebsvermögen auch die Beteiligung an der GmbH, so muß beim Ausscheiden der Anteil aus der Bilanz des Einzelkaufmanns „ausgebucht" werden. Behält der ausscheidende Gesellschafter eine Abfindung, die über dem Buchwert der Beteiligung liegt, so wird der Gewinn des Einzelkaufmanns erhöht. Liegt die Abfindung unter dem Buchwert, so erleidet der ausscheidende einzelkaufmännische Gesellschafter einen Veräußerungsverlust, der für ihn einen steuerrechtlich geltend zu machenden Aufwand in der Gewinn- und Verlustrechnung darstellt. Wird die GmbH-Beteiligung in einem sonstigen Betriebsvermögen gehalten, so gilt nichts anderes. GmbH-Gesellschafter können selbstverständlich Personengesellschaften oder

Betriebs- oder Privatvermögen

Kapitalgesellschaften sein, die in ihrem Vermögen den GmbH-Anteil gehalten haben, der dort mit einem Buchwert angesetzt worden ist.

Gehört die Beteiligung des ausscheidenden Gesellschafters zu seinem Privatvermögen, so ist ein Veräußerungsgewinn oder ein Verlust, der sich infolge des Ausscheidens ergibt, grundsätzlich steuerrechtlich nicht zu berücksichtigen. Dies gilt jedoch nicht für den Fall eines Spekulationsgeschäfts bzw. des Bestehens einer wesentlichen Beteiligung.

Bei dem Ausscheiden eines Gesellschafters tritt als Bemessungsgrundlage an die Stelle des Veräußerungspreises die erhaltene Abfindung, die mit den Anschaffungskosten gegenüberzustellen ist.

Liegt ein Spekulationsgeschäft vor, weil zwischen Anschaffung und Veräußerung noch nicht zwölf Monate vergangen sind, so fällt nach § 23 EStG Spekulationsteuer als besondere Form der Einkommensteuer an; dieser Steuertatbestand ist gegenüber § 17 EStG vorrangig (siehe § 23 II 2 EStG).

Bei der Anteilsveräußerung oder beim Ausscheiden eines Gesellschafters, bei dem der Anteil zu seinem Privatvermögen gehört, sind also nur dann die die Anschaffungskosten übersteigenden Abfindungen steuerfrei, wenn weder eine wesentliche Beteiligung im Sinne von § 17 EStG noch ein Spekulationsgeschäft nach § 23 EStG vorliegen.

b. Grunderwerbsteuer

Die Übertragung eines GmbH-Anteils oder das Ausscheiden aus einer GmbH löst grundsätzlich keine Grunderwerbsteuer aus. Eine Ausnahme gilt nur dann, wenn infolge der Anteilsübertragung oder des Ausscheidens der Erwerber bzw. der verbleibende Gesellschafter nunmehr alle Anteile der GmbH in sich vereinigt. Werden also 100 % der Anteile übertragen oder erfolgt die Anteilsübertragung an einen Mitgesellschafter, der durch den Erwerb des Anteils nunmehr 100 % der Anteile hält, so wird dies als grunderwerbsteuerpflichtiger Tatbestand eingeordnet (§ 1 III GrEStG). Das gilt selbstverständlich nur dann, wenn zum Gesellschaftsvermögen ein inländisches Grundstück gehört.

Anteilsvereinigung oder Übertragung aller Anteile

c. Umsatzsteuer

Die Anteilsübertragung löst prinzipiell keine umsatzsteuerrechtlichen Folgen aus. Gehört der Anteil zum Privatvermögen, so scheitert eine Umsatzsteuerpflicht schon daran, daß der Gesellschafter, der seinen Anteil veräußert oder ausscheidet, kein Unternehmer im Sinne des Umsatzsteuergesetzes ist. Gehört die Beteiligung zum Betriebsvermögen des betreffenden Gesellschafters, so gilt der Befreiungstatbestand gemäß § 4 Nr. 8 f UStG, der ausdrücklich Umsätze von der Umsatzsteuerpflicht ausnimmt, die Anteile an Gesellschaften betreffen.

D.
Tod eines Gesellschafters

I. Gesetzliches Normalstatut

Vererblichkeit
der Anteile

Jeder Geschäftsanteil an einer GmbH ist vererblich. Dies ist in § 15 I GmbHG geregelt. Stirbt ein
Gesellschafter, so fällt der GmbH-Geschäftsanteil
dieses Gesellschafters in seinen Nachlaß und
steht damit dem Erben bzw. der Erbengemeinschaft zu. Der Übergang von dem Gesellschafter
auf die Erben tritt im Zeitpunkt des Todes automatisch ein. Es handelt sich um eine sog. Gesamtrechtsnachfolge. Der Geschäftsanteil ist
damit nie herrenlos, sondern geht von einer logischen Sekunde zur anderen von dem bisherigen
Gesellschafter auf seine Erben über. Selbst wenn
die Erben davon noch nichts wissen, sind sie
gleichwohl in ihrer Verbundenheit als Erbengemeinschaft Gesellschafter der GmbH.

Beispiel: *„Viel Schokolade für Tommi, Julia und
Maren"*
Erinnern wir uns an die Schoko-Bären-GmbH. Gesellschafter waren Tobias Trüffel (T), Sandra Süß
(S) sowie Laura Lakritzia (L). Alle drei sind jeweils
mit 50.000 Euro am Stammkapital der GmbH beteiligt. Nunmehr stirbt L. Sie ist geschieden und
hat drei Kinder (Tommi, Julia und Maren). Hat sie
keine Verfügung von Todes wegen getroffen, so
gilt die gesetzliche Erbfolge. Danach erben die drei
Kinder jeweils zu einem Drittel. Dies bedeutet, daß
der GmbH-Geschäftsanteil zunächst in den Nachlaß
fällt und der Erbengemeinschaft zusteht, an welcher wiederum quotal die drei Kinder zu je einem
Drittel beteiligt sind. Die Erben müßten sich nunmehr entscheiden, wie sie sich auseinandersetzen.
Denkbar wäre beispielsweise, daß Julia den Geschäftsanteil übernimmt und Thomas und Maren
andere Nachlaßgegenstände als Wertausgleich erhalten. Problematisch ist jedoch, wie die beiden
bisherigen Gesellschafter T und S zu der ganzen
Angelegenheit stehen. Haben sie in der GmbH-
Satzung keinerlei Regelungen getroffen, so können

sie sich nicht dagegen wehren, daß die Erbengemeinschaft weiterhin Gesellschafterin der GmbH
bleibt. Selbst dann, wenn ihnen die Kinder der L
zuwider sind, haben sie dies hinzunehmen. Immerhin brauchen sie sich aber nicht gefallen zu lassen,
daß alle drei Erben wild durcheinander ihre Interessen gegenüber der GmbH anmelden, wobei möglicherweise jeder etwas anderes will. Nach § 18 I
GmbHG können mehrere Mitberechtigte, denen ein
Geschäftsanteil ungeteilt zusteht, ihre Rechte aus
demselben nur gemeinschaftlich ausüben. Die Satzung kann vorsehen, daß für die Ausübung dieser
Rechte ein gemeinsamer Vertreter zu bestellen ist.
Dies kann auch einer der drei Miterben sein. In der
Satzung könnte in dieser Klausel auch geregelt
werden, daß bis zur Bestellung dieses gemeinsamen Vertreters die Rechte aus dem Geschäftsanteil
ruhen. Siehe hierzu auch den obigen Formulierungsvorschlag bei der Satzungsgestaltung im
zweiten Teil.

Die Erben bzw. die Erbengemeinschaft rückt also
gemäß § 1922 BGB als Gesamtrechtsnachfolge-
rin in den GmbH-Anteil ein. Die Mitgesellschafter
müssen sich dies gefallen lassen, sie können
nicht verhindern, daß der Geschäftsanteil im
Wege der Erbfolge übergeht. Dies kann weder
durch eine Regelung in der Satzung, noch durch
einen Gesellschafterbeschluß ausgeschlossen
oder beschränkt werden. Es gibt aber mehrere
Möglichkeiten, wie die Mitgesellschafter erreichen können, daß die ihnen ggf. unliebsamen
Gesellschafter-Erben den Geschäftsanteil verlieren. In der Praxis verbreitete Mittel sind sog.
Einziehungs- oder Abtretungsklauseln für den
Tod eines Gesellschafter.

Stirbt ein GmbH-Gesellschafter, so kann in einer
solchen Klausel vorgesehen werden, daß der
Geschäftsanteil, der zunächst automatisch den
Erben bzw. der Erbengemeinschaft zusteht,
durch Gesellschafterbeschluß eingezogen wird

oder an eine von der Gesellschaft zu benennende Person abzutreten ist.

Gesetzlicher Normalfall

Bevor auf derartige vertragliche Beschränkungen eingegangen wird, noch einige Hinweise zu der Rechtslage, die besteht, wenn eine Fortsetzung mit den Erben gewollt ist:

Eine Anmeldung der Erben bei der Gesellschaft gemäß § 16 GmbHG ist nicht erforderlich, da es sich um einen automatischen Übergang aller Rechte und Pflichten handelt.

Mehrere Erben

Wird die Gesellschaft mit mehreren Erben fortgesetzt, so bietet sich eine Teilung des Geschäftsanteils quotal oder entsprechend den Vereinbarungen der Miterben bzw. den Wünschen der Mitgesellschafter an. Möglicherweise hat der Erblasser, d.h. der verstorbene Gesellschafter, in seinem Testament Teilungsanordnungen erlassen, die dann für die Erben, nicht jedoch für die GmbH, bindend sind. Wünschenswert ist daher eine „Harmonisierung" zwischen Gesellschafts- und Erbrecht. Dies ist aber nur dann möglich, wenn die Gesellschafter untereinander geklärt haben, wie die Nachfolge geregelt werden soll und dies dann auch so in den jeweiligen Testamenten umgesetzt wurde.

Gesellschaftsvertragliche Regelungen dürfen den erbrechtlichen Willen „bremsen" oder gar ganz blockieren. So kann die Satzung etwa die Teilung ausschließen oder beschränken, so daß auch die Erben keine Aufteilung vornehmen dürfen. Der Anteil muß dann als Ganzes erhalten bleiben.

II. Vertragliche Regelungen

1. Vinkulierungsklauseln

Die Vinkulierungsklausel (siehe dazu bereits oben die Ausführungen bei der Anteilsübertragung im 5. Teil, C.II.2.b.) erfaßt nicht die Übertragung bzw. den Übergang eines Geschäftsanteils von Todes wegen. Dies folgt schon aus § 15 V GmbHG, der von der Abtretung, also der rechtsgeschäftlichen Übertragung, redet. Der Geschäftsanteil geht daher zunächst in jedem Fall auf die Erbengemeinschaft über, unabhängig davon, welche Regelungen in der Satzung enthalten sind. Überträgt die Erbengemeinschaft anschließend den Anteil auf einen Dritten, so greift die Vinkulierungsklausel ein.

Möglichkeiten unliebsame Erben auszuschließen

Problematisch sind jedoch die Fälle, in denen der Geschäftsanteil unter den Erben im Wege der Erbauseinandersetzung auf einen von ihnen übertragen wird. Hat der Erblasser die Übertragung bereits in seinem Testament in einer Teilungsanordnung bestimmt, so soll nach herrschender Ansicht diese Aufteilung nicht von der Vinkulierungsklausel erfaßt sein (siehe OLG Düsseldorf, GmbHR 1990, 504, 507; siehe auch BGHZ 92, 386, 391 f.).

Erbauseinandersetzung

Bei der sonstigen Erbauseinandersetzung, die ohne eine Teilungsanordnung stattfindet, ist strittig, ob die Vinkulierungsklausel anwendbar ist. Wird von der Erbengemeinschaft der Geschäftsanteil aufgrund eines Vermächtnisses auf den Bedachten übertragen, so greift nach richtiger Ansicht die Vinkulierungsklausel, da die Erfüllung des Vermächtnisses eine rechtsgeschäftliche Übertragung beinhaltet. Ein Vermächtnis verschafft dem Begünstigten einen Anspruch gegen die Erben auf Übertragung des im Ver-

Vermächtnis

mächtnis bezeichneten Gegenstandes. Der Vermächtnisnehmer braucht nicht Erbe zu sein, er muß das Vermächtnis auch nicht durchsetzen; möchte er dies, so muß er die Erben notfalls auf Erfüllung des Vermächtnisses verklagen. Genehmigt die GmbH allerdings nicht die Anteilsübertragung im Wege des Vermächtnisses (hierfür ist eine notariell beurkundete Abtretung gemäß § 15 III GmbHG erforderlich), so wird den Erben die Erfüllung des Vermächtnisses unmöglich. Die Rechtsfolgen sind nicht völlig ausdiskutiert. Schadensersatz wird nur dann geschuldet, wenn die Erben die Unmöglichkeit zu vertreten haben, woran es häufig fehlen dürfte. Im Wege einer Auslegung wird dem Vermächtnisnehmer jedoch ein Anspruch in Geld gegen die Erbengemeinschaft zugesprochen, der sich am Wert des Anteils orientiert. Daneben kann der Vermächtnisnehmer auch die Heraugabe der zwischenzeitlich entstandenen Gewinne an sich verlangen.

Ob eine Vinkulierungsklausel auch die Erfüllung eines Vermächtnisses umfaßt, ist durch eine Auslegung derselben zu ermitteln. Es ist durchaus rechtlich möglich, daß eine Vinkulierungsklausel diesen Fall betrifft.

Übertragung des Erbanteils als Alternative

Möchte die Erbengemeinschaft den Geschäftsanteil auf einen Dritten übertragen, scheitert dies jedoch aller Voraussicht nach daran, daß die Gesellschafterversammlung der Übertragung unter Berufung auf eine Vinkulierungsklausel nicht zustimmen wird, so bietet sich statt der Übertragung des Geschäftsanteils eine Übertragung der Erbanteile auf den Dritten an. Nach Ansicht des *BGH* erfaßt eine Vinkulierungsklausel nicht die Erbteilsübertragung gemäß § 2033 I BGB. Erbteile können verkauft und übertragen werden.

Eine Verfügung über einen Geschäftsanteil soll dann nicht vorliegen (siehe BGHZ 92, 386, 393). Dem ist zuzustimmen, da es nur bei einzelnen Nachlaßgegenständen, wie z.B. bei einem Geschäftsanteil, Verfügungsbeschränkungen geben kann (siehe § 2033 II BGB). Problematisch dürfte allerdings der Fall sein, in dem der Geschäftsanteil im wesentlichen der einzige Nachlaßgegenstand ist. Für diese Konstellation läßt sich eine Anwendung der Vinkulierungsklausel befürworten.

2. Einziehungsklausel

Wesentlich effektiver als eine Vinkulierungsklausel ist die Einziehungsklausel, die dann zur Anwendung kommt, wenn die Gesellschafter ohne die Erben weitermachen möchten. Die Einziehung vernichtet den Geschäftsanteil (siehe ausführlich bereits die Ausführungen oben 5. Teil, C.III.1.). Voraussetzung ist eine Regelung in der Satzung. Ohne satzungsmäßige Grundlage kann die Gesellschaft im Falle des Todes eines Gesellschafters den auf die Erbengemeinschaft übergegangenen Geschäftsanteil nicht einziehen. Aber auch die sonstigen Voraussetzungen der Einziehung müssen eingehalten werden. Dazu wird auch hier ein Einziehungsbeschluß benötigt. Ferner muß die Stammeinlage voll eingezahlt worden sein.

Ausschluß der Erben durch Einziehung

Das Verfahren sollte die Einziehungsklausel möglichst detailliert bestimmen. Sinnvoll ist eine Regelung, wonach das Stimmrecht ab dem Zeitpunkt des Todes für eine bestimmte Zeit ruht. Innerhalb dieser Frist kann sich die Gesellschafterversammlung dann entscheiden, ob sie den Geschäftsanteil einzieht. Wird die Einziehung nicht innerhalb einer angemessenen Frist nach dem Tod vorgenommen, so dürfte eine Verwir-

Verfahren

kung eintreten. Dies bedeutet, daß sich die Gesellschafter dann nicht mehr auf die Einziehungsklausel berufen dürfen.

Abfindung

Die Gesellschaft schuldet den Erben eine Abfindung; dies gilt auch dann, wenn keine Regelung in der Satzung aufgenommen worden ist. Die Abfindung ist in Höhe des vollen Verkehrswerts des eingezogenen Geschäftsanteils an die Erben zu zahlen. Wird über die Höhe der Abfindung prozessual gestritten, so holt das Gericht regelmäßig ein Sachverständigengutachten ein. Zu den verschiedenen Berechnungsmethoden für die Abfindung siehe bereits die ausführlichen Ausführungen oben 5. Teil, C.III.1.b.

Nach ganz überwiegender Ansicht ist jedoch - abweichend zu der Situation bei einem Ausscheiden unter Lebenden - auch eine unentgeltliche Einziehung zulässig, wenn dies in der Satzungsklausel so angeordnet ist. Das hat der *BGH* bei der Vererbung an familienfremde Erben ausdrücklich zugelassen (siehe BGH, GmbHR 1977, 81, 82). Dies ist zu befürworten, da es jedem Gesellschafter freigestellt sein muß, sich dafür zu entscheiden, ob für den Fall der Einziehung im Todesfall die Abfindung ausgeschlossen wird. Eine solche Einziehungsklausel trifft alle Gesellschafter gleichermaßen, da grundsätzlich nicht abschätzbar ist, welcher Gesellschafter zuerst verstirbt.

Achtung!
Achten Sie beim Beitritt bzw. bei der Gründung einer GmbH auf eine klare Regelung für den Todesfall. Überlegen Sie sich, ob die geplante oder vorhandene Einziehungsklausel Ihren Wünschen entspricht.

Sowohl für die Konstellation, in der an die Erbengemeinschaft im Falle der Einziehung gar keine Abfindung gezahlt wird, als auch in der Situation, in der die Abfindung unter dem Wert des Anteils liegt, erlangen die überlebenden Gesellschafter einen Vermögensvorteil. Ihnen wächst die Differenz zwischen dem tatsächlichen Wert und dem Abfindungsguthaben wertmäßig zu. Dieser Vorgang unterliegt dem Grunde nach der Schenkungsteuer. Nach § 3 I Nr. 2 ErbStG gilt als steuerpflichtige Schenkung auf den Todesfall auch der auf dem Ausscheiden eines Gesellschafters beruhende Übergang des Anteils auf die anderen Gesellschafter oder die Gesellschaft, soweit der Wert, der sich für seinen Anteil zur Zeit seines Todes nach erbschaftsteuerrechtlichen Vorschriften ergibt, Abfindungsansprüche Dritter übersteigt. Ausdrücklich heißt es dort weiter, daß im Falle der Einziehung des Geschäftsanteils bei dem Tod eines Gesellschafters die bewirkte Werterhöhung der Geschäftsanteile infolge einer reduzierten Abfindung der Schenkungsteuer unterliegt.

3. Abtretungsklausel (Nachfolgeklausel)

Statt einer Einziehung des Geschäftsanteils kann auch eine Abtretung desselben an einen Dritten beschlossen werden. Aufgrund einer Abtretungsklausel hat die Erbengemeinschaft die Pflicht, den Anteil auf eine dritte Person bzw. auf die GmbH selbst zu übertragen. Durch eine Abtretungsklausel kann eine Nachfolgeregelung realisiert werden, die den Interessen der Gesellschafter entspricht. Nachfolger kann selbstverständlich auch einer der Erben sein, den die Gesellschafter für geeignet halten. Für den Verlust des Geschäftsanteils nach der Abtretung steht der Erbengemeinschaft eine Abfindung zu, die

Wunschkandidat der GmbH

ebenso wie das Einziehungsentgelt in der Satzung geregelt sein kann, ansonsten erfolgt auch hier eine Abfindung zum Verkehrswert. Ein Ausschluß bzw. eine Reduzierung des Abfindungsentgelts sind wie bei der Einziehungsklausel möglich.

III. Steuerrechtliche Auswirkungen

Die steuerrechtlichen Auswirkungen sollen hier lediglich in der gebotenen Kürze angesprochen werden. Die Hinweise ermöglichen eine Schärfung des Problembewußtseins, können jedoch eine dem konkreten Fall angepaßte Lösung nicht ersetzen. Zu differenzieren ist zwischen den verschiedenen Steuerarten:

1. Einkommensteuerrecht

Die einkommensteuerrechtlichen Folgen bestimmen sich wie bei der Anteilsübertragung danach, ob der GmbH-Anteil zum Betriebs- oder zum Privatvermögen des verstorbenen Gesellschafters gehörte. Auf die obigen Ausführungen kann insoweit verwiesen werden (siehe 5. Teil, C.II.2.c.).

Wesentliche Beteiligung

Zu § 17 EStG ist zu ergänzen, daß eine Fortführung des Geschäftsanteils zu den Anschaffungskosten durch die Erbengemeinschaft möglich ist, der Tod bedeutet keine Veräußerung des Anteils. Es ist jedoch zu beachten, daß die Erben als unentgeltliche Rechtsnachfolger für weitere fünf Jahre steuerrechtlich mit dem Anteil verstrickt sind. Entscheidend ist nach § 17 EStG eine wesentliche Beteiligung innerhalb der letzten fünf Jahre. Eine solche Beteiligung liegt vor, wenn der Anteil *mindestens* 10 % beträgt. Hierbei genügt auch eine mittelbare Beteiligung über zwischengeschaltete Gesellschaften oder Personen. In unserem Beispiel, in dem L verstirbt und von ihren drei Kindern zu gleichen Teilen beerbt wird, haben auch diese noch eine wesentliche Beteiligung, da jeder von ihnen mehr als mindestens 10 %, nämlich 11,11 %, hält. Zur Erinnerung: L verfügte über Anteile in Höhe von einem Drittel des Stammkapitals (33,33 %). Hat L aber beispielsweise verfügt, daß Sohn Thomas (T) zu 20 % und die beiden Töchter zu je 40 % erben würden, so erhält T nur 20 % des Geschäftsanteils, vorausgesetzt, die drei teilen diesen entsprechend den Quoten auf. Damit ist T unter 10 % beteiligt, so daß er über keine wesentliche Beteiligung mehr verfügt. Veräußert T sodann diesen Anteil, fällt dennoch nach § 17 EStG Einkommensteuer an, da es entscheidend nur darauf ankommt, ob T innerhalb der letzten fünf Jahre wesentlich beteiligt war. Hierbei muß er sich die wesentliche Beteiligung seiner verstorbenen Mutter zurechnen lassen.

Die Aufteilung des ererbten Anteils unter den Erben entsprechend ihrer Erbquoten bedeutet keine Anteilsveräußerung. Übernimmt hingegen einer der Erben einen Geschäftsanteil unter Zahlung einer Abfindung an einen weichenden Miterben, so liegt eine Realteilung gegen Abfindungszahlung vor, die für den abgefundenen Erben wie eine teilweise entgeltliche Anteilsveräußerung zu behandeln ist.

Zu § 23 EStG ist zu ergänzen, daß die Spekulationsfrist von einem Jahr durch den Erbfall weiterläuft, d.h. wenn der Erbe veräußert, kommt es darauf an, wann der Erblasser den Anteil erworben hat und ob seitdem mehr als ein Jahr verstrichen ist.

2. Erbschaftsteuerrecht

Überblick

Besonders interessant wird es im Bereich der Erbschaftsteuer. Hier hat der Gesetzgeber u. a. auch für wesentliche Beteiligungen an Kapitalgesellschaften Wohltaten geschaffen. Eine wesentliche Beteiligung liegt allerdings hier nach § 13 a ErbStG erst dann vor, wenn der Erblasser am Nennkapital der GmbH zu mehr als einem Viertel *unmittelbar* beteiligt war. Es genügt weder eine mittelbare noch eine geringere prozentuale Beteiligung, wie etwa bei § 17 EStG.

Grundlagen der Erbschaftsteuer

Zunächst jedoch einige grundsätzliche Ausführungen zur Erbschaftsteuer:

Die Erbschaftsteuer will die individuelle Bereicherung des jeweiligen Erben besteuern. Die Zurechnung des Nachlaßvermögens erfolgt quotal auf die jeweiligen Miterben entsprechend ihres Erbanteils (siehe § 39 II Nr. 2 Abgabenordnung). Besteuert wird der Erwerb von Todes wegen, wozu auch ein Vermächtnis oder Pflichtteil gehört. Pflichtteilsberechtigt sind vor allem enterbte Kinder oder der enterbte Ehegatte.

Bewertung

Für die Zwecke der Erbschaftsteuer ist zunächst das Nachlaßvermögen zu bewerten. Dies bestimmt sich nach den Regeln des Bewertungsgesetzes. Für GmbH-Anteile gilt § 11 Bewertungsgesetz. Danach wird der Wert des GmbH-Anteils, der ja nicht an Börsen notiert werden kann, aus zeitnahen Verkäufen vor dem Stichtag abgeleitet, die weniger als ein Jahr zurückliegen. Gibt es solche Werte nicht, da keine Verkäufe stattgefunden haben, so ist der gemeine Wert zugrundezulegen, der nach dem sog. Stuttgarter Verfahren berechnet wird. Das Stuttgarter Verfahren legt den Substanzwert zugrunde, der jedoch

durch Ertragsaussichten korrigiert wird. Handelt
es sich um eine beherrschende Beteiligung, so ist
dies bei der Bewertung zu berücksichtigen.

Anteile an Kapitalgesellschaften sind unter bestimmten Voraussetzungen ferner, wie bereits
angedeutet, nur dann für Zwecke der Erbschaftsteuer zu berücksichtigen, wenn ihr Wert
500.000 DM übersteigt (siehe § 13 a ErbStG).
Der Gesetzgeber hat hier einen üppigen Freibetrag eingeführt, der jedoch nur für GmbH-Anteile
gilt, durch die eine Beteiligung von mehr als
25 % an der Gesellschaft unmittelbar vermittelt
wird. Entscheidend ist die unmittelbare Beteiligung zum Zeitpunkt des Erbfalls. Hier kommt es
nicht darauf an, ob der Erblasser vorher ggf. eine
entsprechend hohe Beteiligung innegehabt hat.

Der Wert des GmbH-Anteils, der 500.000 DM
übersteigt, wird zudem nicht zu 100 %, sondern
nur zu 60 % für die Zwecke der Berechnung der
Erbschaftsteuer angesetzt (siehe § 13 a II ErbStG;
sog. Ansatz- bzw. Bewertungsabschlag).

Berücksichtigt man ferner, daß anschließend die **Nachlaß-**
Nachlaßverbindlichkeiten, wie etwa Pflichtteile **verbindlichkeiten**
und Vermächtnisse, abzuziehen sowie schließlich
persönliche Freibeträge in Abzug zu bringen sind,
so kann der unternehmerische Erbe damit rechnen, erst bei sehr wertvollen Nachlässen zur Erbschaftsteuer herangezogen zu werden.

Ehegatten haben beispielsweise einen persönli- **Freibeträge**
chen Freibetrag gemäß § 16 ErbStG in Höhe von
600.000 DM, Kindern sowie den Kindern ver-
storbener Kinder (also Enkelkindern) wird ein
Freibetrag in Höhe von 400.000 DM eingeräumt.
Leben die Kinder noch, so erhalten die Enkelkin-

der lediglich einen Freibetrag von 100.000 DM. Durch Splittung des Nachlasses auf zahlreiche Abkömmlinge lassen sich die Freibeträge ausschöpfen. Entferntere Verwandte, etwa Geschwister, Neffen, Nichten usw. gehören in die Steuerklasse II und erhalten pro Person immerhin einen Freibetrag in Höhe von 20.000 DM.

Der Ehegatte bekommt zudem noch einen Versorgungsfreibetrag bis zu 500.000 DM, der sich allerdings durch nicht der Erbschaftsteuer unterliegende Versorgungsbezüge verringert. Kinder des Erblassers erhalten ebenfalls maximal bis zur Vollendung des 27. Lebensjahres einen gestaffelten Versorgungsfreibetrag, der zwischen 20.000 DM und 100.000 DM betragen kann. Auch hier ist eine Kürzung durch nicht der Erbschaftsteuer unterliegende Versorgungsbezüge vorgesehen.

Steuersätze

Die Steuersätze der Erbschaftsteuer orientieren sich ebenfalls nach den Steuerklassen sowie nach dem steuerpflichtigen Erwerb. Der Erbschaftsteuersatz beginnt bei 7 % und endet bei 50 %.

Soll das unternehmerische Vermögen, hier also der Anteil der GmbH, an Personen vererbt werden, die nicht der Steuerklasse I angehören (etwa an entfernte Verwandte oder Dritte), so ist gemäß § 19 a ErbStG ein Entlastungsbetrag vorgesehen. Der Gesetzgeber hat dort in einer komplizierten Regelung festgelegt, daß Erben, die nicht zur günstigen Steuerklasse I zählen und an die die soeben beschriebenen wesentlichen Beteiligungen an Kapitalgesellschaften vererbt werden, demgemäß so behandelt werden sollen, als handelte es sich um Personen der privilegierten Steuerklasse I. Dies gilt allerdings nur für das

Nachlaßvermögen, das sich auf das privilegierte Betriebsvermögen bzw. die Anteile an Kapitalgesellschaften bezieht. Der Erwerb ist insoweit zwischen dem privilegierten Vermögen sowie dem sonstigen Vermögen aufzuteilen. Die Einzelheiten regelt § 19 a III ErbStG.

Sowohl für den Entlastungsbetrag gemäß § 19 a ErbStG als auch für den Freibetrag nach § 13 a ErbStG gelten sog. steuerschädliche Tatbestände (Behaltensregelungen). Grundsätzlich ist vorgesehen, daß der Entlastungsbetrag oder der Freibetrag dann wegfällt, wenn der Erwerber innerhalb von fünf Jahren nach dem Erwerb die GmbH-Anteile veräußert oder die Gesellschaft auflöst oder auch eine Kapitalherabsetzung vorgenommen wird. Weitere Einzelheiten regeln § 13 a V sowie § 19 a V ErbStG.

Behaltensregelungen

Die hier nur kurz skizzierten Regelungen des Erbschaftsteuerrechts zeigen schon, daß es sich um eine komplizierte Materie handelt, bei der ohne Expertenrat nicht ausgekommen werden kann.

3. Grunderwerbsteuer

Grunderwerbsteuer fällt bei einem Erwerb im Todesfall grundsätzlich nicht an, die Erbschaftsteuer ist vorrangig, sie verdrängt die Grunderwerbsteuer. Eine Ausnahme gilt jedoch dann, wenn ein inländisches Grundstück zum Betriebsvermögen gehört und eine sog. Anteilsvereinigung eintritt. Auch die Anteilsvereinigung, die kraft Gesetzes im Erbfall eintritt, löst eine Grunderwerbsteuerpflicht aus (BFH, BStBl. II 1988, 785; BFH, BStBl. II 1982, 424).

Abkürzungsverzeichnis

Abs.	Absatz
a.A.	anderer Ansicht
AG	Aktiengesellschaft
AktG	Aktiengesetz
AO	Abgabenordnung
BFH	Bundesfinanzhof
BAG	Bundesarbeitsgericht
BetrVG	Betriebsverfassungsgesetz
BGB	Bürgerliches Gesetzbuch
BGH	Bundesgerichtshof
BGHZ	Entscheidungen des Bundesgerichts-hofs in Zivilsachen (Band, Seite)
BStBl.	Bundessteuerblatt (Jahr, Teil, Seite)
bzw.	beziehungsweise
d.h.	das heißt
DB	Der Betrieb (Jahr, Seite)
FGG	Gesetzes über die Angelegenheiten der freiwilligen Gerichtsbarkeit
ggf.	gegebenenfalls
GmbH	Gesellschaft mit beschränkter Haftung
GmbHG	Gesetz betreffend die Gesellschaften mit beschränkter Haftung
GmbHR	GmbH-Rundschau (Jahr, Seite)
HGB	Handelsgesetzbuch
h.M.	herrschende Meinung
InsO	Insolvenzordnung
i.V.m.	in Verbindung mit
KG	Kommanditgesellschaft
LG	Landgericht
MitbestG	Mitbestimmungsgesetz
NJW	Neue Juristische Wochenschrift
NJW-RR	NJW-Rechtsprechungs-Report Zivilrecht
OHG	Offene Handelsgesellschaft
OLG	Oberlandesgericht
sog.	sogenannt
StGB	Strafgesetzbuch
WM	Wertpapier-Mitteilungen (Jahr, Seite)
z.B.	zum Beispiel
ZIP	Zeitschrift für Wirtschaftsrecht (Jahr, Seite)

Stichwortverzeichnis

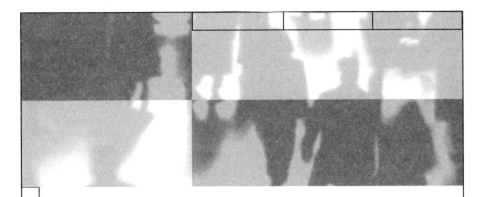

R. Jula

Die Haftung von GmbH-Geschäftsführern und Aufsichtsräten

Haftung, Strafbarkeit, Risikoverminderung und -vermeidung, Versicherungslösungen

1998. XIII, 151 S. Brosch. **DM 68,-**; öS 497,-; sFr 62,-
ISBN 3-540-64317-6

Geschäftsführer und Manager müssen sich auf die Risiken der zivilrechtlichen Haftung und der persönlichen Strafbarkeit einstellen. Diese können ihre Existenz bedrohen. Die Entwicklung tendiert zu einer Verschärfung der Haftung und Strafbarkeit. Das Bewußtsein und die Sensibilität steigen. Mit Fallbeispielen, Praxistips und Warnhinweisen zeigt dieses Buch die Risiken und Auswege. Es ist aus der Praxis für die Praxis geschrieben und vermittelt übersichtlich und verständlich schnelle und zuverlässige Information.

R. Jula

Der Status des GmbH-Geschäftsführers

Rechte und Pflichten Anstellungsvertrag Vergütung und Versorgung

1999. XVI, 359 S. Brosch. **DM 98,-**; öS 716.-; sFr 89,50
ISBN 3-540-64922-0

Die Kenntnis der rechtlichen Rahmenbedingungen ist für den Geschäftsführer unerläßlich. Er wird mit einer Vielzahl vonRechten und Pflichten konfrontiert und muß die zahlreichen Instrumente und die Grenzen seines Handlungsspielraums kennen, um seine Geschäftsführungsaufgabe optimal zu erfüllen. Gerade bei Entscheidungen, die unter Zeitdruck getroffen werden müssen, kann eine schnelle, zuverlässige Information und Orientierungshilfe ausschlaggebend sein. Mit Praxistips, Beispielen und Warnhinweisen bietet dieses Buch einen raschen Zugang zu den relevanten Rechtsproblemen.

Springer Verlag · Postfach 14 02 01 · D-14302 Berlin
Tel.: 0 30 / 82 787 - 2 32 · http://www.springer.de
Bücherservice: Fax 0 30 / 82 787 - 3 01
e-mail: orders@springer.de

Preisänderungen und Irrtümer vorbehalten
d&p · 64926 SF

Springer

Druck: Weihert-Druck GmbH, Darmstadt
Bindearbeiten: Buchbinderei Schäffer, Grünstadt